图书在版编目(CIP)数据

现代中国文化与文学.37/李怡,毛迅主编.—成都:巴蜀书社,2021.6
ISBN 978-7-5531-1511-5

Ⅰ.①现… Ⅱ.①李…②毛… Ⅲ.①中华文化-文化研究-现代-丛刊②中国文学-现代文学-文学研究-丛刊 Ⅳ.①G122-55 ②I206.6-55

中国版本图书馆 CIP 数据核字(2021)第 143411 号

现代中国文化与文学(37)

李怡　毛迅　主编

责任编辑	李 蓓
出　版	巴蜀书社
	成都市槐树街2号　邮编610031
	总编室电话:(028)86259397
网　址	www.bsbook.com
发　行	巴蜀书社
	发行科电话:(028)86259422　86259423
经　销	新华书店
印　刷	成都蜀通印务有限责任公司(028)64715762
照　排	成都完美科技有限责任公司
版　次	2021年6月第1版
印　次	2021年6月第1次印刷
成品尺寸	185mm×260mm
印　张	21
字　数	530 千
书　号	ISBN 978-7-5531-1511-5
定　价	58.00 元

本书如有印装质量问题,请与工厂调换

编委会名单

编委会主任

曹顺庆

编委

(以汉语拼音为序)

柏 桦	蔡 震	陈国恩	程光炜	陈方竞	崔民选
丁 帆	范智红	高远东	高旭东	郜元宝	何锡章
黄美娥	金龙云(韩)	孔范今	孔庆东	李 今	李继凯
刘福春	刘 勇	刘秀美	栾梅健	罗振亚	逄增玉
朴宰雨(韩)	宋如珊	谭桂林	王兆胜	王中忱	魏 建
解志熙	岩佐昌暲(日)	袁国兴	杨剑龙	张福贵	张 健
张堂锜	张中良	赵学勇	郑家建	朱栋霖	朱晓进
朱寿桐	邹 红	周晓明			

目录

"大文学"视野

现代作家与"藏书楼" ………………………………………… 冯 佳 张鸿声 1

整体主义与汉诗 …………………………………………………………… 胡 亮 13

多重体验中绽放的"从容"
——论抗战时期作家的昆明跑警报叙述 …………………………… 李直飞 37

"夹在道德与浪漫之间"
——吴宓留美日记的婚恋观研究 …………………………………… 李 勇 53

老舍与中国书法文化 …………………………………………… 庞琦昕 李继凯 65

抗战文学研究的意义限定问题 …………………………………………… 廖海杰 78

"恋爱"的隐喻
——20世纪20年代政党政治与茅盾早期小说中的情欲叙事 ……… 殷鹏飞 89

广告与亚东版《胡适文存》的出版发行及其"经典化" …………… 扈 琛 102

文学档案

老舍《离婚》的版本变迁与文本修改 …………………………………… 耿庆伟 113

"国士"与伪吏：华北沦陷时期的钱稻孙

——从包丰保致胡适的一封未刊信谈起 ·················· 汤志辉　125

"未完成的时代力作"

——罗洪《孤岛时代》成书考略 ·················· 董卉川　张　宇　140

民国文学研究

论朱湘的英文诗歌创作与翻译 ·················· 傅其林　邓凤鸣　152

狮吼金屋作家"颓废"书写再审视 ·················· 李红霞　167

边缘的文学之声

——《现代》的小国文学翻译 ·················· 刘叙一　176

文学与舞台的拮抗

——20世纪早期两种中国戏剧"提纯"观及其现代性问题 ·················· 高　洋　186

民粹与启蒙的混合：艾芜改造国民性路径新论 ·················· 钟良鸣　白　浩　198

论"幽默大师"林语堂的"不幽默" ·················· 范　玲　212

萧红的"回心"时期

——以《七月》散文为中心的讨论 ·················· 冯　芽　225

共和国文学研究

四川大学八十年代先锋诗歌精神与民刊回眸 ·················· 向以鲜　238

以"戏"带"述":传统评书与《茶馆》的美学追求 ·················· 吉开金 248

论余光中译诗中的自由 ·· 李 璐 257

20世纪50年代初期的诗路探寻

——牛汉对苏联卫国战争诗作的挪用和改写 ························· 曹 前 275

港澳台文学

原乡神话的崩解:后学视野中的杂色乡土

——以20世纪90年代以来的台湾小说为例 ························· 陈 铎 288

著述·综述

探寻左翼文学运动的"北平路径"与"北平经验"

——北平左翼文学运动研究的历史、现状与展望 ················ 王翠艳 300

"重写文学史"的"外转"

——评王德威主编《新编中国现代文学史》 ·············· 张 望 周 睿 312

编后语 ·· 陈思广 324

—— Contents ——

The View of Great Literature

Modern Writers and Their Libraries	Feng Jia Zhang Hongsheng	1
The Holism and Contemporary Han Poetry	Hu Liang	13
The "Calm" Blooming in Multiple Experiences		
——On the Writers' Running away from Air-Raids Alarm Narration in Kunming during the Anti-Japanese War	Li Zhifei	37
"Between Moralism and Romanticism"		
——Wu Mi's Views on Love and Marriage in his Diary during Studying in the U. S.	Li Yong	53
Lao She and Calligraphy Culture	Pang Qixin Li Jikai	65
The Connotative Definition Problem of Anti-Japanese War Literatrue Research	Liao Haijie	78
The Metaphor of "Love"		
——Party Politics in 1920s and Erotic Narratives in Mao Tun's Early Novels	Yin Pengfei	89

Contents

The Influence of Advertising on Publication and Canonization of *Hu Shih's Collection*

（Yadong Version） ·· Hu Chen　102

Literary Files

The Version Change and Text Revision of Lao She's *Divorce* ··············· Geng Qingwei　113

"Superior Talent" and Pseudo-official: Qian Daosun during the Occupation Period of North China

——About an Unpublished Letter from Bao Fengbao to Hu Shih ············ Tang Zhihui　125

"The Unfinished Great Work of Times"

——Into the Productive Process of Luo Hong's *Island Times*

·· Dong Huichuan　Zhang Yu　140

Literary Study of the Republic of China

On Zhu Xiang's Composition of English Poetry and English Translation of Chinese Poetry

·· Fu Qilin　Deng Fengming　152

A Review of Decadent Writing of the Shihou-Jinwu Writers ··············· Li Hongxia　167

The Voice of Marginal Literature

——Translation of Small Nations' Literature by *Les Contemporains* ············ Liu Xuyi　176

Literature vs. Stage

——Two Views on How to "Purify" Chinese Theatre and the Related Issue of Modernity in the Early Twentieth-Century China ·· Gao Yang　186

The Mixture of Populism and Enlightenment: A New Theory on Transformation of National Character by Ai Wu ··· Zhong Liangming　Bai Hao　198

A Discussion on Lin Yutang's "Lack of Humor" ······································ Fan Ling　212

Xiao Hong's "Back to Heart" Period

——A Discussion Focusing on the Prose Writings Published in *July* ············ Feng Ya　225

Literary Study of the People's Republic of China

A Review of the Spirit of Avant-Garde Poetry and Folk Periodicals of Sichuan University in the 1980s ·················· Xiang Yixian 238

Narration with Drama: Traditional Storytelling and the Esthetic Pursuit of *Teahouse* ·················· Ji Kaijin 248

On the Freedom in Translated Poetry by Yu Guangzhong ·················· Li Lu 257

The Artistic Exploration of Poetry in the Early 1950s
——Niu Han's Imitating and Rewriting of the Poetry of the Soviet Union's Patriotic War ·················· Cao Qian 275

Literature Research of Hong Kong, Macao and Taiwan

The Disintegration of the Imaginary Nostalgia: Variegated Countryside in the Perspective of Postism
——Taking Taiwanese Novels since the 1990s as an Example ·················· Chen Duo 288

Writings · Summarization

Exploring the "Peking Path" and "Peking Experience" of Left-Wing Literature Movement
——The History, Present Situation and Prospect of the Study of Peking Left-wing Literature Movement ·················· Wang Cuiyan 300

The "Outward Transfer" of "Rewriting Literary History"
——Comment on *A New Literary History of Modern China* Edited by David Der-wei Wang ·················· Zhang Wang Zhou Rui 312

Afterword ·················· Chen Siguang 324

"大文学"视野

现代作家与"藏书楼"

冯 佳 张鸿声

自宋至晚清,我国约定俗成地称各类公、私收藏图书文献典籍的地方为"藏书楼"。这是一种泛指。其一,大多数藏书楼从建筑形式上来说并不是"楼",而是厅堂、斋室、楼阁、殿宇等处所。其二,其命名除称为某某楼、某某阁外,也多以"堂"、"轩"、"馆"、"亭"、"台"、"房"、"斋"、"室"、"舍"、"洞"、"屋"、"居"等为名。纵观古代藏书史,我们发现早期的藏书建筑均未冠名,而将藏书建筑比较普遍地冠以"阁"、"楼"等名称的,是明、清两代以来的传统。

藏书楼作为收藏、保管和利用藏书的处所,绝不是一个冷冰冰的物理空间,而是中华文化的宝库,其藏书用于精英们传承学术,整理国故,再造文明。另外,藏书楼在传统文人的建设中形成了成熟的园林建筑风格,产生了文人情调浓厚的藏书楼名及诸多藏书管理方法、措施。它承载着传统文人爱书、惜书、追求文明的理想情怀,也为后人的藏书管理提供了宝贵的经验教训。

现代作家也有"藏书楼",但他们的藏书楼与古代藏书楼相比,在建筑规模和藏书形态等方面都有了很大的不同,呈现出一些新的特点。

一、现代作家藏书楼的"虚拟"与"实构"

周少川在《藏书与文化——古代私家藏书文化研究》一书中指出:"到了明清两代,由于私家藏书文化的深入发展,藏书必称楼号的习俗蔚然成风,于是书楼林立,有不胜计数之憾。"[①] 他从众多藏书楼中区分出"虚拟"和"实构"两种情况,将没有"真的

---

① 周少川:《藏书与文化:古代私家藏书研究》,北京师范大学出版社1999年版,第239页。

专构楼堂以庋藏书籍。有的是在自己的居所辟一专室藏书，有的是将书籍藏于书主读书治学的书斋，有的甚至是随居室放置"① 的情况称为"虚拟"藏书楼。他解释"虚拟"书楼的出现原因有二：一是藏书家有藏书楼号是一种风尚；二是部分藏书家出于借藏书楼夸大自己藏书规模的心理。"实构"藏书楼则指专门辟地建楼，构筑名副其实的楼、堂、馆、阁。

从古至今，藏书楼都是私家藏书的理想处所。历史上比较著名的藏书楼有天一阁、铁琴铜剑楼、海源阁、五桂楼、玉海楼、汲古阁、传是楼、爱日精庐、古越藏书楼等。爱书之人的藏书越积越多，都希望能拥有一座独立的书楼。然而，一般的读书人家、知识分子，虽然藏书也达到了某种规模，但没有经济实力建造宏大的楼阁专门藏书。比如南宋陆游之"书巢"，可谓流芳古今的书楼，不仅楼名蕴意隽永，更有《书巢记》脍炙人口，堪称美文。不过，仔细品味"吾室之内，或栖于椟，或陈于前，或枕藉于床，俯仰四顾，无非书者。吾饮食起居，疾痛呻吟，悲忧愤叹，未尝不与书俱"，可知陆翁的藏书是随居室放置的，并无专构的书楼。陆翁想构建一座独立的藏书楼的愿望直到临终还未忘情。《陆放翁家训》有言："'余庆'藏书阁色色已具，不幸中遭扰乱，至今未能建立，吾寝食未尝去心。"② 又如清钱谦益的藏书楼"绛云楼"虽驰名天下，但在建筑上并不是一专构的书楼。我们从有关绛云楼着火的记载可以看出，钱谦益的藏书楼是与居室连在一起的。曹溶《绛云楼书目题词》记曰："出所藏书，重加缮治，区分类聚，栖绛云楼上，大椟七十有三。顾之自喜曰：'我晚而贫，书则可云富矣。'甫十余日，其幼女中夜与乳媪嬉楼上，剪烛炧落纸堆中，遂燧。宗伯楼下惊起，焰已张天，不及救，仓皇出走。俄顷楼与书具尽。余闻骇甚，特过唁之。谓余曰：'古书不存矣。'"关于古代藏书楼的"虚拟"与"实构"情况，周少川等学者的著作都有详细考证，此不赘述。

现代作家的藏书楼大多是周少川所指的这种"虚拟"的藏书楼，因为他们大多以写作、教书为生，没有经济实力建造大型藏书楼。并且，由于职业的流动性较大，他们一般只能在住所中设一小书房，做读书、治学兼藏书处。比如鲁迅在北京的书房兼卧室，因凸出于外，人们称其为老虎尾巴；因房呈灰色，故名"灰棚"。鲁迅自己称之为"绿林书屋"和"没有雅号的屋子"。鲁迅在这里写作了《华盖集》、《华盖集续编》、《野草》等文集，以及《彷徨》、《朝花夕拾》、《坟》中的部分作品，还翻译了一些外国文学作品和文艺理论著述。

姜德明先生记下了20世纪50年代阿英书房的情景：

---

① 周少川：《藏书与文化：古代私家藏书研究》，北京师范大学出版社1999年版，第239页。
② 叶盛：《水东日记》，中华书局1980年版，第156页。

在北京交道口棉花胡同阿英所居住的那个安静的院落里，阿英坐拥一座书城。这是他半生以来在流离生活中所不敢想的，这是我们这个可爱的时代赐予他的。一进他正房的客厅，迎面便是一排硬木书橱，摆的全是解放以后新出版的政治、历史和文艺书籍，其中也包括他自己的著作。里间一个过堂似的屋子，摆的全是旧书和期刊。中间案板上也摆满了一叠叠的旧书，那是他刚刚搜集来不及细读的，或者是他正在写作和研究时所用的书，因此有的书还夹有纸条。走出过堂，经过一个极小的天井，便进入名副其实的一间藏书室了。四壁架上全是整整齐齐的、一包包的书。这些书大多是线装的，一律用毛头纸包装，纸质轻软而又结实，外面用毛笔写了书名和册数。偶然同人谈起一本书，他便领你到了这藏书室，很快便能抽出来①。

巴金住在上海霞飞路霞飞坊59号。"59号三楼房间并不大，临窗有一张书桌，后侧放着卧床，此外都是有玻璃门的书柜，占着其余的空间。这些书柜排列成行，中间留有可以侧身走过的或查找书刊活动的空隙。据黄裳回忆说，他们的卧室兼书房，'就像苏州花园内假山中间的小径似的，书架里绝大部分是外文书'。"②

何其芳的书房常被人形容成"车厢"。"成排的书架书柜将书房空间挤成窄窄的一个长条'车厢'。背阴的卧室，不过十平方米，除一张单人床，中间被书桌皮椅占去，书桌上堆积着小山似的书，四壁皆是书橱……他的卧室简陋拥满得像个'车间'。"③ 其夫人牟决鸣也形容他的藏书存放状况道："其芳在各书店挑选回来的书，越来越多了。因为我们现在住的地方，交通比较方便，书店也近，没有几年，我们的宿舍，楼上楼下，楼道里，甚至厕所前的过道，都摆满了书架，书柜，那些书箱垒得高高的。当你走进他的书房兼卧室时，你完全看不见他屋子里有一点空白的墙壁，因为挨着墙都摆满了书架和书柜。除了床和他写字台前的坐椅外，来一个人坐的地方都没有。"④

曹聚仁藏书条件艰苦。早期于居室藏书，"书橱满了，就在墙上装上书架。书架上放不下了，又在门上面钉起隔板。实在放不下，床底下、门背后、厕所里，也都成了藏书之所"⑤。晚年，曹聚仁在香港穷困潦倒，租不起宽敞舒适的大房子，只能住在一间于阳台上临时搭建的石屋里。20余年积存的图书，只能散落在露天阳台上，用塑料布包上了事。

齐如山因藏书较多，家中藏书空间不足，便将经、史等各部书籍存于亲戚家中，小

---

① 晓光：《阿英纪念文集》，中国戏剧出版社2000年版，第170-171页。
② 陈丹晨：《巴金全传》，中国青年出版社2003年版，第193页。
③ 罗雪村：《我画文人故居》，商务印书馆2017年版，第20页。
④ 刘衍文、艾以：《现代作家书信集珍》，汉语大词典出版社1999年版，第911页。
⑤ 柳哲：《书痴曹聚仁》，《文史月刊》2013年第3期。

说、戏曲等重要藏书则全数存于家中。

关于胡适的书斋，石原皋在《胡适的藏书和书斋》中有详细的描述：

> 胡适的书斋。我现在谈的是胡适住在钟鼓寺、陟山门、米粮库三处的书房。这几处的书房基本上是一样，大小稍有不同。房内有一个很大的写字台，一两个书橱，一张旋椅，几张小椅，四壁空空如也，没有悬挂字画。书桌上自然有文房四宝，有白锡包或大炮台纸烟一听，纸烟灰缸一只，火柴一盒，记事台历一本。此外，满桌都是书籍，看起来很紊乱。桌上的书籍，任何人都不去动它，稍微一移动，他就要费心去找了，佣人只将桌上面的灰尘拂去。……书桌的抽屉，没有上锁。稿件和须要保存的书信，一部分放在抽屉内，另一部分则保存起来。胡适认为，没有保存价值和无关重要的书信，看过后随手丢掉①。

现代作家中，郁达夫对藏书处所有一种执念，花了一年时间举债建成了"风雨茅庐"，从中单辟了一间"图书室"做书房。他在《住所的话》里曾这样说："所以自从迁到杭州来住后，对于住所的问题，更觉得切身地感到了。地皮不必太大，只教有半亩之宫，一亩之隙，就可以满足。房子亦不必太讲究，只须有一处可以登高望远的高楼，二间平屋就对。但是图书室，浴室，猫狗小舍，儿童游嬉之处，灶房，却不得不备。"② 郁达夫的孙女郁嘉玲在《我的爷爷郁达夫》中对风雨茅庐的书房有详细的描述：

> 客厅两旁的两间都是卧室，开间相当宽阔，每间各有后轩。靠东两间正房，比较大点的一间是书房，沿着墙壁三面都是高大的落地书架，放满了各种书籍。郁达夫曾在新加坡写过一篇《图书的惨劫》，他回忆："在杭州风雨茅庐所藏之中国书籍，当有八九千卷以上"，"除中国线装书外，英德法日文书更有两万余册"。达夫的爱购书，喜藏书，在朋友们中间是出了名的。自此，风雨飘泊了半生的他，终于有了一个日思夜想的书房，那些跟着他到处周游的破旧书籍，也有了一个栖身之处。书房旁边的一间，又被隔成前后两小间，前面是郁达夫的小书室，后间是客房③。

郁达夫倾其所有也只拥有了一间独立的、面积稍大的书房。而古代私人藏书对藏书楼的建造是很讲究的，如孙从添在《藏书记要》中提出建造藏书楼最好照徽州库楼式，

---

① 石原皋：《闲话胡适》，安徽人民出版社1990年版，第100页。
② 郁达夫：《郁达夫散文集》，万卷出版公司2014年版，第115–116页。
③ 郁嘉玲：《我的爷爷郁达夫》，昆仑出版社2001年版，第81页。

四周石砌风墙,若不能如此,则"须另置一宅,将书分新旧抄刻各置一室封锁,匙钥归一经营,每一书室,一人经理,小心火烛,不致遗失,亦可收藏。若来往多门,旷野之所,或近城市,又无空地,接连内室、厨灶、衙署之地,则不可藏书,而卑湿之地,不待言矣"①。这种将书楼与住宅分开的做法,对保护图书及读书、治学等将起到十分显著的作用:"一来与生活起居之所分开,可避免日常生活中火烛不慎、盗窃、管理混乱等之患;二来别置一处,可完整独立地庋藏书籍,保持清净的读书环境,同时亦可为往来造访之文人学士和藏书家提供高雅的集聚之处。"②因此,私家藏书发展到清代,这种别置一处的藏书楼观念就被广泛接受了。

郁达夫在他的风雨茅庐享受惬意的读书环境没多久,就被抗日战争的爆发给打断了。后来,他的风雨茅庐和藏书都在战火中丧失殆尽。同样毁于战火的还有丰子恺的缘缘堂。

现代作家中也有一些家境殷实之人,花费巨资专门建造藏书楼,如黄遵宪的人境庐、周越然的言言斋、梁启超的饮冰室书斋等。黄遵宪的人境庐和周越然的言言斋从建筑风格上来看,继承了古代藏书楼园林范式的传统。人境庐位于广东嘉应州(今梅州)。据介绍,"人境庐仅是黄遵宪府第两座相连的深院曰'荣禄第'和'恩和第'东侧的一座窄院,这便是黄氏的书斋……庐宅不算大,却开多扇门,给人印象是幽邃的,有五步楼、七字廊、十字阁、卧虹榭、无壁楼、藏书楼等。还有黄遵宪亲植的夜合花、双棵临门的月桂,与息亭、假山、鱼池、草圃相映带,幽幽香气弥漫小院"③。人境庐之名由陶渊明的名诗"结庐在人境,而无车马喧"中的三字组成,表明了黄遵宪超尘脱俗、摒弃名利之念的志向。人境庐现已被列为广东省重点文物保护单位。言言斋在上海闸北宝山路西、宝通路北之天通庵路转角。据周越然自己介绍,"屋之面积约50方丈,坐北朝南,前有花园,后有菜园,左右植树,全地占二亩半,以竹篱与邻家及马路为界"④。言言斋是三进二层楼房,"第一、第二进上下各为六间。两进相接者,左右厢房也,中间则一长方形之天井。第三进楼上四间,楼下三间,有正方形之楼梯间与第二进相连。楼梯间在左首,右首为长方形之小天井。第一进另有楼梯间,在厢房与正屋之间。是故全所房屋成一'已'字之形"⑤。言言斋之名,据他自述,是因为"当时所储之汉文本,大部分为词曲小说,而词曲小说皆以'言'字为偏旁,故取名'言言斋'"⑥。言言斋后毁于战火。

---

① 王余光:《藏书四记》,湖北辞书出版社1998年版,第198页。
② 王蕾:《明清时期藏书楼建筑保护思想研究》,《图书馆工作与研究》2013年第2期。
③ 邹光椿:《夕阳漫笔 邹光椿文集(十三集)》,2013年,第49页。
④ 周越然:《言言斋书话》,陕西师范大学出版社1998年版,第14页。
⑤ 周越然:《言言斋书话》,陕西师范大学出版社1998年版,第14页。
⑥ 周越然:《言言斋书话》,陕西师范大学出版社1998年版,第14页。

梁启超的饮冰室书斋与传统藏书楼风格迥异，是一座西式洋楼。据文献记载，梁启超 1915 年搬入原天津意租界四马路（今河北区民族路 44 号）的一幢两层意大利式洋房时，只有几间书房和图书资料室。1924 年，梁启超请意大利建筑师白罗尼欧在寓所左侧设计、建造了一座书斋，命名为"饮冰室"。"饮冰"一词取自《庄子·人世间》"今吾朝受命而夕饮冰，我其内热与"？当年，梁启超受光绪帝之命变法维新，内心焦灼，要解内热，故引用之。该楼共两层，占地 1117.82 平方米，建筑面积 949.5 平方米，大小房屋 53 间，其中楼房 43 间。楼的前脸分列 3 个拱门，拱门上端半圆形的门楣上雕刻着精细的花纹，典雅玲珑，耐人玩赏。楼上大厅正中，放置着一张大理石面的红木圆桌，两旁有两个绿色瓷墩，古色古香。大厅周围有 5 个房间，其中 4 间存藏图书和各种文献资料，另一间杂用。当年一至暑假，大厅里就办起"饮冰室暑期讲学馆"。二楼靠西北角，也是一间大厅，中间放一张长木桌，周围摆着 10 把红木椅。这里多接待有身份的政治人物，供晤谈与会议之用。靠东南角的几间屋是梁启超的卧室和图书资料室。梁启超在饮冰室完成了《清代学术概论》、《墨子校释》、《中国历史研究》、《中国近三百年学术史》等重要的学术著作。1984 年，天津市河北区人民政府宣布梁启超在天津的故居和饮冰室为重点文物保护单位，现已列为天津市政府重点文物保护单位。

黄遵宪"人境庐"

梁启超"饮冰室"

一般来说,"虚拟"藏书楼还是有对应的藏书处所,只是建筑规模较真正的藏书楼要小很多。而有些现代作家的"虚拟"藏书楼却是真正意义上的"虚拟",并没有对应的藏书处所,藏书楼名只是文人一种随性的情绪抒发,这却给后人带来了一些认识上的困扰。我们以现代作家黄裳的藏书楼为例。如徐雁平《私家藏书之兴衰》(刊于《读书》杂志2005年第11期)一文中称,现代作家黄裳的"来燕榭"是"有规模、有特色的藏书楼",其后桑农《"来燕榭"不是藏书楼》(刊于《读书》杂志2006年第3期)一文对此说法提出质疑。桑农引证黄裳的文章《我的书斋》,对"来燕榭"的由来进行了转述:

>自从买书以来,我也曾经请名家刻过不少藏书图记,不免也想出了几种斋馆名色,聊以自娱。前后也有了三五种。当然不过是纸上烟云,并无现实的存在。……至于"来燕榭"一名,实取诸嘉兴实境,记得是一次荡舟之际,忽然瞥见,已记不得是哪里的水榭了。这名目也是我喜欢的,所以至今还在用着。

除"来燕榭"外,另外三五种"斋馆名色"是指"断简零篇室"、"梦雨斋"、"草草亭"等。从它们的命名来看;"榭"、"室"、"斋"、"亭"都是指建筑,而黄裳又常常将它们与自己的藏书联系在一起,自然而然便引起后人的误解,以为他真有这些藏书楼。又如孙犁曾回忆道:"近日,余在书皮上乱书之堂号、斋名有:晚秀庐、双芙蓉馆、晚娱书屋、娱老书室、梦露草堂,等等。均属附会风雅,百无聊赖之举动。"① 很显然,这些藏书楼名都是仅有一个名称而无实际的藏书处所。

总的来说,现代作家们大多无经济实力修建一座独立的藏书楼,因而他们只能把对藏书楼的情怀体现在藏书楼的命名中,寄托自己的治学精神、家国情感等人文关怀。比如鲁迅对其"三闲书屋"的解释:"敝书屋因为对现在出版界的堕落和滑头有些不满,所以仗了三个有闲,一千资料,来认真介绍(自印)诚实的译作……"其"且介亭"藏书室名,是因为鲁迅住上海北四川路大陆新村,其地为越界区。"且介"取"租界"二字每半,讽为半租界。鲁迅的两个藏书室名都表达了他对国民党当局的不满。何其芳藏书室名"无计为欢室"。其夫人牟决鸣解释说:其芳同志大半生从事文学事业,平日除工作、读书、写作外,无暇顾及其他游乐,用全部精力从事文学研究工作。又如柳亚子的磨剑室,出自唐贾岛《侠客》诗"十年磨一剑,霜刃未曾试。今日把示君,谁有不平事",表达了柳亚子锋芒显露、立志革命事业的英勇气概。俞平伯藏书,常钤盖"衡芷馆夫妇藏书画"印章。衡芷馆是其书斋名。衡取自俞平伯大名"铭衡","芷"取其妻许

---

① 孙犁:《孙犁文集 补丁版7》,百花文艺出版社2013年版,第111页。

宝钏的小名"芷官"。这个书斋名体现了藏主夫妻的款款深情。黄裳书斋名"断简零篇室",以纪念他对古籍残本的收集。

二、现代作家藏书楼的藏书形态

古代藏书楼作为藏书收藏、保管和利用的处所,积累了内涵极其丰富的藏书形态文化,主要包含藏书保存经验、藏书楼建筑艺术、藏书管理规章制度、藏书类别及藏书家的藏书思想等方面。现代作家处于新旧文化的交替时期,传统的藏书楼逐渐式微,因此他们的藏书楼形态较古代而言内涵单薄且有了许多变化。作家的藏书楼以"虚拟"为主,也就没有藏书楼的建筑艺术一说了;作家藏书主要是为了实用的学术研究和文学创作,对藏书的管理比较随意,大多没有专门的管理规章制度。这里重点谈一下作家藏书楼的藏书类别以及所体现的藏书思想。

一般来说,藏书家在搜集图书文献资料时对各类书籍都会涉猎,又都会根据时代文化潮流或个人经济实力、个人偏好而有所侧重。如《韩非子·五蠹》对春秋战国时期的藏书风尚有言:"今境内之民皆言治,藏商、管之法者家有之……境内皆言兵,藏孙、吴之书者家有之……"随着社会经济和文化的发展,私人藏书至唐代开始形成了专藏的特点。如韦述所藏"古草隶帖、秘书、古器、图谱无不备";张弘靖"家聚书画侔秘府";宗室李元嘉除聚书外,"又采碑文古迹,多得异本";颜师古"多藏古图画、器物、书帖";王涯多收前代法书名画①。又如清末四大藏书家,即常熟瞿氏铁琴铜剑楼、山东聊城杨氏海源阁、归安陆氏十万卷楼和皕宋楼、钱塘丁氏八千卷楼,都以雄厚的财力广收宋元精椠本。

现代作家收书多从自己的经济实力、学术研究领域和个人兴趣出发,形成各自的藏书特色。如黄人所藏以文学书籍为主,所收藏的小说、词曲等比后来的郑振铎还丰富。齐如山收藏大量清代戏曲刻本,其中数百种为稀见的珍本,有清代升平署抄本数千册、各省地方剧本4000余册。郁达夫杭州"风雨茅庐"所藏的图书主要有:宋、元、明至清末的类书;明末清初的禁书,因欲撰明清之际的小说而收集者,共有大小300余部;清初的百名家词抄诗抄以及清末道咸以后的词集等,将近600余种。刘半农的藏书多古代戏曲小说、碑帖等,且多为海内珍品,尤以插图本、巾箱本戏曲小说最为精美绝伦。郑逸梅藏书数万册,以近代掌故笔记为主,内容集中,这在国内藏书家中绝无仅有。郑振铎不尚古本、善本,只以应用与稀见为主。众多藏书家并不注意的戏曲、小说、宝卷、

---

① 以上见《新唐书》各人本传。

弹词之类的俗文学作品，他收得最多，成为大家。他还注意收集线装插图、版画类书籍，大量收购清代文集。此外，吴梅以收藏明清词曲为大宗；柳亚子的藏书集中在吴江乡贤的文献、著述及南明史料；黄裳藏明清古籍，其中集部最多；阿英收藏大量晚明、晚清时期的文学作品等。

关于藏书楼体现藏书家的藏书思想，这里首先得辨析下引发学界争议的古代藏书楼的"私密"之说。

提到古代藏书楼，人们往往将它与近现代图书馆相对立，归纳出近现代图书馆的特点是公共、公开、公享，是人类文明成果的集散地；而古代藏书楼的特点是私有、封闭、专享，限制了文化的传播，阻碍了社会文明的进步。对此，一些学者从社会政治、经济、文化等方面深刻地分析了古代藏书楼私有、封闭、专享的原因。如方嘉珍、史芳树《古代藏书楼封闭性的思想根源探析》①、曹之《古代藏书楼封闭之原因刍议》②、罗小明《论我国封建藏书楼制度长期延续的原因》③ 等，都认为以现代图书馆的服务精神要求古代藏书楼是不合理的。李凯旋《"藏书楼"思辨——与程焕文先生商榷》④ 一文提出，私有、封闭、专享是私人藏书的固有属性而非特性。这就抓住了事物的本质，在认识上更深刻、更科学。他还指出："这样简单的总结完全无视当时的时代条件对图书流通的巨大限制……官府主要以皇家藏书为主，该类型图书馆服务的对象除了皇家子弟，也包括上层知识分子和宫廷的文化精英……所以说私人、书院、寺观藏书的先天属性已决定其必然具有私有性。古代私人采集书籍的艰难、书价的高昂也同样非今所比。……所以说私人藏书的私有、封闭、专享是其固有的属性，而非特性。至于书院、寺观藏书，指责它们私有、封闭、专享也不完全符合历史事实，它们一样对勤学善思的读书人开放，而不看你什么身份，当然你不识字再开放对你也无用。……所以对于古代藏书楼的特性，只能具体情况具体分析，公正公允地总结其特性，而不是先入为主，简单化地将其归纳为私有、封闭、专享。这样，不仅一定程度上违背了历史事实，而且对中国古代图书馆管理者也有失公允。"由此可见，我们不能简单地将近现代的图书馆与古代藏书楼相提并论，这是两个不同的事物。图书馆是为公众提供服务，而古代藏书楼主要是社会文化精英在使用，以便治学经世、著书立说、传播文化等。

古代私家藏书楼私有、封闭、专享的固有属性，与近现代公共、公开、公享的公共藏书理念有很大不同。接受公共藏书思想观点的现代作家在藏书的管理上比古代藏书家

---

① 方嘉珍、史芳树：《古代藏书楼封闭性的思想根源探析》，《新世纪图书馆》2013年第8期。
② 曹之：《古代藏书楼封闭之原因刍议》，《图书馆论坛》2003年第6期。
③ 罗小明：《论我国封建藏书楼制度长期延续的原因》，《图书馆界》1991年第4期。
④ 李凯旋：《"藏书楼"思辨——与程焕文先生商榷》，《图书馆》2013年第3期。

通达很多。古代私家藏书楼有严格的管理和保管制度,对藏书借阅非常谨慎,严守"借书与人为不孝"的家训。以明代天一阁藏书楼为例,其制度管理相当严苛,堪称世界少有。天一阁作为一个私人藏书楼,经历了400多个春秋,经由其家族管理长达380多年,是非常难能可贵的。黄宗羲在《天一阁藏书记》中说:"尝叹读书难,藏书更难,藏书久而不散则难上加难。"天一阁藏书楼经历数代而不衰,最重要的原因就是楼主范钦曾立下"书不出阁,代不分书"的家训。直到今天,人们还可以看到旁柱上刻着范钦立下的戒条——阁中书籍概不外借,子孙读书也应就阁而读,不允许夜登阅之。事实上,天一阁的藏书也并不是完全不借外人,对于有名望的学者也会选择性地开放。例如黄宗羲便首次破例登阁,此后数百年中还有全祖望、薛福成、缪荃孙等名人学者登阁阅书。

现代作家的藏书楼亦属于私人藏书楼,也具有私有、封闭、专享的特点。和古代私人藏书楼一样,其书籍一般只在朋友、熟人之间流通。但是,他们对藏书的态度却与古人有了显著的区别。首先,他们看重藏书的物尽其用,一般会竭尽所能给需要的人提供帮助。比如柳亚子在南明史研究中得到阿英提供的很多史籍的帮助,其中一部分还是阿英收藏的海内孤本。抗日战争期间,阿英担心柳亚子是因为要继续借用他的书籍才滞留上海,就慷慨地说:"亚子先生,除了关于延平王(郑成功)的一部分,我要写《延平春秋》,还须留用外。其余的你一概带走好了。"① 胡适曾在与周汝昌仅一面之交的情况下,慨然把珍贵的甲戌本《红楼梦》借给他,并表示对周汝昌的《红楼梦》研究"许他一切可能的帮助"②。后来,周汝昌兄弟自作主张,抄录了一个副本,胡适也没有怪罪,让周氏兄弟收藏了这一副本。这一胸襟为多数藏书家所不具有。正如周汝昌所说,"并慨然将极珍罕的书拿出,交与一个初次会面陌生的青年人,凭他携去。我觉得这样的事,旁人不是都能做得来的"③,"我觉得学者们的学问见识固然重要,而其襟怀风度也同样要紧。我既钦先生前者,尤佩先生后者"④。郑振铎与朋友间借阅藏书互动频繁,直言"有书而不加整理,不给人使用,不使其发挥应有的作用,不让它们为科学研究服务,那就是把持资料、垄断学术的霸道行为"⑤。郑振铎坚持"传布为藏"的理念,通过出版来传播自己的藏书。他曾言:"为古书延一线之脉,作续命之汤,俾国史不至无征,弘文藉以不朽者,赖有好古之士,刊布不绝,传钞未已耳。姚士奔序《尚白斋秘笈》云:'吾郡未尝无藏书家,卒无有以藏书闻者,盖知以秘惜为藏,不知以传布同好为藏耳。何者?

---

① 黄恽:《燕居道古》,新星出版社2014年版,第37页。
② 宋广波:《胡适红学年谱》,黑龙江教育出版社2003年版,第313页。
③ 周汝昌:《我与胡适先生》,漓江出版社2005年版,第81页。
④ 周汝昌:《我与胡适先生》,漓江出版社2005年版,第107页。
⑤ 郑振铎:《郑振铎全集》第六卷,花山文艺出版社1998年版,第678页。

秘惜，则箱橐中有不可知之秦劫；传布，则毫楮间有递相传之神理，此传不传之分，不可不察者。'"① 正如学者所说，"况且郑振铎的'孤本秘笈'从不秘不示人，往往很快就经由影印或点校出版或书报介绍变成了学术公器，珍籍出版，又往往是引领研究热潮的先声"②。

另外，现代作家对自己藏书的最终归属也坚持公共、公开、公享的现代公共藏书理念，大多都捐赠给公共藏书机构，发挥藏书存续文化薪火的作用。对此，下文有详述。

三、现代作家藏书楼的变迁

古代藏书楼图书的散佚大致有毁于兵燹、毁于水火、因子孙不肖而散、遭书禁之厄等数端，大多数藏书楼也就随之不复存在了。目前，仍有少量藏书楼保存下来。据周少川《藏书与文化——古代私家藏书文化研究》一书统计，清代保存下来的大型藏书楼有6座，还有4座著名藏书楼的遗址。这些藏书楼的藏书都已散佚，或卖出，或归入公藏，或毁于战火等。藏书楼大多都成了重点文物保护单位，供后代瞻仰。如今人藏书家韦力在走访玉海楼藏书楼遗址时亦感叹自己"财浅力薄"，无力构造独立的藏书楼，并说"人有时要认命。想到这一层，觉得古人真伟大"③。

现代作家的藏书楼正如前文所述，大多毁于战火，如郁达夫的风雨茅庐、丰子恺的缘缘堂、周越然的言言斋等。幸存下来的也都成了文物保护单位的纪念馆，如黄遵宪的人境庐、梁启超的饮冰室书斋等。其藏书基本上都捐赠给了公共藏书机构，最大限度地发挥着藏书的文化传播功能。出现这种变化的原因有二：一方面，是受时代大环境的影响——近现代藏书的发展趋势即化私密为公开；另一方面，现代作家藏书不是为藏而藏，收集图书主要是为了使用。他们大多是学者，承担着社会文化传播的责任，因此，他们希望自己的藏书能遗泽后世学人而不仅仅是自己的子孙。比如梁启超藏书丰富，生前以口头遗嘱的形式将藏书捐赠国立北平图书馆。梁氏逝世翌年，其遗族仲策、思成、思永、思忠即遵其遗嘱，由天津黄宗法律师代表与北京图书馆办理移交点书，共计3470部、41819册，以及金石、墨拓与生前手稿信札等。康有为去世后，家属将其藏书2万余册售予广西大学。1953年，高等院校调整，广西大学一度撤销，康有为藏书随文科图书划归

---

① 北京图书馆善本组：《一九一一——一九八四影印善本书序跋集录》，中华书局1995年版，第672-673页。
② 李俊：《学者藏书与学术研究的转型——以郑振铎为例》，安徽师范大学出版社2015年版，第8页。
③ 韦力：《那些藏书楼的"今夕何夕"》，《文汇报》2016年4月18日。

广西师院(今广西师范大学)所有。王国维藏书分3次捐赠:1928年,其藏书之大宗——190余种、700余册手批手校之书全部让售于北海北平图书馆(现国家图书馆);抗战结束之后,北京图书馆(现国家图书馆)分两次得到其后人捐赠的遗稿、信札;20世纪80年代,王国维在台湾的后人捐赠其手迹、遗物14件和罗振玉所治的一枚印章给台北"中央图书馆"。郑振铎将近十万册藏书捐赠给北京图书馆。阿英生前身后均捐赠藏书:1954至1956年,他陆续捐献给国家的明清珍贵善本书共82册;逝世后,他的子女遵照其生前遗愿,将他收藏的以清代木刻本为大宗的4900余种、12000多册珍贵书籍及部分文物捐献给家乡芜湖市图书馆。唐弢藏书共5万余册,其中图书3万余册、期刊1万余册,全部捐献给现代文学馆。胡适留下遗嘱,将留在大陆的102箱书籍和文件遗赠给北京大学。由于政治原因,胡适藏书现归藏三处:书信、文件和日记归中国科学院近代史所;105种善本古籍归北京图书馆(现国家图书馆);其他藏书归北京大学图书馆。何其芳逝世后,家属将其3万多册藏书捐赠给北京广播学院(现中国传媒大学)。

综上,现代作家的藏书楼不仅是其藏书处所,更重要的是其读书、治学的场所,是现代文坛的智慧库,为思潮迭起、作品蜂拥的中国现代文学做出了巨大的贡献。并且,由于其藏书大多归公,这些藏书继续发挥着广泛的文化传播的功能,滋养着一代又一代学人。

(作者单位:中国传媒大学图书馆、人文学院)

"大文学" 视野

整体主义与汉诗[①]

胡 亮

一

沐川是一个县、一座城，森林环绕，群山起伏，位于岷江、大渡河和金沙江之间的三角地带。或许，沐川还是一艘船。什么船？比如弗吉尼亚号（Virginian）。这个故事始于一个弃婴。弗吉尼亚号的煤炭工丹尼（Danny Boodman）偶然发现了这个弃婴。弃婴装在一个纸箱里，纸箱放在一架钢琴上。这个纸箱印有如是字样：TD 牌柠檬。丹尼坚持这样来理解："TD"就是"Thanks Danny"[②]。丹尼决定抚养这个弃婴，将他命名为"1900"——这个弃婴以船为家，逐渐长大，居然成了一位天才的钢琴师。他的即兴弹奏，尤其是在三等舱，带动并应和了每个听众的心跳。这个故事出自小说——及电影——《海上钢琴师》（The Legend of 1900）。既有海上钢琴师，就有山中诗人。沐川宋氏昆仲，奔放渠炜，就是这样的山中诗人或山中葫芦娃。渠炜，不是一个人，而是两个人——宋渠和宋炜。宋渠，1963 年生于四川沐川，1978 年毕业于沐川中学，1979 年就业于县农业银行，1980 年分到利店镇营业所，1981 年调入县工商银行，1987 年调入县文化馆，1994 年辞去公职。从银行到文化馆，便是从米兜兜跳进了糠兜兜。而宋渠不顾，可见其志趣。宋炜，1964 年生于成都，1970 年回到沐川，小学与中学辗转就读于成都和沐川，1982 年毕业于沐川中学，任过县政协委员和市青联委员，1988 年就业于县文化馆，

[①] 本文系 2017 年度教育部人文社会科学重点研究基地重大项目"百年新诗学案"（17JJD75002）的中期成果。

[②] 意为"多谢丹尼"。

1992 年辞去公职。据说宋炜曾偷书于书店，得手后出门，偶遇陈德玉。后者见前者须发潦草，给他 20 块钱，叫他去理发。孰料前者立马返回刚才那家书店，将这 20 块钱全部买了书。这段佳话颇有韵味，今天已不可复睹矣。陈德玉时任乐山市委副书记，甚是爱才，亲自出面将宋炜安排到沐川县文化馆。却说宋渠在文化馆担任文学辅导员，参与民间故事集成；宋炜在文化馆担任音乐辅导员，参与民间音乐集成。宋渠为诗，宋炜改之；宋炜为诗，宋渠改之。和气夹杂着负气，服气夹杂着赌气，兄弟俩的诗文干脆就都署名为渠炜。宋奔与宋放，亦能为诗，终以敌不过渠炜而作罢。宋奔，1958 年生于沐川，1976 年下到金星公社，1978 年考入四川师范学院，1982 年分配到沐川中学，1992 年调入峨眉第二中学，1994 年调入乐山市文联，1997 年调入眉山市文联，2001 年调入三苏祠博物馆。设若没有宋奔，或许就没有整体主义。就像没有丹尼，便也没有海上钢琴师。好似长着四只手的海上钢琴师，"他弹的是一种从未有过的音乐"①。

　　宋氏昆仲何以与成都结缘？他们的外婆、舅父，都住在成都东门迎曦街。宋奔甚至一直求学于成都：从天涯石南街小学到第三十四中学，再到四川师范学院。宋奔读小学，就认识了石光华。从小学到大学，他们一直同级、同校甚或同班。石光华，1958 年生于成都，1978 年考入四川师范学院，1982 年分配到成都市工农兵中学（第四十六中学），1988 年被孙静轩借调到星星诗刊社，1989 年辞去公职。"宋奔那时候还叫宋忠红，"石光华不无自得地回忆说，"我们，与其他两个同学，并称为第三十四中学四大才子。"早在1978 年，通过宋奔，石光华就认识了少年渠炜。那个时候，宋炜正在学琵琶，宋奔正在学竹笛和古琴。石光华初入大学，有人谈到"姜夔"，他不知其为何人；有人谈到"小学"②，他不知其为何物。话说并不是别人，正是宋奔，随口谈到姜夔。他说，姜夔好用"通感"，比如其《扬州慢》"二十四桥仍在，波心荡，冷月无声。念桥边红药，年年知为谁生？"姜夔、通感、小学，镇住了原本志得意满的石光华。必须"赶英超美"，他咬咬牙，一头扎进了深水般的阅读——那可真是个饥饿时代，真是个饕餮时代。宋奔习诗，约当 1978 年；渠炜随兄习诗，约当 1980 年；石光华正式习诗，约当 1982 年。渠炜年龄虽小，诗龄却长于石光华。迟至大学毕业以后，石光华才逐渐得诗，据说模仿欧阳江河竟至于可以乱真。他与渠炜，开始交换作品。渠炜寄来《白果》，石光华则寄去《黑白光》。渠炜认为石光华早期诗语言"梆硬"，直到写出《黑白光》，才算是放飞了一只漂亮的风筝。石光华与渠炜频繁通信，趣味相趋，氛围渐浓。没有人意识到，一个美学分舵正在秘密组建。石光华对渠炜极为重视，他甚至逐渐意识到：在诗或诗学上，与宋奔

---

　　① ［意］巴里科（Alessandro Baricco）：《海上钢琴师》，周帆译，湖南文艺出版社 2017 年版，第 27 页。下引《海上钢琴师》，亦见此书。
　　② 亦即音韵学、文字学和训诂学。

相比，渠炜也许才是更好的对手或俊友。

　　1984年8月3日，石光华随宋奔前往沐川，访问渠炜，盘桓十余日。"我们在沐川，"石光华对渠炜如是说，"诗歌的中心就在沐川。"那时候，渠炜住在红房子。宋父——或可参照《水浒传》先例称为宋太公——时任县商业局财务股长，分得了一栋连排的小楼，有两个小花园，被宋氏昆仲称为红房子。1985年4月20日，石光华为其打印诗集《和象》，写了篇《小序》，开篇就曾这样描绘红房子："那里门前有水，屋外有竹，断石乱草，是个极幽静的去处。"① 渠炜——还有万夏——的不知多少花样文字，都曾在篇末，特别注明脱稿于这个红房子。却说石光华来到红房子，与渠炜甚为相得。他们沐清溪，步河滩，捉螃蟹，钻树林，游山野，望峰而息心。就在这些天，他们反复讨论东方文化传统，首次将中国古代文化表述为一个有机系统——"超越性的整体生命原则便是这个系统的基本思想。由此，我们将自己近期的探索趋向（无论是哲学的还是艺术的）定义为一个新的概念——整体主义"。整体主义将自我视为整体生命的一个层次，而且能够暗通其他层次，并由此获得了"人作为整体的自我确定"。与此同时，作为诗人，他们还意识到，整体主义包含着一种深刻的诗歌美学原则——"诗人自身通过自己的创造活动，直接面对整体，在完成对整体生命不同层次的体验之中，完成对自我和现实有限状态的超越，并运用指向性的语言，创造一个自足而自由的诗的世界，使因于封闭的诗人和读者，通过进入这个世界，向存在开放，不断投入新的超越，并以此恢复自我与整体被破坏的联系"。整体主义，作为概念，出自石光华；作为思想，则缘于古老的《周易》②、《老子》和《庄子》。此种一元论思想，亦即《老子》所谓"圣人抱一为天下式"。当月14日，刘太亨亦来沐川。16日，石光华离开沐川。刘太亨，1963年生于四川彭山，1980年考入第三军医大学，1985年分配到西南医院，1988年转业到沙坪坝区文化局，1990年被动离职。据说，他的父亲并非文人，却一生雅好《周易》。刘太亨的大嫂的妈妈，乃是宋氏昆仲的姑父的妹妹。刘宋，蜀人所谓竹根亲是也。这是闲话不提。却说整体主义的正式提出，据宋渠回忆，当在1984年8月3日至16日。石光华对此或有误记，后来才将"1984年7月15日"③ 确定为整体主义的元年元月元日。

---

　　① 石光华：《和象》，1985年4月或5月，第1页。此文交代了整体主义的"五个W"：where（何地），who（何人），when（何时），why（何故），what（何为）。本段下引文字，均见此文。此文后来被删去末三段，另名《整体主义缘起》，刊于《巴蜀现代诗群》，1987年。

　　② 《周易》虽然被长期列入儒家六经，实则包孕更多的道家思想，从这里亦可再次得到显豁的证明；还可参读陈鼓应《易传与道家思想》，生活·读书·新知三联书店1996年版。

　　③ 《深圳青年报》总第185期，1986年10月24日。后引《整体主义者如是说》，亦见此处。

二

从现在掌握的一些文献来看，更早或很早，石光华——乃至渠炜——就反复思考过有关问题。1984年4月14日，石光华完成了几段没头没尾的文字——《摘自给友人的一封信》，作为打印诗集《企及磁心》代序。许多年以后，他向笔者承认：这不是一封信，而是一篇文章，只不过采用了信的形式而已。这篇文章已经提及"整体性本质"①，并基于这个前提，进而阐述了一种并非鲜榨的诗学或艺术学："沉积了这种'集体意识'的中国艺术家便不是像西方人那样苦苦地追求、寻觅和呼唤无限与永恒，而是在每一个具体实在中，在一弯月亮、一脉清风、一片春草、一声蝉鸣中，感受和发现了无限和永恒。"所谓一沙一世界，一树一菩提，万物也者，均可遗貌以取神。这个"神"，就是"磁心"，就是"合二而一的极至"。石光华既提到了"物我"的一致性，又提到了"仁礼"的一致性，或可视为，他试图从"整体性本质"的角度取缔道家与儒家的一些分歧。

石光华的这篇文章，被北京大学五四文学社编入了影响深远的《青年诗人谈诗》。这个内部印刷的小册子，收录了自北岛以降共计29位诗人的51篇诗论。在这里，有必要提及杨炼的《传统与我们》②。杨炼认为个人并不具有绝对性，"任何个人的创造都无法根本背叛他所属的传统"；传统也不具有封闭性，"诗歌传统的秩序应该在充分具有创新意义的作品有机加入后获得调整"；因而要着力促成个人与传统的互动性，"传统，一个永远的现在时，忽视它就等于忽视我们自己"。此种传统观，可说并无新意。早在1917年，艾略特（Thomas Stearns Eliot）就已经反复申明："不但要理解过去的过去性，而且还要理解过去的现存性"，"诗人，任何艺术的艺术家，谁也不能单独地具有他完全的意义。他的重要性以及我们对他的鉴赏就是鉴赏他和以往诗人以及艺术家的关系。"③笔者很难做出这样的判断：作为诗人或学者，杨炼的重要性甚于艾略特。但是——杨炼式传统观之于汉语和汉语诗，艾略特式传统观之于英语和英语诗，两相比较，前者当然就显得更加罕见、紧缺、急需和及时。须知，经蒙古人南下牧马、满人入关、西学东渐、"文化大革命"，以及西学再次东渐，中国或汉语的传统早已是风雅断绝而礼乐崩坏。艾

---

① 北京大学五四文学社编：《青年诗人谈诗》，1985年，第168页。本节及下节所引文字，凡未注明，均见此书。
② 杨炼后来另撰《同心圆》，重新阐释传统观，其文章标题很接近石光华的《企及磁心》。
③ ［英］艾略特（Thomas Stearns Eliot）：《传统与个人才能》，卞之琳译，赵毅衡编选：《"新批评"文集》，中国社会科学出版社1988年版，第26页。

略特说得很对，而杨炼，虽无新意却来得正好。此处讨论杨炼，后文讨论整体主义诸家。如果没有上述种种认知，就会犯下十分可笑而可怕的大错。

艾略特或杨炼式传统观，亦见于石光华的《摘自给友人的一封信》、海子的《民间主题》、渠炜的《这是一个需要史诗的时代》。比如，石光华会如是说："带着个人的独创性加入传统，加入一代人的创造，是个人实现自身的唯一方式。而诗人是一种加入的最典型的体现，因为诗是人生命存在的最高方式。"《民间主题》亦即海子长诗《传说》的原序。《这是一个需要史诗的时代》亦即渠炜打印诗集《给一个民族的献诗》的代序。两篇文章均被编入《青年诗人谈诗》，这里不再赘引。那个时候，可以说，海子是杨炼的信徒，石光华和渠炜也是杨炼的信徒。复古派中兴，寻根诗大热，越现代越传统，越传统越现代。石光华对杨炼的不吝赞美，颇有代表性，或可视为其对整体主义先驱的提前追封："他……是中国现代诗自觉深入民族文化心理深层结构，自觉走向人类情感与理性的历史原野，自觉追求崇高与深邃境界的历史性转折。"

三

前述石光华、海子和渠炜的文章，共有一个关键词。这个关键词既是杨炼式传统观的合乎逻辑的落点，也是整体主义初现端倪的起点。是的，这个关键词就是"史诗"。何谓史诗？三者均未定义。那就来看第四者——比如庞德（Ezra Pound）——如何定义。"史诗就是包含历史的诗。"① 这个定义名扬四海，说了却等于没说；故而在这里，笔者斗胆来重新定义——"史诗就是忆及人类童年的诗"。

关于杨炼的史诗（或史诗性作品），石光华曾提及《半坡》、《诺日朗》和《屈原》。此类作品的风格，乃是中与西的交错，古与今的交错，先秦与美洲（尤其是南美洲）的交错，屈原与聂鲁达（Pablo Neruda）的交错。也许在石光华看来，华彩有余而崇高不足，冲动有余而和静不足，虚无有余而开阔不足，痛苦有余而超越不足。"杨炼的价值是不可否定的，尽管要肯定他比否定他还更困难。"经过这样的嗫嚅和犹豫，石光华得到机会，终于可以推开并区别于杨炼。他只要中，不要西，只要古，不要今，只要先秦，不要美洲，只要屈原，不要聂鲁达，只要崇高、和静、开阔和超越，不要华彩、冲动、虚无和痛苦，转而将史诗置于纯度很高的东方文化传统——或中国古代文化——语境。所谓史诗，当是时间上的逆溯，而非空间上的横陈，"把目光投向先秦以前，深刻而系统地

---

① 转引自麦钱特（Paul Merchant）：《史诗论》，金惠敏、张颖译，北岳文艺出版社1989年版，第1页。陈东飚的译法却显得有些古怪："一部史诗是一首包含有历史的诗。"庞德（Ezra Pound）：《阅读ABC》，陈东飚译，译林出版社2014年版，第31页。

感受、研究、表现民族意识形成时期复杂而炽烈的思想和情绪"。但是，时间与空间，谁又分得开？渠炜就曾如是坦陈："诗的时空交织要处处互相照顾，有怎样的时间过程，或长或短，就要有怎样的空间意象，或大或小。"① 渠炜与石光华的这种小差异，只是说法的小差异，而非做法的大分歧，后来还将重见于整体主义建构时期。

渠炜的《这是一个需要史诗的时代》写于 1982 年 10 月 21 日。正是在此前后，渠炜和石光华也都写出了一批史诗（或史诗性作品）。石光华写出《东方古歌》和《混沌之初》，被收入打印诗集《企及磁心》；又写出《黑白光》，被收入打印诗集《圆境》。这些诗和诗集早已散佚，或将失传，笔者无从得睹。渠炜写出《废墟上的沉思》、《东方人》和《大佛》，被收入打印诗集《给一个民族的献诗》；又写出《颂辞（一首关于雪山人神的抒情诗）》和《红与黑的时辰》，被收入打印诗集《诗稿》。《大佛》写于 1983 年 4 月 21 日（史诗的春天），很快就产生了较大的影响②。"石心里渐渐浮起的笑容是一个更大的笑容　石心里渐渐扩大的卵石是一块更大的卵石"——这样的表述，已然颇有整体主义风味。渠炜所在的沐川，辖于乐山，所写的大佛却不必等于乐山大佛。"世界在浑浊中醒来时那种最初的庄严和神圣——同时也笼罩着迷惘的氛围——使人仿佛回到了人类的童年，"宋奔从成都来信说，"《大佛》是一个大的象征。"③ 此类作品以力士移泰山，以巨鼎烹大象，过于用力，过于着相，似乎只是一种初级形态的整体主义：虽然披挂了其坚甲，未必呼吸了其真气。在正式提出整体主义以后，一个时间段，石光华和渠炜甚至仍然滑行于史诗之轨道。1984 年 10 月 15 日，石光华写出《吃鹰》④，刊于《现代诗内部交流资料》。从 1985 年到 1986 年，自成都至沐川，渠炜写出散文体的《大曰是》，刊于《汉诗》。《大曰是》文白夹杂，混茫难辨，且看其如何收尾："遂即仰止于一只星的初识：执瑶光兮开阳，尽收天枢之璇玑。甘其食。美其服。安其居。乐其俗。无咎。"其意也，如得天机，如适乐土，如获至宝；其体也，始于楚骚，续于乐府，而终于易经爻辞。

史诗（或史诗性作品）的重镇，北则北京，南则西蜀。先说北京，杨炼和江河而外，尚有海子及其密友骆一禾。再说西蜀，渠炜、石光华而外，尚有整体其余各家及彼时若干重要诗人。风气使然，江河难禁。1984 年 7 月，周伦佑写出《带猫头鹰的男人》；同年 9 月，欧阳江河写出《悬棺》；同年 12 月，黎正光写出《卧佛》⑤；1985 年 12 月，

---

① 渠炜：《与友人谈诗·时空及其它》，《给一个民族的献诗》，1983 年，第 16 页。
② 老木编选：《新诗潮诗集》，北京大学五四文学社，1985 年 1 月；《草原》1985 年第 5 期；《探索诗集》，上海文艺出版社 1986 年版。
③ 宋奔致渠炜信，1983 年 8 月 17 日。
④ 乃是《和象》之选章，笔者未见其余各章。
⑤ 乃是《巨川雄魂》之选章。

翟永明写出《静安庄》；到了1991年，钟鸣写出《裸国》①……彼时西蜀，史诗与长诗，真可谓满地堆积。

四

　　从西蜀到北京，隔了无穷的山岳。渠炜与海子，却成了美学意义上的比邻。史诗，大诗，民族之诗，人类之诗，乃至真理之诗——就是他们的共同的抱负。1984年2月，海子主动与渠炜联系。"我是骆一禾的朋友，"海子从中国政法大学来信说，"愿意向你们学习。"② 海子留下了地址，向渠炜索要打印诗集《赞歌》。从此他们不断通信，如兄如弟，如切如磋。海子致力于史诗（或史诗性作品），比石光华晚，当然也就比渠炜更晚。当年9月，他才写出《河流》；12月，才写出《传说》。正是在此前后，渠炜作品——组诗《红与黑的时辰》——命中了海子，并强化了后者关于史诗或大诗的思考。"诗稿收到。一阅再阅。"海子来信说，"尤其是《木雕》等几首写得很扩展，很有生命力。一种最初的凶狠的自然在周围围拢，一种诞生前后的风声，还有古老、实在、美丽的腥膻。"③《木雕》，就出自组诗《红与黑的时辰》。

　　海子这封信附有一首诗《黑森林——给渠炜》，写于1984年11月。宋渠认为这首诗的某些元素，借用自《红与黑的时辰》。至于海子所说的"腥膻"？这首诗给出了定义："腥膻是夜里的气味/腥膻是土地的气味。"这个定义当然不是重点；重点在于——这首诗还向成都，向乐山，甚至向沐川，致以来自北方的注目礼："一只遥遥的平原/传出夜里/深刻的铸铜声/那些男子和根/那些大佛/那些钟声和蔬菜/我想，我们是地，我们是黑森林/这是最后一次沉睡。"就其狭义而言，胶柱鼓瑟，不妨如是来讲："平原"就是成都平原，"大佛"就是乐山大佛，"黑森林"就是沐川黑森林。这首诗似乎从未发表，亦未收入现有的海子诗集。在《传说》原序《民间主题》的开篇及正文，海子自己，却先后两次引来这首诗的结句——"月亮还需要在夜里积累/月亮还需要在东方积累"④。海子念兹在兹，民间也，西南也，秦腔也，宋氏昆仲也。

　　1988年春天（3月底），海子来到沐川，前后盘桓十余日。他并未投宿红房子，而是住进宋渠的银行宿舍：一个房间，一个厨房，一个带洗澡间的阳台。这个房间的三面墙，画着三幅画，作者分别是宋渠、宋炜和万夏。万夏，1962年生于重庆，居于成都，1980

---

① 乃是《树巢》（未完成）之首部。
② 海子致渠炜信，信件未署日期，邮戳日期为1984年2月29日。
③ 海子致渠炜信，1984年12月8日。
④ 海子：《民间主题》，北京大学五四文学社编：《青年诗人谈诗》，1985年，第176页。

年考入南充师范学院，1984年毕业后拒绝分配直入江湖。1986年春夏之交①，万夏就来过沐川。就在这个房间，某个通宵，他与渠炜一边喝酒，一边各画各的诗。三个画题，分别来自诗题：宋渠的《生民》，宋炜的《大曰是》，以及万夏刚脱稿的《意图》。1987年秋冬之交，万夏又来过沐川。"我在沐川寒冷的细雨中与宋氏兄弟夜夜吃酒，太阳好的时候在门前溪沟边的芙蓉树下喝茶。"② 就在沐川，就在这个银行宿舍，海子再版或增订了万夏的生活：痛饮，剧谈，气功，狂写，每天都熬夜，每晚都兴奋到凌晨三点半。绝大多数时候，海子闭门狂写其《太阳》。得暇，渠炜就陪他去田野晃荡，去河滩晃荡，或去沐川中学见宋奔。"我觉得我们兄弟情义相投。"③ 某日，海子翻出一叠诗稿，向渠炜朗诵了一大段《太阳》。"惟愿《太阳》不要过于猛烈，"渠炜向海子传递了担忧，"烤干了《但是水、水》带给我们的湿意。"渠炜、海子，都是清澈的乡村知识分子；但是，他们又是如此的不同：渠炜如涧水，海子如烈火，渠炜安闲，海子激烈，渠炜悠远，海子仓促，渠炜一直减速，海子一直加速，渠炜减速而为山水间的隐士，海子加速而为臆想中的王子。海子自称已通小周天，可是，渠炜表示怀疑。当时，海子已经出现幻听，他说每晚都听到那三幅画与他对话。——还要再过好几年，英国的罗琳（Joanne Rowling），将把类似的奇妙场景反复写入《哈利·波特》。而对海子来说，奇则奇矣，妙却不妙，因为他的生命只剩下了11个月。

五

石光华有句名言：诗学宋炜，人学万夏。柏桦回忆说，万夏"整个人的出现就是魔力、风、色彩"④。1984年11月，万夏参与组建四川省青年诗人协会。正是在此前后，在成都，宋炜经石光华——或经杨黎——结识了万夏。后来，在成都，宋渠亦结识了万夏。海上钢琴师从未下船，而渠炜尤其是宋炜就要出山。他们叛离老父，揖别清溪，逆溯岷江，泊舟于府河和南河之畔，终从乐山大佛的脚背，来到杜工部的草堂，可谓心意已决而风姿飒爽。"一场大雨刚过，就有人来敲窗子，宋氏两兄弟就站在院子的蔷薇下面，穿着青色的衬衣，脸若一张秋潭静水。"⑤ 万夏曾如此忆及他与渠炜的某次见面。却

---

① 据宋渠回忆，当为4月1日。
② 万夏：《丧·后记》，作家出版社2001年版，第198页。
③ 海子致渠炜信，1988年4月23日。
④ 柏桦：《左边——毛泽东时代的抒情诗人》，江苏文艺出版社2009年版，第141-142页。下引柏桦所述，均见此书。
⑤ 万夏：《苍蝇馆》，柏桦等著：《与神语：第三代人批评与自我批评》，中华工商联合出版社2014年版，第112页。

说宋炜结识万夏以后，两者互补，宋炜人学万夏，而成江湖豪客，万夏诗学宋炜，而成整体主义明星。

至于四川省青年诗人协会，万夏本为副秘书长，"夺权"而为副会长，石光华本为创作部长，转向而为代秘书长。万夏和石光华，也许还有宋炜，依托这个协会，创设了两个分支机构：四川省整体主义研究学会以及与之紧密相关的四川省东方文化研究学会。两个学会恍有千军万马，其实，就是他们几个人在折腾（并非瞎折腾）。后来的事情已经很清楚：1985年4月，《现代诗内部交流资料》问世，主办方为东方文化研究学会和整体主义研究学会，主编为万夏，责任编辑就有宋炜和石光华——宋渠则没有参与相关事务。《现代诗内部交流资料》刊出了石光华的《呓鹰》、渠炜的《静和》以及万夏的《黥妇》，同时还以较大篇幅刊出了巴蜀及全国若干史诗（或史诗性作品）。种种都无须详述；在这里，笔者想要着重谈及这个资料刊出的一条简讯《整体主义与诗人》——"整体主义"由是首次见诸刊物。整体主义或已被误读，这篇简讯则颇欲自辩："整体主义仍然不是一个诗歌艺术流派，它作为一种状态文化的基本思想，即使在引入美学思考以后，也从不企望对诗的本质或构造方式等方面进行抽象的界定"，"我们提出的整体主义，是东方与西方、古代与现代的逆向互补，是一种极为深刻的思想结构模式"①。这篇短讯并未署名，实则出自石光华。

《现代诗内部交流资料》原名《现代主义同盟》，1985年3月15日曾以后者的名义印发《征订通知》。《征订通知》附有《要目》，拟发万夏作品为《红瓦（四首）》。《现代诗内部交流资料》最终只刊出《黥妇》，而不见《红瓦》。《红瓦》乃是莽汉诗，《黥妇》由莽汉而入整体，《枭王》已是整体诗。这里且说《黥妇》，其局部立意暗接《大佛》，全篇遣词造句绝类《大曰是》。"翼之瞬与阴阳之易为石之心；枯林之花与桀纣之泪为石之心；魂魄之毅与道佛之梵为石之心；君心石心。石心我心。"《现代主义同盟》改为《现代诗内部交流资料》，就在易名之际、付印之前，万夏却撤下《红瓦》，换上《黥妇》，就透露出一个值得深究的大消息：作为临时或即兴莽汉诗人的万夏，在那个紧急关头，当机立断听从了其骨子里的整体主义。柏桦认为万夏可以混合"先锋之风"和"怀旧之风"，"先锋之风"当指"莽汉之风"，"怀旧之风"当指"整体之风"。从作诗的角度讲，万夏已用整体取代了莽汉；从为人的角度讲，他却用整体混合了莽汉。"三分之一时间当闲人，三分之一时间当亡命徒，三分之一时间做文化人。"② 后来的事实证明，万夏不管是做一个诗人、一个小说家，还是一个代课老师、一个捐客、一个咖啡馆

---

① 《现代诗内部交流资料》，1985年4月，第30、23页。
② 《万夏诗辑》，《关东文学》1988年第4期，第31页。

老板、一个百货推销员、一个想象中的农人、一个理想主义者、一个囚徒、一个画家、一个摄影师、一个出版家、一个装帧艺术家、一个流浪汉、一个困兽、一个酒徒、一个美食家、一个情种、一个园丁或植物控，他的趣味愈来愈倾向于一个方向——"中国古代"，或"古代中国"。甚至可以这样说，他就是孟尝君与荆轲的混合体，高阳酒徒与陆羽的混合体，"青面兽"杨志与泼皮牛二的混合体，高濂与李渔的混合体，西门庆与沈复的混合体，无产者与小布尔乔亚的混合体。他世俗而任真，冷傲而为善，放浪而唯美，大手大脚而有度。"仅我腐朽的一面/就够你享用一生"——这是万夏的名句，出自名篇《本质》。柏桦——作为波德莱尔（Charles Pierre Baudelaire）的信徒——曾这样谈到这首诗："给予芸芸众生一个波德莱尔式的刺激。"万夏的生活态度和生活方式，果然影响了很多诗人，包括来到他跟前的小白脸宋炜。

六

万夏具有很强的行动能力，故而80年代，故而巴蜀，才会有那么多的开花和结果（尤其是结果）。石光华，宋炜，刘太亨，必须加上万夏，整体主义才会有一份刊物。宋炜命名了这份刊物，万夏促成了这份刊物——《汉诗》。"汉诗"？没错儿，旧得像是经文，新得像是植物，及时得如同及时雨。其与"新诗"，近义词耶，反义词耶？来不及回答这个难以回答的问题。扑面而来，唯有前景：多么及时而又困难重重，汉诗，就要来纠正和搭救所谓新诗。柏桦对此心有戚戚焉，暗地里欢喜无限。《汉诗》主办方为中国状态文学研究机构，不设主编，编辑委员会有万夏、石光华、刘太亨、宋渠、宋炜和张渝。刘太亨可谓整体主义——或者说《汉诗》——新得的一员虎贲，在沐川和成都以外，他和张渝将逐渐辟出一个如火如荼的重庆根据地。

按照最初的乐观主义设想，《汉诗》之卷数及页码数，下期接上期连续编号，若干期汇总而成一部巨著《二十世纪编年史》（这是万夏的主意）。不曾想，外部干扰太多，时代变化过快，最终，《汉诗》只印了两期：1986年卷，亦即创刊号，1986年12月①印行于重庆；1987—1988年卷，亦即终刊号，1989年1月②印行于成都。先来说创刊号——卷首置有自序，写于1986年5月，出自石光华，署名编辑委员会。正文页码数为第1页至第118页，卷数为卷一至卷五（卷一"宜涉大川"；卷二"羽者，生者，溺水者"；卷三"静安庄五子"；卷四"得朋或丧朋"；卷五"中国诗歌研究"）。创刊号刊有渠炜长

---

① "《汉诗》已经取出。"刘太亨致宋渠信，1986年12月20日。
② "元月出书。"万夏致渠炜信，1988年11月24日。

诗《大曰是》及文论《作为生命存在的诗歌》，石光华组诗《门前雪》及文论《提要：整体原则》，刘太亨长诗《生物》（节选），张渝长诗《巴土》，万夏组诗《隐梦》，以及海子、L、周伦佑、岛子、翟永明、柏桦、欧阳江河、孙文波、张枣、杨黎、李亚伟①、赵野等人诗文。这些作者大都出自巴蜀；海子虽是皖人，张枣虽是湘人，却也先后结缘于巴蜀。再来说终刊号——卷首置有代序《存在的智慧》，写于1988年12月，出自石光华，署名编辑委员会。正文页码数为第126页至第252页，卷数为卷七至卷八（卷七"作品"；卷八"诗歌研究"）。终刊号刊有渠炜组诗《家语》②、《户内的诗歌和迷信》、《下南道》（节选）及文论《导书》，石光华短诗选《诗选（1987—1988）》及文论《承担者》，万夏长诗《空气·皮肤和水》，刘太亨短诗选《诗十首》，张渝短诗选《浮世绘》，以及潘家柱、欧阳江河、张枣、李亚伟、杨黎、柏桦、陈东东、陆忆敏、海子、西川、王寅、韩东、肖开愚③等人诗文。终刊号较之创刊号，更为开阔，已然兼顾上海、北京和南京的若干重要诗人及作品。

细心的读者可能早就已经发现：《汉诗》的第119页至第125页去哪儿了呢？也许这就是卷六，可是卷六去哪儿了呢？原来，创刊号拟印于彭山未果，拟印于香港亦未果④，最后却印了3次：初印于邛崃，再印于成都，终印于重庆。为何初印于邛崃？邛崃古称临邛，卓文君故里，乃是整体诸家的一个山头。该地出产星星啤酒，30斤罐装，诸家饮罢不免也曾学了一把司马相如，凤求凰，"而以琴心挑之"。这是闲话不提。却说邛崃版未能顺利出厂，成都版只是邛崃版样刊的复印件，两者都是足本，共有六卷；重庆版才是最终发行版，却整个儿删去了邛崃版卷五，并将卷六顺调为卷五，还压缩了其他卷的篇幅。邛崃版卷五"众妙之门"，编有杨然、席永君、陈瑞生、二毛、李建忠、杜卫平的诗文。其他人倒也作罢，席永君，由此成为一个被穿上隐身衣的整体主义者（后来他自称"临邛羽客"）。席永君，1963年生于四川邛崃，1979年毕业于南宝山劳改农场子弟校，1980年就业于邛崃县地方国营造纸厂，1993年借调入成都华文图书研究所，1994年辞去公职。从1985年9月16日到10月31日，席永君写出组诗《众妙之门》。"你正在

---

① "另外，亚伟那边，正准备铅印《莽汉》，有人赞助600元。我已去信，叫亚伟最好不弄，把银子弄到重庆，全力出《汉诗》。也给太亨去信，要给亚伟开至少5个以上的页码。"万夏致渠炜信，1986年3月。

② 渠炜另有《家语：昨夜洗陶的消息》，写于1986年8月10日。

③ 亦即萧开愚。

④ "王德川从上海回渝，我们共同商量了一些印《汉诗》的具体问题，他说如果4月10日到香港的货运搞成，他就有办法在香港印出《汉诗》，主要是在外运经费中分出部分，让给外商。如在运输合同中少收五千元，其中二千元归外商，另外三千由外商出面在港帮印《汉诗》。"刘太亨致渠炜信，1986年3月10日。

加入中国最深刻的诗人行列,"石光华从成都来信,从整体主义角度肯定了这个组诗,又希望作者深化对古代文化的理解,"这个整体状态文化其深微和根本状态是'生生不息'的生命精神,是一种动态的平衡,一种开放的和谐,它表述'万物皆实,万物皆妙'的真谛。……我们从每一个门中,发现了永恒和无限。"① 石光华的信,席永君的诗,尤其是《众妙之门》第五首——《中秋夜》——的题记"你在自己之内,又在自己之外",都很容易让人想到一个镜子寓言。《汉诗》终刊号扉页印有战国天镜图,图下配有古文云:"戊辰秋,南方有羽者至。其容高远,其音杳然,云气之静变相应以身。羽者持一阒镜,质金,无光而灼人,其上文图古奥,见者莫能解。羽者云:'天地之根,众妙之门,九转相待,赤子以归。'言迄,弃镜于水,弗堕。羽者身逝镜中,不知其所往矣。后子列子得其镜,名之曰天。"这段古文,乃是伪古文。这个镜子寓言,乃是石光华杜撰的镜子寓言。

从卷一到卷八的全部目录来看,《汉诗》并非严格意义上的同仁刊物。石光华、宋炜和刘太亨,尤其是万夏,促成了《汉诗》的如下两个开放性:美学上的开放性;地理上的开放性。《汉诗》毫无门户之见,不但超越了整体,而且超越了巴山蜀水。"汉字和天气焕然一新,"刘太亨的《这些天》如是写来,"责任的枝桠加重了分量。"可是这份刊物发行受限,流布未广,读者难见,知音甚寡,至今令人痛惜其如石沉大海。不管怎么样,正如柏桦所说,整体主义和《汉诗》孤独地捍卫了中国精神,就像谷崎润一郎和川端康成——而非三岛由纪夫,哪怕他写有《金阁寺》——孤独地捍卫了日本精神。此处所谓"精神",恰是"传统之心"。

《汉诗》并没有给宋炜带来好运,却让他免遭一场厄运。据说创刊号印出后,宋炜和万夏踌躇满志,计划乘舟出川,仗剑入楚,由江南而华北,漫游一年半载。"《汉诗》一本四两,十本四斤,二十本就是四十斤!"通过计算,宋炜认为行李有些偏重。他的数学成绩,高考只得了几分。1986 年 12 月 19 日,万夏和宋炜顺江而下,先到涪陵,寻见诗人 L、杨顺礼和雷鸣雏,再到丁市,寻见李亚伟,盘桓两地各数日。这两个酒鬼拟去长沙,访问海上;不意买错火车票,误入贵阳,却没有找到计划外的诗人唐亚平和编辑何锐。为何要去找海上?是年 10 月 5 日,后者写过一篇《东方整体思维空间宣言》,此前还写过关于《大佛》和《静和》的文章。这且不提;却说漏船偏遇雨,破屋却当风,果然不出意外,很快就有人偷走了万夏和宋炜的钱。他们衣衫褴褛,形同乞丐,变卖了若干本《汉诗》以及随身带的一本《百年孤独》,才得到一点食物和两张返巴的火车票。正是在涪陵,宋炜与 L 翻脸,让他日后躲过了一场囹圄之灾。这是后话,不必再提。

---

① 石光华致席永君信,1985 年 12 月 16 日。

七

　　前文已经触及这样一个问题：《汉诗》的插图及插图配文，颇有柏桦所谓中国精神（至少是中国元素）。比如终刊号，封二印有洛书河图，扉页印有战国天镜图，封底印有朱雀图；又如创刊号，封底印有太极八卦图（亦即先天易图），图下配有古文云："汉末，伯阳作《周易参同契》，后图意者①繁甚，太极八卦图为其一。天地始终，物神流徙，羡气而已，而括之以一图，微而著，约而赅，聚散以序，生克无穷，果《易》之妙通耶。唯蜀之隐者，得其本真，而私之，故旷世不传。至宋室兴，好《易》者盛，方有朱子间闻其踪，则遣季通私入蜀，经年勘访，乃以重金得于山野。此图所以传也。"这段古文，也是伪古文。石光华借此表明：太极八卦图卓越地图解了《周易》，曾长期秘藏蜀地，而蜀地兴起整体主义自然并非偶然。

　　石光华的长篇雄文《提要：整体原则》，也非常醒目地始于太极八卦图。他十分动情地认为，此图乃是"一个完美的思想结构"②。为什么这么讲？因为此图既对立又统一，既自足又开放，既自洽又流转，互成又互斥，互斥又互生，互生又互成，任何卦象都指向和生成其他卦象，任何爻象都指向和生成其他爻象，可谓存在、方法论和表述方式的三而一、一而三的整体描述系统。这是一个自明的、二进制的、小大由之的描述系统，"一种描述的典范"，可以说兼有哲学、数学和物理学的严明。说到物理学，就想到兼为科学家和作家的斯诺（Charles Percy Snow）。他曾在一次演讲中沮丧地提到"整个西方社会的智力生活已日益分裂为两个极端的集团（groups）"，"一极是文学知识分子，另一极是科学家，特别是最有代表性的物理学家"③。石光华并不反感科学，也许在他看来，太极八卦图既是哲学也是科学，恰好可以填补两种文化（the two cultures）的裂罅。

　　石光华认为，太极八卦图卓越地图解了《周易》，也就卓越地图解了整体主义。——这就再次曲折地将整体主义回溯到《周易》。整体主义，亦即周敦颐《太极图说》所谓"无极而太极"④。在这个基础上，或者说，在这个前提下，石光华对整体主义做出了三个方面——其实也就是一个方面——的语义学表述："其一，它始终在人类意识的尺度上把包括人自身在内的存在，把握为一个有机的整体系统。其二，这种把握只

---

① 疑当为"图《易》者"。
② 《提要：整体原则》，《汉诗》（1986年卷），第89页。本节下引文字，凡未注明，均见此文。
③ 斯诺（Charles Percy Snow）：《两种文化和科学革命》，《两种文化》，纪树立译，生活·读书·新知三联书店1994年版，第3-4页。
④ 周敦颐自创的太极图，并非太极八卦图，而是对后者的再图解。

能通过文化的方式来显示，而且，文化自身也构成一种整体性系统，由此取得与存在的一致性。其三，文化系统内部在结构状态、效应原则和转换形式诸方面保持一致性，各层理论均可还原为系统的初始构造。"正是基于如上认知，石光华极为信任"人与世界的同构潜能"，他甚至认为"人与世界的全部关系史，就是从表层结构到深层结构、从有限结构到整体结构完成同构的历史"。石光华还试图以马克思哲学佐证整体主义思想，但是思考得还不清楚，故而并未建立起一门精密而新颖的比较哲学。

《提要：整体原则》清楚地表明，存在也罢，自然也罢，哲学也罢，文化也罢，艺术也罢，语言也罢，都是整体生命的不同层次，并充满了自证为整体生命的可能性。在这里，笔者乐于重点讨论此文提出的语言观。石光华认为，中国古代哲人和诗人倾向于对汉语进行"弱化处理"：不重视单词量而重视语义在单词中的可变性，不重视语言的"指称性"而重视语言的"指向性"，故而甚为推崇一种"非指称处理"。《老子》说"多言数穷"；《庄子》说"得意而忘言"；何劭《荀粲传》说"然则六籍虽存，固圣人之糠秕"；王弼《周易略例》说"得意在忘象，得象在忘言"；陶渊明《饮酒》说"此中有真意，欲辨已忘言"；严羽《沧浪诗话》说"故其妙处，透彻玲珑，不可凑泊，如空中之音，相中之色，水中之月，镜中之象，言有尽而意无穷"。那么，人类是否应该消除语言，以求得对"有限性"和"非创造性"的终极克服？石光华的回答似乎对汉语的弱化传统有所龃龉："人类有限语言系统的自身完善（从约定性这种外在的摄控，到自定性这种内在的生衍），将有可能使语言获得无限生成的整体机制。"还是俗话说得好，三句话不离本行。

《提要：整体原则》曾对一位青年论者的学说——"前文化思维"，提出了较为温和的商榷。笔者无意详述这段公案，而是要指出，这位青年论者就是蓝马。蓝马的《前文化导言》首发于《非非》创刊号。由此可以推知，石光华此文不会早于1986年7月，应该写于同年8月。此文共有4章，似乎并未完稿。《汉诗》编辑委员会特别预告：该刊将续发此文第五章和第六章，作者将分析中国文化的"两次断裂"，把对传统的批判引向文化内部的自我超越；正是此种"超越机制"，使整体主义显示出对艺术的启悟性作用；作者还从人类文化史的角度，预言中国文化的自我更新，或可引导人类进入以"生命科学"为核心的自觉时代。

石光华并未写出最后两章，却也不是全然爽约，他把这张空头支票兑换成了另外一个文论系列《承担者》。《承担者》包括三篇——而笔者将重点谈及其中两篇——带有札记色彩的短文：《突围和自渎》、《背景》和《语言之诗》。先谈《背景》。此文写于1988年10月，主要论及西方诗与东方诗的差异：前者揪心于文化和社会，后者醉心于生命和自然；前者乃是"生命被抛弃被蔑视后的一种痉挛"①，后者乃是"秋天中令人欣悦的成熟"；前者反抗，后者拒绝；前者痛苦，后者超迈；前者拆解着社会，后者隐逸于自然。"水、泥土、四季中的草木以及火的真身———一种来源于宇宙浩然大气中的纯阳。"再谈《语言之诗》，此文写于1988年11月，主要论及两个关系，一是语言与存在的悖论形式关系：前者仅以一种形式让后者得以"涌现"，后者的其他若干种形式被前者轻易"遮蔽"，故而，语言"不能把绝对的许诺给予存在"；二是诗与语言的关系：前者可能把后者激化到"危险"的程度，后者也可能"抢先"把前者固定在某种毫无新意的"指涉状态"，故而，诗的过程就是"对语言的不断破坏的过程"。石光华的这种语言观，承芬于西方语言哲学，或已在一定程度上偏离了狭义的整体主义语言观。对西方哲学尤其是对语言哲学，石光华态度暧昧；而对西方的诗，他却旗帜鲜明。石光华不但反对西方的诗，很显然，还反对西方诗阴影下的新诗（包括80年代所谓的先锋诗）。当代诗何往？石光华以一行诗作答："返回到松树的平静。""松树"，或任何"植物"，乃是整体诗的一个较小的母题（motif）：石光华而外，尤见于刘太亨。何者是人，何者是树，刘太亨向来恍惚而懵懂。他坦然自称"树的门人"，惊喜地发现"古代的树竟长上了我们的前额"，进而认定任何乖妹儿定然是"耳环塞满了小树的气息"②。好汉，佳人，嘉木，都应该互换枝叶，化身万千，共赴整体主义的安逸和平静。

八

如果说石光华更多是从哲学角度，那么，渠炜就更多是从美学角度诠释了整体主义。哲学美学，琴瑟合奏。而在整体主义的任何环节，渠炜不是早于——至少也不晚于——他们的"哥老倌"石光华。比如，短文《作为生命存在的诗歌》，就写于1985年底；而长文《导书》，则写于1986年年底。这两篇文章，试图将整体主义引向美学建构。

先来读《作为生命存在的诗歌》。渠炜认为人类不必——也不能——穷尽整体生命，而应该致力于与整体的联系和生成，诗歌就是这种联系和生成的一种方式，其与哲学和科学面对相同的存在，并以不同的方式觉悟到整体，从而有可能使人类在一定程度上超越自身的有限性和主观性。诗歌，在成篇以前，"以一种延续的生命状态出没于宇宙的器

---

① 《背景》，《汉诗》（1987—1988年卷），第216页。本段下引文字，亦见此刊。
② 可参读刘太亨的《树的门人》、《古代的树》和《东谷》；亦可参读宋炜《青春遭遇：树的门人》，《刘太亨诗选》，重庆出版社1999年版，第131-138页。

官和穴孔";在完稿以后,"作为一种生命结构对应于众多别的生命结构"①。因而诗歌不是知识,而是智慧;既周遭万物,又呈现本真;只显示状态,不回答问题。"诗歌是一种纯粹的状态文学。"渠炜也注意到语言之于诗歌的两种情况:其一,突出语言的"原始指向功能",诗人把语言处理成整体生命的一个层次,并让语言成为整体律动的一种显现;其二,遭遇语言的"自发贬抑效应",诗意只是语言的一个达成,并让语言在与对应系统的交际中出现一种退缩。这种情况,古已有之,就是"微言大义"②。渠炜所谓"自发贬抑效应",亦即石光华所谓"弱化处理"或"非指称处理"。后来渠炜提炼和缩写《作为生命存在的诗歌》,另得《整体主义者如是说》,才算首次清楚地定义了"整体主义诗歌":"整体主义作为一种被称为思想的实在形式,在很大程度上是以哲学建构的面目而存在的。当这个思想置身于诗歌之中,渗透于人类文化最具灵性的部分时,即成为整体主义在诗学域中的还原,生成出一种与之相平行的诗体状态——这种被我们名之为'整体主义诗歌'的诗体状态,有时我们也将它表述为状态的诗歌。"

《整体主义者如是说》的起草,自有其目的,后来此文果然现身于徐敬亚主持的1986现代诗群体大展。这个群体大展,实为流派大展。"整体主义并非一种流派,而是一种状态。"石光华这样认为,渠炜也这样认为。都是小伙子,谁不爱热闹?渠炜经与刘太亨商量,仍然决定参加这个大展。参加,就参加吧,又临时捎上了杨远宏。于是乎,整体主义的成员,后来就这样正式公布:石光华,杨远宏,刘太亨,张渝,渠炜。这个名单遵乎长幼,而又并非全然如此,否则杨远宏就将前于石光华。——这样的排序,整体元老谁也不忍心看到。就是这个杨远宏,可谓分身有术。他跻身于整体主义,又自称莫名其妙派,两不误,同时参加了这个大展。可见这个大展,有多么高的民主性,就有多么强的喜剧性。就在同一张《深圳青年报》,同一个版面,以子之矛,攻子之盾,杨远宏已然自证其非整体主义。这也就再次验证了宋奔与石光华的心心相印——"整体主义不会是一种普及性的艺术流派。不是诗人选择它,而是它选择诗人"③。

再来读《导书》。《作为生命存在的诗歌》提到一个词——"原真世界",这个词将反复重见于《导书》。何谓原真世界?西方文化,中国文化,两者的答案可谓迥异。前者认为原真世界亦即前文化世界,前提是人与世界的分离;后者认为原真世界亦即整体

---

① 《作为生命存在的诗歌》,《汉诗》(1986年卷),第113页。本段下引文字,凡未注明,亦见此文。
② 刘歆《移书让太常博士书》:"及夫子殁而微言绝,七十子卒而大义乖。"上句说"微言",下句说"大义",两句互文,而有"微言大义"。
③ 宋奔:《〈整体主义诗选〉编后记》,未刊稿,1988年。这部诗选,未能出版。下引宋奔所述,亦见此文。

世界，前提是人对世界的重返。人已经逐渐成为自然的"一种反常"①，而艺术则可望"完成其向原真世界的接近和对可能世界的提供"。困境与自由共居于一体，有限性与无限性共居于一体，现存性与可能性共居于一体，现代与古典共居于一体，两者的和谐与冲突将成就一番伟大的事业。"艺术正是这种伟大的事业。"整体主义的奥义或目标恰在于——通过诗与艺术——揭橥人与自然的一致性，并有可能"重获与自然的肌肤相亲"。诗人既不是"原始人"，也不是"文明人"，而是可能的"原真人"。《导书》并未局限于诗学或艺术学，而是用了很大的篇幅，回到《周易》并再次从哲学角度诠释了整体主义。这样，渠炜与石光华就构成了一种奇妙的回环往复。

整体主义的哲学与美学建构，如前所述，并不具有充分的原创性。甚而至于，也不具有轻快的层次感和饱满的完成度。石光华与渠炜的啰唆，彼此的重复，似乎具有文章学意义上的口吃者特征。前文提及的几篇文论，一申而再申，三申而四申，也就缺乏金风穿林般的明快和洗练。《提要：整体原则》，长得像火车，却只是《东方的抽象》之导言；《作为生命存在的诗歌》，只是《意图：1985》之局部；《导书》，长得像火车，也只是《可能的超越——整体主义艺术论》之导言。这两部计划中的大书，《东方的抽象》也罢，《可能的超越》也罢，最终也都没有竣稿。因而整体主义的哲学——或美学——建构，有点儿虎头蛇尾，有头无尾，甚而至于掐头去尾。那又有什么关系？从整体主义的角度来讲：头亦为头尾，尾亦为头尾，无头无尾亦可暗通整体生命。

九

跨越了千山万水，现在，终于接近了整体主义的金顶。是的，诗歌。整体主义诗歌，以《汉诗》创刊号印行为界，大致可以分为两个时期：前期，主要是史诗和长诗；后期，主要是组诗和短诗。前期作品举轻若重，举重若重；后期作品举重若轻，身轻如燕。石光华的短诗《桑》，只有13行，四两拨千斤，被宋炜认为压过了作者此前的所有作品。"细风吹过窗户/叶子深掩路径。"整体主义的主要成就，当然不是短诗，而是组诗。前文曾提及刘太亨和席永君的若干组诗，这里还可举出渠炜——主要是宋炜——的组诗《家语》、《户内的诗歌和迷信》和《戊辰秋与柴氏在房山书院度日有旬，得诗十首》，石光华的组诗《梅花三弄》、《大师》和《门前雪》，万夏的《关于农事的五首诗》和《空气、皮肤和水——写给潘氏生辰的二十六首诗》。这是个素绫竹简般的组诗矩阵，柔滑到让人无感，遥远到令人无知，谦逊到使人不察，以至于长期被所谓诗界和学术界视为无

---

① 《导书》，《汉诗》（1987—1988年卷），第233页。本段下引文字，亦见此文。

物。"有众多的理由可以确认,"而宋奔却早已心中有数,"诗人们将在各自作品中程度不同地提供新的世界图景。"

如果笔者在这里着重谈及《家语》,并非个人偏爱使然,而是整体诸家共识所致。这个组诗共有10首,写于1987年4月23日至27日。其标题,可能截自古书《孔子家语》。如果说《孔子家语》——作为《论语》之补充——追忆了儒家日常生活,那么,《家语》——作为《黄庭经》之应用——则假想了道家日常生活。《家语》第八首——《书卷》,透露过极为关键的消息:"我内心一壶止水/对这些毫不在意/只是收敛烛火,放松丝弦/目注《黄庭》或《水浒》。"诗人所谓《黄庭》,就是《黄庭经》;《水浒》,就是《水浒传》。从某种程度上来讲,《家语》的张力就来自于户内与户外的对话,亦即《黄庭经》与《水浒传》的对话。户内生活,诗人如是历数:"默坐火边"、"苦心煎熬一付中药"、"细饮黄酒"、"以布缠头"、"写字"、"焚香薰衣"、"枯坐"、"抚琴以助"、"不出一言"、"吹气如蒸"、"诵读"、"惜命如金"、"深居简出"或"入衾安睡",如此等等。户外生活,诗人也曾叙及:"手里捧着一只司南"、"大队的人马"、"铁器相碰"、"马车"、"同走天涯"、"以秤分金"、"迁居"、"纳头相拜"、"落草"、"酒宴"、"击掌"、"各个州府"、"客商"或"衣衫漂白",如此等等。前者,亦即《黄庭经》式生活;后者,亦即《水浒传》式生活。前者看似无为,实则有为;后者看似有为,实则无为。两者都是江湖生活,而不是庙堂生活,故而有对话却没有争吵。后者反复邀请——或者说劝诱——前者,反而让前者更加坚执地归于"平淡"、"冰清玉洁"、"安宁"、"一派清明"、"心平气和"、"清贫"、"万境通明"、"从容无虑"、"无遮"、"头脑清明"或"喜悦"。那个小号手,怎么羡谈海上钢琴师呢?"当他早已平静的时候,而你,你却在摇晃。"《黄庭经》式生活,亦即性命攸关的修真生活:"即使天地对转/我也会念念不忘/我在这个早晨看见的内景。"所谓"内景",亦见于《导书》。其与"外景",却并非诗人独创。这对术语,早见于《黄庭经》。《黄庭经》共计3种,先有《内景经》,复有《外景经》,后有《中景经》,被奉为"学仙之玉律,修道之金科"。梁丘子《黄庭内景玉经注序》认为"黄者,中央之色;庭者,四方之中也。外指事,即天中、人中、地中;内指事,即脑中、心中、脾中,故曰黄庭。内者,心也;景者,象也。外象喻即日月星辰云霓之象也,内象喻即血肉筋骨肺腑之象也。心居身内,存观一体之象也,故内景也"。如果用整体主义来解释,内景与外景具有同构性。《家语》贯穿始终的一根游丝,无非就是借由内景——契合外景——并渴望能够臻于整体状态。故而《黄庭经》式生活,细想来,并不能完全理解为"隐于野"的避世、"心远地自偏"的弃世或"穷则独善其身"的傲世,而是丘处机所谓"心开天籁不吹箫"的游心与游神。

《家语》所呈现的《黄庭经》式生活,见于更早的《黄庭内照》,共有5首,写于

1987年3月21日；亦见于更晚的《户内的诗歌和迷信》和《戊辰秋与柴氏在房山书院度日有旬，得诗十首》，各有10首，分别写于1988年8月3日至22日及同年9月15日至24日。《黄庭内照》气息虽不乱，文字却偏弱，断然不及后3个组诗。这4个组诗所呈现的《黄庭经》式生活，可见于魏晋，可见于南北朝，可见于晚唐或晚明，独不可见于新语①横行的当代语境。对于诗人而言，对于当代人而言，这种生活定然只是一种虚构生活，具有很强的夸张性和违和感。诗人通过这样的虚构或伪造，将个人——以至当代人——强行置于古代语境，意图以此缓解我与我、我与人、人与人、人与天的紧张感。而时代不断加速，此种意图愈来愈成为不可能。故而诗人独持孤念，"挂出门灯"，未敢指望谁能前来登堂入室。此种整体主义，只能称为空想整体主义（亦即乌托邦整体主义）。

作者之意图与作品之文字，可以说是互为表里。有什么样的意图，就有什么样的文字，反之亦然。渠炜前期作品，比如《大曰是》，起用过先秦散文般的文言；而后期作品，比如《家语》，起用了明清小说般的白话。"午时正牌我入衾安睡，绸缎加身/帐内挂满了香袋和梳子。"白话亦即《上洞八仙传》或《老残游记》之所用，乃是处女般的汉语，元气流转而真力弥漫，等于而不是大于或小于其所对应的"存在"。后来，白话经过新文化、日语或新语的"污染"，就成了具有舶来特征的现代汉语（高度逻辑化和工具化）。必须救回被拐卖的汉语——此种语言学自觉，见于渠炜的诗，更见于万夏的小说（下文将详论万夏的小说，此处提前谈及其语言）。来看《宿疾》如何写景——"西厢房终于被积雪压塌了，断墙边的梅花狂乱得愈加不可收拾"；如何写人——"换了件青色的夹心袄，罩一件红衣裳，灯笼袖子，腰上扎一条果红的滚边带子"。万夏的语言，很早就引起了孙甘露的注意。"汉语的美丽和辽阔扑面而来，"在谈到《丧》的时候，后者曾如是说，"透露着植物被风干烘焙之后的那种阴柔的苦香。"② 有了这等笔墨功夫，可算半个高鹗，不妨径去补写破体《石头记》。

从文字笔墨——以及意图——均可看出，整体诸家从来没有背弃过他们的立场或理想："当一个人被视为或自视为诗人时，他仅仅与正在生成运作中的诗歌传统相维系。"③如果从这个角度来衡估《家语》，笔者乐于如是小结：这个组诗在同类作品中居于至高，最保守而又最先锋，最寂寞而又最深刻，根脉纯正，气韵绵厚，格调清爽，襟怀冲虚，主旨遥深，金风吹玉树，明月照积雪，乃是"反者道之动"亦即逆向生成的当代诗经

---

① 这个词借自乔治·奥威尔（George Orwell）的《一九八四》。读者自行参读，可知笔者深意也。
② 孙甘露：《万夏的〈丧〉》，《文汇报》1989年7月11日。
③ 万夏、潇潇主编：《后朦胧诗全集》（下卷），四川教育出版社1993年版，第201页。

典，虽然所谓诗界和学术界——甚至包括两位作者——长期有意无意地遏制了其在"接受"（reception）意义上的经典化进程。

十

组诗《戊辰秋与柴氏在房山书院度日有旬，得诗十首》，其标题具有一种古意盎然的叙事性：一方面交代了诗的"相关之事"，一方面暴露了诗的"出位之思"。钱锺书和叶维廉都曾谈及这个术语——"出位之思"——不是指不在其位，而是指身在其位的越位，比如诗而含有小说的企图，或者说诗而含有非自传特征。前述组诗中的人物或地址——"柴氏"和"房山书院"，就是彻头彻尾的虚构。然而，诗人对此并不满足，他们又将诗之虚构引向了小说之虚构。诗人——可能的小说家——在沐川红房子下跳棋，从眼前的真实的"旗山岭"，跳向了纸上或心里虚构的"旗山果园"、"大楠木山庄"、"东山坂"、"下南道"、"十字广场"……以至街衢纵横的"王城"。我们的诗人小说家——渠炜——已经初步写出3个中篇小说，总题为《地方》，包括《禁书与禁果，或房山书院与旗山果园》、《大楠木山庄地区的大悲大喜》和《下南道，一个民间皇帝的自我讨伐史》（已散佚）。谁知道呢，这3个中篇小说，或都从属于一个长篇小说？这个长篇小说关乎广场、药街、瘟疫、若干智者和一个傻子，却又只是对一部先秦古籍的笺注、校疏和考证而已。这部先秦古籍——实为伪书——就是《王》，而这个长篇小说就是《王城》（未完成）。海上钢琴师也是如此这般，"在他愿意的时候，他可以弹爵士乐，在他不愿意的时候，他可以弹出一种好像十支爵士乐混在一起的东西"。

"柴氏"和"房山书院"，其实呢，最早见于《户内的诗歌和迷信》，而非《戊辰秋与柴氏在房山书院度日有旬，得诗十首》。这两个组诗，建立了非常肯定的互文性（intertextuality）。这两个组诗——及其他组诗，比如《下南道：一次闲居的诗纪》——又与中篇小说《地方》和长篇小说《王城》，建立了更为复杂的互文性。此类互文性，存于一个作者——也就是渠炜——的内部。事情就是这样奇妙：渠炜，乃是两个作者，亦即宋渠和宋炜。这还不是笔者想要说的全部，事实上，在两个、三个乃至多个作者之间，诗与诗，诗与小说，小说与小说，存有单向的、双向的或多向的影响通道（交叉通道）。比如《户内的诗歌和迷信》的某个局部——"而山中那许多河流与杯子／全都不求满盈"，就可以溯源到万夏的《关于农事的五首诗》——"完整的宋氏在一座山里生养／那里水土贫穷，河与杯子都不求满盈"。而万夏大致完成的中篇小说，比如《丧》和《宿疾》，也可以溯源到渠炜并未完成的长篇小说，比如《王城》。万夏的《丧》，写于1987年10月；《宿疾》，写于1988年3月。据宋奔和宋渠回忆，这两篇小说，大体上都写于沐川。渠炜画出了"草图",却在沐川,被万夏加工为"成品"。这个"成品"较于"草图",可能走了样,也可能翻了新。而万夏的《宿疾》,又是对《丧》的续写或重写——就如同《来自中国北方的情人》只是对《情人》的续写或重写。杜拉斯(Marguerite Duras)这种手艺,万夏无师自通,用得上好。《丧》和《宿疾》,由很多断片构成,像札记,像速写,像抒情散文,像叙事诗。渠炜说是"话本"①,作者自称"中篇小说"。故而,这两篇中篇小说,也就自相矛盾地包含了各种"出位之思"。比如,万夏既写有中篇小说《丧》又写有组诗《丧》,既写有小说残章《农事》又写有组诗《关于农事的五首诗》,小说与诗堪称珠联而璧合。从前述讨论可以看出,整体诸家,或已呈现出几乎没有边际的互文性奇观。

此种几乎没有边际的互文性奇观,甚至还体现为,整体诸家的诗文拱卫着共同的轴心。最显赫的轴心,最大的母题,就是"身体"或"疾病"——而不是社会、现实、政治、宗教或历史。他们醉心于相互沾溉,反复讨论并反复书写这个母题:从文论到诗歌,再到小说。以渠炜为例,从《大曰是》到《导书》,到《家语》,再到《王城》,无不关注身体与疾病。"人冬后家人们在内堂生病/细饮黄酒,药力深长、细致。"这且按下不表,因为本节的重心还是在小说。宋炜曾给笔者看过一个小说残片,写到3个人物:"我"、"父亲"以及"先生"。"我"已身患沉疴,正按"先生"所授,汤沐后进入密室打坐,孰料一股气自脐下气海穴翻涌,其后盘桓于两乳间膻中穴,最后直刺心房,上了太阳,抢进百会,终不免甩头昏将过去。类似的人物关系和情节设计,亦见于万夏的《丧》或《宿疾》:"我的地机已丧于腹哀,商丘高过箕门,府舍零落","我只得放弃这些破屋,退居堂屋,守住空空的中庭","景色在极端的尖锐中纷纷涌进百会,在身体内部变成寂静不动的狂风,杯子里的酒在炉火中越来越冷"。万夏还为这个小说配了一帧《内景图》,其实就是一帧人体穴位肺腑图。他还特别注明,小说中的"山顶"对应"百会穴","南山"对应"心"和"中堂","庭院"对应"脾胃","东山"和"东耳房"对应"肝","西山"和"西厢房"对应"肺","北山"对应"肾","后院水井"对应"三阴交","后山温泉"对应"涌泉穴"。由此可以推知,小说中的"秋"和"犁"、"斧头"、"刻刀"对应"肺金","春"和"芭蕉"对应"肝木","冬"和"温泉"、"井"对应"肾水","夏"和"旱情"对应"心火","长夏"和"砖坯子"、"窑子"对应"脾土"。作者写到的任何外景,都紧扣内景,"使我们置于其中时犹如置于我们自

---

① 渠炜:《〈丧〉:一部形而上话本的实境构造》,未刊稿,1988年春。下段引渠炜所述,亦见此文。

己的身体内部"①。故而,万夏这两篇小说,堪称关于道家养生术的抽象小说,亦堪称关于整体主义或整体生命的寓言小说。如果说《水浒传》是性之小说,《石头记》是情之小说,《丧》和《宿疾》就是命之小说。《丧》——当然也包括《宿疾》——乃是这样两枚或一枚"正果":被渠炜视为"对《易》学文化精神的一次亲近",而被石光华视为"中国整体文化灵性在现代小说中的一次实现"。

整体诸家对身体或疾病并无厌恶之意,相反,还持有一种鉴赏甚或感激之情。这种态度显得并不冒昧,也不奇怪,反而理直气壮。也许在整体主义看来,疾病意味着内景的紊乱,意味着内景与外景的决裂;对疾病的观察和治疗,也就意味着对整体生命的窥视。任何疾病,都是提醒。任何病中生活,都是彻悟生活。《家语》第二首——《病中》,就描述过此种宜于珍视的病中生活:"让人围住烤火的炉灶/又可以搓手取暖/无一多事可做。"宋奔很早就非常重视这个问题,曾多次这样立论:"疾病具有健康的倾向。"② 这句话为何这般眼熟?对了,渠炜的《导书》也正是这样收尾:"只要三寸气在,疾病就具有健康的倾向。"

没有偶然,只有必然,一切都可以寻见千里伏线:自《周易》以降,道家思想逐渐分为两个支派,亦即哲学与医学。哲学则《老子》、《庄子》、《列子》和《淮南子》,医学(包括养生术)则《黄帝内经》、《周易参同契》、《黄庭经》、《素女经》和《抱朴子》。两个支派并非截然不同,就是说,哲学中有医学,医学中有哲学。就总体趋势而言,哲学日衰而医学日盛,道家养生书可谓汗牛充栋。整体主义思想,其初衷,则欲兼顾两者。比如石光华好读《周易》,万夏好读《黄帝内经》,渠炜好读《黄庭经》及《云笈七签》,席永君兼读同乡名医郑钦安的《医法圆通》,刘太亨原来就是医生,宋炜天生就是占卜家,石光华后来才当美食家(食物即药物也),历历如在目前,而每每自有定数。或许,诸如此类,都算得是这些整体诗人——或小说家——的"出位之思"?

十一

《汉诗》第三期,也曾基本编成。据说,将由潘家柱出资,拟于1989年与1990年之交印行于成都或重庆。孰料风云突变,诗人零落,最后只好作罢。故而,整体主义,算是与20世纪80年代同时画上了句号。渠炜后来还试图将一个沐川的地方性刊物《涉川》

---

① 石光华:《重合的境界——万夏小说〈丧〉的意识和语言分析》,未刊稿,1988年1月。本段下引石光华所述,亦见此文。
② 见宋奔《〈整体主义诗选〉编后记》,未刊稿,1988年;亦见宋奔关于《家语》的导读文章,无题,未刊稿,1988年8月27日。

"弄成变相的小《汉诗》"①,出一期诗歌专号——这只是"原真人"想出来的"天真事",最后必然并非无因地归于无果。

整体诸家很快做出了决定,可以不发表,不出版,却不可以不写作。"海子和骆一禾是诗和人共失其血,"宋炜从沐川来信说,"最后还不是只有在诗中死求高贵之物。"② 但是,渠炜——及整体诸家——却写得越来越少。渠炜所谓"自发贬抑效应",石光华所谓"弱化处理",或许并不是主要的原因。陶渊明所谓"力气渐衰损,转觉日不如",或许也不是主要的原因。渠炜迄今拒绝发表作品,拒绝出版诗集。他们与整体诸家留下了一大堆计划、提纲、断片、局部、草稿、半成品或初稿。这些文字,正在加速漫漶,眼看就要散佚于如此颓然的汉语世界。对这种结局或宿命,渠炜——通过《作为生命存在的诗歌》——早就有过预言:"诗歌经历着寻找确定性的过程,经历平衡的过程与超越有限状态的过程。这些过程的达到其实只是相对的、近似的或暂时的,——也就是说,永远都是未完成的。"

海上钢琴师从未下船,宋炜却已出山。他逐渐离开了宋渠,单飞天涯,从沐川到成都,去重庆,远赴北京而又复回重庆,逐渐从《黄庭经》式生活转向《水浒传》式生活:喝酒喝成了怪物,说脏话说成了胖哥,泡妞泡成了职业单身汉,写诗写成了所谓诗界以外的传说(不怒而威的传说),却始终保有一种一望即知的率真和磊落。"使我有身后名,不如即时一杯酒。"据说某次在北京,宋炜已喝高,与别人发生了口角。这个抱朴的汉家子弟、写诗的天才、混世的赤子,定然只是一个打架的笨猪。他很快就被别人踩在鞋底下。这时候,宋渠打来电话,问:"你在哪里哟?"宋炜答:"我在别人鞋底呢。"宋炜的各种遭遇,他的快乐,他的一败涂地,反证了海上钢琴师的忧心:"现在你想:一架钢琴。琴键是始,琴键是终。八十八个琴键,明明白白。琴键并非没有边际,而你,是无限的,琴键之上,音乐是无限的","然而,当我登上舷梯,眼前就展开了一个有上千万琴键的键盘","在那没有边际的键盘上。在那键盘上,没有你能弹奏的音乐,你坐错了位置,那是上帝弹奏的钢琴","我出生在这艘船上,在这里,世界流动,每次两千人。这里也有欲望,但欲望无法超越从船头到船尾的空间","大地是一艘太大的船,是一段太漫长的旅途,是一个太漂亮的女人,是一种太强烈的香水,是一种我无法弹奏的音乐。请原谅我。我不会下船。就让我回去吧。拜托了"。海上钢琴师藏身于已然报废的弗吉尼亚号,最后两者同时毁于六公担半炸药;而宋炜还剩下"半条大好性命",剩下"两只右手",他通过抽屉式的自慰式写作不断梦回山中。来读宋炜的《登高》(其二):

---

① 宋炜致席永君信,1992年1月13日。下引宋炜所述,凡未注明,亦见此信。
② 宋炜致席永君信,1989年12月23日。

"在山上，我猎取的不是树木／或林间兽。／我只砍伐黄金、白银与青铜。／我在巅顶目击的／也不是太阳从云间的喷涌，／而是太阳系在头顶的徐徐升起。"山中——沐川——那里啊，确实，只有八十八个琴键，却有悄悄靠近整体的音乐或诗。

（作者单位：四川省遂宁市文化广电和旅游局）

"大文学" 视野

多重体验中绽放的"从容"①
——论抗战时期作家的昆明跑警报叙述

李直飞

抗战时期在昆明跑警报,是许多作家的共同体验,在当时的记录和后来的追忆中都留下了大量的叙述,构成了20世纪40年代中国文学一道独特的风景。然而,学术界对这段作家体验与文学创作的关系却较少关注。现有的研究多是将跑警报作为西南联大生活史料来收集,比如闻黎明的《"跑警报":西南联合大学战时生活研究之一》(《史学月刊》2007年第7期)、陈海儒的《"跑警报"背景下的西南联大教授》(《重庆交通大学学报》2007年第4期)等;也有对单篇的跑警报作品进行解读的,但解读最多的是汪曾祺的散文《跑警报》,较有深度的解读比如孙绍振的《在灾难面前的深度幽默——读汪曾祺〈跑警报〉》(《福建论坛》2007年第5期)及《读汪曾祺的〈跑警报〉》(《语文建设》2012年Z1期)、师力斌的《恐怖中的情致——读汪曾祺的散文〈跑警报〉》(《语文建设》2005年第1期)等,对其他作家的作品解读则几乎没有。这些研究都注意到了将作家跑警报作为切入口研究抗战文学的独特性,但仍流于粗线条的梳理或只对较少的著名篇目进行解读,缺乏更为全面、精细的考察。跑警报这种战时独特的体验(特别是作家跑警报体验的共性与个性)之于作家创作的深刻影响依然没有被揭示出来。基于此,本文从作家跑警报的体验出发,提炼这些体验的共性与个性,努力揭示抗战的时代风貌及作家们特有的精神气质。

---

① 本文系云南省社科规划普及项目"诗意昆明——细读西南联大作家笔下的昆明"(SPKJ201708)、云南省万人计划青年拔尖人才专项"云南社会机制与西南联大文学形成研究"(YNWR-QNBJ-2019-095)的研究成果。

一、从容：跑警报的共同体验

在叙述昆明跑警报的众多作品中，汪曾祺的散文《跑警报》是较为出名的一篇，也让读者熟知了跑警报的"从容"状态：

> 一有警报，别无他法，大家就都往郊外跑，叫做"跑警报"……唯有这个"跑"字于紧张中透出从容，最有风度，也最能表达丰富生动的内容。
>
> 联大的学生，以及住在昆明的人，对跑警报太有经验了，从来不仓皇失措①。

这篇散文通篇都在渲染这份"从容"，学生在跑警报中谈恋爱、洗头、面对古道发幽思，甚至赶马的马锅头也低声唱着呈贡的"调子"。读者感受到的不是日军空袭的恐怖，而是跑警报生活的有滋有味，真可谓是"灾难前的深度幽默"②或"恐怖中的情致"③了。

无独有偶，施蛰存也写过同题的《跑警报》。在他的笔下，勾勒的依然是昆明人跑警报的"从容"：

> 在你的想象中，倘若以为人们一定是很惊慌了，那是错的。人们并不惊慌，我没有看见一个惊慌的脸④。

这份"从容"，也是冯至的"由早期的惊慌失措转变为泰然自若"⑤，费孝通感受到的"昆明跑警报，在跑得起的人，即便不说是一种享受，也绝不能说是受罪"⑥，何兆武的"记得街上有一家牛肉面馆，被炸之后换了个招牌'不怕炸'，大家都觉得很有趣"⑦。

看来，"从容"跑警报，不仅仅是一个作家的感受，已经是许多作家的共同体验了。那么，我们不禁要追问，在战火纷飞的年代，在原本应该充满惊恐的跑警报中，"从容"

---

① 汪曾祺：《跑警报》，《昆明的雨》，云南人民出版社2011年版，第226页。
② 孙绍振：《在灾难面前的深度幽默——读汪曾祺〈跑警报〉》，《福建论坛》2007年第5期。
③ 师力斌：《恐怖中的情致——读汪曾祺的散文〈跑警报〉》，《语文建设》2005年第1期。
④ 施蛰存：《路南游踪》，云南人民出版社2008年版，第2页。
⑤ 冯至：《昆明往事》，《阳光融成的大海》，云南人民出版社2011年版，第95页。
⑥ 费孝通：《疏散——教授生活之一章》，《联大八年》，新星出版社2012年版，第67页。
⑦ 何兆武口述、文靖撰写：《上学记》，三联书店2006年版，第181页。

为什么会成为作家们一致的感受呢?

施蛰存认为昆明人跑警报普遍"从容"是因为

> 经历了种种艰苦而流亡到昆明来的人,他们都经验过非常可怕的,或许是根本没有警报的空袭,一向生长在昆明的人,或没有真正遭逢到轰炸的人,这警报声就替他们担保敌机此刻还没有飞到头顶上①。

要么是经历了更可怕的空袭之后变得"从容",要么是没有经历过真正的空袭,也就是说,昆明的空袭还没有严重到让人惊慌的地步。汪曾祺也认为跑警报"从容",是因为伤亡不大,"警报、轰炸,并没有使人产生血肉横飞,一片焦土的印象"②。

作家把跑警报的"从容"归结为日机对昆明的轰炸并未造成重大的人员财产损失。日军对昆明的轰炸真的不严重吗?这种印象当然仅是作家们的主观感受,战争从来都不是温情脉脉的。

二、跑警报里的灾难

在作家的印象中,"敌人来轰炸昆明是练习性质,航空员到昆明来飞了一圈跑回去就可以拿文凭,是毕业仪式的一部分,所以谁也不认真"③,"日本人派飞机来轰炸昆明,其实并没有什么实际的军事意义"④。似乎轰炸昆明,对敌我影响均不大。实际上,轰炸昆明,对双方来说都有着重要的战略意义。

"七七事变"之后,抗日战争进入全面阶段,在不长的时间里,华北、华东、华中、华南等相继沦陷,中国所有的出海口都丧失了,仅剩下经越南的滇越铁路和经仰光的滇缅公路可与外界联系。云南成为国际援华物资唯一可以通达的地方,其战略位置顿时凸显出来。

作为战略大后方,云南不仅派出了"中国最精锐、最有力的部队"⑤ 六十军,而且是中国战时军事工业的重要支撑。为了全面抗战的需要,国民政府拟订了《西南西北工业计划》,确立了以西南为中心的大后方经济战略,昆明成为内迁工厂的重要地区,以机

---

① 施蛰存:《路南游踪》,云南人民出版社2008年版,第4页。
② 汪曾祺:《跑警报》,《昆明的雨》,云南人民出版社2011年版,第228页。
③ 费孝通:《疏散——教授生活之一章》,《联大八年》,新星出版社2012年版,第69页。
④ 汪曾祺:《跑警报》,《昆明的雨》,云南人民出版社2011年版,第228页。
⑤ 孙官生:《昆明大轰炸》,云南教育出版社2013年版,第8页。

械、电器、冶炼为主。当时云南建立了 600 余家企业，全力生产军事产品，如轻机枪 15000 挺、望远镜 1300 架、指南针 27000 具、迫击炮弹 40000 发（月）、640 吨燃烧烟雾剂、山炮、手榴弹等，被日寇视为眼中钉①。太平洋战争爆发后，中国战区盟军云集，美国和英国的参谋团、美国陆军第十四航空队、昆明航校、中国远征军、第一集团军等相继在昆明驻扎，仅美国人就有 4 万多，昆明成为盟军在中国的大本营和中枢，是中国战区大反攻并夺取胜利的希望所在，严重威胁着日本生死攸关的战略企图。因此，日本力图摆脱深陷在中国的被动局面，对中国战场的总体战略作了重大调整——实施轰炸和封锁。日本重点轰炸重庆、昆明等政治中心、战略枢纽和军事基地，把封锁、轰炸和攻占昆明作为首要战略目标。日军在占领越南后，即在河内成立"封锁委员会"，封锁的手段便是实施大轰炸，轰炸的重点是滇越铁路、滇缅公路的起点和国际援华战略物资集散地昆明②。作家们在昆明体验到的"跑警报"就是在这种情况下发生的。

  根据资料统计，抗战期间，日机对昆明的轰炸始于 1938 年 9 月 28 日，止于 1943 年 12 月 22 日，其中 1938 年轰炸 1 次，1939 年 1 次，1940 年 22 次，1941 年 29 次，1942 年 0 次，1943 年 6 次，1944 年、1945 年没有轰炸。从投弹状况来看，1941 年 8 月 14 日，投弹 171 枚；1940 年 9 月 30 日，投弹 140 枚；1941 年 8 月 13 日，投弹 132 枚；1941 年 4 月 29 日，投弹 127 枚；1938 年 9 月 28 日，投弹 103 枚；1941 年 8 月 17 日，投弹 102 枚③。1940 年、1941 年成为轰炸最为集中的年份，原因是 1940 年 10 月日军占领了越南河内以后，为了切断中国同国外的唯一联系通道——滇缅公路，加大了空袭昆明的力度。昆明薄弱的防空力量不能有效地遏制日军的空袭，因此"日本飞机来轰炸时，从容飞来，从容飞去，可以说是畅通无阻，如入无人之境"④。

  除了军事目标，日军还轰炸居民区、学校、街道、工厂、机关等，表现出疯狂的"无差别轰炸"，"轰炸没准儿，敌人爱多咱来多咱来，还有，他们爱炸那儿炸那儿。咱们的敌人野蛮得很，他们滥炸不设防的城市，非作战的民众"⑤。比如 1941 年 12 月 18 日 9 时 40 分，10 架日机飞临昆明上空，对被几辆卡车阻塞而疏散不开的人群投炸弹，继之又以机枪扫射，东门外长春路上的店铺墙上以及路边电线杆上、树上和田地里，到处是模糊的血肉，连大东门城门和城墙上也沾满了血肉。当时，死难者的尸体曾集中于交三

---

① 孙官生：《昆明大轰炸》，云南教育出版社 2013 年版，第 9 页。
② 孙官生：《昆明大轰炸》，云南教育出版社 2013 年版，第 8-11 页。
③ 孙官生：《昆明大轰炸》，云南教育出版社 2013 年版，第 36-37 页。
④ 韩咏华：《同甘共苦四十年》，西南联大校友会编：《笳吹弦诵在春城——回忆西南联大》，云南人民出版社 1986 年版，第 59 页。
⑤ 朱自清：《论轰炸》，《朱自清全集》（第 3 卷），江苏教育出版社 1996 年版，第 418 页。

——多重体验中绽放的"从容"——

桥上让人认领,但多数已无法辨认。事后统计,日机共向人群投弹23枚,炸死147人,炸伤218人,炸毁房屋16间,震倒房屋30间,焚毁房屋3间①。

正是因为日军的这种"无差别轰炸",每一次大轰炸后昆明都损失惨重。1938年9月28日,日本飞机第一次轰炸昆明,造成"轻伤60人,重伤173人,死190人"②。在此后的轰炸中,炸死炸伤、损毁比比皆是。1941年12月18日,炸死炸伤365人;1941年2月26日,炸死炸伤357人;1940年9月30日,炸死炸伤224人;1943年4月28日,炸死炸伤190人;1938年9月28日,炸死炸伤141人;1941年4月29日,炸死炸伤133人;1940年11月13日,炸死炸伤120人;1941年5月8日,炸死炸伤98人。1941年4月8日,炸毁房屋4461间;1941年2月26日,炸毁房屋2758间;1941年1月29日,炸毁房屋1312间;1941年2月26日,炸毁房屋1289间;1941年4月29日,炸毁房屋1075间;1940年11月13日,炸毁房屋700间;1941年1月5日,炸毁房屋540间;1940年11月17日,炸毁房屋515间;1940年9月30日,炸毁房屋464间③。

很多作家身处的西南联大,也在敌机的轰炸中受损严重。1938年9月28日,第一批敌机来袭,扔下10枚炸弹,落在联大租用的昆华师范学院校舍,两名天津籍学生不幸遇难;1939年10月13日,百余枚炸弹落在联大师范学院及其他校舍,男生宿舍被夷为平地,其他建筑严重毁坏,造成许多学生无处容身。几条街巷之外,炸弹落在清华办事处前后两侧,梅贻琦一家就住在那里,两个在城里看守的校工被炸身亡④;"联大被炸过两次,1940年秋开学不久,那一次炸得很凶,宿舍、图书馆都被炸了。我还记得那天回来以后校园里到处都是灰尘,就看见蒋梦麟校长——平时他很少露面的——坐在图书馆门前的地上,一幅无奈的样子"⑤;其时居住于小西门内武成路福寿巷的西南联大国文系教授闻一多因外出寻找两个上学的儿子,遭遇日机空袭并受伤,"闻一多靠到墙边躲避,一串炸弹掉在一家院子里,强烈的爆炸把墙上的砖石震掉,砸破了闻一多的头顶,顿时血流满面。幸好街头救护队及时赶来抢救包扎,伤势不太严重"⑥;1940年10月13日的轰炸中,西南联大被炸毁100余间房屋⑦,滇籍学生因此特向省教育厅呈文,"如不设法救

---

① 孙官生:《昆明大轰炸》,云南教育出版社2013年版,第34页。
② 谢洁吾遗稿、谢德宜整理:《抗战时期敌机袭昆伤亡简记》,中国人民政治协商会议云南省昆明市委员会文史资料研究委员会编:《昆明文史资料选辑》(第7辑),1986年,第138页。
③ 孙官生:《昆明大轰炸》,云南教育出版社2013年版,第36-37页。
④ [美]杜易强:《战争与革命中的西南联大》,饶佳荣译,九州出版社2012年版,第228-230页。
⑤ 何兆武口述、文靖撰写:《上学记》,三联书店2006年版,第182页。
⑥ 闻立鹏、张同霞:《闻一多》,人民美术出版社1999年版,第139页。
⑦ 孙官生:《昆明大轰炸》,云南教育出版社2013年版,第23页。

济，难免被迫辍学"①，损失不可谓不重。

即便认为跑警报是一种"享受"的费孝通，也在日本的空袭中受损——"前后的房屋都倒了"，"院子里堆满了飞来的断梁折椽，还有很多碎烂的书报"②。他还经历了血肉横飞的场面：

> 哭声从隔壁传来，前院住着一家五口，抽大烟的父亲跑不动，三个孩子，一个太太，伴着他，炸弹正落在他们头上，全死了。亲戚们来找他们，剩下一些零碎的尸体。在哭。更坏的一件一件传来。对面的丫头被反锁在门里，炸死了。没有人哭，是殉葬的奴隶。我鼓着胆子出门去看，几口棺材挡着去路，血迹满地。我打了一个恶心，想吐，连忙缩了回来③。

这当然不是"从容"的体验，这是血淋淋的灾难。可见，日军对昆明的轰炸，并不是不严重，相反，这种灾难已经足够沉重了。面对这样一种灾难，文人们的体验自然不仅仅是"从容"，还有更多丰富的体验。

三、跑警报的多重体验

跑警报既是西南联大时期师生们的特殊体验，又是师生们的日常生活之一。"在昆明的几年中，除了办校外，突出的事情就是跑警报，几乎天天要跑"④、"抗战中期的昆明，日机时常轰炸，几乎天天要跑警报"⑤……类似的记忆可谓连篇累牍。如果说一些过后的记忆仅仅是模糊印象的话，那么当时西南联大校长梅贻琦的日记就显得极为真切而翔实了。梅贻琦在日记中记载了大量有关跑警报的场景，仅在1941年提到的"跑警报"情况就如下表⑥：

---

① 孙官生：《昆明大轰炸》，云南教育出版社2013年版，第23页。
② 费孝通：《疏散——教授生活之一章》，《联大八年》，新星出版社2012年版，第70页。
③ 费孝通：《疏散——教授生活之一章》，《联大八年》，新星出版社2012年版，第71页。
④ 韩咏华：《同甘共苦四十年》，西南联大校友会编：《笳吹弦诵在春城——回忆西南联大》，云南人民出版社1986年版，第59页。
⑤ 郑天挺遗稿、郑克扬等整理删节：《南迁岁月——我在联大的八年》，西南联大北京校友会编：《庆祝西南联合大学成立六十五周年纪念特辑》，1986年，第66页。
⑥ 本表根据黄延夏、王小宁整理《梅贻琦日记》（清华大学出版社2001年版）整理而成。

—— 多重体验中绽放的"从容" ——

序号	日期	日记所涉跑警报内容
1	1月2日	午饭后1:05警报,1:40敌机八架来,4:00解除。闻所炸为巫家坝及石龙坝。六点后城内电灯有停息者,但不久即逐渐恢复。
2	1月3日	11:00警报,12:30敌机来,炸城外东边,4:15解除。
3	1月5日	上午十点三刻有警报,将近中午则有炸声连续至廿余分,敌机数架盘绕市空甚久始去。
4	1月6日	午前7:30城中又有警报,但无敌机来。昨日所炸为圆通山附近华山东路平政街一带。
5	1月7日	早九点将进早餐,忽又来警报,步行郊外,觉甚燥热。
6	1月8日	早八点余始起,早点后久待竟无警报。
7	1月9日	上午九点有预行警报,到办事处后,见办事员有先自离去者,严于告诫。
8	1月12日	早八点起后,颇念诸孩在家,不知有警报否。
9	1月19日	十二点十分将进午饭,忽来警报,与家人出至苏家塘后山坡上,久久竟无消息。4:10解除。
10	1月23日	警报九点十分至两点十分,黑林铺被炸。
11	1月29日	中午有敌机在市中投炸弹,西仓坡上下又各落一弹,翠湖小学被毁,西仓之米飞散甚多,寓中门窗及室中零物又有损毁,但不如上次之甚。幸已于前日移住乡间,否则虽自己无所畏惧,将使照看之人勉强留守,而又遭次一番震动,太觉抱歉矣。
12	1月30日	午前祖彦来信,前日所炸区域为城中翠湖附近及福照街文庙街一带,及正义路之北段。炸后市面情形尚都安定,是则较年余前市民心理上已有进步矣。
13	2月7日	午前有警报,院中妇孺皆外出疏散,顿觉安静,乃至廊下坐约一时,看书晒太阳。
14	2月12日	午前有警报,二点余解除。
15	2月21日	至十点半始与彬、彤收拾出发,而已有预行警报矣。行李由老李拉车,余与二女步行,初觉颇倦且热,至小屯稍坐饮酒,精神加旺。闻空袭警报。再前行,十二点一刻将至梨烟村口,闻紧急警报,警察不许进村,乃沿北堤到家。午饭后闻有轰炸声,似甚远者。
16	2月26日	午饭后一点余,忽有警报,敌机来两批,各有二十七架。所炸为拓东路一带及城内绥靖路以南。闻人民死伤颇多,龙公馆亦落一弹。
17	2月27日	返西仓坡未久又有"预行警报",乃另雇车下乡。午饭在潘家。下午敌机仍无声息,似竟未来。
18	3月9日	下午一点有警报,因不耐远走,与诸孩即在苏家塘北山坡上停歇,幸二点三刻即解除。闻炸处为安宁,亦无多损失。

续表

序号	日期	日记所涉跑警报内容
19	3月10日	十点余将出门，人告有预行警报。
20	3月11日	幸午间未闻警报，否则更多不安矣。
21	4月8日	上午九点余有预行警报，初未介意。十点余赴校办公。十二点返家未久而警报来矣，家人幸皆已进午饭，余则携面包一块出门，与诸孩仍在苏家塘北山坡停留。12：45紧急警报，1：05敌机二十七架由南而北，炸弹声数批连续过后，而见城中起黑烟二三处，以后北方亦[有]炸声，闻为沙朗一带。2：45回至新校舍休息，趁便办公。4：45解除。五点余与诸孩至市中查看：翠湖东南西三面均落弹，一老人在桥边炸死，劝业场及大众电影场炸后延烧一空，武城路关岳庙对面烧数家，民生街炸二三处，光华街炸二三处，正义路马市口南炸……（原文有脱落）任均不至。乃绕道由民生街、福照街、武成路、洪化桥、钱局街经西仓返寓，因西仓坡东头以南有一未炸之弹，故行人不许经过。途中有市民来往极拥挤，幸月色晴好，否则恐不免有意外发生。十一点电灯竟放光矣！
22	4月9日	本日无警报，或因天气阴雨湿冷之故欤？
23	4月10日	十点余预行警报，午饭后1：30空袭警报。此次与彦等走至红山下旧避处，晤同人十余位。3：20起始步归，至半途解除矣。
24	4月15日	早九点起，闻有预行警报。
25	4月18日	午前十二点五分警报，幸午饭已提早吃过。一点半后天忽阴，风雨继至，郊外无处可避，虽携雨具，竟难遮盖，归途行来鞋裤及长衣之下截尽湿透矣。行至新校舍雨亦适止。又待至三点余始解除。
26	4月19日	上午在办公室，即闻有预行警报。十一点余归家午饭后，警报果来矣。但久待竟无敌机消息。二点余返至新校舍，三点解除。
27	4月20日	一日阴天，遂无警报，亦未出门。
28	4月21日	警报由十一点十分至三点十分，郊外又逢阵雨，幸第二次之暴雨已在新校舍休息矣。
29	4月26日	11：10 a.m. 警报。12：20敌机来，炸声似较远，后知为城南纱厂一带，而胜因寺亦落一弹。4：00解除。
30	4月27日	天气和煦，时有片云，九点余有预行警报，至一点已解除。
31	4月29日	警报12：55，紧急1：30，敌机来炸1：42，解除4：45。所投小炸弹甚多。敌机二十七架斜排由南向北飞来，故西面由甘公祠附近至翠湖，东面由威远街至小东门外均有炸毁，寓中纸窗有震破者，杯壶有倾倒者，灰土亦颇多，幸无损失，此为第四次矣，且看下次如何。

续表

序号	日期	日记所涉跑警报内容
32	5月7日	上午九点余与黄子坚、王明之往梨烟村看地,后至建设厅午饭,与张厅长一谈。饭后适有警报,随至山边林下休息。敌机久等未来,乃邀同厅员张君再至梨烟村看地势四界,后至杨业治家饮茶。三点雇车返城,四点解除,适抵西站矣。
33	5月8日	警报11:20,紧急11:45,敌机来炸12:13,解除二点半。被炸地点为圆通山及莲花池、沙沟埂一带,民房延烧一片,死伤亦颇多,盖皆在郊外未曾卧倒或入防空洞者。此次各处捡得碎片颇多,有谓系来自空中炮炸弹者。
34	5月11日	饭前约十二点敌机来,炸市区。后入城,知为近日楼一带及东门外。
35	5月12日	十点一刻警报,与诸孩至尹家大坟疏散,较苏家塘一带又远二三里矣。十一点敌机十五架入市空,炸声颇近,二点解除后入城,则西北区又遭一次,情形与十月十三日大致相同,西仓坡住寓又幸而免耳。
36	5月20日	早八点半至八弟家早点时,闻已有△挂出,盖表示有敌侦察机来,是较昆明又多一预报之预报矣。以后经过则如下:9:30,挂一气球,医院中及市民起始移动。10:00,两气球,放警报,人民走向防空洞,医院中人移物入洞,洞即院后,故尚忙,洞颇大且坚,故尤不现恐慌。12:10,紧急警报,双球降下,大家入洞,洞颇大,人不多,八弟等且备有藤椅,尤觉得舒适矣。2:05,双球升起,出洞稍息,至后山上看紫霞无君庙。2:35,双球又降下,大家再入洞。2:45,长响解除。
37	5月21日	上午又因警报未出门。
38	5月22日	十一点至三点四十分空袭警报,未入洞。午饭原有孔院长之约,解除往炮台街孔寓致谢,孰知主人往南岸尚未归来。
39	5月26日	八点十五分至十点半警报,有侦察机数架来。吴司长有电话言将来访,因警报竟未来。
40	5月28日	上午天气晴朗,稍热,竟无警报。
41	6月1日	早八点始起早餐,九点余挂一球矣。约十点半警报,十一点紧急,大家入洞后未五分钟即闻炸声十数起,似非甚近,洞中灯火略有跳动,十二点十分解除。出洞后则见附近被炸受伤者抬入医院救治,二三小时内共百余起,伤重不治而死者闻有七八人。

续表

序号	日期	日记所涉跑警报内容
42	6月2日	在室中早点毕,季洪自南岸来,正闲话间又挂气球矣,宝弟遂匆匆去,以便乘汽车往歌乐山。郑、罗、张同来。九点半发警报,十点紧急,十点十五分起始闻炸声,由远及近,六七声后有大声四五下,紧接至头上最后一下,空气似由顶上打下,感觉颇奇怪,洞内油灯皆为震灭,妇孺有惊叫声,张女士坐予旁,当亦吃惊不小,郑、罗与余互道"躬与其盛"。十一点二十分解除出洞,则见医院大楼正中落一弹,楼梯处及偏左一部炸毁,楼后小房烧完。大门前、山洞上面均落有弹,无怪乎洞中空气震动如此之烈矣。三点回医院,室中尚无毁损,灰土已清除、拂拭二三次矣。
43	6月3日	九点余△挂起,而久无消息。十点以后,北风吹起,三角旋亦取下,热度在九点余已是八十八度,下午将更可观。
44	6月5日	晚八点将近白沙,忽传有紧急警报,乃停江中未靠码头。
45	6月7日	饭后一点有余有警报,至小山后暂避,三点解除。
46	6月11日	三点有紧急警报,四点解除,所中人未走开。
47	6月20日	午前方拟渡江移住泸县,十点忽传有警报,未久继发紧急,偕同人至后边坟山上。约十点有飞机数架在云中由东飞向西方,又二刻许有四架散飞于泸、纳之间,十余分后折向东去,闻人言此批系我方飞机,则何故飞绕于此区域不可解矣。
48	6月22日	早九点前传有预行警报,中孚来后商定同往中央银行疏散,因该行有防空洞尚好。十点余竟有空袭警报,实则阴云正密,雨势方浓,敌机之来似为大不可能者。在银行待至一点余始解除。
49	6月23日	因天晴,恐有警报,商往三岩茶馆早点,借览江景,乃未出门即已"挂旗"矣。及至街上,男女老幼仓皇前行,忽忆"路上行人欲断魂"之句,谓可借以状之。大多数皆北行,余等亦北,半小时后至新村饶辅华君寓休息,唐湘亦适自宜宾来,与饶商建筑事者。十点余放空袭警报,十一点竟有点急,乃由饶引入其后山坡之防空洞,据云系一蛮洞,凿于石岩下,年久为泥土淤塞,新村居人发现后加以挖掘修理,堪作防空之用。一点余无飞机消息,重返饶寓,至二点始解除。
50	6月25日	因恐又有警报,八点余同中孚等出至三岩湖北茶社饮杭菊。
51	6月26日	晴热,幸无警报。
52	6月29日	因有警报,在客堂久坐闲谈,十一点半闻炸声,有人谓或系重庆被炸者,未敢置信,不信声音能传来如此之远也。一点半始由所往李庄镇市,行未远又闻轰炸声自东方传来,乃在山坡树下稍停。二点一刻进镇,街上人甚多,为赶场者,竟都不疏散,实为不妥。

续表

序号	日期	日记所涉跑警报内容
53	7月5日	早餐时闻方桂夫妇言昨夜邻村有枪声颇多,时余已入睡乡矣。
54	7月7日	十点余有警报,未几解除。晚六点至青年服务站……七点饭方罢,有预报,返唐家未久,警报鸣矣,十一点一刻始解除。乃起行往城内……步行已过大观楼,忽又有警号,急雇洋车返唐家,索价四元矣。一点余再解除,由饶、邓、王让出床铺,使吾三人暂息。
55	7月10日	饭后有警报,乃至南门内桂质廷家稍坐。解除后与桂、陆两院长参观理、工两院。
56	7月27日	10:00闻有预报,乃至四家村李幼椿家暂避,约十一点有警报,十一点三刻紧急,后未十分钟而头上飞机声越来越多,旋闻炸弹声,乃分入室中卧地上,炸声连续至三分左右,最后声益近,其弹落下之咝咝亦甚清楚。1:30解除,入城,则全城之西半几无不遭波及。6:00返招待所,幸未被炸,但四周落弹不少。
57	7月29日	7:30与沈、罗、郑往望江楼游玩,在吟诗楼上饮茶。未久,有警报,群众皆散,至川大农院王尧臣家闲坐,遂留午饭。2:30解除。
58	7月30日	7:30,罗仲和来,陪至茶店子省府办事处,出西门行半时许始到。途中已有警报,处中人员颇张皇,至田间一"避难所",颇无聊。3:30解除后与景清至省府访胡厅长。
59	8月8日	1:30-3:30警报,上山入教部防空洞,未久留。出洞在音乐教育委员会饮茶,闻远方有炸声。
60	8月9日	7:30起,早点食豆浆稀饭未完,已有紧急警报,与顾太太及小孩等入附近山洞,未久一樵来,又同返家闲谈。十点解除。11:30第二次警报。
61	8月10日	7:00起后赶食早餐方罢,即有紧急警报。2:00-4:00又警报一次。晚饭时又有警报,未久即解除。8:30第四次警报。11:30摸黑睡下,警报犹未解除也。
62	8月11日	天明被唤醒,谓有警报,未起又睡去,七点起。2:30-4:45第二次警报。
63	8月12日	早点后有紧急警报,旋闻机声,乃至洞中暂避,较为风凉。10:00解除后,张、郑别去,小睡约一小时。郑、罗来,因又有警报,留午饭。
64	8月13日	此日警报仍为三次,1.2:30a.m.被人唤醒后旋复入睡;2.5:30-8:00;3.8:30-3:00。
65	8月14日	10:45-3:00警报一次。
66	8月16日	午前有警报,旋即解除。饭后毅生来信,言报载八月十四日联大被炸。发二电,一与蒋校长,一与潘光旦问详情。
67	8月17日	9:10又有警报,试为一樵写字未成。

续表

序号	日期	日记所涉跑警报内容
68	8月18日	天阴，无警报。
69	8月19日	9:45警报。
70	8月21日	天晴，无警报。
71	8月22日	11:00紧急警报，先至吕家，随与著青等同往中央银行防空洞。飞机二批。2:00回吕家午饭。饭中间又有飞机来，在吕院后山洞暂避。炸沙坪坝，灰烟可见。
72	8月23日	10:00大雨一阵后，与毕出至新校南北区略看被炸各处，然后回梨烟村午饭。
73	8月27日	6:30至才盛巷开联大常委会，新校舍被炸后似无修复之计议，乃有提议延期开学者，心中大不谓然。决赶快筹备，设法如期开学。
74	11月6日	上午11:30-1:00警报，未经紧急即解除。
75	12月7日	午前将出门，适有预报。
76	12月18日	警报9:30-2:30，东门处死伤百余人，联大职员高以信夫妇及小孩被炸死。
77	12月20日	警报9:30-2:30，敌机未入市空，在桂、滇边击落三架。
78	12月22日	3:15-4:45预行警报。
79	12月24日	10:15预报，11:35警报，2:45紧急，4:00解除。

从上表中，我们不难看出梅贻琦1941年跑警报的次数很多，许多时候连续几天都在跑，甚至一天跑多次，比如8月9日跑了两次，8月10日竟有4次之多，8月11日有两次，8月13日又有3次。几乎每次跑警报他都做了详细记录，几点开始警报、敌机什么时候来、炸了哪里、来了几架、什么时候结束，都记得一清二楚，时间甚至详细到分。类似于"12:45紧急警报，1:05敌机二十七架由南而北，炸弹声数批连续过后，而见城中起黑烟二三处，以后北方亦〔有〕炸声，闻为沙朗一带。2:45回至新校舍休息，趁便办公。4:45解除"（4月8日）的精确记录在日记中比比皆是。在这些轰炸中，他甚至与炸弹擦肩而过。"约十一点有警报，十一点三刻紧急，后未十分钟而头上飞机声越来越多，旋闻炸弹声，乃分入室中卧地上，炸声连续至三分左右，最后声益近，其弹落下之咝咝亦甚清楚……"（7月27日）如此真切的描述，没有身临其境的体验是难以描述的。因此，相较于汪曾祺、冯至、施蛰存等人的文学性描述，从梅贻琦的日记中更能感受到时人跑警报的真切体验。

在如此多的跑警报记录中，不乏日机轰炸下的真实伤亡、毁损情况："翠湖小学被毁"（1月29日）；"闻人民死伤颇多，龙公馆亦落一弹"（2月26日）；"翠湖东南西三面均落弹，一老人在桥边炸死，劝业场及大众电影场炸后延烧一空，武城路关岳庙对面烧数家"（4月8日）；"民房延烧一片，死伤亦颇多，盖皆在郊外未曾卧倒或入防空洞者"（5月8日）；"伤重不治而死者闻有七八人"（6月1日）；"楼梯处及偏左一部炸毁，楼后小房烧完"（6月2日）；"联大职员高以信夫妇及小孩被炸死"（12月18日）……这是梅贻琦1941年所见到的日军轰炸之下的灾难。整个抗战期间，其所见的灾难就更多了。

除了灾难，我们从日记中也能感受到梅贻琦跑警报的丰富体验。在警报声中，不乏"自己无所畏惧"（1月29日）、"邻村有枪声颇多，时余已入睡乡矣"（7月5日）的"从容"，而"午前有警报，院中妇孺皆外出疏散，顿觉安静，乃至廊下坐约一时，看书晒太阳"（2月7日）、"至小屯稍坐饮酒，精神加旺"（2月21日）、"八弟等且备有藤椅，尤觉得舒适矣"（5月20日）等语就不仅仅是从容，简直有些惬意了。他在跑警报中的这份从容，刚好可以与别人所见相印证："比如梅校长，那时候五十好几了，可是极有绅士风度，平时总穿得很整齐，永远拿一把张伯伦式的弯把雨伞，走起路来非常稳重，甚至于跑警报的时候，周围人群乱哄哄，他还是不失仪容，安步当车慢慢地走，同时疏导学生。"① 有了这份淡定从容，自然就有了"到办事处后，见办事员有先自离去者，严于告诫"（1月9日），又对"三点有紧急警报，四点解除，所中人未走开"（6月11日）和"途中已有警报，处中人员颇张皇"（7月30日）特别记上一笔。

在"从容"的基础之上，也才会有对日机空袭的调侃："寓中纸窗有震破者，杯壶有倾倒者，灰土亦颇多，幸无损失，此为第四次矣，且看下次如何"（4月29日）；"郑、罗与余互道'躬与其盛'"（6月2日）。而"但久待竟无敌机消息"（4月19日）、"敌机久等未来"（5月7日）等语则似乎有了对敌机的某种"期盼"。

除了记述跑警报的"从容"、"调侃"，日记中还有对跑警报"窘况"的描述："忽又来警报，步行郊外，觉甚燥热"（1月7日）；"午前十二点五分警报，幸午饭已提早吃过。一点半后天忽阴，风雨继至，郊外无处可避，虽携雨具，竟难遮盖，归途行来鞋裤及长衣之下截尽湿透矣"（4月18日）。这些描写颇生活化，却是跑警报中难得的细致体验。

日记中当然也有对民众慌乱的记录："及至街上，男女老幼仓惶前行，忽忆'路上行人欲断魂'之句，谓可借以状之"（6月23日）；"洞内油灯皆为震灭，妇孺有惊叫声，张女士坐予旁，当亦吃惊不小"（6月2日）。日记中也不乏对别人的担忧："早八点起后，颇念诸孩在家，不知有警报否"（1月12日）是对亲人的担忧；"二点一刻进镇，街上人甚多，为赶场者，竟都不疏散，实为不妥"（6月29日）则是对普通民众的担忧；"炸后市面情形尚都安定，是则较年余前市民心理上已有进步矣"（1月30日）显示了对

---

① 何兆武口述、文靖撰写：《上学记》，三联书店2006年版，第181页。

社会细致入微的体察。

除此之外，日记还夹杂着庆幸、惊喜、猜测、愤慨以及对炸后重建的艰辛等多种体验。庆幸如"西仓坡住寓又幸而免耳"（5月12日）；惊喜如"十一点电灯竟放光矣"（4月8日）；猜测如"本日无警报，或因天气阴雨湿冷之故欤"（4月9日）；"忽又有警号，急雇洋车返唐家，索价四元矣"（7月7日）则是对车夫坐地起价的愤慨；而"6：30至才盛巷开联大常委会，新校舍被炸后似无修复之计议，乃有提议延期开学者，心中大不谓然。决赶快筹备，设法如期开学"（8月27日）则是重建艰辛的写照。

其实，除了梅贻琦，我们也能在其他人身上看到跑警报的丰富体验。

学生有"从容"跑警报中的艰辛："几乎没有学生买得起当地农民的食物，这样一来，待在外面意味着中午忍饥挨饿。"① 朱自清有提心吊胆的体验："警报的时间长，敌机来不来没准儿，人们都跑着，由自己打主意，倒是提心吊胆的。"② 学生眼见吴晗跑警报的慌乱："我看见他连滚带爬地在山坡上跑，一副惊慌失措的样子，面色都变了，让我觉得太有失一个学者的气度。"③ 钱穆更将跑警报与占卜连在一起：

> 沈有鼎自言能占易。某夜，众请有鼎试占，得节之九二，翻书检之，竟是"不出门庭凶"五字。众大惊。遂定每晨起，早餐后即出门，择野外林石胜处，或坐或卧，各出所携书阅之。随带面包火腿牛肉作午餐，热水瓶中装茶解渴，下午四时后始归。医院地甚大，旷无人居，余等七人各分一室，三餐始集合，群推雨生为总指挥。三餐前，雨生挨室叩门叫唤，不得迟到。及结队避空袭，连续经旬，一切由雨生发号施令，俨如在军遇敌，众莫敢违④。

除了"从容"之外，还有如此丰富的跑警报体验，反映了当时的社会世态和人们对跑警报的复杂感情，建构起了当时在昆明跑警报的立体心理空间。

四、在警报声中凝练民族抗战精神

"从容"跑警报的人在当时肯定为数不少，可除了"从容"外，跑警报还掺杂着惊慌、担心、庆幸、讽刺、艰辛等体验，这才是正常的图景，可为什么众多的作家却一致

---

① [美]杜易强：《战争与革命中的西南联大》，饶佳荣译，九州出版社2012年版，第229页。
② 朱自清：《论轰炸》，《朱自清全集》（第3卷），江苏教育出版社1996年版，第418页。
③ 何兆武口述、文靖撰写：《上学记》，三联书店2006年版，第181页。
④ 钱穆：《八十忆双亲师友杂忆》，三联书店2005年版，第208-209页。

将笔触集中在"从容"上呢？难道是作家对血肉横飞的灾难不闻不问，一味地追求一种没有人道的"浪漫"？当然不是。即便从梅贻琦的日记中，我们也可以感受到其对跑警报中慌乱、失职的不满，对从容、镇定的赞赏。在梅贻琦那里，"从容"成为了一种跑警报的"理想状态"，着眼的是面对敌人的轰炸，我们应该用什么样的精神去应对。这与汪曾祺认为跑警报的"从容"是对敌人心理战的一种胜利是一样的：

> （日本人）用意不过是吓唬吓唬昆明人，施加威胁，使人产生恐惧。他们不知道中国人的心理是有很大弹性的，不那么容易被吓得魂不附体①。

敌人用恐惧来威胁，我们用"从容"去战胜他。这种"从容"的胜利，在冯至那里，是空袭带来团结的胜利——"日子久了，见面时却都面带笑容，好像有一个共同的命运把人们融合在一起，生死存亡也置之度外了"②。也就是说，跑警报起到了团结国人的作用，有了团结，也就将死生置之度外了，就能从容了。

当然，也不乏对跑警报中的"从容"持批判态度的。比如，沈从文认为市民跑到野地，"无一人不看到过几片天空飘动的浮云，仰望结果，不过增加了许多人对于财富得失的忧心罢了"③；冯友兰也认为"从容"跑警报是一种"警策"：

> 一般人对于抗战的警觉、热烈似乎不及从前，往好处说，是镇静，往坏处说，是疲玩；……这次敌机轰炸予我们一种警策，使我们对于我们的工作，作一反省④。

相对于《梅贻琦日记》对跑警报生活的忠实记录，作家们的文学性叙述是对跑警报体验的再提炼，这种提炼让作家将跑警报与抗战大局联系在一起。不管对跑警报的"从容"持赞赏或是批判的态度，作家关注的始终是警报声中的国民精神状态，着眼的是什么样的国民精神更利于抗战。在自身跑警报的体验上，作家们摒弃了其他诸如惊慌、担心、庆幸、讽刺、艰辛等体验，而一致关注跑警报中的"从容"共性，为的是捕捉国民在跑警报中表现出来的对抗战有利的精神气质与风度，凝练出中华民族面对灾难的优秀品质。

这显示了中国文学在抗战时期的特性。这个时期的文学，"尽量鼓起民众抗战的情

---

① 汪曾祺：《跑警报》，《昆明的雨》，云南人民出版社2011年版，第228页。
② 冯至：《昆明往事》，《阳光融成的大海》，云南人民出版社2011年版，第95页。
③ 沈从文：《云南看云》，《湘行散记》，北京十月文艺出版社2008年版，第15页。
④ 冯友兰：《联大被炸以后》，《当代评论》1986年第1期。

绪,唤起民族意识,鼓吹民族气节,描叙抗战实况"①。叙述跑警报的作品,就以从"小我"体验走向"大我"的家国情怀,形成了抗战文学的一部分。正如朱自清所言:

  可是警报的声音高于一切,它唤醒了那些醉生梦死的人,唤起那些麻木不仁的人,使他们认识时代。每一个中国人,凭他在那个角落儿里,都认识了咱们的敌人;这是第一回,每一个中国人都觉得自己有了一个民族,有了一个国家。……"谁都觉得这一回抗战是为了咱们自己,是咱们自己的事儿",敌人的轰炸"只使咱们互助,亲爱,团结,向新中国迈步前进"②。

跑警报,让每一个中国人感受到现代民族国家的形成。这些书写跑警报的作家们,正是"每一个中国人",通过一种很小的自我体验,汇入到民族抗战的洪流中去。

(作者单位:云南师范大学文学院)

---

① 张申府:《抗战以来的文艺战望》,1938年5月10日,《自由中国》第2号。
② 朱自清:《论轰炸》,《朱自清全集》(第3卷),江苏教育出版社1996年版,第418页。

"大文学"视野

"夹在道德与浪漫之间"①
——吴宓留美日记的婚恋观研究

李 勇

20世纪中国现代文化的历史建构,是在"西学东渐"的文化思潮下渐次展开的。而作为文化知识"摆渡人"的留外学生,曾起到不可估量的作用。然而,在19世纪末20世纪初中西文化剧烈碰撞的历史文化语境中,留外学生必须直接面对文化身份及生活方式的重建问题,其内心的矛盾、焦虑真可谓一言难尽。"五四"前后那一代中国知识分子的辛酸苦楚,实则是"古老中国"向"现代中国"艰难蜕变的隐喻。对其人生道路、职业选择、爱情婚姻、文化观念、宗教信仰等问题的细致分析,不仅能够还原中国现代知识分子的心路历程,而且可以透视中国现代文化生成与发展的内在理路。

1917年8月,吴宓在上海乘坐"委内瑞拉号"海轮启程赴美;1921年7月,吴宓辗转加拿大,乘坐"俄罗斯皇后号"海轮回国。留美四年,他先后就读于弗吉尼亚大学、哈佛大学,一方面热情地接受西方学术与人文精神的熏陶,另一方面冷静地对美国社会生活进行观察与反思。得益于写日记的习惯,吴宓留美的日常生活点滴最后被完整地保存在《吴宓日记》(第二卷)中②。此时的吴宓,已到谈婚论嫁的年龄,因此婚恋问题便自然成为其留美日记的重要关注点之一。这里不仅包括吴宓本人的婚姻选择问题,而

---

① 本文系陕西省社科基金项目"中西比较诗学视域下吴宓文学观的历史建构"(2016J026)的阶段性成果。
② 李怡教授主张在"杂文学"、"大文学"的视野下展开《吴宓日记》与《吴宓日记续编》的研究。他指出:"现代中国作家在理性表达自己对这一概念的理解之时,自觉不自觉地都愿意借用近代以后西方发展起来的'纯文学'概念,但在更为久远的文化传统中——无论中外——又都还在无意识中为'杂文学'的趣味留有余地,那种融合历史记叙、个人见闻、思想笔记于一体的自由书写依然散发着难以替代的魅力。也就是说,传统中国的'文学'概念本身就包含着这种'繁杂性'与'灵活性'。"(《大文学视野下的〈吴宓日记〉》,《文学评论》2015年第3期)基于"杂文学"、"大文学"的书写原则与认知视野,《吴宓日记》与《吴宓日记续编》具有丰富多元的文学文化价值,不仅淋漓尽致地呈现出吴宓的学术追求和心路历程,而且能够清晰透视20世纪中国政治历史文化的变迁史及中国现代知识分析精神探索的"心灵史"。

且大量涉及对中西婚恋习俗与观念的比较分析。对吴宓那一代留美知识分子而言，比中西文化碰撞更为棘手的是中西生活方式的差异。如何在中西两种生活方式中取舍，并重建一种崭新的生活方式，也是他们不得不面对的问题。叶维丽指出："我们研究留美学人时，需要超越政治史和思想史的局限，吸纳更广阔的社会史、生活史和文化史视角，这样我们才能更加全面地理解这些'以中国的名义寻求现代之路'（seeking modernity in China's name）的人——这些赋予现代性以日常生活内容的中国人——所起的历史性作用。"① 借助这一研究理念，在20世纪中国留学史与中国思想史的宏观文化视野中才能全面解析吴宓留美时期婚恋观念的基本主张及其生成逻辑。

一、与美国相遇：对美国社会婚恋生活的观察评论

对异国文化的理解，必须经过由浅入深的渐进过程。具有浓郁异国情调的物质文明和生活方式最夺人眼球，但随着异国文化体验的加深以及相关文化知识理念的累积，对异国文化的认识得以从感性阶段上升至理性阶段。吴宓留美日记常以夹叙夹议、叙少议多的方式陈述其思想动态，主要包括阅读感想，以及与陈寅恪、汤用彤等知交好友的清谈等；相比之下，对美国社会的记录相当零散，罕有观察见闻的大篇幅描写。究其原因，绝非吴宓对美国社会漠不关心、疏于观察，恐怕更多与吴宓留美日记的写法有关。有关日记之用途与资料，吴宓曾说："每日之行事、闻见、思想、感触，凡可以为一己生涯历史增趣味，供谈助，并为他日著作'大小说'及'自传'之资料者录之。"② 吴宓的日记写作具有浓厚的自传情怀，其留美日记聚焦于自身的日常行迹、交游及感想，因此对于美国社会的记录必然会相当简略。然若抽丝剥茧地阅读吴宓留美日记，亦能寻绎许多他对美国社会日常生活与价值理念的观察、评论。此时的吴宓适值谈婚论娶的年龄，自然对美国社会的两性关系、婚姻问题等十分关注。

在《留美中国学生月报》（1920年1月）中有一篇有趣的文章，题名为《关于中国和美国的"真相"》：

我们如何理解美国人：
1. 美国人把钱看得比什么都重要。

---

① ［美］叶维丽：《为中国寻找现代之路：中国留学生在美国（1900—1927）》，周子平译，北京大学出版社2012年版，第6页。

② 吴宓：《吴宓日记（1917—1924）》，吴学昭整理注释，生活·读书·新知三联书店1998年版，第3页。

2. 他们精于骗术。
3. 在美国,任何人都可以做任何事,只要他会"推卸责任"。
4. 他们喜欢别人奉承,他们喜欢别人说他们讨人喜欢。
5. 美国女人对生活随随便便,她们想要的只是一时的快乐。
6. 婚姻结束,爱情才开始。
7. 他们不喜欢悲剧,不管什么小说都该有个大团圆结局。
8. 你不知道美国人什么时候会笑,他总是在最出人意料的时候大笑①。

上面罗列的对美国人的评论虽有调侃玩笑之语,却并非荒诞不经之论。显而易见,青年留学生自觉坚守着中国文化的立场,对美式生活方式、美式价值观念并不能全盘接受。其中,第5条、第6条涉及两性关系,在中西文化观念与生活方式互相碰撞的历史语境中,其潜台词值得细加揣摩。前者述及美国女性。在留学生眼里,美国女性的享乐主义有违中国传统妇德观念,"随随便便"在以"礼法"、"贞洁"为中心的妇德话语体系中绝对是极为严厉的批评。后者则折射出中西社会对婚姻与爱情的认知差别。奉行家族主义(Familism)的中国文化重视婚姻,而奉行个人主义(Individualism)的西方文化强调爱情,两种婚恋观念的紧张关系势必引发青年留学生在自身婚恋问题上的精神危机。

事实上,吴宓对美国社会两性问题的观察与评价仍不脱上述框架;与此同时,吴宓留美日记的翔实记录,作为不可多得的典型个案材料,亦能还原出上述观点之所以形成的具体情境与思考逻辑。综观吴宓留美日记,鲜有对美国社会的积极性描述与评价,反而常见"今不如昔"的忧心如焚之叹。总体而言,吴宓对美国社会两性问题的观察与判断可概括如下:

首先,情欲泛滥,因而社会风俗败坏。吴宓从西方近代历史文化变迁的角度指出:"及近世以还,功利主义盛,国际竞争烈,耶教仅存形式,且今日则形式且将不保。惟其然也,故人皆极端劳心劳力,竞争扰攘,寿命短缩。而物质发达,健身之术素讲,情欲大盛。昔日淡泊修养之功夫,不可复见。众惟求当前之快乐,纵欲而不计道理。"② 个体欲望被功利主义、"物本主义"(Naturalism)所蛊惑,缺乏宗教、道德的节制,致使情欲大盛,社会风俗随之败坏。受到陈寅恪的启发,吴宓亦能从性学(sexology)的现代科学视角对情欲进行理性分析。情欲是有规律可循的正常生理、心理现象,"由下等动物,渐

---

① 转引自〔美〕史黛西·比勒:《中国留美学生史》,刘艳译,生活·读书·新知三联书店2010年版,第437页。
② 吴宓:《吴宓日记(1917—1924)》,吴学昭整理注释,生活·读书·新知三联书店1998年版,第25页。

次进化而为人。又自婴孩，渐次成长而为壮年，其间色欲发达之迹象，机官之作用，均有定轨"；如果不能得到正常舒解，就会出现"Perversion"（性欲倒错）或"Inversion"（性变态转换）等"人性之反常"的状况①。应对之策显然是只可"疏"不能"堵"。吴宓主张青年适龄男女应及时成婚，"大凡男女成年，则必当嫁娶，非然者，或者溱洧遍地，私相居处，逾检荡闲，视为固然"②。如此复杂纠葛的难题，吴宓却提出了一个如此简化而迂腐的解决方案。究其原因，吴宓只有现代科学的理性眼光，而无现代多元社会的开放心态。他所崇尚的中西人文主义思想均有"厚古薄今"的传统主义文化倾向，缺乏面对现代社会多元化生活方式及价值观的现实精神。

其次，不婚、迟婚以及离婚，"乃西俗之污点"。美国社会的性观念过于开放，两性交往原则深受物本主义和享乐主义的沾染，不婚、迟婚与离婚之风盛行，未婚先孕、堕胎等现象频现，因此美国社会风俗混乱不堪。吴宓分析道："盖饮食男女，人之大欲。丈夫生而愿为之有室，女子生而愿为之有家。夫情欲如河水，无所宣泄，则必泛滥溃决。如以不婚为教，则其结果，普通人趋于逾闲荡检，肆无忌惮。即高明之人，亦流于乖僻郁愁，abnormal perversion；非德性坚定、胸怀超逸之士，鲜有能善其终者。故西俗不婚与迟婚，吾国人当知其为缺失，决不可效法。宓更掬诚以告之我国中之少年男女，曰：公等而欲完贞德而求乐生也，则毋骛虚荣，毋采邪说，及时婚嫁，用情于正道。一与之齐，终身不改。离婚断不可为训。自有婚姻，本无此物。而不婚与迟婚，欺人行事，斫志廉耻，更不可慕名强效。如是，则风俗或可大不坏，则人生乃有福。"③ 吴宓尽管从生理学、心理学的现代科学视角来认识情欲，但仍将情欲视为修身养德的妨害，并未在西方思想史的历史演进脉络中考察情欲的两面性。

再次，否认自由婚姻的现实存在。吴宓对美国社会及中国留学生的两性交往方式极为不满，并在日记中痛陈当时婚姻观念的价值扭曲："呜呼，今之论者，视人如物。Naturalists 以世界为瞬息万变之修罗场，即婚姻之事，亦必优胜劣败，生存竞争 Struggle for Existence。在他人，固必较量锱铢，比拟尺寸，辨别真赝，如商贾之交易；在一己，亦必竭力奔竞，讲求吹嘘欺骗、容媚取悦之术，弃绝贞廉，蔑视信义。如是互相利用，则婚姻始可望成功。否则正士淑女，纵才貌兼全，幸而不堕陷阱网罗，亦终于白首独居，

---

① 吴宓：《吴宓日记（1917—1924）》，吴学昭整理注释，生活·读书·新知三联书店 1998 年版，第 119 页。
② 吴宓：《吴宓日记（1917—1924）》，吴学昭整理注释，生活·读书·新知三联书店 1998 年版，第 120 页。
③ 吴宓：《吴宓日记（1917—1924）》，吴学昭整理注释，生活·读书·新知三联书店 1998 年版，第 26 页。

郁伊终老。"① 婚姻沦落为生存竞争的手段，其价值取向趋于物质主义与利己主义。此外，吴宓深受古希腊亚里士多德悲剧观念和佛教无常观的影响，从存在论的哲学层面否定自由婚姻的可能性："宓谓天下无完全长久、圆满适意之事，亦无尽善之人。故人须自能寻乐，乃有真幸福之可言。然非学养有素，阅历广博之人，不能解此。宓意婚姻之要，不尽在选择，而在夫妇能互相迁就调和。若安着一副歹心肠，则无处不见神见鬼。故今之倡自由者，毋宁教男女以处人接物之道，反可多享实福。由是，则婚姻之事，决不能不重视宗教之观念 Religious feeling；faith。"② 事无圆满，人无完人，男女婚姻势必受到世俗社会诸种因素的限制，绝不可能随心顺意。所谓自由婚姻，纯属理念。而幸福婚姻的妙诀在于夫妻双方的自我修养与相互忠诚。吴宓这一看法同时受到儒家思想与基督教文化的影响。

最后，反对女权。在"西学东渐"的思想潮流中，妇女解放思想及女权观念，作为国族振兴、文明开化的子议题，自晚清至"五四"备受思想界的关注。宋少鹏对此问题有深入的论析："西方社会支持女性权利的文明形象，通过西方传教士、中国维新人士对文明性别标准的传播、马君武对穆勒女权论述的译介，在清末进入中国，不仅使维新人士认为西方是文明社会的标志、心仪模仿的对象，性别标准也转化出旧式传统妇女是病国、弱国的原因。于是，倡导女权、培育新女性便成为拯救中国的方法。"③ 吴宓的看法却与此潮流背道而驰："女权愈张，而国运愈难挽矣。悲夫！"④ 他受到美国保守派的影响，反对女子参政，反对男女同校，反对男女婚前的过多交往，其潜在目标是要继续限制女性的活动空间。吴宓译录斯坦利·霍尔⑤的观念以佐证其思想主张："凡结婚之前，男女不可多有交接，总必使双方皆不熟悉，常视男女婚姻之事，为一种神秘之宝物；夫然后成为室家，始可相敬相爱，道德感情均美满。"⑥ 尽管承认情欲的现实性存在及以疏导为主的应对策略，但吴宓还是退回到"严防死守"的老旧思维之中。在近现代文化转

---

① 吴宓：《吴宓日记（1917—1924）》，吴学昭整理注释，生活·读书·新知三联书店1998年版，第35页。

② 吴宓：《吴宓日记（1917—1924）》，吴学昭整理注释，生活·读书·新知三联书店1998年版，第21页。

③ 宋少鹏：《"西洋镜"里的中国女性》，刘禾主编：《世界秩序与文明等级：全球史研究的新路径》，生活·读书·新知三联书店2016年版，第301页。

④ 吴宓：《吴宓日记（1917—1924）》，吴学昭整理注释，生活·读书·新知三联书店1998年版，第186页。

⑤ 格兰维尔·斯坦利·霍尔（Granvill Stanley Hall, 1844—1924），美国著名心理学家与教育家，主要研究领域是青少年心理发展理论，代表作为《青春期》（*Adolescence*, 1907）。吴宓留美期间，斯坦利·霍尔担任克拉克大学（Clark University）的校长。

⑥ 吴宓：《吴宓日记（1917—1924）》，吴学昭整理注释，生活·读书·新知三联书店1998年版，第159页。

型的思想史语境中，思想观念的内在冲突、理念主张与行动实践的前后矛盾是一种普遍的现象。吴宓的新人文主义观念亦有此特征。

二、中西人文主义与吴宓婚恋观的家庭本位、伦理道德本位

留美之时，吴宓已满23岁，已过尚奇好新的追风少年时代，加之关学精神的自幼熏染，因而确立了以儒家思想为基底的文化批评观念。其对西方文化的态度，处处可见清醒的中国文化主体意识，将以儒家思想为核心的中国传统文化视作认识与选择西方文化的衡量尺度。自求学哈佛起，吴宓对导师白璧德（Irving Babbitt, 1865—1933）之新人文主义（New Humanism）思想的服膺追随，更加强了其对中国传统文化的自信心。这与"五四"新文化运动激进的反传统精神、反儒观念形成了鲜明的对比。吴宓对待中西文化的态度，可粗略概括为"中学为体，西学为用"。

在留美期间撰写的《论新文化运动》（1920）一文中，吴宓结合新人文主义和儒家思想，将古今中外的婚姻概括为三个等级：

> 即如婚姻之事。（一）如其人自立于"天界"也，则自礼拜堂牧师成礼，或祭天祀祖之后，即自认为夫妇。一与之齐，终身不改。非得教门中如律为之，不能离异。即吾夫吾妻，五疾六丑，凶顽痴愚，夫妇之恩爱，仍不稍减。吾惟自安天命，有乐无苦。（二）然如其人自立于"人界"也，则必有父母之命，媒妁之言，或他种礼节。总之，遵依社会之习俗，当时之通例，不求怪异，一切持平，而合乎人情。至于家庭及离婚之事，则按酌中道，相机为之，以毋伤于忠恕信义之道为限。（三）而如其人自立于"物界"也，则以为男女之合，由于色欲而已；凡人尽可效法禽兽，行野合乱伦之事，不必有室家夫妇，更不必有聘合婚嫁；彼世中闺房反目者，皆由体欲不满意故也云云①。

在吴宓看来，包括婚姻制度在内的西方社会已堕于"物界"而难以自拔："人欲日盛，货利是趋，又肆意放纵，一无拘束，于是家庭之制坏，不为正当之婚嫁，而风尚至于如是，实此邦仁人君子所引为大忧者。"② 世易时移，宗教道德衰微，美国社会风俗遂

---

① 吴宓：《论新文化运动》，徐葆耕编选：《会通派如是说：吴宓集》，上海文艺出版社1998年版，第21页。
② 吴宓：《吴宓日记（1917—1924）》，吴学昭整理注释，生活·读书·新知三联书店1998年版，第65页。

而败坏，不婚、迟婚及离婚之风盛行，严重动摇了美国社会的家庭观念。更让吴宓忧心忡忡的是，国人却真伪不辨，亦盲从此风，以虚妄的"自由婚姻"为名肆行无忌，家庭伦理及社会风俗可谓危在旦夕。

在讨论两性关系及婚恋问题时，吴宓常常中美并举，并明显表现出对中国婚俗的肯定。吴宓指出："不到欧美，则无从见中国人之好处。大率中国古来之礼教，重义务，主牺牲。西洋今日之习俗，则重权利，主快乐。中国之妇女，皆贞淑耐苦，操劳不怨。奇节异能者，尚不必论。今美国之妇女，则涂脂抹粉，胜服新衣，游行街市。离婚通奸，视为寻常。纵情欲，喜热闹。秉质如'绣花枕'，行事如'走马灯'。中西两两相较，中国之妇女，固可怜，然亦甚可贵可敬也。"① 简言之，中美社会的价值观与人生观存在着本质差别，中国之"重义务"、"主牺牲"，突出的是家庭本位与伦理本位；而美国之"重权利"、"主快乐"，突出的则是自由平等、个人主义及享乐主义。在白璧德等新人文主义者看来，以培根为代表的"科学的自然主义"与以卢梭为代表的"情感的自然主义"，致使西方社会出现了严重的人性危机；"多"（The Many）压倒"一"（The One），人性张扬过甚而缺乏内在的道德制约②。吴宓深以为然，认为美国社会的价值观与生活方式已病入膏肓，尚需新人文主义的及时疗救；反观中国传统思想及婚姻观念，却颇有可取之处，国人应发扬本国的人文主义思想，"吾国既不用宗教，则亦当坚持第二级之道德，昌明人本主义。孔孟之人本主义，原系吾国道德学术之根本"③，决不可重蹈美国社会的覆辙。

吴宓对中西婚恋问题的分析考察，着重突出的是家庭本位和伦理道德本位的标准。这种论调在"五四"新文化运动的历史文化语境中是不合时宜的。以家庭为本位的婚姻观，反对"自由婚姻"，实则是无视青年男女的个体生命感受与自由选择。而以伦理道德为本位的人性观，高度重视个体的道德自律，反而走向了"一"压制"多"、道德本体压制情感本体的另一种极端。通过留美日记，吴宓留美生活的自律与勤勉清晰可见。他专务于精进学业，不喜社交，以上课、读书为主，时不时还会与白璧德、陈寅恪等良师益友进行清谈。吴宓对于美国社会的观察理解，只有儒家文化及新人文主义的冷眼旁观，却对饮食男女的日常生活缺乏真切的体验；只有理念学说对现实生活的分析论断，却无现实生活对于理念学说的反思质疑。由此，吴宓陷入人文主义文化理念的窠臼，对

---

① 吴宓：《吴宓日记（1917—1924）》，吴学昭整理注释，生活·读书·新知三联书店1998年版，第151页。
② ［美］白璧德：《文学与美国的大学》，张沛、张源译，北京大学出版社2004年版，第26页。
③ 吴宓：《论新文化运动》，徐葆耕编选：《会通派如是说：吴宓集》，上海文艺出版社1998年版，第22页。

现代生活与日常生活的复杂多样性缺乏认识，对世俗青年男女的生活方式、情爱、婚姻等问题缺乏充分的"同情之理解"。因此，克雷斯·莱恩（Crace Ryn）在《白璧德与实在问题》一文中指出，"人们与实在最重要的关联，并非理性，而是无须中介的、直接的生活经验"，而白璧德的新人文主义由于思维模式的"二元论的困境"，从而无法对现实生活经验的内在张力展开理性分析①。作为白璧德的嫡传弟子与中国新人文主义的旗手，吴宓也概莫能外，他对婚恋问题的思考难以避免理念与现实的脱节。

此外，尚需注意的是，吴宓常常联系明清戏曲小说来思考情欲问题。美国汉学家黄卫总在《中华帝国晚期的欲望与小说叙述》（Desire and Fictional Narrative in Late Imperial China, 2001）中指出，明清文人对欲望普遍存在着焦虑而矛盾的心态，一方面在自然人性的角度上肯定其合理性，另一方面却对情欲与道德礼法的抵牾冲突深怀警惕，最终采取"情"、"欲"二分的迂回策略，肯定"情"而否定"欲"②。这与吴宓对情欲的辨析思路如出一辙。吴宓在日记中详细记录了陈寅恪对"情"、"欲"所做的区分，并得出"有情者曰贞，无情者曰淫"的结论③。前者如《牡丹亭》、《红楼梦》，后者如《金瓶梅》、《品花宝鉴》。传统道德礼法对"贞"、"淫"的区分主要基于身体因素，而吴宓与陈寅恪则侧重从"情"的精神因素去考察两性关系，并倾向于将"情"界定为利他主义的柏拉图式爱情。但是，吴宓与明清戏曲小说对"情"的认识仍有明显差异，吴宓在道德良知的层面上理解"情"，并将个体价值引向家国情怀，而《牡丹亭》、《红楼梦》等明清戏曲小说对"情"的认识则是基于自然人性论，反对道德礼法的外在制约而突出个体的独立价值。尽管如此，其对"欲望"（Desire）的恐惧心态始终挥之不去。史华罗（Paolo Santangelo）曾指出："'欲望'形式多样，难于定义，包括情爱、性爱、好奇心、占有欲和渴望的思索。事实上，由于欲望预示着自由性和可能性，因此它使时间和存在变得有意义。"④ 相比于现代思想视野对于"欲望"的多元理解，中国传统文化将"欲望"贬损为一种自我毁灭的邪恶力量，拒绝对之进行全面冷静的分析。孙隆基的看法可谓切中要害："中国人的问题就往往不是性压抑，而是整个心灵结构除了人伦化的渠道之外就不知道如何去面对'性'这个问题。换而言之，即使在生理上'性'已经萌芽，也

---

① [美] 克雷斯·莱恩：《白璧德与实在问题》，美国《人文》杂志社、三联书店编辑部编：《人文主义：全盘反思》（第2版），生活·读书·新知三联书店2006年版，第69页。
② [美] 黄卫总：《中华帝国晚期的欲望与小说叙述》，张蕴爽译，江苏人民出版社2010年版，第4页。
③ 吴宓：《吴宓日记（1917—1924）》，吴学昭整理注释，生活·读书·新知三联书店1998年版，第22页。
④ [意] 史华罗：《中国历史中的情感文化：对明清文献的跨学科文本研究》，林舒俐、谢琰、孟琢译，商务印书馆2009年版，第273页。

多半不晓得如何将这一类冲动加以组织化,使它变成一股向外求的生命力量。"①

三、贤妻良母与红颜知己:吴宓婚姻观的内在矛盾

对于吴宓那一代留美学人而言,中西文明碰撞并非高悬在上、事不关己的价值理念冲突,而是具体涉及留学生个体生活方式选择或者调整的问题。对美国社会两性关系及婚姻问题的观察,以及对中西人文主义思想的推崇备至,无疑会对吴宓本人的婚姻选择产生直接的影响。然而,诚如叶维丽所言,"这是一个分裂的世界,既背负着孔夫子旧伦理的重负,又渴望异性间美好的感情",不论是胡适等被包办婚姻束缚的有婚约者,还是吴宓等可以自主选择婚姻的自由身,无疑都属于"夹在道德与浪漫之间"的一代人②。人毕竟是活生生的个体,自然无法避免理念与生活的内在裂痕。吴宓的婚恋悲剧亦可作如是观,既有道德与情感难以调和的个性因素,也有在文明观念与生活方式上旧时代与新时代、中国与西方龃龉不断的时代因素。对于胡适、鲁迅、徐志摩、吴宓等民国知识分子的婚恋问题,决不能以名人私生活绯闻的狭隘眼光肤浅对待,而应该在知识分子精神史(Intellectual History)的宏观文化视野中进行全面深入的认识。因此,汪荣祖的研究思路值得借鉴——"私情,尤其是爱情,乃是感情世界里最敏感、最隐私部分;探讨这一部分,也就是探讨感情世界里最深层部分。此一部分的探讨,自有助于对隐、私、密、情等概念在时代范畴内之理解,也可透露许多在社会文化史上的意义。所以,私情研究乃一极为需要而严肃的课题,不仅可以加强社会思想史的写作,而且可以扩大史学研究的领域"③。

20世纪初,新、旧两种婚姻模式及生活方式的矛盾冲突,是所有知识青年均须面对的难题。在议婚的过程中,吴宓清楚地意识到,要不要与陈心一订婚,实际上是旧式婚姻与新式婚姻之间的选择问题。他在日记中全文转录了毛彦文对陈心一的观察判断:"陈女士系完全一师范学生,不十分活泼,然亦不板滞。不十分美丽,然亦不丑。不十分善于交际,然亦不过于默静。倘欲伊为一贤主妇,在家中料理家务,实甚佳。若欲伊能与西人接近,乃与一辈受过西洋教育者交际,或虑不足。"④ 换言之,陈心一并非新派知识

---

① 孙隆基:《中国文化的深层结构》,广西师范大学出版社2004年版,第231页。
② [美]叶维丽:《为中国寻找现代之路:中国留学生在美国(1900—1927)》,周子平译,北京大学出版社2012年版,第149页。
③ 汪荣祖:《胡适、吴宓与爱情:兼论私情与公论》,熊秉真等编:《欲掩弥新:中国历史文化中的"私"与"情"》,台北汉学研究中心,2003年,第170页。
④ 吴宓:《吴宓日记(1917—1924)》,吴学昭整理注释,生活·读书·新知三联书店1998年版,第84页。

女性，胜任"贤妻良母"的家庭角色，却难以成为知识青年的"红颜知己"。吴宓的朋友圈分为两个阵营，汤用彤与陈寅恪支持吴宓的订婚决定，而朱君毅及毛彦文则主张缓办。朱君毅似乎极为担忧吴宓感性冲动的性格，因此在来信中劝告道："我不能说你是否应该向陈女士求婚；但作为你的好友，我可以向你劝告，就是说你的行动必须受你自己的主观冲动或内心的强烈欲望来制约，再由客观的询问来加强，最终由仔细斟酌的比较和理性判断来决定。"①

但吴宓没有听从朱君毅"三思而后行"的建议，而是快刀斩乱麻地决定与陈心一订婚。后来虽有悔婚的念头，但吴宓是宅心仁厚的正人君子，宁愿自苦也不忍辜负陈心一。如前所述，不论是对中美婚姻问题的观察分析，还是对新人文主义理念的萦怀在心，都注定了吴宓这一选择的必然性。在吴宓的思想价值体系中，与家庭、事业相比，婚姻处于附属性位置。他在日记中再三强调为国为家的责任，而以婚姻为累，甚至将之视为"私利与淫欲"："惟念国运之危，时势之艰，责任繁重，而宓志业如此空疏，能力如此薄弱，百无倚据，而惟急于定婚，分心增累，悖谬之极，无可为解。岂凡人年长入世，则皆沉沦退化，抛弃向上之心，但求私利与淫欲；我固无力自拔于碌碌群俗之外，甘取罪孽，不宜慎耶？又有实事上，为家人生计设想，若不聚妻，以薪资之所入，奉亲理债，较为宽舒优裕。若定婚，则回国即当完婚，于是立见窘迫，自讨苦吃，非大愚不为此。而我竟自堕罗网，孰其使之？"② 吴宓在此对于婚姻的考虑，突显了传统中国知识分子的家国情怀，却完全忽视个体情感的因素，几乎未留有浪漫爱情的存在空间。其具体面对婚姻的心态，一方面恪守"凭他弱水三千，我只取一瓢饮"的婚姻忠诚，另一方面则讲求"惟真能自爱者，乃能爱人"、"故君子随遇而安，惟兢兢自行检修"的道德自持③。吴宓对婚姻问题的心态及处理方式，可谓是中国传统婚姻观的现代延续。正如史华罗所言："中国没有对至高无上的爱情的宣扬，也不把爱情神化，使恋爱者摆脱道德和社会责任。中国人对待爱情的态度，尽管不排除情感和理想的成分，但主要还是现实主义的：爱情在生活中具有它自己的作用，因为它是一种基本的、有益的行为和感受，但它并不玄奥地被置于其他任何价值之上。在中国见不到对脱离婚姻和社会背景的'自由爱情'

---

① 吴宓：《吴宓日记（1917—1924）》，吴学昭整理注释，生活·读书·新知三联书店1998年版，第85页。

② 吴宓：《吴宓日记（1917—1924）》，吴学昭整理注释，生活·读书·新知三联书店1998年版，第75页。

③ 吴宓：《吴宓日记（1917—1924）》，吴学昭整理注释，生活·读书·新知三联书店1998年版，第35页。

的赞颂，其主要原因就在于此。"① 然而，吴宓的言行思想却由于多愁善感的诗人气质经常逃逸出中西人文主义思想的理性约束。对欧洲浪漫主义诗歌的阅读与译介，以及对《红楼梦》贯穿一生的心醉沉迷，不仅张扬着吴宓的浪漫情怀，而且激发了其爱情意识。他曾在《石头记评赞》中说："细察《石头记》中所着重描写之爱情，乃富于理想之爱，乃浪漫或骑士式之爱（即斯当达尔爱情论中所主张，又即菲尔丁及沙克雷等人小说中所表现之爱），而非肉欲之爱（登徒子与《金瓶梅》即是；西书若 Frank Harris 之自传亦是）。贾宝玉之爱情，纯是佛心：无我，为人，忘私，共乐；处处为女子打算，毫无自私之意存。故自《石头记》出，而中国人对爱情之见解始达到其最高点。"② 吴宓推崇浪漫爱情，但其论述并未阐明浪漫爱情的本质，硬将之往伦理道德的解释模式上导引。阿兰·布鲁姆（Allan Bloom）曾说，浪漫爱情本质上是"有才、有德但不完美的伴侣们的友谊最终发展成为婚姻"；两性关系应该是两个追求精神完满的个体被彼此的道德与才华深深吸引，而友谊（Friendship）居于浪漫爱情的核心地带，它使两性相处模式提升至精神交流层面③。这一观点实则道出了旧式婚姻与新式婚姻的本质性差别。前者在男尊女卑之性别等级观念的基础上将婚姻定位为"男/外"、"女/内"的功能性组合，而后者则使婚姻独立于家庭观念，在两性平等的基础上更为关注夫妻双方互惠互利的思想情感交流。

依此观点来看，吴宓所赞许的宝黛爱情与新式婚姻观念已经相距不远，《红楼梦》以及高度模式化的"才子佳人"小说都在宣扬"伙伴式婚姻"（Companionate Marriage）④ 的崭新婚姻观。中西两个浪漫爱情传统在 20 世纪中国文化史中合流，激励着新一代青年男女冲破包办婚姻、旧式婚姻的束缚而追求婚恋自主。吴宓也打心底里渴慕这种琴瑟和鸣、心有灵犀的浪漫爱情。毛彦文曾在回忆录中说："吴脑中似乎有一幻想的女子，这个女子要像他一样中英文俱佳；又要有很深的文学造诣；能与他唱和诗词，还要善于词令；能在他的朋友、同事间周旋；能在他们当中谈古说今。"⑤ 因此，吴宓心目中的理想伴侣应是"红颜知己"，而非"贤妻良母"。吴宓坚持新人文主义者的文化理念，并力求知行合一，故而选择了守旧的婚姻，"一"与"多"常相冲突。情感需求与理性判断不可调和，吴宓的婚姻悲剧实难避免。

---

① ［意］史华罗：《中国之爱情：对中华帝国数百年来文学作品中爱情问题的研究》，王军、王苏娜译，中国社会科学出版社 2012 年版，第 281 页。
② 吴宓：《石头记评赞》，徐葆耕编选：《会通派如是说：吴宓集》，上海文艺出版社 1998 年版，第 303 页。
③ ［美］阿兰·布鲁姆：《爱的设计：卢梭与浪漫派》，胡辛凯译，华夏出版社 2017 年版，第 27 页。
④ ［美］高彦颐：《闺塾师：明末清初江南的才女文化》，李志生译，江苏人民出版社 2004 年版，第 192 页。
⑤ 毛彦文：《往事》，百花文艺出版社 2007 年版，第 54 页。

四、结语

  汪荣祖曾对胡适与陈寅恪的中西文化观进行过比较分析:"胡适主西化,因他认为西化就是现代化,现代文化与文明都是普及的,并无国界与种界,这是一种'文化单元论'的观点。陈寅恪主本位,因他认为文化有特性,不必互斥而应共存,可以接受西方文化,但西方文化不能取代中国文化,这是一种'文化多元论'的观点。"[①] 对陈寅恪的评价,也适用于吴宓。正因为"多元文化论",吴宓等文化保守主义阵营坚定了对中国传统文化的自信心,中西异文化传统的碰撞、博弈与汇通并未在深层次展开,西方文化资源并未真正转化为20世纪中国文化复兴的反思之镜。与此同时,吴宓不赞同文化进化论,目力所及尽是古今文化冲突。他主张"厚古薄今",不论是儒家思想还是新人文主义均有此倾向。醉心于往古的黄金时代,醉心于高邈的道德理想,使吴宓对"现代性"诸议题的思考趋于简单化,其对婚恋问题的认识亦是如此。

(作者单位:咸阳师范学院文学与传播学院)

---

① 汪荣祖:《胡适与陈寅恪》,《史家陈寅恪传》,北京大学出版社2005年版,第231页。

"大文学"视野

老舍与中国书法文化

庞琦昕　李继凯

19世纪末,中国社会经历了前所未有的振荡与变革。在新旧交替的特殊历史语境下,传统的"中国形式"在物质文化和精神文化层面都发生了新的变化。学者叶维廉在《中国诗学》中说:"文化之为文化必然是一种筛选的过程。"①"筛选"后的中国文化融合了中西方不同的文化基因,形成了别具一格的文化生态,随之衍生出的艺术形态也有了新的面貌和发展。世纪交替的飘摇动荡让知识分子从天朝上国的乌托邦中惊醒,各种救国思潮不断涌现。面对传统,知识分子曾经的文化自信开始动摇,向西方学习成为救亡图存的必选项。自此,当毛笔书写连同一切与古老中国文化形态相关的传统被打破,国人的审美趣味和思维习惯也在充满革新的世纪之交悄然发生着变化。

一、旗人老舍与毛笔书写的现代转型

毛笔与汉字是传承中国古老文化的重要媒介,但面对积贫积弱的中国,不少知识分子把矛头转向汉字。陈独秀认为"中国文字,既难载新事新理,且为腐毒思想之巢窟,废之诚不足惜",鲁迅更是喊出"汉字不灭,中国必亡"的口号。汉字是中国传统文化的载体,是中华文明的精神符号,它的书写形式演化出了表现文字线条的艺术形式——书法。中国书法之为艺术,离不开象形的汉字与极富变化的毛笔。在现代书法中,有书家别出心裁地加入了日文、英文和标点,但毛笔与汉字相结合的横折曲直才是书法审美的精髓。如若汉字真如一众新文化运动的先驱者们所倡导那样被废除,书法艺术也就无缘在现代延续和发展了。然而,那些曾鼓吹去汉字化的知识分子们的书法功力都堪称

---

① 叶维廉:《中国诗学》,生活·读书·新知三联书店1992年版,第187页。

一流。如今我们再回过头去看当时这些极端的言论，不难发现，所谓极端，无非是一种唤醒民众的文化策略而已。

毛笔"是中国文豪艺匠的心和手，是血肉相连的生理的一个'组成部分'"①。毛笔书写的历史已有千年，书法更是一种"模式化"的艺术，通过临摹、再现古代书家作品之风范得以继承和延续。20世纪初，民国许多作家都在书法形式上有所创新，如"郁达夫的书法我行我素，一如不修边幅、东倒西歪的醉汉；鲁迅等现代作家的书法竟加上了现代的标点符号"②。这种革新似乎成为一种潮流，一部中国现代文化艺术史可以说是一个与"世俗化"（secularization）若即若离的过程，现代作家的书写方式也正是这种"世俗化"过程的最直观的体现。作家的书法兼具文学和审美的双重特性，波磔提顿间，作家的个性与心性淋漓尽现。

老舍的书法在现代作家群中并不算是最出类拔萃的那一个，却是极为特别的那一个。老舍的书写行为极具代表性，是文人书法在现代文坛上的缩影。如今对文人书法的讨论已经不再局限于书法艺术本体，书法之外的感想和机趣成为文人书法的灵魂所在。作家的书法与书写行为投射出他的审美情趣和性格特征，与此同时，还影响着他的文学创作。通过书法，文人之间的交往也成为现代文学衍生出的新的研究领域。

老舍是满族人，有学者认为老舍书法的突出特征之一就是"汉化"，是极为典型的现代例证③。满族出身的老舍属正红旗，他一生都受到满族文化的滋养。把老舍带进学校读书识字的宗月大师、促成老舍的英国行并在基督教思想上对他影响颇深的宝广林牧师、妻子胡絜青以及他的挚友罗常培、白涤洲、董鲁安，这些与老舍关系最为密切的人均来自旗部。在遗著《正红旗下》中，老舍更是充满深情地回顾了自己作为旗人的童年生活。老舍的审美情趣是多元的，从文学到书画，从曲艺到武术，从民俗到收藏，他对艺术广博的兴趣与旗人本身对艺术的泛爱追求不无关系。从这个意义上来说，老舍书法的"汉化"颇具讨论的价值。

书法作为一种独特的艺术形式投射出书写者的情趣与性格，在很长的一段时间里都是作为中国传统知识分子学识、品格和修养的视觉化呈现方式。有了对传统文化的批判性吸收和接纳，老舍的文学创作才有了鲜明的精神底色。然而，一个人书法风格的形成受到多方面的影响，我们同样不可小觑地理环境的作用。有学者指出，"关于地理环境与

---

① 周汝昌著、周伦玲编：《永字八法——书法艺术讲义（插图珍本）》，广西师范大学出版社2002年版，第119页。

② 李继凯：《墨舞之中见精神：李继凯论书法文化》，中国社会科学出版社2016年版，第160页。

③ 李继凯：《老舍手稿管窥》，《小说评论》2017年第2期。

艺术风格之间的关系我们可以用'内模仿作用'的原理加以说明。人被环境创造的心理过程是这样的：首先是'体验'，生于斯长于斯，日夕只接收这一方地理环境的赐予，不知不觉日漫月淫地体验，接着是'内模仿'，即'内化'，再就是'认识'，由潜移默化地模仿而上升为一种理性的认识，最后达到'天人合一'"①。老舍出生时，北平还是清王朝的皇城，满族的统治已经延续了近三百年。1644年清军入关后，不论在军队的建制还是在文化的认同上都积极向汉族靠拢，到了清末，许多满族都已经改了汉姓。老舍原名舒庆春，祖上是正红旗，属舒穆禄部。如果按严格的满族传统，他应该叫舒穆禄·庆春才对，但连老舍自己都不会强调他的满姓到底是什么了。满族积极地学习汉文化，清朝的王公大臣无一不精于文墨，满族皇室也极为重视后代的汉文化修为。清恭亲王之孙溥心畲的诗文书画颇有成就，与张大千有"南张北溥"之誉，又与吴湖帆并称"南吴北溥"。著名的书画家启功先生同样是满族，系乾隆皇帝的第九代孙。经过百年的沉淀，满族的汉化已经非常明显，到了老舍这一代，懂满语、识满文的人已经很少了，但上至贵族下至百姓对艺术却有着不倦的追求。老舍即使出身微寒，仍然保持着对艺术的热爱，这与满族人绵延百年的艺术追求不无关系。

　　舒乙回忆父亲常常练字，老舍的日记中常常只简单记录"写字"二字。老舍一生挚爱书法，到了晚年也临池不辍。老舍笔意广泛取法北碑、汉隶和颜楷，书风简穆古拙、浑朴自然，一如其个性既温润调和又刚正勇烈。他能书诸体，尤擅楷、隶。其楷书结体外圆内方，线条凝熟醇厚，用笔波磔灵动，风韵雅逸，清新脱俗。从书写行为本身来看，处于时代转型期的作家大都从小习字，毛笔、碑帖是他们与汉字最早相遇的媒介。然而，自20世纪开始，钢笔不断普及，毛笔愈发被边缘化。为改变这种现状，国民政府规定："小学毕业，以能写正楷及俗之行楷为之。初中、高中注重楷书，及行书，均以毛笔字为主。每周应于自修时间内，规定若干习字时间，一切试卷，及格式录写内外国语、算学、理科实验报告，及含有实习之科学外，不得用钢笔及铅笔书写。"② 朱自清40年代初曾撰文《文物·旧书·毛笔》。提倡保存毛笔、旧书的人难免会有些"思幽谷之情"，除此之外，也有保存国粹的意思。他认为"让这些东西像化石一样，不再妄想它们复活起来。应该过去的总是要过去的，我们明白这个道理"。毛笔与钢笔代表着两种不同的文化态度。钢笔便捷灵巧，快速流畅，是现代书写的理想工具；毛笔有章有法，富于创造，是修身养性的绝佳方式。20世纪初期的知识分子们童年受私塾教育，青年接受现代教育，多数又有留学或旅居国外的经历。他们是西学的领航者，同时也是传统文化继承人。老

---

① 吴慧平：《地理环境与书法风格》，《美术学报》2009年第2期。
② 《教育部训令各级学校注重用毛笔习字》，《教育通讯》（周刊）1938年第1卷第8期，第3页。

舍就是这群知识分子中的一个典型。

在老舍现存的手稿中,硬笔书写虽不在少数,但他仍旧喜用毛笔进行日常书写,其手稿中也有相当一部分是用毛笔书写的。在老舍与友人的书信往来中,毛笔书写更是常态。可见,老舍并没有因为钢笔的便捷高效而放弃唯有毛笔才能带来的独特体验。相比同时代的许多作家,老舍真正把毛笔书写融入了日常。这与他根植于心的文化选择不无关系。满人对艺术的追求从来没有停止过,"在文学范畴里,满族人很少愿意严格区分哪几路题材是'阳春白雪'、哪几路题材是'下里巴人';在日常文化视野当中,满族人也很少热衷于区别哪一些'玩艺儿'是'上档次的'大制作、哪一些'玩艺儿'又是'不登台面儿'的小零碎儿"①。

纵观老舍的书写生命,他完完全全继承了旗人对艺术泛爱的追求。在老舍的眼中,书法并未变成一种完全艺术化的形态。他的书法既取法于汉隶与魏碑,又有楷书的灵巧。他并未追求书法的审美极致,书法是他的爱好,也是情操的修为。作家的文学创作被印成横平竖直的铅字,当读者面对装订成册的文学作品时,聚焦在其内容上,而通过作家的手书,不论是手稿还是书法作品,我们看到的是一种更加接近作家生命形态的表达。

二、书学起步与"书法外交"

许纪霖称20世纪是一个"断裂社会",百年文学经历了晚清的屈辱、民国的动荡和共和国政治的跌宕起伏,一切思想和艺术形态都在山呼海啸的变革中被洗淘。伴随着科举制度的消亡,士大夫作为一个阶层而止步于前,但"士"传统与基因却被转型后的现代知识分子完美地继承下来。老舍的一生经历了三个时代,他的书写生涯背后所折射的正是中国文人感时顺世的思想图谱。

20世纪初的中国现代作家大都出身书香,从小耳濡目染,写字读书是最自然不过的事,但老舍的学书之路并没有家学的影响,自6岁随刘寿绵入私塾之后,他才成为舒家第一个识字的人。老舍回忆,在他十来岁的时候,每逢春节,他就会帮着私塾的老师在大街上摆对子摊儿,卖春联。那时候,他的主要任务是帮老师研墨、镇纸。老舍的书法真正开始循章得法是从考入北京师范学校开始的。考学的过程并不容易。据好友关实之回忆,和老舍同时报考这所学校的一共有900余人,只录取50人。老舍凭借优异的成绩被录取了。他自己后来写文章回忆道:"当我在小学毕了业的时候,亲友一致的愿意我去学手艺,好帮助母亲。我晓得我应当去找饭吃,以减轻母亲的勤劳困苦。可是,我也愿

---

① 关纪新:《老舍与满族文化》,辽宁民族出版社2008年版,第170页。

意升学。我偷偷地考入了师范学校——制服，饮食，书籍，宿处，都由学校供给。只有这样，我才敢对母亲说升学的话。"① 在北京师范学校的老舍遇到了对他学书之路影响至深的师长方还。

方还是清末民初著名的教育家、诗人和书法家。方还因诗、书、文在江南名声大噪，和当时的才子方地山一起被称作"南北两方"。徐悲鸿在写给齐白石的信中评价方还，说他是"当世善书者"，与于右任、李叔同同列，且"人格尤孤高可敬"②。方还去世后，为纪念这位在文化艺术领域颇有影响力的人物，他的故乡昆山还专门修建了"方还亭"。方还书法以颜楷为基，兼融魏风晋骨，大字雍和超迈，小字清润俊逸，充满书卷气，也就是"士气"。晚清书法家何绍基谈及所谓士气道："从来书画贵士气，经史内蕴外乃滋。若非柱腹有万卷，求脱匠气焉能辞。"可以说，书法授业于方还，老舍的起点是很高的。当年老舍和关实之常到方校长的房内看他写字。据老舍同在北京师范学校读书的同学贺粹之回忆，"方校长很赏识老舍写的大颜。他虽不是负责教写大字的老师，但在星期天同学自由在教室写大字，独给老舍大圈点评为'大气包举'，且高声赞许'好呀，好呀！'对此我记忆犹新"③。北京师范学校专门开设大字课，老舍的书学之路在这里得到了系统的训练。关于方校长对老舍的赏识，昔日的同窗关实之和段喆人均印象深刻。老舍每有诗文习作，总是要拿给方校长看，方校长会提出不少修改意见。方还对老舍的赏识和栽培更增添了他对书法和诗文的兴趣。

抗战时期，为躲避战火，老舍举家内迁，他曾费心为儿女存下的教育基金也因为战事的缘故几乎变为零，家具书籍也被日军洗劫一空。他在文章《四大皆空》中写道："这次损失中，说来颇觉可笑，使我连日感到不快者，倒是历年所积藏的一些字画。"④老舍所指的字画并非名家真迹，他所珍视保存的字画全部都是师友的手迹。在他眼中，手迹和手稿不在乎多么高明，而在乎字画之外的东西，"它们都有些人的关系与历史在里边，使我看见字画也就想起人来，而另有一番滋味"。在丢失的字画中，最令老舍痛惜的就是1932年老校长方还送给已经在齐鲁大学任教的他的一幅对子："四世传经是谓通德，一门训善惟以永年。"老舍说："方先生的字与文造诣都极深，我十六岁练习古文旧诗受益于他老先生者最大。这一副对子是他临死以前写给我的，用笔运墨之妙，可以算他老人家的杰作。在抗战前，无论我在哪里住家，我总把它悬在最显眼的地方。"⑤ 可惜这幅

---

① 老舍：《老舍全集》（第14卷），人民文学出版社2012年版，第412页。
② 徐悲鸿：《徐悲鸿致齐白石札》，《中国书画》2011年第11期。
③ 郝长海：《老舍在北京师范学校》，《新文学史料》1983年第4期。
④ 老舍：《四大皆空》，《文坛》，作家书屋，1943年，第41页。
⑤ 老舍：《四大皆空》，《文坛》，作家书屋，1943年，第41页。

字在抗战时留在齐鲁大学家中,济南被日军攻陷后,遂下落不明,成为老舍毕生的遗憾。

老舍书风极重格致。从现存手稿、信札和书法作品来看,老舍多写楷书,同时融合了北碑的风貌,通篇工整稳健,极易辨认。这与早年师范学校的训练不无关系。1918年,19岁的老舍从北京师范学校以前五名的成绩毕业,被委派到京师公立第十七高等小学和民国学校担任校长。1920年,时任北平郊北区劝学员的老舍写给学务局长的《调查京师北郊马甸清真教公立国民学校的报告》是迄今发现的老舍最早的手迹。从中可以看到,他早期的书写规范、清雅、工整,但还没有显示出太多个人风格的印记。

1924年,老舍25岁,经由艾温士教授推荐,老舍应聘到伦敦大学东方学院担任中文讲师。去国前,老舍手书"笃信好学"的四字中堂赠予好友白涤洲,并在下方写小字:"读书达理则心平识远,富贵名利无所祈求。旦夕警策守之终身,便是真君子大英雄。"这幅字是老舍写给好友的,也是他的自勉。此后几十年,他一直践行着"笃信好学"这四个字。

在英国期间,老舍的墨迹用一种别样的方式被保存下来。由爱德华·丹尼森·罗斯(Edward Denison Ross)主编,老舍参与执笔的汉语教材《言语声片》由伦敦灵格风出版社出版。老舍承担了编写教材的大部分工作。本套教材配套16张中文发音唱片,全部由他字正腔圆地灌录,教材的对话是当时地道的北京口语,而教材的中文部分也全部由老舍用毛笔手书。老舍用中国的毛笔书写向西方推广汉语的教材,本身就有独特的意义。这套手书的汉语教材,一改传统毛笔竖书的习惯并加以标点,书写内容也完全遵照白话的语法规范。老舍用极为规整、清晰的小楷书写,在排版上又有较大的留白。虽然与后来老舍极具辨识度的书法作品相比,这套教材的书法并没有体现出明显的风格,但作为针对外国人学习汉语的中文教材,其清晰质朴的书写平添了一份亲切感和俏皮感,也避免了外国学生对汉字望而生畏。就一套汉语教材来说,如若追求字体结构的精准统一,完全可以铅字付印,但毛笔书写的行为本身就是中国文化的独特所在,老舍编写的这部汉语教材就是20世纪初中国文人与世界互动接轨的明证。丰子恺说:"中国的民族精神,寄托在这支毛笔里头!"当下,海外孔子学院在推广中国文化时,书法已成为其中不可或缺的组成部分。如今毛笔已成为代表中国传统的文化名片,一百年前老舍就自觉地用这张中国名片来传播中国文化了。

1939年,苏联外交部的费德林被派任重庆大使馆秘书。由于中文流利又精于中国传统文化,费德林与聚集在重庆大后方的文化人保持着十分密切的往来。1944年,费德林回国,由郭沫若题写20开册页《美在其中》,邀请了包括老舍、茅盾、陶行知、沈尹默、徐悲鸿、傅抱石等20多位知名文化学者在册页中落墨留念。老舍题诗一首:"费公才八斗,德貌两堂堂。林雪怀乡国,雄风红旗扬。"中华人民共和国成立后,老舍更是用行动践行了"书法外交"。1958年,美国记者斯特朗第6次来访中国,并定居北京。为斯特朗贺寿,胡絜青画蟠桃与桃花,老舍在画间挥毫题诗"国际精神致太平,寿星尽在北京城。蟠桃一熟三千岁,喜见如霞花正明",并注:"斯特朗同志长寿,胡絜青画,老舍题句同贺。"1965年3月,老舍率中国代表团访日。在日期间,老舍做了许多小诗,还为很多朋友当场挥毫写了嵌名联,还乘兴把诗题在了女作家有吉佐和子漂亮的和服腰带上,宾主尽欢。当晚,吉佐和子再次前往老舍处所求字。据1965年4月16日老舍日记载:"晚,有吉氏来,求写字。以诗赠之。"① 此次日本之行,老舍还为日本作家土歧善麿、井上靖、水上勉题字。老舍与水上勉仅这一面之缘,却结下深厚的友谊。在老舍去世后的第二年,水上勉就写文章《蛐蛐罐》来缅怀他,成为第一个在老舍去世之后写文章纪念他的人。

书法是中国文字的艺术表现形式。老舍借书法表现出文化自信,用"书法外交"将中国艺术与文化传递到世界各地。傅抱石认为"中国艺术最基本的源泉是书法"②。书法之于中国艺术好比建筑之于西方艺术,在不同的时代表现出不同的风貌以显示时下的艺术风格,成为串起中国艺术发展脉络的骨干。直至今天,书法依然是中国艺术最具代表性的一张名片。

三、老舍的兵气与书法抗战

书法艺术本是文人们的闲逸雅趣,但进入抗战时期,书法也可以成为利刃,成为民族魂的物质承载。1938年8月,老舍撰文写道:"每个文人都有可以赴战的勇气与资格,每个武人都有他们的学识与气度。每个人都是文人,每个人也都是武士,每个人都有脑子,也都有热心。"③ 自1937年始,老舍创作了大量的鼓词和话剧。或许从艺术成就来看,这些作品很难与他的小说成就比肩,但就抗日的宣传功效来看,这些作品在当时却发挥了很大的作用。老舍在写给友人陶亢德的信中说:"我觉得我的一段鼓词若能鼓励一些人去拼命抗战,就算尽了我微薄的力量。假如我未来成为莎士比亚的本事,而因为乱写粗制,耽误了一个中国的莎士比亚,我一点也不后悔伤心。"④ 身为旗人的老舍自小受旗人尚武的影响,身上有着传统文人少见的兵气。抗战爆发后,老舍别离妻儿,只身南下。冯玉祥曾赋打油诗:"老舍先生到武汉,提只提箱赴国难。妻子儿女全不顾,赴汤蹈

---

① 老舍:《老舍全集》(第19卷),人民文学出版社2012年版,第237页。
② 傅抱石:《傅抱石美术文集》,叶宗镐编,上海古籍出版社2003年版,第192页。
③ 老舍:《文武双全》,《黄埔》第1卷第1期,1938年。
④ 老舍:《又一封信》,《宇宙风》1940年2月乙刊第二十一期。

火为抗战!"从这点来看,老舍或许是现代作家中最独特的一位。他虽不像他的旗人祖先那样善于骑射,但他熟悉多种套路的拳术,还曾拜"山东第一枪"马子元为师学习武术。后来老舍还送了马子元一把折扇,并在扇面上题写、记述自己习武的经过。老舍与生俱来的兵气与他自小接受的旗人传统熏陶、年幼时殉国的父亲有着直接的关系。他在《致榆林的文艺工作朋友们》的信中说:"文艺者已不复是吟风弄月的白面书生,而是以笔为枪,以血为墨,和战士民众站在一处,发出壮烈的吼声了。"① 老舍加入中华全国文艺界抗敌协会后发表《入会誓词》:"在我入墓的那一天,我愿有人赠一块短碑,刻上:文艺界尽职的小卒睡在这里。"② 老舍完全做到了誓词中所说的话,这名文艺界的小卒用手中毛笔书写出了淬厉无穷的中国文人的骨气。

20世纪初的作家几乎人人都会用毛笔写字,毛笔书写甚至成为很多人的日课。与传统士大夫闲逸风雅的书写态度不同的是,现代作家的书法承载了更多社会责任的担当。这也是现代文人书法与古代书法艺术最大的区别。20世纪前半叶,国家政权更迭、烽火不息,作家的个人书写总是与国家民族的命运紧紧联系在一起。抗战后,老舍曾手书黄治峰烈士的诗以明志——"男儿立志出乡关,报答国家哪肯还。埋骨岂须桑梓地,人生到处有青山",又写"还我河山"四字作友人贺寿之礼,笔力遒劲,铁骨铮铮。在老舍的笔下,书法不仅有纯粹的艺术欣赏价值,更具有现实的意义和功能。1941年,抗战进入相持阶段,物资吃紧,文协借《新蜀报》复刊《蜀道》开展"作家卖字捐稿劳军"的活动。《蜀道》第364期刊出《关于文协献金》的通讯:

> 陪都各界献金劳军运动展开后,文协除发动作家出稿劳军外,决再卖字募金。闻该会商借观音岩新蜀报营业部为卖字场所,决定自本月廿一日至三月十一日止,卖字十八天,将全部所得,贡献政府。参加卖字献金运动者有郭沫若,田汉,谢冰心,茅盾,老舍等,数十作家,定价极为低廉,以期本市爱好文艺者,均有获得珍藏作家墨迹之机会。

在"文协出纸,作家出力,请诸公出钱"的号召下,文协作家、画家拿出自己的手稿、字画义卖。鉴于战时购买力贫弱的缘故,这些字画的定价都很便宜,老舍的册页,每幅只卖5元。1941年3月14日,《蜀道》第383期载文《文协卖字结束》称"于2月21日起,至3月11日止,卖字十八天,并于3月12日正式结束。总计此次参加卖字卖

---

① 老舍:《致榆林的文艺工作朋友们》,《塞风》1940年第七、八期合刊号。
② 老舍:《入会誓词》,《大公报》(全国文艺界抗敌协会成立大会特刊)1938年3月27日。

画会员,虽因时间短促,未能普遍发动,但已有郭沫若、陈铭枢、张道藩、于右任、冰心、张恨水、田汉、老舍、李可染、高龙生等四十人,计书画一百十九件",而"此次卖字售出最多者,为郭沫若、老舍之墨迹"①。重庆政界、商界和金融界的人士如鲜伯良、袁育梵、贺礼逊、康心之、李汝衡、朱大为等指明订购老舍的书法作品。这次义卖字画所得的3000余元全部送呈劳军委员会。如今,我们虽不得而知老舍书法作品的具体内容,但可以从"卖字售出最多者"看出老舍书法的受欢迎程度。老舍的字多为正书,楷隶结合,端庄厚朴,装饰性很强。与专业的书家相比,文人书法墨迹的价值在于书写者自身的影响力和书法背后所蕴藏的学养与品味。老舍不单卖字劳军,还将自己的手稿《面子问题》拿来义卖,其中一页原稿被人以3元的价格购入。后来冰心回忆道:"原来老舍想卖出《面子问题》全部手稿捐款劳军,那时一般的知识分子、青年学生、市民的生活都很贫困,结果这个手稿没有卖完。后来老舍将第一幕手稿送给了我,并题了字。"②《面子问题》手稿为毛笔小楷竖书,端正工稳,哪怕是修改涂抹的地方也清晰可辨,虽不是严格的书法作品,但笔迹严谨流畅,在作家手稿中也是难得一见的。1995年发表在《满族研究》上的一则短讯写道③:

  老舍先生写稿都是用毛笔,无论时间多紧,都是书写得很工整。个别写错的地方也都认真贴补好,如不仔细看,还发现不出是改正过的。因而赢得了印刷厂排字师付(傅)的赞誉,每当他们拿到老舍先生的稿子,总是赞不绝口地说:"老舍,够意思!冲着人家这字儿,对咱排字工人就仗义。"

一个人书写习惯和风格的形成在客观上也与物质环境相关。老舍的手稿多为毛笔书写,除去个人的文化选择之外,特殊时期的物质资源限制也是很重要的原因。抗战时期,印刷环境恶劣,粗糙的土纸并不适合钢笔书写,而这种纤维感很强的土纸更趋向宣纸的质感,这无形中使毛笔书写更加普遍。老舍后来当选中华全国文艺界抗敌协会常务理事兼总务部主任,负责文协日常事务。他在文协的会务报告中提到纸张短缺的问题,说"纸张已成严重问题。白报纸不必说了,每令涨到五十元以上,还是没有货色。土报纸也供不应求"④。中华全国文艺界抗敌协会会刊《抗战文艺》在武汉出版前16期和特刊4期时用的都是白报纸,在重庆复刊时由于印刷条件的限制而改用土纸印刷。全国性的会

---

① 《文协卖字近讯》,《蜀道》第374期,1941年。
② 小济:《〈面子问题〉手稿的故事》,《新文学史料》1979年第2期。
③ 玲珑:《老舍的稿子受到排字师付赞扬》,《满族研究》1995年第2期。
④ 老舍:《会务报告》,《抗战文艺》1938年第二十二期。

刊尚且如此,更不要提作家写稿用的纸张质量了。现在看到的抗战时期老舍的手稿十分工整,在客观上与当时的经济条件和物质资源受限不无关系。老舍评价自己的长篇小说《火葬》时说:

> 象《火葬》这样的作品,要是搁在抗战前,我一定会请他到字纸篓中去的。现在,我没有那样的勇气。这部十万多字的小说,一共用了四个多月的光阴。光阴即便是白用,可是饭食并不白来。十行纸——连写钞副本——用了四刀,约计一百元。墨一锭,一百二十元——有便宜一点的,但磨到底还是白的。笔每枝能写一万上下字,十枝至少须用二百元。求人钞副本用了一千一百元。请问,下了这么大的本钱,我敢轻于去丢掉么?……文人比谁都晓得更清楚,但是在稿费比纸笔之费还要少的情形下,他们也只好去另找出路了①。

毛笔书写对纸张材质的依赖性相对较弱,在抗战时期纸张匮乏的情况下,无疑是最理想的方式。老舍的代表作《四世同堂》的前两部《惶惑》和《偷生》便创作于此时。由于战事,纸张吃紧,老舍用毛笔在土纸上竖书,期间极少涂改。这份手稿被保存下来,每6章装订成一册,每册约6万字。这是《四世同堂》的初稿,具有极高的史料价值。2001年,这份手稿被选入"国家档案名录",成为唯一入选的现当代文学作品手稿,足见其艺术价值之高。特殊年代的物质稀缺反倒在一定程度上促进了老舍的毛笔书写,使其手稿更具艺术观赏性。

四、书法传统滋养的现代作家

新文化运动如火如荼地进行时,老舍并没有进入这场新旧文化交战的漩涡中心,他在新文化和旧传统之间寻找到了一条平衡的道路。受北京师范学校的校长方还和国文教师宋子威的影响,老舍打下了十分扎实的中国古典文学功底。虽然老舍以新文学创作登上文坛,但在此后几十年的时间里,他的旧体诗创作一直笔耕不辍。除去文学创作手稿与信札外,老舍存留的墨迹多为旧体诗,且绝大多数为有款有识的书法作品。老舍远赴英国教授中文的这段时间里,并未真正被欧风美雨改变,或者说英国的五年时间更加坚实了老舍的文化姿态,即一边面向未来,一边面向传统。老舍在散文《习惯》中说:

---

① 巴金、老舍等:《文学回忆录》,四川人民出版社1983年版,第11页。

明知电影比京戏文明一些，明知京戏的锣鼓专会供给头疼，可是嘉宝或红发女郎总胜不过杨小楼去。锣鼓使人头疼的舒服，仿佛是吧。同样，冰激凌，咖啡，青岛洗海澡，美国橘子，都使我摇头。酸梅汤，香片茶，裕德池，肥城桃，老有种知己的好感。这与提倡国货无关，而是自幼儿养成的习惯。

舒乙说："除了本职工作之外基本上没有什么爱好的人肯定是现代人，距离古代的文人雅士有很大差距。"① 老舍是现代人，但他却用一种介乎于古代士大夫和现代知识分子之间的方式经营着自己的生活。老舍的爱好极为广泛，写字、赏花、种花、品茶、武术都是他的专长。老舍认为"专凭一技之长，不易获得丰富的艺术生活与修养，且往往不能使这一技术达乎尖端，有所创辟。古代文人于诗文之外，还讲究精于琴棋书画，也许有些道理"②。老舍把书法化为日常，尤其喜做嵌名联送好友，既风雅又独特。在重庆时期，老舍用好友戏剧理论家陈瘦竹、诗人韦素园和女作家冰心的名字作嵌名联，全联均用人名而作——"素园陈寿竹；老舍谢冰心"。又如其为茅盾作"鸡鸣茅屋听风雨；戈盾文章起斗争"，为巴金作"云水巴山雨；文章金石声"，为赵清阁作"清流笛韵微添醉；翠阁花香勤著书"，为曲波作"曲高和众；波远流长"，为黑丁作"乐礼添黑发；服务为白丁"。其一首人名诗"清阁赵家璧，摆薇黄药眠。江村陈瘦竹，高天臧云远"更是浅白妙趣。这些墨迹不仅体现出老舍深厚的文字功力，也见证了文人之间交往的轨迹与情义。

文学创作以外的爱好是作家文化人格的重要组成部分，是作家创作的底色，渗透于文学创作中，彼此互动关照，成为现代文学史不可或缺的组成部分。老舍的文化底色是传统而雅致的，但他的书画志趣并没有传统士阶层的精英主义意味。据女儿舒济说，"他爱在扇面书写古代的诗词或自己作的旧体诗，当作礼物送朋友；也高兴地接受朋友们送给他的折扇或扇面，也常请书画家在扇面上书画留作纪念"③。老舍爱画。据老舍日记的记述，赏画已成为他的日常。他把这些雅趣变为生活的一部分，与诸多画家交朋友。齐白石、于非闇、傅抱石的画都是他的心头好，又曾收集了百余副京剧名伶的折扇。老舍对中国画的品鉴力在中国现代文学作家当中首屈一指，"从 1933 年为《海岱画刊》撰写发刊词到 1963 年为胡絜青画《三秋图》题诗，30 年间，老舍所写的美术评论文章和画集序言共 23 篇"，"经他评论或点评过的画家有 40 余人，文中提及的中国古今画家 58

---

① 舒乙编：《老舍藏齐白石画》，北京出版社 2015 年版，第 1 页。
② 老舍：《老舍全集》第 15 卷，人民文学出版社 2012 年版，第 439 页。
③ 舒济：《从父亲老舍的满族籍和习好说起》，《新文学史料》2009 年第 3 期。

人。他论及的画家广泛涉及诸如京津画派、岭南画派、长安画派以及现实主义画派"①。舒乙说老舍是"画儿迷",虽不会画画,但喜做题画诗,兴致所至,常常在画作上挥毫题诗。

书画结合的落款与题跋是中国绘画艺术独特的形式。东晋《女史箴图》和同时期的画像砖被看作最早有款识的画作。直接将题画诗题于画作本身始现于北宋末年。元代之后,题画诗渐渐多了起来,诗、书、画彼此交融共生成为文人画的特征所在。好的书法题诗可以使画作生辉,钤印的数量和布局也成为文人画不可忽视的一个方面。陈师曾在《文人画之价值》中说:"何为文人画?即画中带有文人之性质,含有文人之趣味,不在画中考究艺术上之功夫,必须于画外看出许多文人之感想,此之所谓文人画。"② 如今,中国文学馆藏的张仃绘《曹雪芹像》中就有老舍用精致的小楷题写的长诗《佩刀质酒歌》,此外还有老舍为关良的《游龙戏凤》戏剧人物《凤姐图》题诗、《题静庐燕归图》、为吴湖帆所绘扇面题录等等。老舍与妻子胡絜青二人也时常会以书画唱和,《桃花游鱼图》、《三秋图》、《久旱逢雨夏荷图》、《香色迎春》都尽显二人生活的雅趣。

不同于传统文人画上的书法题诗,老舍的题诗从不拟古;对于偶尔收藏的古画,老舍也会用现代人的视角调侃一二。老舍曾收藏清代画家姜筠的一幅山水小品。画家在原作上题:"树围茅屋外,花落雨声中。"老舍在画作石侧题"姜氏习用此等俗句题画,不若无题",左侧写"姜筠作画为脱俗,冗然自热闹",并在题字旁钤印一阴一阳两枚印,署名老舍,尽显幽默风趣本色。老舍说:"我喜欢一切艺术上的改造与创作,因为保守便是停滞,而停滞便引来疾病。"③ 老舍在评价李可染的画时提出了中国田园诗和新诗的概念,认为李可染的画的意境还是中国田园诗的淡远幽静,如果他把现代新诗实验在画作上,他的画作将有大的飞跃。这里的田园诗与新诗代表着中国彼时文化的两种底色。老舍谈及两者关系时说:"不在乎应否把新旧中外糅在一块,而在乎保留什么旧的,采用什么新的"④;"可是在艺术上,似乎有一样永远不能改动的东西,那便是艺术的基本的力量"⑤。

艺术的力量到底是什么,老舍并没有明确地解释,但他用所有的创作解释了艺术的力量带给他的滋养。老舍文学成就背后的这些"暗功夫"正是艺术的力量所给予的。老舍少年即与毛笔结缘,此后数十年从未间断。他是中国新文学的语言大师,也是中国传

---

① 魏韶华:《论老舍的美术修养及其文学创作的审美特征》,《首都师范大学学报》(社会科学版)2020年第1期。
② 陈师曾:《中国绘画史》,北京联合出版公司2006年版,第244页。
③ 老舍:《老舍全集》(第17卷),人民文学出版社2012年版,第437页。
④ 老舍:《观画偶然》,《联合画报》1943年第十五期。
⑤ 老舍:《老舍全集》(第17卷),人民文学出版社2012年版,第437页。

统文化的饱学之士，书法艺术的雅致达观与不激不厉在老舍身上得到了最完美的诠释。在毛笔最后作为主要书写工具的时代，书写文化成为一面镜子，映照出新旧时代交替中现代作家所秉持的文化姿态与人格。

（作者单位：陕西师范大学文学院）

"大文学" 视野

抗战文学研究的意义限定问题[①]

廖海杰

20世纪80年代以来，抗战文学研究逐渐成为现代文学研究中的常规领域，不过，时至今日，也并非什么热门领域。这倒不是说抗战时期的文学缺乏关注，如果单以时间来划定研究范围，不管是8年还是14年，对仅仅30来年的现代文学而言都已不短，在拥挤的现代文学学界，自然早已积累了汗牛充栋的成果。但奇怪的是，我们似乎总有一种模模糊糊的感觉，许多涉及这一时间范围内作家作品、文学现象的研究，并不能被认为是抗战文学研究。虽然当我们写综述、开会时，常常会采用宽泛的抗战时期来划定，但综述写完、会议散场，那些研究还是回到了原来的地方。总之，抗战文学研究似乎并不等同于对抗战时期的文学的研究。

这就提醒我们反思，到底什么才是抗战文学研究？其实，即便在通常所认为的抗战文学研究领域内，也早就因为对基本概念的理解不一，产生了两种研究——一种大致按时段划分但未尝不考虑题材，一种则完全按题材划分且不考虑时段。于是，《亮剑》也可以作为抗战文学研究。不过，这里的分歧看上去大，归根结底却只是体现了文学研究中做文学史和做文学批评的不同[②]，只是一种由简称而生的语词上的误会（文学批评中的"抗战题材文学"亦可简称为"抗战文学"）。真正值得注意的是，我们在文学史研究

[①] 本文系国家社科基金青年项目"抗战大后方经济生活与文学书写研究"（20CZW040）、重庆市教委人文社科研究基地项目（20JD044）的阶段性成果。

[②] 王学振教授在《抗战文学研究的边界问题》一文中讨论了这一问题，主张"抗战文学"是"抗战时期的文学"，而非"抗战题材的文学"，但其论证始终基于"在文学史研究中"的前提。因此，如果不是进行文学史研究，在题材的层面上使用"抗战文学"应该也并无太大问题。将"抗战文学"作题材使用并讨论当代作品的，大部分也正是文学批评类文章。参见王学振：《抗战文学研究的边界问题》，《南方文坛》2014年第4期。

中涉及的那个"抗战文学",那个让我们模模糊糊地感觉并不能等于"抗战时期的文学"的"抗战文学",还是一个意义模糊不清的存在。什么是抗战文学?什么又是抗战文学研究?本文就从此处出发,对这一早已有前辈学人回答、似乎不成问题的问题做些探究。

一

文学史研究中的抗战文学研究,自然应该按时段划分研究范围,但"抗战文学"并不完全等同于"抗战时期的文学",这一概念带有时段和主题的双重意义。这就正如"现代文学"。现代文学不仅是某年到某年之间的文学,还必须是一种有"现代"意义的文学。正是这种意义的限定,使得通俗文学、旧体文学进入现代文学史成为可争论的问题,甚至即便被印刷、装订在一起,也无法完全"有机"融入。同样,"抗战文学"既是抗战时期的文学(不论这个"时期"需不需要上延到1931年),又是要有"抗战"意义限定的文学。

不过,在当下的研究中,抗战文学的意义限定被处理得并不那么机械。正如吴福辉教授所言,"'抗战文学'有被'战争时代的文学'代替之势"[1]。一般而言,抗战时期产生的叙事文学只要故事也发生在抗战时期,就可以算作抗战文学。但这也并不意味着"抗战"意义被研究者弃之不顾。张中良教授在谈到抗战文学经典问题时就指出,《白毛女》和《小二黑结婚》等作品虽产生于抗战时期,"但并非典型的抗战作品","而真正称得上抗战文学经典的作品应该是直接表现抗战题材、彰显民族解放之时代精神的佳作"[2]。有趣的是,这篇文章后半部分还是举出了《寒夜》和《八十一梦》作为抗战文学经典作品。显然,《寒夜》和《八十一梦》也并非直接表现抗战题材,甚至可以说,同样涉及战时生活的变迁与书写,此二者与《白毛女》、《小二黑结婚》相比,并不离"抗战"更近。为什么《寒夜》写知识分子夫妻在战时国都婚姻破裂是抗战文学经典,《小二黑结婚》写青年农村男女在战时边区走进婚姻就不是典型的抗战作品?或许可以说,《小二黑结婚》的主题是反封建,没有配合抗战的意味,但是,难道《寒夜》就体现出了多么强烈的配合抗战的价值追求?不过,在我们的既定观念里,在我们模模糊糊的感觉中,《寒夜》确实是抗战文学,《小二黑结婚》似乎不是。但在另一篇谈论抗战文学经典的文章中,《小二黑结婚》,甚至沈从文的《长河》也被确认为抗战文学经典。虽然在文章的开头作者早已确定"'中国抗战文学'的概念,不仅仅是一个时间界定问题,

---

[1] 吴福辉:《抗战文学概念正在文学史中悄悄延展》,《理论学刊》2011年第2期。
[2] 张中良:《抗战文学经典的确认与阐释》,《山东社会科学》2018年第6期。

同时也是一个内容形式的限定问题"①,但《长河》和《小二黑结婚》究竟是基于怎样的内容形式限定而成为抗战文学,却并未得到清晰的表述。可以说,在经过了几十年抗战文学研究而积累下来的知识现场中,抗战文学的"抗战"意义本就不是那么清晰可辨。那么,这种意义的含混源于何处?

"现代文学"的"现代"有较为方便的判别标准,从底线上来说,至少有一目了然的新式白话可为依据,但"抗战文学"的"抗战"意义就不那么好把握了。在最早的抗战文学研究专著、1947年出版的蓝海的《中国抗战文艺史》中,其绪论部分将抗战文学定义为"为了拯救人类,为了拯救文化"②而配合世界反法西斯战争的文学,但作者在第六章"在生长中的小说"中就列入了茅盾的《霜叶红似二月花》。试问,这部故事发生在20世纪20年代的小说,到底有什么反法西斯的抗战意义?当然,这只是作者偶尔的失误,只是再一次说明"抗战文学"这一有着主题和时段双重意义的概念容易导致含混。大体上,《中国抗战文艺史》论及的作品都是与抗战有关的,第六章小说部分有这样一些小标题——"黑暗的暴露"、"兵役问题的提出"、"边疆生活的描写"、"生产的歌颂"、"敌伪的暴露"等,虽不直接关乎战场,但也都是与战争相关的社会生活内容。在看上去离抗战最远的"边疆生活的描写"部分的最末,作者专门提了一笔:"我们所有的这些暴露黑暗和不合理的存在的作品,作者的态度全是积极的,乐观的。不是因此而对国家民族的前途悲观失望,不过指出抗战建国的路上,这些现象应当消灭或是纠正。所以创作的态度仍是健康的。"③ 这样有意把看上去不那么抗战的内容阐释回到配合抗战的"健康"意义上,也显示了"抗战文学"这一概念在产生之初就内蕴着意义限定的压力。那么,既然"抗战文学"天然地要与抗战相关,为何文学史研究中总难免出现含混?笔者认为,这是因为抗战时期文学的历史现场本就充满了丰富性,而"抗战文学"这个天然有着"抗战"的意义限定的概念,产生于抗战之初,却无法适当地概括随着抗战变化的文学。我们不妨有点武断地说,在1940年之后,文学本就开始了与抗战脱钩的进程,处于一种若即若离的关系中。虽然如此,这后半段的文学毕竟还是发生在抗战的时代大背景下,不可能完全"与抗战无关",还是可以称为"抗战文学"。在"抗战文学"的概念下,其实存在两种形态的文学,一种是前半段的直接描写抗战、配合抗战、

---

① 黄高锋:《文学经典视角下的中国抗战文学再评价》,《文艺理论与批评》2016年第1期。
② 蓝海:《中国抗战文艺史》,现代出版社1947年版,第4页。
③ 蓝海:《中国抗战文艺史》,现代出版社1947年版,第115–116页。

呼唤民族精神、与"五四"新文学形态有差异①的"纯抗战文学",一种是后半段的回归"五四"新文学常态的、受战争时代影响的文学。后者虽然也不乏呼唤民族精神、配合抗战的价值追求,但这并非它的全部意义所系②。

明确"抗战文学"概念内部有两种形态的文学,能更好地理解前文提到的那个看上去颇为诡谲的抗战文学研究范畴问题。段从学教授以高度重视文艺的宣传功能、作品形态和样式上的短小有力、依靠党政机关补助、题材大多直接与抗战有关四个方面来定义前期的抗战文学,并认为这种形态的抗战文学在1940年左右已经在"文协"同人的检讨反思中"划上了圆满的句号"③。如果以这种历史形态的"纯抗战文学"来定义抗战文学、划定研究范围,就根本不会出现意义的含混,甚至连分区都显得多余。当下的抗战文学研究,在最广义的范围上,几乎等同于"40年代文学研究",因此还产生了解放区、国统区、孤岛和沦陷区之分。若是仅以"纯抗战文学"来定义,那高度一致的主题、短小有力的通俗形式在解放区和国统区哪有值得探讨的区别?正是因为那高度一致的"纯抗战文学"失去了整合能力,才有了40年代国统区文学、解放区文学能够在文学史概念上成立的可能。从另一方面看,"纯抗战文学"很快就不再是主流形态,被安上了"抗战八股"的新名字,而抗战文学研究,自蓝海的第一本专著开始,也从未只是"纯抗战文学"的研究。在《中国抗战文艺史》的章节安排上,"通俗文艺与新型文艺"与"长足进展的报告文学"分列第四、五章,排在小说、戏剧、诗歌、文艺理论之前,可谓是"纯抗战文学"受到的最后一点优待。毕竟,提到抗战文学,最先被人想到的总是它们。不过,但凡谈到抗战文学的艺术成就,又总要轮到以《寒夜》、《四世同堂》、《淘金记》为代表的后一类抗战文学。20世纪80年代以来,"凋零论"对抗战文学成就的质疑,我们是很难视而不见的。每当研究者要对此有所回应,总会举出抗战文学后半段中的成熟作品。但问题是,质疑者瞄准的抗战文学常常就是前半段的"纯抗战文学",而不是后半段已经部分回归"五四"新文学常态的抗战文学。也许在质疑者眼中,《寒夜》、《四世同堂》、《淘金记》根本就不能算抗战文学。这论辩中的错位,也正是因为"抗战文学"概念中包含着两种形态的文学。

---

① 这种"纯抗战文学"与"五四"新文学形态的差异既体现在文体上的"短平快",也体现在生产传播关系中,如"依靠党政机关的补助,以'机构订货'和商业化相混合的形式进行生产和传播"。关于这种差异的详细探讨,参见段从学《"抗战文艺"的历史特征及其终结——从文协同人的检讨和反思说起》,《南京师范大学文学院学报》2011年第3期。

② 当然,抗战文学的两种形态之分,只是为了我们认识的方便而做的概念设计,在真实历史现场中,自然不可能以某个年份做截然的切分。"后半段抗战文学"的提法并不意味着抗战中后期就不再存在那种高度配合战争的"纯抗战文学"。

③ 段从学:《"抗战文艺"的历史特征及其终结——从文协同人的检讨和反思说起》,《南京师范大学文学院学报》2011年第3期。

前文已述,"抗战文学"既是一个时段概念,又是一个有"抗战"意义限定的概念。在时段上,如今已无多少争议,1937—1945年全面抗战期间的文学,往前可凭14年抗战史观作些上溯,往后也可纳入一些写于或构思于战时、出版于战后几年间的作品,算是历史延长线上的抗战文学。但就"抗战"意义而言,怎样与抗战有关的确还是一个问题,因为抗战文学研究从来就不只是研究那些显然与抗战相关的"纯抗战文学",而更多涉及那些1940年后回归了"五四"新文学传统的、受到抗战时代影响的文学。这后一种抗战文学中,有些与战争时代高度关涉,直接描写战斗场面,如吴组缃的《山洪》、陈瘦竹的《春雷》、老舍的《火葬》,但大部分与抗战的关系并不那么一目了然,如战后《文艺复兴》杂志连载的三个长篇——《引力》、《寒夜》、《围城》。这三部名作被论者称为"抗战文学'时段性'品格局限的突破"①,恰好又构成了一个"与抗战有关"的意义光谱——《引力》以战时的流亡体验构成情节核心单元,最为有关;《寒夜》以战时大后方紊乱的经济生活做背景,也还算有关,但比起《引力》,抗战之"抗"的意味已经弱了很多;《围城》就显得牵强了,虽然其中也有一段近似于战时迁徙的情节,但从整个文本的思想意义上说,实在很难说与抗战、与民族救亡的时代精神相关。关于文学与抗战"怎样有关",张中良教授曾做过非常详细的界定——"从抗战时期的广度来说,抗战题材包括正面战场与敌后战场题材,民族受难(难民逃难、受戮、被奴役等)题材,敌方题材,大后方直接与抗战相关的题材(兵役、后方医院、后勤供应、管理腐败、投机者囤积居奇发国难财等),借古讽今、鞭挞投降与分裂的历史剧"②。王学振教授也就抗战文学中"侧面相关"的内容,如兵役题材、内迁题材、空袭题材、慰安妇题材等,写过系列论文来进行研究。不过,题材始终是文学反映论下的一个大致判断。仍举前例,将《引力》、《寒夜》、《围城》都放入民族受难题材,固然能赋予其相关性,但即便与这些题材有关,却并无明显的民族主义和抗战情绪表达(如《寒夜》、《围城》),是否可算作抗战文学?当然,某部作品算不算抗战文学并非关键所在,问题的实质是,研究对象中是否存在更"典型"的抗战文学,进而应赋予这种"典型"的抗战文学更高意义?抗战文学研究是否意味着以召唤民族主义情绪为最终的价值追求?

二

"抗战文学"本是一个在文学史研究中生成的概念,又是一个兼有时段性和意义限

---

① 吕彦霖:《抗战文学"时段性"品格的生成、意义及其突破——以〈文艺复兴〉杂志的三部长篇小说为例》,《海南师范大学学报》(社会科学版)2017年第5期。
② 张中良:《重新认识抗战文学的历史地位》,《中国现代文学研究丛刊》2014年第9期。

定的概念，因此，抗战文学研究似乎天然地要求既要有某种史的建构，这种建构和阐释又要具有传递抗战精神价值的意义。回到本文开始的问题，为什么许多落在抗战时间范围的文学研究不那么像抗战文学研究？就是因为它要么缺乏史的建构和阐释，是零散的知识考辨，要么其研究对象和文学阐释都与抗战的时代精神距离较远。当然，正如抗战文学本身可以有狭义的"纯抗战文学"形态，也可以有转型后的更丰富的形态，本文无意表达这样纯之又纯的观点——符合以上两重标准的，才能称作抗战文学研究。只是说，这样的研究是我们在模模糊糊的感觉中认为最"典型"的、最毫无疑问地与抗战有关的抗战文学研究。

不过，这种显然与抗战有关的、最"典型"的抗战文学研究，与"纯抗战文学"一样，很容易面临瓶颈，陷入难以深入下去的困境中。抗战文学研究总是面临这样的两难——如果只注重时段意义来划定研究范围，"抗战文学"就不如被"四十年代文学"、"第三个十年的文学"代替，失去作为专门研究领域的必要性，而本身具有独特性的"纯抗战文学"和转型后战时文学的抗战主题书写等文学现象，也失去了得以显形的概念依托。而如果严苛地注重"抗战"作为一种精神价值和主题意义的限定，首先面临的是划定"抗战文学"、界定"与抗战有关"的困难，这种困难已经在本文前一节吹毛求疵的追问中得到了展示。更值得警惕的是，这种意义限定还会严重限制研究的推进。

众所周知，做文学现象的史论归根结底是做文学阐释，阐释的推进就需要对意义不断更新、不断发现，让我们对文学有"新的眼见"的意义——值得被研究的文学现象本身就具有这种被阐释的意义潜能。但如果我们先以某种意义（比如民族主义精神、民族国家情怀）限定筛选"抗战文学"，再对被筛选出的符合这种意义的"抗战文学"进行阐释，那么所被阐释出的，最终也只能是我们最开始以之作为筛选标准的那些意义而已。

20世纪80年代，抗战文学研究刚刚重新起步，大量的资料整理工作正在进行，同时，为抗战文学（主要是国统区抗战文学）争取研究合法性也成为一个亟待解决的问题。于是，抗战文学研究奠基者们必须首先回答"什么是抗战文学"的问题。苏光文先生的答案比较有代表性——"作为观念形态的抗战文学主要反映而又给予伟大影响的是1937年7月到1945年8月中国抗战时期的社会生活，体现它的本质与主流的是反映而又作用于抗日救亡、抗日民主斗争生活的文学"[①]。该定义考虑得可谓非常周全，不但兼顾了抗战文学的时段性和意义限定，在意义限定上还做了精巧的双重架构——从最宽处，只要反映"抗战时期的社会生活"就可以划入，而更"本质和主流"的抗战文学，则必须"反映而又作用于抗日救亡、抗日民主斗争生活"。以这样的标准，上一节提到的

---

① 苏光文：《抗战文学概观》，西南师范大学出版社1985年版，第5-6页。

《引力》、《寒夜》、《围城》那"与抗战有关"的光谱,就能得到完美解释——《引力》同时描写了沦陷区和国统区的现实,因此同时反映了抗日救亡、抗日民主斗争的必要性,抓住了时代的"本质";《寒夜》次之,主要以知识分子在国民党黑暗统治下的苦难生活反映了抗日民主斗争的必要性,抓住了一半"本质";《围城》涉及抗战时期的社会生活,可以属于抗战文学,但与"本质"和"主流"有一定距离,所以显得最"无关"。确实,在这个精巧的概念界定中,"抗战"意义对结束了"纯抗战文学"阶段的后半段抗战文学,也有了整合的可能。改革开放以来,抗战文学研究奠基者们的史著——如苏光文的《抗战文学概观》(1985)与吴野、文天行的《大后方文学史》(1993)等,将那因回归了"五四"新文学常态而意义丰富繁杂、难以整合的后半段抗战文学,始终置于一个大的阐释框架下——以"暴露与讽刺"为文学主潮,以配合"抗日民主斗争"而具有抗战的时代意义。从《华威先生》开始,再到后来的《雾重庆》、《八十一梦》、《腐蚀》、《淘金记》、《寒夜》等名作,正是在这个意义上成为了"典型"的抗战文学,进入到我们的知识结构中。这个大的阐释框架是基于这样的史观:皖南事变后,国民党不断加强着专制,造成了国统区不民主的黑暗现状,这时的国民党专制统治已经不是在坚持抗战,而是在消极抗战甚至阻碍抗战,因此,用文学批判抗战中的黑暗因素、争取民主(反法西斯),就具有配合抗战、配合反法西斯战争的进步意义,就毫无疑问属于"抗战文学"。在抗战文学研究奠基者们建构的阐释框架中,蓝海《中国抗战文艺史》中那语焉不详的"为了拯救人类、为了拯救文化"的抗战文学,变得意义清晰、逻辑融贯起来。

但这个简明又极具整合力的阐释框架却并非没有问题。首先,在此框架的阐释中,抗战文学在1940年前后的历史性大转向,只是主题层面的转换。似乎抗战文学前期配合抗日救亡,后期配合抗日民主斗争,只是随着历史波澜而动。前期"纯抗战文学"那独特的生产方式、表现形态,后期"五四"新文学形态的回归、作家以文学凝聚战时生活体验等值得探讨的现象,都被遮蔽于同质化的抗战文学景观中。

其二,以反映"抗日民主斗争"这样的"本质"来整合后期抗战文学,其实已经默认了这样的前提:前期作为工具配合抗日救亡,后期又作为工具配合抗战民主斗争,整个抗战文学的历史就是一段文学配合战争的历史,就是一段文学工具化的历史。有趣的是,这正是抗战文学"凋零论"者的基本认识。抗战文学史的建构者和质疑者在这一点上竟然达成了共识。我们注意到,恰恰是抗战文学研究奠基基本完成、第一批史著都已问世的20世纪90年代中期之后的10年,抗战文学研究陷入了短暂的沉寂,似乎高楼已经盖好,接下来的工作无非小修小补,这或多或少显示出阐释框架的束缚。

其三,这种有着高度意义限定的阐释框架归根结底是基于历史观念而搭建的。随着抗日战争史研究的推进，对于全面抗战时期的历史事实，学界普遍认为"国共的团结合作始终是这一段历史的主流"①，皖南事变后国民党消极抗战乃至破坏抗战已不再是定论。当历史观念随着时代的进步而变化之后，文学上对国民政府腐败低能统治的批判自然有着正义性，但其"抗战"意义逐渐淡化了；配合"抗日民主斗争"作为后半段抗战文学的阐释框架，也就逐渐变得不那么具有解释力。

可以说，近十几年抗战文学研究的推进，就是不满足于"抗日救亡"和"抗日民主斗争"这两段式的阐释框架，不断试图回到历史现场，将抗战文学的丰富性释放、恢复出来。这当然不是要否认后半段抗战文学中"暴露与讽刺"作为重要思潮的存在，而是研究者不愿在"暴露与讽刺"的意义限定下止步不前，不满足于做不断找论据验证早已确定好的主题的重复研究。2007年，张中良教授首先呼吁突破抗战文学研究中的观念束缚。他说："有一些主观性很强的本质论、中心论一直影响着抗战文学研究……把复杂的历史简单化，把多元的本质单一化，把本来是相对的中心与边缘的关系绝对化，问题似乎变得简易明了，然而却模糊了历史真相，背离了文学史研究的使命。"② 此后，学界多有呼应。靳明全教授指出，"国统区抗战文学研究要克服意识形态主流支配下的格式化、狭窄化现象"③。王学振教授指出，"抗战时期的重庆固然是国民党统治的象征，又何尝不是抗战中国的象征？出于意识形态的目的对重庆形象加以贬损，难道不也是对抗战中国形象的贬损？"④ 在这些呼吁背后，更有众多学者通过对具体问题的研究，不断刷新着我们对抗战时期文学现象的认识。时至今日，后半段抗战文学那丰富的意义、多元化的艺术探索，已经很难再放回"抗日民主斗争"的阐释框架中去获得"抗战"意义。

正是在研究的推进中，抗战文学研究奠基者们建立的、曾经拥有整合力的阐释框架被悬置了，"什么是抗战文学"重新成为问题。这看上去似乎有点遗憾，但其实又正是文学史研究中的常态。一代代学者做文学史研究、写史论，总是试图建立体系，建立阐释框架。但框架总归是高度抽象的，在敞现一些意义的时候又会遮蔽一些意义，更有可能随着时代文化的变迁而不合时宜。当旧的框架已经建立，除了小修小补之外，不断推进的研究常常就会悬置甚至拆除这个框架，建立新的等待被拆除的框架——人文知识也就这么不断地随时代变迁而生产着。

---

① 周勇：《关于中国抗战大后方研究的几个基本问题》，《重庆大学学报》（社会科学版）2015年第6期。
② 秦弓：《抗战文学研究的概况与问题》，《抗日战争研究》2007年第4期。
③ 靳明全：《深化国统区抗战文学研究之我见》，《文学评论》2009年第5期。
④ 王学振：《再论抗战文学中的重庆城市形象塑造》，《文学评论》2010年第2期。

三

随着抗战文学史观的更新，后半段抗战文学丰富复杂的面貌得到恢复。正是基于现有研究所带来的新的眼见，我们才能看见后半段抗战文学中似乎与抗战没那么有关的景观，才会催生出本文第一节中那些似乎钻牛角尖的、对"什么是抗战文学"的追问。回到本文开头的问题，"抗战文学研究不等同于抗战时期的文学研究"的感觉始终在我们心中存在，抗战文学及抗战文学研究的意义限定显然也还存在，只是这种意义限定由研究奠基期的两段式变成了一段。抗战文学后半段的"本质"已被悬置，但前半段的主题还存在，民族主义、民族国家意识成为当下抗战文学及抗战文学研究的价值锚点。

这正是张中良教授在衡定抗战文学经典时强调"彰显民族解放之时代精神"① 的原因。近年来，"战国策派"在学界的评价得到提升，也显示了民族主义、民族国家意识在当下抗战文学研究中作为价值锚点的存在。过去被认为是"反动"的、官方的、为国民党专制统治制造意识形态根据的"战国策派"，如今恢复了知识分子团体的历史面貌，其文学思想获得了中性描述——"以民族主义的文学本质观、非理性主义的文学本体观、英雄主义的文学创作观为其特质，以文化救亡和民族品格重构为旨归的民族主义文学思想体系"②。以此标准看，"战国策派"可谓是典型的抗战文学倡导者，因此"对中国20世纪文学思想的多极化、多层化作出了有益的尝试与建设"③。不过，"战国策派"在抗战中期的历史现场浮现时，如此民族主义的、符合抗战精神的文学文化思想不但没有得到社会的普遍认同，反而遭到了文学界内部的口诛笔伐。哪怕这场批判的背后有再多人事、政治上的纠葛和误会，毫无疑问，民族主义在当时早已不是抗战初期那样具有整合力的意识形态。在抗战初期，但凡有点"与抗战无关"的念头，都显得那么不合时宜；到"战国策派"问世的时候，如此"与抗战有关"，却仍旧不合时宜。这荒诞的背后是"时宜"的巨变。前文已述，"战国策派"在当今的评价提升，显示了民族主义、民族国家意识作为抗战文学研究中价值锚点的存在，但"战国策派"在历史情境中的遭遇，本就说明民族主义、民族国家意识要作为抗战文学后半段的整合性价值，并不合适。回到本文开始的问题，我们之所以会感觉"抗战文学研究不完全等同于对抗战时期的文学研

---

① 张中良：《抗战文学经典的确认与阐释》，《山东社会科学》2018 年第 6 期。
② 苏春生：《文化救亡与民族文学重构——"战国策派"民族主义文学思想论》，《文学评论》2009 年第 6 期。
③ 苏春生：《文化救亡与民族文学重构——"战国策派"民族主义文学思想论》，《文学评论》2009 年第 6 期。

究",是因为意识到民族主义、民族国家意识作为抗战文学意义限定的存在;而"什么是抗战文学"这个不成问题的问题之所以能够存在,正是因为民族主义、民族国家意识不能有效锚定后半段抗战文学那丰富的思想探索和价值追求。

于是,今天的抗战文学研究的推进,常常是在与抗战的意义"有关与无关之间"推进。正如本文在第一节中所提到的,张中良教授在衡定抗战文学经典时,既激赏"彰显民族解放之时代精神"的更"典型"的抗战文学,又举出了似乎不太那么有抗战意义的《寒夜》,其实不是失察,恰恰是在"有关与无关"之间进行研究的表现——"以多元化的审美标准衡量抗战文学经典,对于带有战争烙印的抗战文学经典予以同情的理解"①。如果过于执着于抗战文学中的"抗战"意义,只研究典型的抗战文学,始终围绕民族主义、民族国家意识做文章,阐释来阐释去,抗战文学归根结底就是彰显了民族精神、配合了伟大抗战、刻下了历史功绩,这就有些无趣了。既然我们早已知道那些宏观的意义,既然抗战文学崇高与伟大的精神价值早已被前辈学人阐释、证明,年轻一代的研究者又何须再绕着大词转圈? 但如果不再注重"抗战"意义,所作的文学阐释、史论建构越来越与"抗战"无关,就会使抗战文学研究领域成为一个纯时段性的概念,也就自然消解了存在的必要。这倒不是说是为了保住我们的学术耕地和饭碗。如果随着研究的推进,"抗战文学"确实不再适合划定为一个专门的研究领域,"抗战文学"不再是一个合适的文学史概念,离开它也无妨。但目前看来,特别是对那些我们称为"大后方文学"或"国统区文学"的文学史范畴而言,"抗战文学"还是一个适合保留的概念。这当然不是说战时其他区域的文学不是抗战文学,没有抗战意义。张中良教授早就以"正面战场"、"敌后战场"、"东北战场"的三分法建构出"中国抗日战场文学论"②,展现了各个区域的抗战书写,而其他区域的文学,比如延安文学、沦陷区文学,都产生出自己独特的区域意义,因此成为专门的研究领域。"只有抓住了空间,才从根本上把握了文学发展的细节"③,抗战意义的表达在这些区域文学中自然不缺乏,但延安文学中《在延安文艺座谈会上的讲话》所催生的文学转型、沦陷区文学中殖民与反殖民书写等独特现象,若是都以"抗战文学"命名,并不能很好地显示出其特点。对通常所称的"国统区文学"或"大后方文学"而言,除了"抗战"之外,很难说再有其他独特的意义和现象。哪怕是后半段不再与民族主义、民族国家意识那么显然相关的文学,其实只有极少数能完全脱离抗战时代的影响。这也就是为什么如今所称的抗战文学研究,所使用的材料多半还是

---

① 张中良:《抗战文学经典的确认与阐释》,《山东社会科学》2018 年第 6 期。
② 张中良:《中国抗日战场文学论》,《西南民族大学学报》(人文社会科学版) 2015 年第 10 期。
③ 李怡:《区域、空间与文学史研究》,《区域文化与文学研究集刊》2015 年第 1 期(总第 3 辑)。

出自大后方文学。

总之，既然"抗战文学"概念还有保留的必要，而过于执着于抗战意义又常会导致研究的狭窄与重复，那么，今后的抗战文学研究不妨以一种宏观与微观之间的中观视角，以文史对话的"大文学观"，在与抗战意义的"有关与无关之间"做些文章。近年来，段从学教授探讨抗战文学中现代中国国家意识生成的系列文章①正是一个很好的例证，其即将出版的新著《从边地中国到现代中国——1940年代文学中的"大西南"形象和国家认同》更是令人期待。又例如，抗战时期大后方的恶性通货膨胀是战时生活中不可忽略的背景，而观察战时经济生活在抗战文学中的书写，也是一个可待推进的中观视角；在此基础上衍生出的现代经济体验、民族主义与"国难财"的文学书写等现象，内蕴着丰富的阐释空间。当然，本文并非研究综述性质，挂一漏万。"有关与无关之间"、中观视角下的抗战文学研究，已经在很多学者的努力中体现。

（作者单位：重庆师范大学文学院、重庆市抗战文史研究基地）

---

① 参见段从学《作为大后方文学中心意象的"路"与现代"国家共同感"的发生》，《学术月刊》2019年第7期；段从学《"边地书写"与"边地中国"的现代性问题——以抗战时期的"大西南"为例》，《西南民族大学学报》2019年第2期；段从学《〈小镇一日〉："路"与"内地的发现"》，《文艺争鸣》2018年第11期。

"大文学" 视野

"恋爱"的隐喻
——20世纪20年代政党政治与茅盾早期小说中的情欲叙事

殷鹏飞

近年来，有不少研究者认为要将民国政治中"多党竞革"的复杂历史场景还给现代文学的研究①，力图从党派和流派的胶合关系中对作家、作品进行相应的考察②。20世纪20年代政治文化的一个突出特点就是政党林立以及各个政党之间交织的竞争和耦合关系③。正是在这种政治文化下，各个政党之间的关系显得格外复杂。

在茅盾早期小说的研究史中，针对1949年后对茅盾早期小说中存在的"动摇"情绪的批判，在20世纪80年代"新启蒙"思潮下，研究者更倾向于强调其中的"文学性"或"复杂性"④。与此同时，北美研究者对茅盾早期小说的研究，则更多以形式主义批评、女性主义、现代性理论作为驱动，着力挖掘茅盾早期小说中隐含的"潜意识"或个人话语⑤。不论是20世纪80年代后中国的研究者还是北美的研究者，他们的研究或多或少受到"纯文学"思路的影响，隐含着对意识形态的拒斥。但不论是《子夜》还是茅

---

① 张武军：《文学革命到革命文学的另一种叙述——中国青年党视野下的革命与文学》，《文学评论》2018年第2期。

② 杨洪承：《"新感觉派"在革命与文学之间行走》，《文艺报》2015年10月28日，第5版。

③ 王奇生：《"革命"与"反革命"：一九二〇年代中国三大政党的党际互动》，《历史研究》2004年第5期。

④ 赵园：《"大革命"后小说中的"新女性"形象群》，《茅盾研究》（第二辑），1984年，第80-99页。

⑤ 典型的研究如：王德威：《茅盾·老舍·沈从文——写实主义小说的虚构》，复旦大学出版社2011年版；刘剑梅：《革命与情爱——二十世纪中国小说史中的女性身体与主题重述》，上海三联书店2009年版；陈建华：《革命与形式——茅盾早期小说的现代性展开（1927—1930）》，复旦大学出版社2007年版。

盾早期小说的写作，都是在20世纪的政治文化之中展开的，因此，对于其早期小说的研究并不能简单地以其政治性或个人性的有无来进行判断，而要思考政治与文学究竟是以什么样的方式进行着互动和纠缠。

近年来，不少研究者开始回到民国语境之中，着力探求茅盾小说背后多重的政治资源①。当我们从20世纪20年代政党政治的角度去关照茅盾早期小说中的"恋爱"情节时，便不难发现茅盾早期小说中对20世纪20年代中后期政治舆论场上各个党派，乃至特定重大政治事件的反映。同时，因为"脱党"后茅盾暧昧和尴尬的政治处境，其小说对于有关人物的叙述格外复杂多义。因此，当我们将小说的相关细节置于20世纪20年代中后期的政治文化和党派政治中进行理解时，就不难窥见茅盾自我的立场所在，从而重新激活"恋爱"所勾连的复杂历史语境。

一、情欲的选择性与"三党竞革"

在既往研究中，茅盾早期小说中"多角恋爱"的情节往往被看作20世纪20年代青年男女奉行的"杯水主义"恋爱关系的写实。如果放置在20世纪20年代政党政治的视野下，"多角恋爱"的每一个对象的设置与女性主人公对其的态度所反映的则往往是茅盾"革命之眼"中的20世纪20年代各党派之间的扞格龃龉。

首先，茅盾早期小说中"新女性"形象的第一个恋爱对象往往都带有无政府主义、安那其主义或者无抵抗主义的色彩。如《幻灭》中章静第一个爱慕的对象——抱素崇拜克鲁泡特金，被"别的同学常讥为'堕落的安那其主义者'"②；《虹》中韦玉所信奉的则是以"无抵抗主义"为核心的"托尔斯泰的哲学"③。他们的性格都是忧悒、怯懦的，都呈现出去势、阴柔的特点。在后续的情节中，静女士和梅女士分别与象征中共党员的强连长和梁刚夫产生恋爱关系。先后与无政府主义者和中共党员发生情意上的联结具有非常强烈的暗示性，暗示了无政府主义者与中共党员之间的某种承续关系。在20世纪20年代的中国政治光谱中，无政府主义显然占据着重要的地位。茅盾曾回忆："一九一

---

① 类似研究如：妥佳宁：《〈子夜〉对国民革命的"留别"》，《文学评论》2019年第5期；妥佳宁：《作为〈子夜〉"左翼"创作视野的黄色工会》，《文学评论》2015年第3期；熊权：《〈动摇〉再解读：国民革命中的"左稚病"问题》，《励耘学刊》2017年第1期；罗维斯：《"绅"的嬗变——〈动摇〉的一种解读》，《文学评论》2014年第2期。
② 茅盾：《蚀》，《茅盾全集》（1），人民文学出版社1984年版，第24页。
③ 茅盾：《虹》，《茅盾全集》（2），人民文学出版社1984年版，第25页。

———"恋爱"的隐喻———

七——一九一八年间,我也喜欢无政府主义的书,觉得他讲的很痛快。"① 在所有对《蚀》的评论当中,钱杏邨显然独具慧眼,直接点出了茅盾的小说写作与无政府主义之间的关联。在分析《幻灭》中的静女士形象时,钱杏邨指出,"在俄罗斯,阿志跋绥夫最善于描写这样的人物,《朝影》里的理莎就是最重要的,在中国的创作坛上,我们现在看到了这一部"②。不仅阿志跋绥夫是对中国文坛影响甚巨的无政府主义作家,而且茅盾的弟弟沈泽民恰好是《朝影》一书的译者。需要注意的是,在《幻灭》中茅盾似乎也有意强调代表中共的"红色"与无政府主义者抱素之间的关联:"抱素穿了身半旧的洋服;血红的领结——他喜欢用红领带,据说他是有理由地喜欢用红领带。"③ 在静女士眼里,抱素言辞之间散发的"都是可爱的淡红色了"④。在《虹》当中,梅女士也坦诚地说:"爱她的人可真不少呢,但是她也爱的,却只有两个;两个!第一个是不敢爱她,第二个是不愿爱她。"⑤ 与《幻灭》一开始强调无政府主义者与中共党员暧昧的关联不同,《虹》中无政府主义者韦玉则与象征中共党员的梁刚夫以相对立的形象而出现,并描述梁刚夫道:"他是韦玉的反面。"⑥ 同时,在《幻灭》和《虹》中,茅盾都有意突出无政府主义者的不可靠:抱素最终被发现是帅座的暗探;而韦玉怯懦的性格最终也让梅女士感到厌弃。美国学者陈幼石则大胆认定抱素在《幻灭》中实际上是反映国民党左派,认为"他的红领带和他放在那本随身携带的笔记本里的照片和信件都无可置疑地指明他是蒋介石在广州所控制的国民党的左翼的一个宗派的代表"⑦。而始乱终弃的最终结局也与中共与国民党左派的合作历程颇为相似。本文无意对文本做明确的政治影射式的解读,但有一点是相当清晰的:1927 年后,茅盾在理性上对无政府主义的妥协性和软弱性保持了警惕,但在情感上始终对无政府主义保有一种复杂的情感态度。1921 年 4 月,茅盾曾在《小说月报》上借评论安特莱夫的剧本 Sarva 批评上海的安那其主义者:"上海此刻是不是也有些安那其党么?他们的手段不是'拆白'与'混吹'么?为什么没有一个创作家把他的思想与生活表现出来,做盲目青年的当头棒喝呀!"⑧ 而在面对安那其主义者的来信责问时,茅盾也自承:"我个人虽不是对安那其主义很有研究的人,但也些微看过那

---

① 沈雁冰:《回忆上海共产主义小组》,《"一大"前后——中国共产党第一次全国代表大会前后资料选编》(二),人民出版社 1980 年版,第 45 页。
② 钱杏邨:《茅盾与现实》,伏志英编:《茅盾评传》,现代书局 1931 年版,第 164 页。
③ 茅盾:《蚀》,《茅盾全集》(1),人民文学出版社 1984 年版,第 19 页。
④ 茅盾:《蚀》,《茅盾全集》(1),人民文学出版社 1984 年版,第 41 页。
⑤ 茅盾:《虹》,《茅盾全集》(2),人民文学出版社 1984 年版,第 242 页。
⑥ 茅盾:《虹》,《茅盾全集》(2),人民文学出版社 1984 年版,第 252 页。
⑦ 陈幼石:《茅盾〈蚀〉三部曲的历史分析》,中国社会科学出版社 1989 年版,第 89 页。
⑧ 茅盾:《文艺丛谭》,《小说月报》第 12 卷第 4 期,1921 年 4 月 10 日。

一类的书，很晓得真正的安那其绝不是'拆白'的、'混吹'的。"① 因此，小说文本中对于抱素和韦玉的复杂态度似可看作茅盾对无政府主义的矛盾态度在 1927 年后的延续。在小说《虹》中，茅盾不仅仅对韦玉的软弱"怒其不争"，还设置了一个常常宣扬"不抵抗"的中共党员黄因明与接受"斗争哲学"的梅女士相对立。当黄因明要求大家面对巡捕要"无抵抗时"，"在梅女士心中，更有些狞恶的冷笑和憎恨的烈火。虽然她是一个很知道服从命令的人，但此时却也私蓄着非议：无抵抗么？刺戟起市民的意识么？太空想了！"②

这种态度上的转变显然与 1927 年后社会的政治、文化息息相关。随着 1927 年后各个政党之间对立的加剧，茅盾不再如 20 世纪 20 年代初那般对无政府主义者循循善诱。

当然，由《蚀》到《虹》，茅盾对于无政府主义者态度的转变也是 20 世纪 20 年代知识界整体政治诉求变化的结果。参与清末革命的党人都有一种告别革命、"不做官吏"的政治姿态。他们认为革命已经成功，建立一个"公理、正义"、没有强权的社会不能依靠高层政治的互相倾轧，而是需要依靠社会中个体"觉悟"、"美德"的提高。蔡元培就曾在他的《自写年谱》中写道："以革命后旧同志或将由野而朝，不免有染着官场习气的，又革命党既改成政党，则亦难保无官吏议员之竞争，欲提倡一种清净而恬淡的美德。"③ 所以，要完成社会整体风气的变化，必须转"以刀兵流血成渠而为革命"为"以言论书报而成革命"④。但是，"五四"之际较之于民初，政治风气的恶劣日甚一日，国家能力也随着军阀之间的恶斗而丧失殆尽。鲁迅就曾发出"我觉得仿佛久没有所谓中华民国"⑤ 的感慨。所以，对于"整个"社会问题的解决势必需要依靠组织更为严密的列宁式政党以及苏俄式"党国"体制来取代民初国会的政党政治，无政府主义"以言论书报而成革命"的社会改造方法自然与 20 世纪 20 年代尤其是 1924 年"革命之再起"后的政治文化难以相契。郭沫若曾通过戏剧《无抵抗主义者》讽刺当时舆论场上的无政府主义者的软弱妥协和面对强权不抵抗的态度：

    如今的无抵抗主义者大都是螃蟹先生：
    他们一身都是竖甲，一身都是利兵。
    他们把对爪敖奉敬并非是干犯你们，

---

① 雁冰（沈雁冰）：《安那其主义者声明》的按语，《小说月报》第 12 卷第 8 期，1921 年 8 月 10 日。
② 茅盾：《虹》，《茅盾全集》（2），人民文学出版社 1984 年版，第 259 页。
③ 高平叔编：《蔡元培年谱长编》（第 1 卷），人民教育出版社 1999 年版，第 410 页。
④ 褚民谊：《普及革命》，《无政府主义思想资料选》，北京大学出版社 1984 年版，第 180 页。
⑤ 鲁迅：《忽然想到（三）》，《鲁迅全集》（3），人民文学出版社 2005 年版，第 16–17 页。

他们是因为螯爪味美做了一次牺牲①。

由此可见,茅盾在《虹》中对无政府主义者"怒其不争"的态度变化可以说是在20世纪20年代政治文化下"势所必至,理所固然"的一种结果。

其次,信奉国家主义的青年党在茅盾的小说《虹》中也有出场。茅盾在《虹》中设置了一个国家主义者李无忌的形象。相较于梅女士对韦玉的又爱又恨,她对于李无忌则完全是嗤之以鼻。尤其是在和梁刚夫的对比之下,李无忌除了显得"小丈夫气"②,在智识上也远远逊色。"李无忌灌给她的一篇富国强兵的大经纶,竟没有包括着驳复梁刚夫的材料。"③ 李无忌还曾在梅女士面前诋毁梁刚夫道:

梅,上海是五方杂处,最容易叫人上当的地方,有一些拿了卢布的人,正在收买青年,叫人家呐喊,他们自己却躲在三层楼洋房里快活④。

国家主义者的形象在茅盾小说中如此不堪,显然与中国共产党和中国青年党之间的矛盾息息相关。事实上,正如有论者指出的那样,"不只是五四影响下成长起来的青年作家的文学道路发生了转向,那些曾经的五四弄潮儿,因为五卅,也发生了文学上的转向,而这转向的深层动机和内在逻辑都与国家主义的革命相关"⑤。可见,国家主义在当时的政治光谱中有着举足轻重的角色。国家主义者也并非如小说中所讲的那样不学无术,中国青年党如曾琦、左舜生、李璜、陈登恪、陈启天、余家菊等基本都接受了完整的国外高校的学术训练。要探究小说叙述与现实状况出现错位的原因,势必要将文本置于20世纪20年代的政治、文化语境中进行思考。事实上,中国共产党和中国青年党的创党骨干都曾是"少年中国学会"(下文简称"少中")的成员,两党的矛盾自创党伊始就已经埋下了。1920年,陈乔年、赵世炎、王若飞、蔡和森等在法国勤工俭学的青年成立了"社会主义青年团",后来由于苏联第三国际的介入而渐渐发展起来。1922年,它与国内成立的中国共产党取得联系,成立了旅欧总部。针对中国共产党认为的"中国革命是世界革命之一部"的论断,相当多的"少中"成员不能认同,遂发生了分裂。部分"少中"成员针对中国共产党倡导的"国际主义"扬起了"国家主义"的大旗,两派在法国的

---

① 郭沫若:《无抵抗主义者》,《洪水》第一卷第12期,1926年3月1日。
② 茅盾:《虹》,《茅盾全集》(2),人民文学出版社1984年版,第201页。
③ 茅盾:《虹》,《茅盾全集》(2),人民文学出版社1984年版,第226页。
④ 茅盾:《虹》,《茅盾全集》(2),人民文学出版社1984年版,第214页。
⑤ 张武军:《文学革命到革命文学的另一种叙述——中国青年党视野下的革命与文学》,《文学评论》2018年第2期。

《赤光》与《先声》报上笔战不休。1923年12月2日,中国青年党于巴黎近郊的玫瑰泉小城成立。1924年4月,中国共产党和中国青年党之间的矛盾愈演愈烈,甚至演变成械斗,在法国街头发生了冲突。中国共产党和中国青年党的骨干人员回国后,论战持续发酵,双方之间的争论一直延续到1949年中华人民共和国成立之前。在20世纪20年代中后期的文化政治领导权的争夺上,中国共产党和中国青年党也是你来我往,如洪为法针对胡云翼在《醒狮》上发表的《国家主义与新文艺》,撰文批驳其以"文学"夹带"主义"①;郁达夫的《牢骚五种》、蒋光慈的《共产不可不反对》等文对国家主义者将中国共产党称为"卢布党"进行了回击:

> 醒狮周报社的一些先生们,天天直着喉咙喊国家主义,其实我们一看该报的内容,则反对帝国主义和军阀之处少,而反对共产党之处多;也许反对帝国主义和军阀,不过是他们的门面语,而反对共产党倒是他们的真心愿②。

由此可见,小说《虹》中梅女士情欲的倾向浸染了茅盾本人的政治态度,在《蚀》、《虹》中我们看到的并不仅是欲望的释放,同时也是"主义"对于情欲方向的控制。另外,小说对于国家主义者李无忌的有意"丑化",是茅盾参与的20世纪20年代文化政治领导权争夺的另类折射。所以,其小说中的"恋爱"并不只是对20世纪20年代政党关系的隐晦再现,同时,也是中国共产党的政治立场所赋予茅盾的"革命之眼"对20世纪20年代政党之争的社会现实进行变形和重构的结果。

二、"三角恋爱"与国民革命中的"路线"分歧

茅盾早期小说中存在很多政治"暗码"。美国学者陈幼石对此洞幽烛微,在《茅盾〈蚀〉三部曲的历史分析》中提出茅盾小说中多处"三角恋爱"的情节都暗示了中国共产党党内对于国共合作这一问题产生的分歧。她曾当面向茅盾本人询问,而茅盾本人并未正面回答有关中共革命运动史的问题③。陈幼石指出,小说《蚀》第五章中有关在第三教室举手表决王诗陶"三角恋爱"的问题实际上是在影射中共第三次全国代表大会上讨论有关与国民党进行"党内合作"的情形。谙熟党内情形的钱杏邨曾批评茅盾这一

---

① 为法(洪为法):《斥"国家主义与文艺"》,《洪水》第一卷第12期,1926年3月1日。
② 光赤(蒋光慈):《共产不可不反对》,《洪水》第一卷第8期,1926年1月1日。
③ 陈幼石:《茅盾〈蚀〉三部曲的历史分析》,社会科学文献出版社1993年版,第266页。

―― "恋爱"的隐喻 ――

"三角恋爱"情节的设置是"题外的剩余,虽然作者下笔时别有用心"①。关于举手表决禁止王诗陶"三角恋爱",在陈幼石看来,"茅盾之所以这么写,他并不仅仅想要表达他自己的不愿在党内政策上闹什么三角恋爱的这一厢情愿的想法,而是想要仔细地纠正关于此历史事件的纪录"②。小说中的这一情节是如此隐晦,以至于长时间以来并没有人对此展开过类似的论述。如果这种"联想"成立的话,那么这个情节的设置一方面隐喻着茅盾在情感深处对于"党内合作"这一形式的反感,另一方面,也饱含了茅盾对于这一结果的无奈。巧合的是,茅盾在中共第三次全国代表大会后恰恰担任"国民运动委员一职","任务为限期使上海全体党员加入国民党",并被指派"兼此委员会的委员长"③。身为国共两党党员的茅盾自然明白自己身份的尴尬,不仅要面对中共党内同志的不解,同时还要时时抵御国民党内"西山会议派"的攻击。据宋云彬回忆,"然实际上国民党同志中跟他们('西山会议派')表同情的也很不少"④。茅盾曾专门由粤赴沪为"中山舰事件"降温:

> 报告开会理由谓:日来报纸宣传广州政府所载消息颇有可疑,本市党员沈雁冰新自粤省归来特请其报告,以明真相。继即由沈君报告广州政治状况,略谓罢工委员会一部分有反动嫌疑,故政府决然处置,旋即平安无事⑤。

"西山会议派"也并未停止对于茅盾身为国共两党党员的攻击:

> 顷见报载三月三十日本部在宋园召集全沪党员大会消息,阅之甚至惊异。查本部并未召集是项会议,显系反动份子假借名义所为。至于号称国民党员之沈雁冰,乃世人共知之共产党员,而非本党同志。其演说内容实属别有用心,深恐淆乱观听,特此郑重声明⑥。

由此,我们不难发现夹在国共之间的茅盾对于国共之间的"党内合作"所产生的分歧确有难言的苦衷,而以"三角恋爱"做比,隐晦地表明自己的态度。

如果说王诗陶、东方明、龙飞这一组"三角恋爱"关系表达的是对于国共合作历史

---

① 钱杏邨:《茅盾与现实》,伏志英编:《茅盾评传》,现代书局1931年版,第166页。
② 陈幼石:《茅盾〈蚀〉三部曲的历史分析》,社会科学文献出版社1993年版,第88页。
③ 茅盾:《文学与政治的交错——回忆录(六)》,《新文学史料》1980年第1期。
④ 宋云彬:《沈雁冰》,《宋云彬杂文集》,三联书店1985年版,第436页。
⑤ 《国民党全体党员大会纪事》,《申报》1926年3月31日,第三张。
⑥ 《中国国民党上海特别市全体党员大会启事》,《申报》,1926年4月1日,第四张。

事件的影射和"改写",那么抱素、慧女士、静女士这组"三角恋爱"则显现了茅盾对于这段历史更为隐讳的观点。如陈幼石所言:

> 静代表着中国共产党对于和国民党进行政治上联盟的一个不同立场,她并不打算利用抱素,而且真正地打算为彼此(后来成为一场梦幻)的恋爱承担起共同的责任来。由此静和抱素的恋爱走上了和慧与抱素的公园调情不同的路子①。

关于慧女士的身份,陈幼石注意到了她的家乡黄陂在中国共产主义运动史上的独特地位以及她本人独特的海外关系等等。小说中,茅盾隐晦地交代了慧女士的身世:"她是到过巴黎两年的'留学生'。"② 如前所述,共产国际曾有意栽培当时留法勤工俭学的学生作为中共的后备力量。这个背景的交代是在暗示慧女士与共产国际的关联,那么,小说中慧女士逢场作戏的恋爱观就富有相当的深意了。茅盾很可能希望以慧女士和抱素心照不宣的恋爱关系比照共产国际要求共产党与国民党之间的合作。这样的猜想并非空穴来风。茅盾在《从牯岭到东京》中就宣称,慧女士型的人物"不是浅薄的浪漫的女子"③。共产国际和国民党合作之初就带有相互利用的色彩,而在1927年国民党"清党"后,共产国际中止了对于国民党的援助。所以,小说中当抱素向慧女士"提出进一步的动作,进一步的要求"④ 时,慧女士选择悄然离开,中止了两人的关系。作为慧女士朋友的静女士,真心对待抱素,以至于她所见到的抱素都带着"可爱的淡红色"⑤。当静女士以身相许后,她发现了抱素政治上的背叛,最后她所得到的只是自己贞洁(纯洁性)的丧失。而那些对共产国际的指示信以为真的中共党员最后得到的是信仰的破碎。陈启修的小说《酱色的心》的前言曾如此形容当时的心境:

> 红色易绘,黑色更易绘,玫瑰色透明色也不是顶难绘的东西。最难绘的是酱色,就是又红又黑又玫瑰,不红不黑不玫瑰,又透明又不透明,混的酱色。明知难绘,而偏要去绘,岂不太多事吗⑥?

正是1927年国共的分裂使得"可爱的淡红色"变成了不纯的"酱色",红色的幻影

---

① 陈幼石:《茅盾〈蚀〉三部曲的历史分析》,社会科学文献出版社1993年版,第90-91页。
② 茅盾:《蚀》,《茅盾全集》(1),人民文学出版社1984年版,第32页。
③ 茅盾:《从牯岭到东京》,《茅盾全集》(19),人民文学出版社1991年版,第179页。
④ 茅盾:《蚀》,《茅盾全集》(1),人民文学出版社1984年版,第31页。
⑤ 茅盾:《蚀》,《茅盾全集》(1),人民文学出版社1984年版,第41页。
⑥ 勺水(陈启修):《酱色的心》,乐群书店1929年版,第1页。

终于被蒋介石的枪声打破。逢场作戏的慧自然可以抽身离开；只留下静独自承受这份红色的幻灭。综上，静、慧二型人物的对照不仅仅是两类新女性形象的对照，也是两种政治选择和政治态度所导致的不同政治结果的对照。

国共分裂后，1927年11月9日至10日，中共中央临时政治局扩大会议在罗米那兹的直接指导下于上海召开，罗米那兹做了报告，会议通过了《中国现状与中国共产党的任务决议案》，共产国际做出了在中心城市武装暴动的指示。郑超麟曾在决议公布后的12月拜访过茅盾，明确听到茅盾对当时共产国际盲动政策的反对意见。"我从那日沈雁冰的谈话中看出，他当时对于莫斯科这个盲动主义路线的反对比我明朗得多。"① 小说《幻灭》恰是在此期间创作的。在后来创作的短篇小说《色盲》中，茅盾对于共产国际指示的不满依然不改，毫不留情地讽刺了当时在共产国际指挥之下革命口号喊得震天响的创造社：

"他妈的，打倒！什么都要打倒，什么也不曾打倒！"

"五六年前，人家还在花呀月呀做象牙塔里的梦，老子就干革命；到现在，反该他们是天字第一号的革命家。哼，将来再看，到底谁是投机派。"②

茅盾作为中共早期党员，对中国共产党与国民党合作中的嫌隙心知肚明。出于中共党员的身份，他在国民革命期间只能尽力维持这种尴尬的"三角恋爱"关系，而在1927年"大革命"失败后，碍于身份也只能相当隐晦地表露出自己对于局势的看法。当然，这并不是说茅盾早期小说中的"恋爱"有意影射国民革命时期中国共产党党内关于"党内合作"的分歧，而是在彼时的政治、文化氛围中，中国共产党党内对于路线问题的分歧必然会隐现于茅盾早期小说的有关情节中。从"恋爱"的角度去解读茅盾的早期小说，无疑给了我们一个重新观察国民革命的视角。身为中国共产党本土派的茅盾，对于共产国际指示下的国共党内合作以及后来瞿秋白、李立三的政策，都有不同想法。茅盾将这些看法经由小说委婉地道出，显示了20世纪20年代复杂多变的政治氛围与文学创作之间的交互关系。

三、"弃离"结构与1927年后茅盾的政治困境

茅盾早期小说的"恋爱"情节频频以被抛弃或离开作为结局，如《幻灭》中强连长

---

① 郑超麟：《回忆沈雁冰》，《怀旧集》，东方出版社1995年版，第179页。
② 茅盾：《色盲》，《茅盾文集》(8)，人民文学出版社1985年版，第132页。

抛下静女士去南昌,《创造》中娴娴抛下了君实,《诗和散文》中青年丙被桂和表妹抛下,《昙》中张女士"到广州去"的自我逃避。小说仿佛都戛然而止,小说中的人物无一不面临着被抛下后一个未知的将来。如果对照茅盾在20世纪20年代的政治境遇,不难发现这种"被抛下"的情节设置有着非常强烈的寓言色彩。

  在《幻灭》中,当静女士沉浸在与强连长的男欢女爱中时,南昌的战事召唤走了强连长,独留静女士在庐山感慨人生如梦;在《创造》中,君实按部就班地"改造"着自己的另一半娴娴,最后被突然抛下;小说《虹》中梅女士与梁刚夫之间的关系同样存在着类似的人物关系:"第一个是不敢爱她,第二个是不愿爱她。而她又没法使得自己不爱这第二个!是这样的命运么!然而的确是这样颠倒错乱的人生!"① 这几组类似的人物关系中既有不舍又有怨怼的情感线索似乎可以追溯到1927年茅盾离开庐山后创作的小诗《留别》。这首诗发表在武汉国民政府的刊物《中央副刊》上:

> 云妹:半磅的红茶已经泡完,
> 五百枝的香烟已经吸完,
> 四万字的小说已经译完,
> 白玉霜,司丹康,利索尔,哇度尔,
> 考尔瓣,班度拉,硼酸粉,白棉花,
> 都已用完,
> 信封,信笺,稿纸,也都写完,
> 矮克发也都拍完,
> 暑季亦已快完,
> 游兴早已消完,
> 路也都走完,
> 话也都说完,
> 钱快要用完,
> 一切都完了,完了!
> 可以走了!
> 此来别无所得,
> 但只饮过半盏"琼浆",
> 看过几道飞瀑,

---

① 茅盾:《虹》,《茅盾全集》(2),人民文学出版社1984年版,第242页。

―――"恋爱"的隐喻―――

> 走过几条乱山,
> 但也深深地领受了幻灭的悲哀!
> 后会何期?
> 我如何敢说!
> 后会何地?
> 在春申江畔?
> 在西子湖畔?
> 在天津桥畔①?

这首诗一方面固然有与"一切都完了"的革命大业"别"的成分,但另一方面,"后会何期"、"后会何地"岂不是与革命同志(云妹)"留"的不舍?

要明确这种情感的生成缘由就势必要将小说的人物关系和背后的情感动因置于20世纪20年代茅盾与中国共产党的关系中来进行考察。这就要求我们从茅盾当时的政治境遇出发。唯有这样,才能理解这种频频出现的"弃离"结构背后的政治意涵和心理定式。在《幻灭》中,强连长在离开静女士前给出了两条关于其去向的重要暗示:"日内南昌方面就要有变动";而最终的目标是打回强连长的家乡汕头,"他们要回南去,打我的家乡"②。这也恰好符合了当时中国共产党组织南昌起义以及计划夺取汕头、汕尾来争取共产国际军事援助的历史事实。而静女士被抛下独留庐山和茅盾"滞留"庐山错过南昌起义似乎又有高度的重合性。众所周知,茅盾因为在庐山的"逗留"错过了南昌起义,并"丢失"了原本要送往南昌的巨款。不论茅盾如何解释,但当时的实际效果是造成了中国共产党党内对茅盾的猜疑,甚至有部分党员将茅盾视为"叛徒"③。20世纪30年代,上海的部分小报上还不时出现茅盾"右倾"或叛党的流言或故事④,虽未必可信,却能一窥当时社会的观感。秦德君曾回忆说,茅盾曾计划和她一同赴苏联学习,便找杨贤江办理组织手续,而茅盾和杨贤江见面密谈后,茅盾就闹开了病⑤。而中央统战部干部局

---

① 茅盾:《留别》,《茅盾全集(补遗)》(上),人民文学出版社2006年版,第257页。
② 茅盾:《蚀》,《茅盾全集》(1),人民文学出版社1984年版,第94-95页。
③ 有关沈雁冰脱党后的回忆和论述,参见孔德(李一氓):《出路——到东京》,《日出》旬刊1928年第2期;沈卫威:《一位曾给茅盾的生活与创作以很大影响的女性——秦德君对话录(一~五)》,《许昌师专学报》(社会科学版)1990年第2期~1991年第3期;郑超麟:《回忆沈雁冰》,《怀旧集》,东方出版社1995年版。
④ 参见筱林:《茅盾的印象记》,《社会新闻》第七卷第10期,1932年4月23日;适安:《茅盾又右倾》,《社会新闻》第一卷第6期,1932年10月19日;王唯廉:《武汉时代的共产党人物——沈雁冰》,《现代史料》(第一集),海天出版社1933年。
⑤ 秦德君、刘淮:《火凤凰:秦德君和她的一个世纪》,中央编译出版社1999年版,第70页。

原副局长胡治安也提及"中共中央决定恢复沈雁冰1921年的党籍,统战部一些老同志听了,有些惊异,有些议论。中共中央联络部的李一氓,听了广播就向有关人员打电话,表示沈可以重新入党,可以追认为中共党员,但不宜恢复20年代的党籍"①。可见,茅盾当时的"脱党"并不仅仅是与党组织失去联系这么简单,更有可能是因为茅盾未能及时到达南昌以及后来《从牯岭到东京》一文所引起的论争,使得党组织对是否保留其党籍做出了相关决定。否则,李一氓也不会在时隔60多年后依然对茅盾的党籍恢复问题提出异议。茅盾当然有自己的委屈和缘由,但面对国民党的文网和同志们的攻击,只能保持沉默。正是在这样的心理定式之下,人物之间的"弃离"结构才在茅盾这一时期的小说中频繁出现。诚如许子东在解读茅盾的小说《创造》时所指出的那样,娴娴与君实的关系似乎暗合了中国共产党与茅盾的关系:"茅盾是启蒙者,后来的创造社、太阳社,都是在他们的影响下才参与革命文学的。可是,写《创造》时,他却被抛弃了,所以,他在潜意识里,在男主人公的身上,找到了启蒙者被超越的这种微妙复杂的感情。"② 同理,梅女士对于梁刚夫的不得不爱和梁刚夫对梅女士的不愿爱似乎也暗喻着这样一个史实:茅盾仍希望回到他曾经参与创立的中国共产党当中,而当时的党内同志已然不再信任茅盾。

通过梳理史料,我们发现茅盾小说中的结构和其所处政治困境有着某种相关联的同一性。在这种困境之中,依然心向革命的茅盾不得不面临一个问题:当一个"革命人"不能革命时,他如何通过书写革命来证明自己的革命性。所以,茅盾才会说:"想到自己只能躲在房里做文章,已经是可鄙的怯懦,何必再不自惭的偏要嘴硬呢?"③ 茅盾认识到自己的写作本身与革命工作之间的差距,这种差距反映在其文学作品中就会产生某种复调式的效果。如在小说《虹》的跋中,他对于日本冬景的描写便折射了其疏离的心境:"岛国冬长,晨起浓雾闯扉,入夜冻雨打檐,西风半劲时乃有远寺钟声,若相逼拶。抱火钵打瞌睡而已,更无何等兴感。"④《虹》所描写的恰是国民革命中中国共产党领导的群众运动中最为轰轰烈烈的一幕。小说最后对于五卅"在革命"这个进行时态的狂想和作者在跋中的自况形成了巨大的对比。这也是20世纪20年代茅盾早期小说所遇到的困境:一个无缘革命的人,书写的却是革命轰轰烈烈的现在进行时态。也正是这种疏离,暗示了茅盾与中国共产党当时的"左"倾路线持不同的观点。

---

① 胡治安:《统战秘辛——我所认识的民主人士》(修订版),天地图书出版有限公司2010年版,第311页。
② 许子东:《许子东现代文学课》,广西师范大学出版社2018年版,第244页。
③ 茅盾:《从牯岭到东京》,《茅盾全集》(19),人民文学出版社1991年版,第180页。
④ 茅盾:《虹》,《茅盾全集》(2),人民文学出版社1984年版,第271页。

—— "恋爱"的隐喻 ——

可见,茅盾早期小说中"恋爱"情节的发展和走向与20世纪20年代各个政党和政派之间的纠葛息息相关。在既往的研究中,对于《蚀》、《虹》、《野蔷薇》等小说的理解偏重于从文学性或写实性角度进行理解。当我们从政治化的视野出发,不难发现,在茅盾早期小说中已经预伏了其政治立场。政党、政派不仅出现在"恋爱"的起承转合之处,控制着恋爱的走向,而且也直接参与划定"恋爱"的欲望边界。这种"党同伐异"的政党立场始终贯穿在从《蚀》到《虹》的创作过程中。因此,对于茅盾早期小说的理解不能仅仅着眼于其中与现实的对照关系或是高扬其中的文学性,还需要重启对于早期小说中政治性的理解。诚如杨扬所指出的那样,应该将"茅盾与政治"的关系问题放在20世纪中国文学与历史的互动关系中进行考察①。综上所述,茅盾早期小说中的"恋爱"未必与"五四"文学中的"启蒙"、"个人解放"话语相关,而更多与"主义"、"政党"等后"五四"时代所兴起的集体话语相联系。在20世纪80年代以来对茅盾早期小说的研究中,更倾向于用一种与政党话语相对立的个人话语进行理解和分析,无形中便陷入了某种"去政治化的政治"的困境。因此,我们追问"文学性"、"启蒙"、"恋爱"等概念背后所关联的具体语境,重新激活这些概念与20世纪中国政治的互文关系。只有如此,这些概念才不会沦为"漂浮的能指"。

(作者单位:清华大学中文系)

---

① 杨扬:《茅盾研究点滴谈》,《南方文坛》2018年第4期。

| "大文学" 视野 |

广告与亚东版《胡适文存》①的出版发行及其"经典化"

扈 琛

广告，作为副文本的一种②，往往言简意赅，在有限的媒介空间内，既依托于正文本，归纳、提炼核心内容，以最精炼的文字传递最核心的思想，最大限度地引起读者关注；同时，又远离正文本，在时间、空间上早于正文本出现，在内容上也有游离于正文本之外的其他文事信息溢出。它不仅能推动报刊图书的传播接受，同时也能较为真实地反映报刊图书的出版发行情况，以及在不同历史时期的传播接受状况。在整个出版发行过程中，广告的出现和使用，在客观上也助力了中国现代文学"经典"的塑造和形成。亚东版《胡适文存》的广告就是可资研究的范例。

《胡适文存》是胡适赴美留学及回国后10年间所作的重要文章结集。1921年12月，该书由亚东图书馆出版后传播甚广。截至1935年6月，15年间累计发行17版，印行6万余部。与此同时，《胡适文存》广告③投放前后延续约17年④，是亚东图书馆投放时间最长、投入最多的广告之一。作为一种历史留痕，《胡适文存》的广告较为完整地记录了《胡适文存》的出版发行历程；作为一种传播策略，它在加快文存传播和销售的同时，也扩大了文存的影响范围，在客观上推动了《胡适文存》"经典化"的进程。

---

① 胡适：《胡适文存》，上海亚东图书馆1921年版。特指《胡适文存》初集，后文所涉《胡适文存》均指《胡适文存》初集。
② 金宏宇：《中国现代文学的副文本》，《中国社会科学》2012年第6期。
③ 本文以《民国日报》（包含其《觉悟》、《平民》、《妇女杂志》等副刊）、《申报》为对象进行广告收集。虽然民国时期报刊众多，对广告的收集难以穷尽，但《民国日报》、《申报》上刊载的亚东版《胡适文存》广告，也足以真实反映《胡适文存》的出版和发行情况。
④ 据《民国日报》、《申报》上的《胡适文存》广告整理，《胡适文存》广告自1920年10月始至1937年3月止，前后跨度约17年。

一、出版预告与《胡适文存》的编选登场

同为副文本，广告与读者的接触时间远在其他副文本和正文本之前。而作为广告的先行军，出版预告往往在作品正式发表之前就已经见诸报端，以介绍作品内容、明确出版时间等信息来引导读者期待视野的形成，进而进一步推进（或阻碍）接受和购买行为的发生。同时，出版预告作为试探市场反应的一股力量，提前获取读者的阅读期待水平和购买意向，对未来的市场发行做出评估，甚至因此影响报刊图书的内容编选和出版时间。出于同样的考虑，在《胡适文存》正式出版以前，亚东图书馆也不遗余力地在各大报刊投放了《胡适文存》预告。这些预告的刊登，不仅宣告了文存的出版，明确了文存的作品"厚度"、具体内容、文章来源等信息，更成为促动《胡适文存》出版的关键力量。

首先，我们应该明确的是，《胡适文存》的出版并非胡适本人之意，而是在出版方——亚东图书馆的推动下发生的。1920年，亚东图书馆主人汪孟邹致函胡适，"得到他的同意，决把他发表在各处的文章收集起来，出一部文集"①。汪原放回忆道："大叔（汪孟邹）要我到北京去和适之兄接头，把稿子搞好，带回排印。"② 由此基本确定了《胡适文存》的出版计划，同时也证明《胡适文存》的出版是由亚东图书馆发动的。

1920年10月7日，汪原放致函胡适："胡适文存已□在多报多杂志里发表过了。兄病中自不能□这件事。□□兄说他可把稿子集齐。要是说要看过、修改，就迟一步，也不要紧，因未说何时出版。这件事，劝兄不必着急。"③ 话音未落，三天后的1920年10月10日，亚东便在《民国日报》第二版半个版面的大型组合广告中首次刊登《胡适文存》出版预告，刊出广告词："印刷中的《胡适文存》，分上下两册：上册，讲学的文。下册，文学的文。"④ 显然，这是一则传递虚假信息的预告。预告刊出时，亚东尚未与胡适就文存的稿件编选问题达成一致，且距离其正式出版尚有一年多的时间，更何谈已处在"印刷中"了，而广告宣传的文存卷数（两卷）和文存内容也与后来的实际分卷（四卷）以及各卷的内容有较大的出入。亚东一面劝胡适不必着急，一面又迫不及待地刊登文存出版预告，想必是对《胡适文存》的影响力胸有成竹，意图在出版之前吸引更多的

---

① 汪原放：《回忆亚东图书馆》，学林出版社1983年版，第72页。
② 汪原放：《回忆亚东图书馆》，学林出版社1983年版，第72页。
③ 耿云志主编：《胡适遗稿及秘藏书信》（27），黄山书社1994年版，第472-473页。引文中"□"为无法辨认的字迹，下同。
④ 亚东图书馆：《上海亚东图书馆的新出版物》广告，《民国日报》1920年10月10日第1688号。

读者。

事实也正是如此。1921年3月12日，汪原放致函胡适催促编订文存："兄的文存，我想先《西游》出版，我有几个理由：（1）现在这家也出白话文□，那家也出白话文选，检查没有一部正当的□。（2）兄和□□及思永兄，我想来都是没工夫的人，要想你们把文存的稿子理好，看过，我想来□□是件不可能的事。还得我到北京来十天半个月，把应誊的稿子誊过，应问的问过，应看的看过，才能成功。（在这时期中，我还有特别的好处，就是当面好读□分段，标点等等）。（3）'文存出版预告'登出之后，来信询的很多，为再迟了出版，岂不把人的眼睛穿了吗□这件事，兄□以我的语为然，望即□知，以便我准备来京。"① 出版预告的刊登吸引了大量读者的关注。在胡适方面收校进度迟缓、读者催促出版的压力下，一向热衷新式标点小说出版的亚东图书馆，将《古本西游记》出版计划挪后，为《胡适文存》让路，并直接派遣新式标点专家汪原放赴北京胡适处编订文存，此举大大加快了《胡适文存》的出版进度。同时，出版预告刊登了一年，但书却迟迟未动，也让胡适压力倍增。1921年5月23日胡适日记载："检《新青年》中登的我的文章，一一剪下，预备选作《胡适文存》之用。原放此次为此事北来，我也想借此把这部书编好。此书的广告已登了一年了，此时实在不能再迟了。"② 遍查《胡适全集》日记部分，此后又有《胡适文存》编订记录5处；止于同年11月4日，均为编订文存各章节的记录。在大约经历了9个月的集中编选修订后，汪原放携书稿返沪付排、校对，《胡适文存》此时已颇具雏形。

时隔一年之后的1921年10月10日，亚东图书馆再次于《民国日报》第三版刊登半个版面的双十节大型广告，并正式登出"出版预告《胡适文存》"③。此时的《胡适文存》已经进入最终成书阶段。1921年11月15日，《胡适文存》开始最后一遍校对和印刷。"文存卷一和卷四每册在一百五十页左右。我怕的是卷二太厚，卷三太薄，到排印时，我当斟酌情形，依着你把《国语文法概论》归到卷三。文存格式为何？我们虽然自信校的顶真，恐还有许多错字。寄上的清样如有错，请标出寄回。这书上机器印时，我们还要校一次，发现错□便改正。文存封面很□，想出一个很好的样子。我只□出一个，兄看能用不能□若以看可用，请把'胡适文存'四字务自写好寄下，我就预先制版了。做完写□这里，因为要□封面，所以不曾发出。文存已经开印，大约三星期内全□可以排成。"④ 至此，《胡适文存》的付排、校对工作基本完成，初版面世在即。

---

① 耿云志主编：《胡适遗稿及秘藏书信》（27），黄山书社1994年版，第526-528页。
② 胡适：《胡适全集》（29），安徽教育出版社2003年版，第267页。
③ 亚东图书馆：《亚东图书馆双十节特价》广告，《民国日报》1921年10月10日第2048号。
④ 耿云志主编：《胡适遗稿及秘藏书信》（27），黄山书社1994年版，第557-559页。

—— 广告与亚东版《胡适文存》的出版发行及其"经典化" ——

1921年12月,《胡适文存》正式出版前夕,亚东开始投放重点介绍文存具体内容的出版预告,并刊出广告词:"阳历十二月十五号出版。特价一月。全书六百余页,五十余万字。(卷一)论文学的文——文学革命时代的文章和通信。(卷二卷三)讲学的文——注重学问思想的方法。(卷四)杂文——讨论社会问题的文章,传记,序跋,小说,戏剧。"① 广告借用胡适在文存序例中对各卷的分类,正式对《胡适文存》的厚度、内容、价格、出版日期进行介绍,进一步明确《胡适文存》的具体内容,在满足读者期待的同时,也对即将出版销售的信息广而告之。1921年12月15日,亚东版《胡适文存》初版正式亮相登场。

出版预告的提前刊登,不仅向社会和读者预告了《胡适文存》的出版,也吸引了一批读者的关注,为后来文存初版的快速销售打下了基础。同时,它所带来的读者对《胡适文存》的讨论、期待以及催促出版的压力,是读者接受的征兆,同样也成为了推动《胡适文存》编选、出版的重要力量。这些都为《胡适文存》后续的传播、接受迈出了关键的一步。

二、发行广告与《胡适文存》的传播接受

对于出版商而言,刊登广告的最终目的在于实现销售的转化。在《胡适文存》的发行阶段,亚东图书馆仍在广告上大下功夫,以期实现图书销售与广告投放的良性循环。值得注意的是,广告在推进《胡适文存》传播接受的同时,同样也记录了其传播和接受的状况,并较为真实地向我们反映了亚东版《胡适文存》发行过程中的社会语境、图书销售和读者接受情况。由于标注版本是《胡适文存》广告的一大特色,本节对于《胡适文存》广告及其传播接受状况的梳理也将基于版本展开。

由《胡适文存》各版本的实际出版②和广告刊登情况,可以将《胡适文存》的发行分为三个阶段:一、高峰期(初版至8版③):《胡适文存》一经出版就进入销售高峰,约以一年两版的速度重印,该时期广告刊登频率高,且多为有广告词的独立广告;二、波动期(9版至14版):《胡适文存》销量下降,重版频率降至一年一版,13版重排后至14版短暂拉升至高峰期水平,该时段广告刊登频率大幅降低,多为目录型特价广告,无广告词;三、衰退期(15版至17版):《胡适文存》销量大幅下降,重版频率降至两年一版,此阶段亦为目录型特价广告,广告刊登频率极低,基本无广告词。至1935年6月17版出版,亚东图书馆不再重印《胡适文存》。

---

① 亚东图书馆:《胡适文存》广告,《民国日报》1921年12月3日第2101号。
② 见附表。
③ 七、八、九、十版《胡适文存》广告未标注版本,故未能在图表中显示。

高峰期

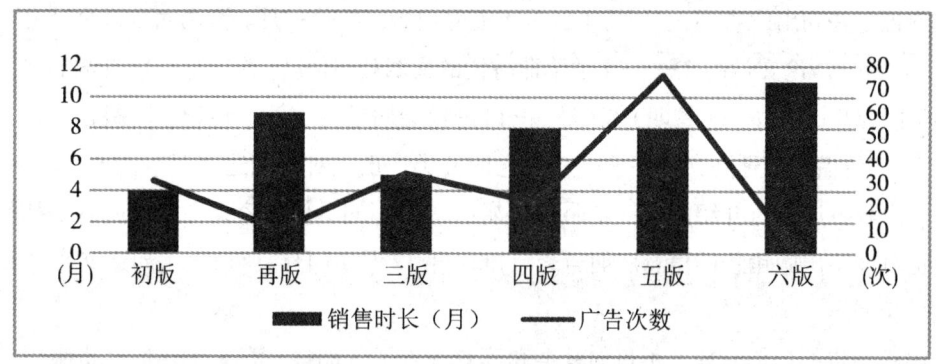

图1 亚东版《胡适文存》1-6版广告次数与销售时长对应表①

1921年12月15日,《胡适文存》初版的发行,无论对于书店还是作者都是一件头等大事,因为初版销售的好坏将会直接关系到《胡适文存》的文坛地位和未来销路。这一阶段,文存广告的投放力度空前,亚东图书馆基本全部采用独立广告的方式对《胡适文存》进行宣传,广告精致,标题醒目,独占广告位,且均包含较为详细的内容介绍和评价。初版发售的3个月里,亚东图书馆仅在《民国日报》就投放了文存广告约30次,平均每3天就有一次《胡适文存》广告,投放位置皆在曝光量最大的头版或二版。大批高质量的广告投放也带来了销售的快速提升,"初版不到两月,便已卖完"②。在这一阶段,广告内容主要表现为不加评论的图书信息客观传递,可信度较高。除出版日期、特价时段、书名、价格等基础要素外,文存广告内容先后发生了5次变化,展示了亚东图书馆从客观介绍《胡适文存》的分卷内容到突出强化"胡适亲自编订"③ 属性的转变。

相对于初版本的狂飙突进,《胡适文存》的再版却开始走起四平八稳的步伐。在将初期的存量读者消耗殆尽之后,文存再版的销售速度显著下滑,广告投放强度降低,销售周期明显拉长(参见图1)。为适应这一时期客观的销售环境,广告不再依靠数量上的狂轰滥炸,反而在广告词上有了更多的变化——试图通过对《胡适文存》的评论性介绍、直接引用《胡适文存》中的观点,影响读者对《胡适文存》的接受预期,引导读者对《胡适文存》的价值判断,进而促进销售,为文存的继续销售积蓄力量。m]

而后,考虑到广告效益最大化、其他文存类图书的出版以及恰逢亚东十周年纪念,在文存三版后的广告投放上,亚东多采用同类图书组合刊登的方式,将《胡适文存》、

---

① 广告次数越多,重版间隔(即大约的销售时长)越短,则证明广告效果越高,传播、销售速度越快;反之则越慢。
② 亚东图书馆:《胡适文存再版》广告,《民国日报》1922年3月21日第2201号。
③ 亚东图书馆:《胡适文存》广告,《民国日报》1921年12月16日第2114号。

《独秀文存》、《吴虞文录》整合为"文存类"广告来刊登。在广告投放时间上,首次出现了广告投放时间晚于对应版本出版时间、广告持续时长大于重版间隔时长的现象。这也说明了亚东稳定的读者需求以及对于《胡适文存》未来销量的乐观预估,足以满足其根据销售情况提前进行下一个版本的印刷。自 1922 年 11 月始,"文存类"组合广告在《民国日报》中累计投放约 120 次①,记录了《胡适文存》3 版到 6 版、《独秀文存》初版到 4 版、《吴虞文录》初版到 3 版的传播过程。值得注意的是,从版本变化中可以清晰地看到,相对于《独秀文存》和《吴虞文录》,《胡适文存》的传播速度和接受程度都是领先的,这也表明了读者群体对于《胡适文存》的偏爱。经过再版广告对《胡适文存》的评价性介绍之后,3 版的广告投放与传播速度基本与初版本持平②(参见图 1);4 版的广告投放次数降低,受其影响,销售速度也有所减缓;而到《胡适文存》5 版(1923 年 10 月出版)时,亚东加大了广告投放的力度,前后持续约 9 个月,仅在《民国日报》就进行了 75 次投放,达到了整个广告投放过程中的最高点,然而这种广告投放并未带来《胡适文存》传播速度的显著提升;后来,亚东基本取消了《民国日报》上《胡适文存》6 版的广告投放,且其重版速度也从前期的一年两版骤降至一年一版,这与 1924 年发生的"禁书"事件有直接联系,外在文化环境的压力直接影响了文存的广告投放和销售。受此影响,亚东降低了《胡适文存》广告投放的频率,暂停了《胡适文存》广告中对文存版本的标注,以规避短期政府查禁的风险。但这种查禁并未对《胡适文存》的传播造成毁灭性打击,胡适在北京《晨报副刊》上就"禁卖《胡适文存》"③事写给张国淦的信反而起到了广告的作用,进一步扩大了《胡适文存》的影响范围。在经过了第 6 版的低迷之后,文存广告开始陆续重新出现在各大报刊上,7、8 版也重新回归至一年两版的重印水准。

在高峰期,《胡适文存》约以每年两版的速度重印,在广告投放的频率和质量上都远远超过后续的波动期和衰退期。4 年中,文存初版印行 4000 部,前 3 版共计印行 12000 部,8 版共计发行约 32000 部④,基本占了"亚东版"《胡适文存》总发行量的一半。此后,《胡适文存》的发行进入波动期。

波动期

社会形势的变化,"五四"新文化运动的退潮,前期快速销售导致的部分市场饱和

---

① 1922 年 2 月前后,亚东拿下《民国日报》副刊的固定广告位,对此后《胡适文存》的广告投放频率也产生了直接的影响。
② 《胡适文存》各版本出版时间以及部分版本的发行数量参见附表。
③ 阮无名:《新文学初期的禁书》,阿英编选:《中国新文学大系·史料索引》,上海良友图书印刷公司 1926 年版,第 261 页。
④ 数据来源见附表。

以及1924年11月《胡适文存二集》出版的冲击,都导致了《胡适文存》销量的下滑。在这一时期,亚东图书馆也降低了广告的投放频率和文存的重版速度,在为数不多的广告投放上也愈加重视投入产出比。具体表现为重版频率降至一年一版,广告投放多为目录型特价广告,参与广告的书目繁多,介绍性文字少,少有针对文存的广告词。在这一时期刊登的目录型特价广告中,《胡适文存》在绝大多数情况下均被放置在右起首位的视觉中心位置。于捉襟见肘的广告中特意关照《胡适文存》也体现了亚东图书馆对于此书的特别看重。值得注意的是,胡适和亚东图书馆对文存13版进行了重排,并在原《序例》后加入胡适的《十三版自序》,交代了重排文存13版的原因。按照以往的销售惯例,亚东本应针对此次修订大肆宣传以促进销售,但与之前相比,13版的广告宣传未见不同。此次重排在短时间内拉升了《胡适文存》的销量,但最终也未改变其命运。在接下来的衰退期,由于外部环境的震荡以及亚东图书馆本身的经营窘境,亚东版《胡适文存》走入末路。

衰退期

1931年"九一八"事变爆发后,亚东图书馆"营业渐落,一九三二、一九三三年落到四万元左右,一九三四、三五年陷于支大于收的局面"①。在救亡图存的大环境下,先期文学革命的思想让位于挽救中华民族的大义、亚东图书馆经营不善导致的无力重印②、1930年9月《胡适文存三集》的出版,都令《胡适文存》的重版与广告投放陷入迟滞。在衰退期,《胡适文存》的重版频率极低,基本降至两年一版。表现在广告上,最突出的特点是广告投放数量的降低与投放时间间隔的拉长。月均广告投放次数不足两次,使《胡适文存》在市场上的存在感大幅降低,由版本变化引发的销售效应渐趋于无。15版的广告投放甚至晚于出版时间一年。这一系列的现象表明,在20世纪30年代,亚东图书馆已经开始实施紧缩的销售策略。至1937年3月,《胡适文存》停止了广告投放,宣告了亚东版《胡适文存》的暂时终结。

发行广告的持续刊登,展示了《胡适文存》在20年代旺盛的生命力、强大的传播接受度,而后又在政治转向、思潮迭起下陷于波动,并逐步让位于其他思想,渐趋平淡。作为与销售息息相关的产物,发行广告真实记录了《胡适文存》各版本在不同历史时期的销售和传播接受状况,并反映出社会、政治环境与著者、出版社的亲疏关系对文学传播场域的放大与挤压。但无论如何,广告及其反映出的《胡适文存》持续的影响放大与社会传播接受,都成为了文存"经典化"的表现和征兆,并推动了文存"经典化"的进程。

---

① 汪原放:《回忆亚东图书馆》,学林出版社1983年版,第173页。
② 胡适:《胡适文存四部合印本自序》,《胡适文存》,远东图书公司1979年版,第1页。

三、广告策略与《胡适文存》的"经典化"

西方印刷技术的引入推动了中国现代出版业的勃兴,报刊、图书等纸质媒介以更为迅速的姿态抢占文化市场,为现代文学的流通构建了新的传播场域。受此影响,报刊、图书以及承载其上的文学作品的成功与否,也不再仅关乎其自身的文学品格,更与现代出版手段、文学传播情况以及读者接受评价等密切相关,贯穿于文学生产、传播与接受的各个环节。同时,在以纸媒为主导的现代传播场域中,依托报纸、期刊、图书的流通,广告以其面向读者(尤其是大众读者)普遍、无差别的信息、观念传递,在相当程度上成为了彼时主要的传播策略和手段。而且,"经典化"过程其实就是文本传播接受历程,即"经典"是由传播接受而建构起来的①。作为中国现代文学生产与流通的交汇点,广告以其在现代文学传播接受中不容忽视的地位和作用,同样参与到报刊、图书的"经典化"之中。

首先,"一部文学作品,即便它以崭新的面目出现,也不可能在信息真空中以绝对新的姿态展示自身。但它却可以通过预告、公开的或隐蔽的信号、熟悉的特点、隐蔽的暗示,预先为读者提供一种特殊的接受。它唤醒以往阅读的记忆,将读者带入一种特定的情感态度中,随之开始唤起'中间与终结'的期待"②。这就要求在广告策略上,要积极触发这些已被接受的信息,并将其连接、唤醒,引导或满足新的期待的发生,进而促成传播以及下一轮的接受。

我们应该注意到,《胡适文存》是胡适关于"文学革命"的核心思想经过"群体讨论—报刊发表—结集出版"的发展历程的真实写照。其中收录的《文学改良刍议》、《历史的文学观念论》、《建设的文学革命论》等文章,绝大部分都已经在《新青年》等知名刊物上发表,并已经引起过社会广泛的关注与讨论。胡适其人的文学革命先锋形象及其"白话文学"论、"历史的文学观念"论等文学观念也已经为读者所熟知。这在无形之中已经为《胡适文存》的出版发行构筑了相当的接受基础。亚东图书馆在广告编写过程中,自然也注意到了这一关键点,并在初版本广告中着重点明了《胡适文存》文章的来源"有的文章是发表过修正的,有的是不曾发表过的"③,以进一步唤醒读者关于《胡适文存》"以往的记忆"。并且,《胡适文存》的广告在其远未出版之前就已经刊登于各大报刊,且在刊登时间上选择了关注度较高的双十节,在刊登位置上选择了报刊头部位置半个版面的大型广告。这种提前刊登出版预告的策略,让文存提前与读者"见面",为

---

① 方长安:《中国现代诗歌传播接受与经典化的三重向度》,《天津社会科学》2017 第 3 期。
② H·R·姚斯、R·C·霍拉勃:《接受美学与接受理论》,周宁、金元浦译,辽宁人民出版社 1987 年版,第 29 页。
③ 亚东图书馆:《胡适文存》广告,《民国日报》1921 年 12 月 16 日第 2114 号。

《胡适文存》的出版吸引了足够的社会和读者关注,引来了大量求购函件,唤起了读者的阅读期待,为后来文存的正式出版累积了读者基础和舆论基础。值得注意的是,为反映文存的"实时"销售状态,广告采取了体现和突出不同时期《胡适文存》版本的广告策略。这种标注版本的策略极易引发循环式的广告效应:短时间内版本的快速更迭,反映了《胡适文存》强大的传播能力和社会的普遍接受,充分利用读者的从众心理,进一步加快文存的销售和传播;同时,长时间持续不断的版本累积,又反映了《胡适文存》强大的历史延续性和经久不衰的生命力。无论是短时间的快速传播,还是历久弥坚的读者接受,都彰显了其毋庸置疑的文学价值,更反映了其在大浪淘沙的历史车轮中稳固的文学地位。

其次,在内容写作方式上,文存广告展示出了对作者胡适的强调以及较强的"引用"倾向。

《胡适文存》的广告在内容编辑上极为看重胡适的地位,甚至在寥寥数句的广告词中多次提及胡适。1921年12月24日至1922年1月15日,初版本广告完全舍弃了对文存内容的介绍,仅强调胡适在该书出版中的地位和作用,连续使用了两个"亲自"——"全书由胡先生亲自分为四卷,亲自编订次序"①,突出该书的"自选"属性。1922年3月至9月,再版广告内容先后发生了3次变化,但仍着重强调胡适对文存的"亲自编订"属性。1922年11月至12月,《胡适文存》3版广告刊出"胡适的著作"②,并以此为专栏对亚东出版的胡适专著进行专门宣传,进一步强化胡适在整个广告投放中的特殊地位。这些,自然都是看中了胡适本人在20世纪尤其是20—30年代所具备的强大"流量属性"。在《高师纪念日之"民意测验"》③ 第四问"当今活着的中国人,你最佩服哪一个"的答案中,胡适以36票位列孙文、吴佩孚、冯玉祥、蔡元培、梁启超、黎元洪之后,足以显示出其在彼时的强大影响力。同时,这种对胡适亲自编选属性的强调,也区别于他人编选、后人选本的主观性和随意性。自选本更能体现胡适本人对自我学术和文学观念的选择和认可,具有更强的文学价值和意义。

在广告内容编辑上,亚东图书馆还表现出了极强的"引用"倾向。与其他的作者直接介入广告写作不同,胡适并未直接参与到《胡适文存》的广告编辑之中,但亚东图书馆在写作文存广告时,无论是前期对《胡适文存》的客观介绍,还是中期的内容评介,多直接引用《胡适文存·序例》中胡适本人对文存的概括和评论,或是直接引用文存中的文章原文。《胡适文存》再版发行时,广告直指文存中的核心文章《建设的文学革命论》,并直接引用其中论述白话作为新文学工具合理性的原文——"写字的要笔好,杀

---

① 亚东图书馆:《胡适文存再版》广告,《民国日报》1922年3月21日第2201号。
② 亚东图书馆:《胡适的著作》广告,《民国日报》1922年12月1日第2454号。
③ 张耀翔:《高师纪念日之"民意测验"》,《民国日报·觉悟》1923年1月15日第2498号。

猪的要刀快"①，以最通俗的方式传达胡适在文学革命中的核心思想。1922年5月至9月，广告内容由对《胡适文存》的定位和评价转向对胡适的宣传，广告词引用了胡适在文存《序例》中的原文"没有一篇不用力气的文章，没有一句自己不深信的话"②，传达了胡适的治学理念，不断利用作者强大的影响力来带动文存的销售。在单类广告投放时间最长、投放数量最多的3-6版广告中，亚东图书馆几乎毫无改动地直接引用了《新青年》创刊广告上的四种主义——"一、改造国民思想；二、讨论女子问题；三、改革伦理观念；四、提倡文学革命"③——作为《胡适文存》、《独秀文存》和《吴虞文录》"文化运动的先锋！改造国民思想，讨论妇女问题，改革伦理观念，提倡文学革命"④ 的广告词。这种大量的直接引用，一方面暗示了"文存类"书籍——尤其是《胡适文存》和《独秀文存》——作为新文化运动以及《新青年》同人核心成果的重要地位，引导读者对《胡适文存》的价值判断；另一方面，也向接受者传达了《胡适文存》与《新青年》的关系，借势《新青年》进一步扩大《胡适文存》的影响力。这种直接引用，无疑加深了读者对《胡适文存》的印象。在这种印象之上，《新青年》的"站台"又为《胡适文存》在新文化运动中地位的评价和定性，更添了"权威"二字。

这样的广告策略自然为《胡适文存》带来了相当不错的销量。截至1929年4月，《胡适文存》"至今八年，共印十二版，共四万六千部"⑤。至1935年《胡适文存》17版出版，前后共计发行约6万余部。而《胡适文存》在读者接受层面上所带来的影响也是深远的。1925年9月12日，章士钊于《甲寅》发表《评新文化运动》，批评当时的文学青年"一味于胡氏文存中求文章义法，于尝试集中求诗歌律令，目无旁骛，笔不暂停"⑥。尽管这是对《胡适文存》的批评，却也反映了当时文学青年对文存的趋之若鹜。1947年5月6日，"《大公报》文艺栏里有云：《尝试集》《独秀文存》《胡适文存》等等，大概是'五四'时代名作中顶有名的吗，但是买不到，也借不到，大概'藏之名山'了……"⑦ 由此可见，仍有读者在动荡的社会环境中发起对"五四"时代新文学经典书籍的呼唤。在后来的《胡适全集》、《胡适文集》的编选过程中，《胡适文存》作为胡适的自选集，也成为了各派选家不加修饰地编选、直接引用保留的重要文献，这在很大程度上也足以证明其"经典"地位。

作为中国现代文学生产与流通的交汇点，广告所促成的现代文学商品化过程，实际上也是现代文学传播、接受的过程。在这个过程中，广告不仅发挥了经济杠杆的作用，

---

① 亚东图书馆：《胡适文存再版》广告，《民国日报》1922年3月21日第2201号。
② 亚东图书馆：《胡适文存再版》广告，《民国日报·妇女评论》1922年5月3日第三十九期。
③ 傅斯年：《〈新青年〉杂志》，《新潮》1919年2月1日第1卷第2号。
④ 亚东图书馆：《胡适文存三版》广告，《民国日报·平民》1923年1月27日第139期。
⑤ 胡适：《胡适日记全编》(5)，安徽教育出版社2001年版，第620-621页。
⑥ 章士钊：《评新文化运动》，《甲寅》1925年9月12日第一卷第九号。
⑦ 汪原放：《回忆亚东图书馆》，学林出版社1983年版，第203页。

以经济手段和营销方式推动报刊、图书的传播与接受，同时也以其投放频率、广告内容等方式较为真实地记录了报刊、图书的传播历程和读者反馈，为我们研究报刊、图书的出版发行、传播接受以及社会反应留下了珍贵的史料证据。同时，"经典化"的过程实质上就是传播、接受的过程，广告在生产、传播、接受过程中的桥接功能，使其以不容忽视的姿态参与到"经典化"过程中。它或许不能成为影响报刊、图书以及文学作品"经典化"、"权威性"的关键要素，却也为我们回顾和梳理现代文学作品的传播、接受以及"经典化"提供了新的角度和可能。

附表：

版 本	出版时间	销售时长（月）	广告次数	印刷册数	合计印刷册数	总计册数
初版	1921.12.15	4	30	4000①	12000②	46000④
再版	1922.3	9	10	/		
3版	1922.11	5	34	/		
4版	1923.3	8	22	/	31000	
5版	1923.10	8	76	/		
6版	1924.5	11	4	/		
7版	1925.3	9	/	/		
8版	1925.11	10	60	/		
9版	1926.8	14	/	/		
10版	1927.9	12	/	/		
11版	1928.8	12	/	/		
12版	1929.4	13	/	3000	3000③	
13版	1930.3	12	/	/	/	/
14版	1930.10	8	/	/	/	/
15版	1931.10	13	/	/	/	/
16版	1933.5	20	/	/	/	/
17版	1935.6	26	/	/	/	/

（作者单位：武汉大学文学院）

---

① 汪原放：《回忆亚东图书馆》，学林出版社1983年版，第75页。
② 汪原放：《回忆亚东图书馆》，学林出版社1983年版，第81–82页。
③ 胡适：《胡适全集》（31），安徽教育出版社2003年版，第297–298页。
④ 胡适：《胡适全集》（31），安徽教育出版社2003年版，第564页。

文学档案

老舍《离婚》的版本变迁与文本修改[①]

耿庆伟

文本生产是一个非常复杂的过程,多种不同层面的社会结构力量制约着文学版本的主体面貌,历史时期的变迁、文学环境的差异、主流意识形态的影响、作者认知的变化、语言规范化的要求等都会影响到文本的修改。由于社会精神气候的变迁,许多作家会在不同时期删削或修订以往的文学文本,新文学史上的重要作品几乎都经历了一个不断修订的过程。频繁的版本变迁造成许多面貌各异的版本,同一文学作品往往形成初刊本、初版本、修改本、定本、盗印本、文集本、选集本等形式不同的版本。这些衍生版本不仅是现代文学史上的一道独特风景,而且为后来者提供了可资借鉴的丰富文学经验。近年来,版本变迁以及文本修改研究因其角度的特殊而逐渐成为中国现代文学学科重要的研究领域,版本批评已成为中国现代文学研究的重要方法和视角,从版本学的角度来挖掘文学作品形成过程中的隐秘,不失为一种重要学术路径。在现代作家中,老舍是一位不愿对"已发表过的作品""再加修改的"作家[②]。可《离婚》自问世以来,自陈维护作品原创性的老舍却不断地修订这部小说。其修改频率、处次、内容之多,版本演变之复杂,其中恐怕有许多等待研究者去探究的奥秘。修改旧作当然是"作家的权利",但要分析作家"不同时期思想的变化",却要根据作家"当时的作品"[③]。作者修改作品的

[①] 本文系 2017 年国家社会科学基金重大招标项目"中国现代文学名著异文汇校、集成及文本演变史研究"(17ZDA279)、2018 年泰州学院教学改革项目"《中国现当代文学》课程的教学改革与实践"(2018JGB03)的阶段性研究成果。

[②] 老舍:《我怎样写〈骆驼祥子〉》,《老舍文集》(第十五卷),人民文学出版社 1990 版,第 208 页。

[③] 巴金:《第 1 卷"附录"〈为香港新版写的序〉》,《巴金全集》,人民文学出版社 1986 版,第 1 页。

文学行为总会有意无意地体现出修改时代的某些信息和思想观点导致了原初创作思想的变化。因此，当我们分析和评论《离婚》这部小说时，应该将其版本变迁情况纳入研究范畴，通过分析《离婚》在不同时期的版本流变，呈现《离婚》在不同历史语境及文学话语场影响下的独特存在方式，探讨老舍自身的创作特点和修订特点，从而揭示文本生产、修改的复杂性。

一、版本变迁概述

《离婚》以节制雍容的幽默趣味、反躬自省的文化批判意识、简洁清新的文字风格、较少的意识形态色彩体现了老舍的创作习性，成为老舍所有小说中"最好的一部"[1]。这篇老舍自己很看重的小说，虽然获得"一般青年颇热烈的欢喜"[2]，但由于并不符合时代的要求，研究界对其评价并不太高。在各种主客观原因的驱使下，老舍却一直不断地修订、改动这部自己颇为得意的小说，为其出版、传播倾注了大量的心血。加之出版社的推波助澜，《离婚》成为老舍所有作品中版本变化频次最多的一部，可谓"浩浩荡荡矣"。算下来，《离婚》已有"五六十种"单行本在海内外传播[3]。

从版本谱系来看，长篇小说《离婚》是应"良友文学丛书"的约稿而在"十万火急"中"一气呵成"的，并未在报刊连载（无初刊本），1933年8月由上海良友图书印刷公司初版（初版本）刊行。出版后，《离婚》以不同的版本和语种面世，至2008年8月收入人民文学出版社出版的《老舍全集2·小说》（全集本），中间经过了多次修订和出版，因而产生了具有文本变异的版本。长春启智书店、重庆南方印书馆、上海晨光出版公司、人民文学出版社、四川人民出版社、长江文艺出版社、吉林出版集团股份有限公司、南海出版公司、中国华侨出版社、当代世界出版社、人民教育出版社、天津人民教育出版社、文汇出版社、译林出版社、中国国际广播出版社、鹭江出版社、万卷出版公司等都先后出版过《离婚》的单行本。其中，上海良友图书印刷公司、长春启智书店、上海晨光出版公司、人民文学出版社还曾在不同时期多次出版过《离婚》的重印本。除了单行本之外，《离婚》还被收入许多选集和全集。例如，人民文学出版社在出版"世界文学名著文库"、"老舍经典作品选"、"老舍作品名家插图系列"、"老舍作品精选"等丛书时，就曾收录此作。在该社出版的《老舍全集》和《老舍文集》中，同样也

---

[1] ［波兰］日比格涅夫·斯乌普什基：《老舍传记资料及其作品简介》，尹慧珉译，《中国现代文学研究丛刊》1980年第3期。

[2] 燕子：《读过老舍的〈离婚〉后》，《文艺战线》1933年第36期，第14页。

[3] 宋海东：《老舍小说〈离婚〉单行本知多少？》，《藏书报》（河北）2018年8月27日。

未遗漏这部小说。

《离婚》的版本不仅众多，而且传播渠道广，导致了跨界、跨国变异。友人赵清阁首次将其改编成电影剧本，发表于1948年《文潮》月刊5卷2期至6期上。另外还有两个英译本：一是未获得老舍授权，由伊·文金翻译，美国 King Publication 公司于1948年出版的 Divorce；二是获老舍正式授权，由郭镜秋翻译，美国 Reynal and Hitchcock 公司于1948年出版的 The Quest for Love of Lao Lee。郭镜秋的译本后来又由英文转译成瑞典文、波兰文等其他文种。《离婚》的不同版本间都存在差异，如外文译本与中文本间的跨文化差异、电影剧本与文字版本的媒介形式差异等。经过多次修订和出版，《离婚》不同的版本之间在序言、文字、版式、注释、标点符号、内容甚至主题倾向上都具有差异性，异文材料多且丰富，因而形成了具有复杂内涵的变异性版本。这些变异性版本"包含着丰富的语言学、修辞学、写作学、美学、心理学甚至是社会学、政治学的内涵"，比较典型地"反映新文学版本变迁的规律"[1]。

《离婚》的版本修改主要包括两类。一是由于编辑意志介入而形成的数量不等的单行本。这类版本主要是出版社以相同书名出版的各种印本，如国内外出版机构对《离婚》的群起再版。这些版本的差异主要体现在封面装帧、横排竖排、简体繁体等形式方面，基本无关小说内容。不过，这种版本差异却反映了读者阅读语境、出版社销售策略的不同。1947年以前的版本多为在原作基础上重新印制的版本，经由出版社稍加改变后直接排印，基本属于同一文本系统，作者未对里面的内容进行有意义的删改。这些重版算不上老舍的文学实践。二是由于作家本人的主动修改而形成的不同版本。这类版本对于《离婚》的版本研究具有重要的参考价值。在《离婚》的版本演变历程中，由老舍亲自操刀而具有里程碑式意义的版本主要有：（一）1947年上海晨光出版公司重新出版的《离婚》（称为改订本，该版本在1948年10月再版，1949年3月三版）。（二）1952年上海晨光图书公司在此前民国版基础上出版的《离婚》（称为修订重排版本，此版本在1952年7月、1953年2月、1953年4月、1953年5月分别推出了再版到五版等4个本子）。（三）1963年4月人民文学出版社重新出版的《离婚》（称为修改本，此版本为横排繁体，由老舍本人亲自校订，并略作删改，删去了1947年上海晨光出版公司改订本《离婚》书前《新序》）。除1933年的初版本、1947年的改订本、1952年的修订重排本、1963年的修改本外，版本变迁的意义在其他不同的版次间体现得并不明显，对于这些版次间的差异进行学术研究的价值并不大。本文主要阐述的是老舍本人参与的国内几个

---

[1] 金宏宇：《中国现代长篇小说名著版本校评》，武汉大学出版社2007年版，第4页。

《离婚》版本的差异。正是这些版本构成了一个个"满载学识的仓库"①，蕴含着老舍在不同时期的艺术构思和审美趣味。通过清理这些不同版本演进和转化的具体形迹，可以洞悉作家创作历程中的秘密。

二、主要版本对校记

我们在对众多的单行本和全集本进行对比后发现，由于保存了作品原初的面貌，1933年的《离婚》初版本具有无可取代的新文学文献价值，是进行学术研究的第一手资料及可靠依据。其他比较具有版本变迁意义的是晨光出版公司改订本（1947年）、修订重排本（1952年）、人民文学出版社修改本（1963年）3个版本。其中，1947年晨光改订本主要是在初版本的基础上增加了《新序》，涉及少部分语义及文字错讹的修改，与初版本几乎无差异，并未从根本上改变《离婚》的版本本性。1952年的修订重排本是相对于初版本变化最大的，也是版本传播中争议最大的。这个在20世纪50年代文学一体化环境下出版的单行本体现了老舍对叙事策略的调整，使《离婚》呈现出能够反映社会历史转变的代表性特征。在当代文学"小阳春"的政治气候下，老舍开始回归自我，在处理文学与政治的关系时体现了对审美意识形态的不舍。于是，老舍在1963年重新修改了这部作品，部分恢复了1952年本被修改、删减之处，《新序》未录入。相比1952年本，1963年本修改的幅度并不大，虽有受时代政治文化影响而发生变化的方面，但还是基本维护了原版的本来面目，审慎地持守着艺术个性，体现了老舍坚守小说本体艺术精神的执拗，或可视为他心目中的"善本"。此本共删改20多处，大都属于文字、语法上的修改，内容上的删减主要集中在对马克同的描写上，在结构上第二十章仍保留了初版本的六节。最大的变化在于，1952年本中被修改掉的"共产党"、"北平"、"天称"等词汇又恢复了原貌，甚至对于"乡下人"、"妇女"、"全能的机关"、"美国影星巴里穆尔"、"耶稣"等的描写也基本保留下来。鉴于1963年本的完整性、艺术性和影响力，20世纪80年代舒济编选《老舍文集》时采用的就是"1963年经作者校订，并略作删改"的版本②。因而，本研究以初版本为底本，考察对象涉及1947年晨光本、1952年修订重排本、1963年人文修改本3个版本，主要以1952年本的变化为中心，除此之外的众多版本将不再一一赘述。

20世纪50年代，郭沫若、巴金、曹禺、叶圣陶等现代作家纷纷修改旧作以适应时势。在这股删改风的吹动下，老舍在初版本的基础上修订重排《离婚》，并于1952年由

---

① ［美］韦勒克、沃伦：《文学理论》，刘象愚等译，文化艺术出版社2010年版，第54页。
② 老舍：《老舍文集·第二卷说明》，《老舍文集》，人民文学出版社1981年版，第1页。

晨光出版公司出版发行。经过大量明显的删改，1952年本不再是原初的形态，而是呈现出新的存在状态和思想艺术特点，几乎变成了新的小说文本。根据笔者对校，与初版本相比，1952年本共修改了300多处，主要包括许多误植的改正、标点符号的更改、文字的调整（删除、增加和调换）、句式的疏通、章节的异动（主要是第二十章，初版本为六节，1952年本只有四节）、内容的删改。这些修改可以总括为三种情况。

　　修订重排本修改的第一种情况是标点符号的更改和词语的调换。中华人民共和国成立后，国家重新规范了标点符号。在1952年本中，老舍修改了部分民国时期使用的符号和使用不当的符号。除了断句需要而更改的标点符号外，其他形式的标点更改一般不影响意义的理解。如将初版本中"结婚的爱"、"火烧红莲寺"等图书下面的波浪线改为书名号，将多了三点的省略号改为"……"。又如"老太太的命才苦呢"，该句疑问的语气并不强，把问号改为感叹号；而在"为什么不联结起来呢"一句中有疑问语气，作者却使用句号，于是改为问号等等。标点符号的修改是为了使之符合运用规则，而词语的修改多而杂。少数词语的调换是出于政治意义上的考虑，如将"共产党"一律改为"乱党"或"革命党"，将"北平"改为"北京"。初版本中有一些用"它"或"他"来指代女性的情况，改订本中全部统一用"她"，这是男女平等理念在符号学上的体现。涉及语义修改的主要有：一是适应时代语境的变化，将一些具有时代色彩的词语进行置换，如初版本中的"天秤"、"北平"、"女戏子"、"陈嘉庚的罐头"、"日本货"、"日货"、"日本浪人"修改为"天平"、"北京"、"女演员"、"罐头"、"外国货"、"外货"、"流氓浪人"；二是通过个别字句改动来凸显人物性格，如为了表现老李性格中的懦弱，老舍将"父母不容易，怎肯去伤老人们的心"改为"父母不容许，怎肯去伤老人们的心"，一字之改写出了老李面对婚姻时那种委曲求全的心态；再如将初版本中"不给老李什么感动"改为"并没给老李什么感动"，增加一字更能体现老李对照顾太太的麻木以及对婚姻现状的绝望。

　　更多的词语更改并未改变文意，只是为了语言的规范化和艺术上的精益求精，体现了老舍注重语言提炼、锤炼的特点。如将"寂默"改为"沉默"、"花菁葵"改为"花骨朵"、"美婉"改为"委婉"、"对敷"改为"对付"、"马蚁"改为"蚂蚁"、"马合铁"改为"马口铁"、"模像"改为"模样"、"刺动"改为"激动"、"稍为"改为"稍微"、"扑扑"改为"噗噗"、"地兽"改为"地狱"、"海低针"改为"海底针"、"哆嗓"改为"哆嗦"、"醒了把鼻子"改为"擤了把鼻子"、"泪又是三串"改为"泪又是两串"等都是为了适应汉语规范化的需要。属于艺术上锤炼加工的也很多，如将"他器械的往前挪了两步"改为"他机械的往前挪了两步"，让兼类词"机械"作形容词使用来充当状语；将"为透着客气，用嘴吸着"一句中的"吸着"改为"吸燃"；将"已经入肚子一个"改为"已经人了肚子一个",这样就让"吸"和"人"这个动作有了结果;将"一条毛绳裤,买,得七八块钱;自己打,两磅绳子"一句中的"打"改为"打的",改变了词性后成为名词,使之充当主语,并和"一条毛线裤"保持一致,构成并列复句。这些修改体现了老舍对选择和利用词语的重视,的确使小说的语言更加精粹和规范。《离婚》重在叙事和人物描写,老舍在创作时使用了大量北京方言和口语化的表达方式,含较多的口语体和谈话体,影响甚至限制了读者对作品的理解。为了解决这个问题,他用普通话、书面语来代替一些方言俗语,减少语言的混乱和分歧。如"看哪儿都发生,找什么也不顺手"一句中,将"发生"改为"生疏"。再如老李骂李太太"皮蛋,不软不硬的皮蛋!橡皮蛋!"一句中,将"橡皮蛋"改为"像皮蛋"。其他如将"年青青"改为"年青"、"多么薄薄"改为"多么薄"、"上等婚"改为"上等婚姻"、"一房媳妇"改为"一个媳妇"、"花银"改为"花钱"、"马婶娘"改为"马婶"、"生要"改为"如要"、"许"改为"也许"、"呃"改为"呢"、"挨揍"改为"挨打"、"撕扯"改为"了解"、"那当子事"改为"那档子事"等都属这种情况。另外,老舍还删去了一些可有可无的词语。如在第一章第三节中删去"社会国家"中的"国家",在第二章第三节中删去"一声也可没出"中的"可",在第三章第一节中删去了"这块带腥味的土"中的"带"等。

  修订重排本修改的第二种情况是句子的删改,包括句子与句群的调换、增删,通过句序的调整、词语的更换和标点的变更等方式修改一些句子。如将"他们是真活着呢"改为"他们真是活着呢",将"这算了不什么"改为"这算不了什么",将"女儿是可以不"改为"女儿不可以"等。通过对比不难发现,改前句子比较拗口,不符合汉语语法习惯,调序后语意更通畅。通过增删的方式解决一些句子中存在的所指不清、词语冗赘、搭配不当等问题,如将"眼睛挤得像一口热汤烫了嗓子那样"改为"眼睛挤得像一口热汤烫了嗓子的时候那样",将"看见他进来,好如梦方醒"改为"看见他进来,好像如梦方醒",将"特别在肚子正疼的时候"改为"特别肚子正疼的时候",将"家庭是快乐的无线广播电台"改为"家庭是快乐的广播电台",将"丁二爷正自大有用处"改为"丁二爷正大有用处",将"妇女不可靠"改为"妇女不都可靠"等。有些句子在表述上让人费解,老舍对这些明显的误植也进行了修改。如写老李散步时有些郁闷,"地立住,抬头看着城墙上的星们",不可能是"地"看"星",所以将"地"改为"他"。如写李太太因小脚而致鞠躬的不雅时,"腰板挺着,两手贴垂,忽然一个整劲往前一栽","栽"是明显的手误,发现后改为"栽"。如老李向二妹询问二妹夫的相关情况,根据行文情境,老舍询问的是"二妹夫"的情况,于是将"二妹,他怎么当上了医生"改为"二妹夫他怎么当上了医生"。在"人人对于新岁换班的时节有些神秘的刺激与反应"一句中,

"人人"和"有些"明显不配位,于是改为"人人对于新岁换班的时节都有些反应"。初版本中有些句子由于断句不当而影响了句意的表达,老舍则通过变更标点符号的方式加以解决。如"他的职务是调动工友,和买办东西"一句中,"和"就起到了逗号的作用,于是改为"他的职务是调动工友和买办东西"。再如"不想,不会,也不肯,干别的"一句中,第三个逗号完全没必要,于是删去。而在"粗枝大叶的我还能缝几针呢"一句中,让人产生歧义,会理解成"粗枝大叶的我",显然不合文义,于是改为"粗枝大叶的,我还能缝几针呢"。

修订重排本修改的第三种情况是内容的删改。从删减的程度来看,内容上的修改是诸本中修改幅度最大的,共删减40多处,将近4000字(其中,最少的是1个字或1个标点,最长的近2个页码)。修改的内容主要包括四个方面:(一)删去道德、政治方面一些"不洁"的内容。如第二章第二节删去了"'共产党!'张大哥笑着喊,心中确是不大得劲。在他的心中,共产和枪毙是一件事,而且是应当如此;共产之后便共妻,共妻便不要媒人,应当枪毙!"第三章第三节删去了"他作梦的时候,女子全是裸体的"。第七章第二节删去"父亲不给钱,他希望共产。父亲给钱,他希望别共了父亲的产,好留着给他一个人花"。(二)删去一些对"女性"和"人民群众"带有歧视性看法的句子。如第九章第四节删去了嘲讽女性的两个句子:"这个年月,女招待,女学生,女理发师,女职员,女教习,随时随处有拐走丈夫的可能";"不撒谎不算是娘们"。第三章第四节删去了侮辱穷人的句子——"租房住的人和老鼠似乎是亲戚"。(三)挖改了一些不合时代政治意识的敏感性话题,来贯彻文艺服务于政治的写作理念。如第七章第一节删去了对俄国人以及美国影星看法的文字:"东交民巷俄国理发馆去理发,因为不会说英语,被白俄老鬼看不起;给了一块五的小账,第二次再去,白俄敢情也说中国话,而且说得不错";"约翰巴里穆尔是圣人,是上帝"。(四)删改对于革命色彩青年的漫画式描写。这类修改篇幅最大,字数最多。由于对革命和革命者有着明显的误解,老舍把张天真写成个只会说革命词句的公子哥,把马克同及其革命爱人写得更是虚伪不堪。在新的时代环境下,这样的讽刺性描写完全不合时宜。为此,老舍在第二十章中不惜破坏初版本的结构,毫不留情地砍削掉对于革命者的不实描写,原先的六节被删减为四节,删减的内容尤其多,约2600字。

三、艺术修改与洁化叙事

老舍非常喜欢《离婚》这部作品,认为它"比'猫城'强得多"[①],在艺术上也达

---

① 孔另境编:《现代作家书简》,上海生活书店1936年版,第19页。

到了很高的水准。"《离婚》中所用的语言是第一个,也可能是最好的,文字简洁清新的典范","自这部小说起",终于"建立了自己的文字风格"。作为一部自己颇为满意的文学作品,老舍自然会有所偏爱,同时也"希望人们能时时记起"①。不过初版本《离婚》是为交差而"硬挤出来的",仓促成书,难免在语、词、句、标点、修辞等方面留下毛病。在初版本中,老舍虽然是用地道的北京话进行写作,但也多有卖弄之嫌,有些地方让外地读者颇为费解;在句式上欠锤炼加工,存在明显的词语毛病和文言化倾向,影响了阅读效果;部分标点符号的使用也不够规范,导致表意不够准确等。1947年本虽对这些问题进行了修改,不过多集中于一些文字错讹,而且改动数量并不大,约有5处。一般认为1952年本是《离婚》修改中的败笔,如将之与初版本、改订本、人文修改本进行对比就会发现,艺术考虑的修订虽不是老舍修改《离婚》的主要动力,但1952年本确实对初版本中出现的一些艺术性问题进行了大量的纠正性修改,而且这些修改在1963年本中基本被保留下来或被再完善,尽管也有一些没有被发现,仍体现了鲜明的文学史意识。可见,这次修改并未完全屈从于主流话语而失去个人的独立判断,作者也希望通过自己对原作的艺术打磨,特别是字、词、句的锤炼,使之适应新的语言规约与文学体制,以尽可能使其艺术价值得到社会各界人士的普遍认同。

中华人民共和国成立后,国家非常重视语言文字的规范化工作。为了适应20世纪50年代的汉语规范,老舍在1952年本《离婚》中对小说语言进行了一系列的修改。语言润色虽是一种局部、细微的修改,却是作者完善文本的一个重心,典型地体现了文本语言规范化的意图与规约。在1952年本中,他去掉了初版本中因仓促成书而形成的一些语词毛病,如将"李太太不但和气,语声都变得美婉了些"改为"李太太不但和气,语声都变得委婉了些",将"李太太像上了热锅台的马蚁"改为"李太太像上了热锅台的蚂蚁",将"练太极练的,精力没地方发泄"改为"练太极练得精力没地方发泄"。老舍通过诸如此类的文字细节的改善与润色,基本使小说做到了文从字顺,提高了语言的精确性与艺术性。在初版本中,由于没有认真推敲同义词语的细微差别,导致表意不够准确。如"盘大拳头的丈夫,硬被个小妖精缠住",作者用"盘"来比喻吴太极的拳头。"盘"是张开的,拳头是合拢的,两者之间形状不相似,大小不合适。1952年本改用与拳头有相似之处的"碗"来形容,较为恰当贴切。老舍认为比喻"首先宜求恰当,还要再求精彩"②。在初版本中他把"蝉"比喻成"锥子",而"蝉"不像锥子,自然也无法刺入耳鼓,所以"蝉像锥子似的刺入耳鼓"的表述既不"恰当"也不"精彩"。1952年本改为

---

① 老舍:《关于离婚》,舒悦译,《中国现代文学研究丛刊》1989年第2期。
② 老舍:《比喻》,《诗刊》1958年第5期。

老舍《离婚》的版本变迁与文本修改

尖锐刺耳的"蝉声",则不但准确,而且形象生动。经过修改与润色后,《离婚》不但用词更加准确,文笔更加凝练,语法更加符合现代汉语规范,而且在章法与逻辑性方面也得到了加强。如在初版本中,原句是"可是在他的灵魂的深处,他有点贵族气"。"可是"表示转折语气,并在意思的表达上倾向于强调后一层意思。从原文的语气和语境上判断,两个分句并无明显的转折关系,1952年本去掉"可是"后,语气变得更为顺畅,行文更加流畅。从上述修改范例不难看出,老舍对《离婚》叙述语句的修改还是值得肯定的,修改后和修改前差别很大。仅从艺术性来说,1952年本的修改是这部作品走向经典化的重要过程。

老舍对《离婚》初版本是比较满意的,并表示很少修改"已发表过的作品",所以对之进行修改的主观愿望并不强烈。1947年本增加了《新序》,进行了少部分修改,多是按照老舍的审美追求,在艺术上精益求精,改动的多是"小地方",或为了语言上的简洁清新,或为了修辞上的调词换句,或为了符号标点的规范化,与1933年本的差异最小即是证明。1963年本是对1933年本的隐蔽恢复,与1952年本有很多共同点。在《离婚》的3个主要版本中,1952年本改动的幅度最大,与1933年本的差异最大。大量的文字修改固然促进了语言艺术的精益求精,对版本的风格有一定的影响,但并不会引发文本释义上的重大变化。1952年本的出现,除了艺术上的自觉外,更多是语境因素引发的修改,体现了老舍对当时主流意识形态的迁就。这次改写发生在中华人民共和国成立后,20世纪50年代知识分子改造的氛围给老舍带来了焦虑与恐慌,删改《离婚》是为了应对新的历史语境而进行自我检讨、自我改造的结果。

1946年,老舍应美国国务院美中文化合作计划之邀赴美,因《骆驼祥子》英译本(伊万·金翻译)的成功而在美国声誉鹊起。老舍留在了美国,曾写信要求加入"美国作家联盟"①。1949年12月,在周恩来的邀请下,他满怀热情地从美国回到北京,并在归国后不久得到多个头衔:北京文联主席、中国文联副主席、北京市政府委员、政务院文教委员、全国人民代表大会代表、政协全国委员会常务委员等。据考证,1950—1952年,他共获得35个各式头衔②。这些头衔与荣誉让老舍很快在中华人民共和国文坛占据了显赫的位置,被新的时代不断价值化。这些不无辉煌的历史徽记固然让老舍一路高歌,可是对他在新时代的价值认定上非但无甚帮助,反倒成为导致他与时代逐步疏离的可能性因素,也无法改变他在激进时代中被逐渐边缘化的存在状态。作为中华人民共和国要"团结"的对象,他被划入"革命文学作家"与"没落的资产阶级文学流派"之间的

---

① 老舍:《老舍全集》(第15卷),人民文学出版社1999年版,第729页。
② 张桂兴编著:《老舍资料考释》(上),中国国际广播出版社1998年版,第192页。

"进步作家"行列①。相对于那些从延安走出来的无产阶级革命作家,具有"五四"文学传统天然继承者身份的老舍虽然表面上拥有"人民艺术家"、"当代语言艺术的大师"等诸多桂冠,但是,国统区的资产阶级进步作家身份和游历英美的经历,让其在激进时代面临着越来越强劲的挤压。那些来自解放区的"有地位有职有权的代表性作家"对老舍只是"礼貌性的尊重","实际上从没有任何个人交往"。作为一个从旧社会走出的小资产阶级知识分子,他清楚地感受到"其中的冷淡"②。老舍明白,如果想要真正融入新的文学场,寻求时代认同,就必须在思想改造中洗刷自己的阶级原罪,改变自己的身份,重新塑造自我;在文学实践中消弭既有艺术理念和日益激进时代语境的"不和谐",实现从文化伦理型作家向政治文化型作家的转化。在1952年前后的文学话语场中,"为了适应新政权的意识形态而作的调整"③,春风得意的老舍大刀阔斧地删改自己最为得意的《离婚》,体现了个人审美趣味向时代审美选择的妥协和加盟,从而将个人的文学实践与新时代意识形态的审美价值取向对接起来。在政治—文学一体化的文学场中,思想性大于艺术性是衡量一部文学作品的唯一标准。主流文学都在论证着中华人民共和国和新政权的合法性,参与着民族国家精神的建构,鼓舞国人的信心。《离婚》消极的思想氛围与革命乐观主义存在抵牾,缺乏俯瞰社会的宏大视角,偏离了意识形态关于现代民族国家的艺术想象,自然受到读者的漠视与冷遇。尽管老舍对这部作品钟爱有加,但无法突破政治权力场对作品规范的限定。"因为时代不同了",老舍需要"按当下主流的意识和标准"重新审视《离婚》,"改好之后方可再版"④。老舍对《离婚》审时度势的修改是为了践行"文艺为政治服务"的创作观念,履行作为"人民艺术家"的使命、责任,推动小说顺应主潮。

1952年本的生成是在特定的历史语境下,与占主导地位的主流文学话语冲突而又妥协的产物。为了体现文学作为"意识形态国家机器"的功能⑤,老舍清理了1933年本中的政治敏感情节,删改了革命、道德、性等方面的一些不洁内容,皈依于中华人民共和国文学的洁化叙事规范,达到了对作品在政治、道德、思想上的洁化。在诸版本中,1952年本对敏感内容的修改是非常严格的。老舍不善于表现革命和革命者,常常在小说中嘲讽那些光搞政治的"伪革命者"。考虑到用老鼠来比喻革命青年在感情色彩上不恰当,他便将"革命青年一结婚,便比老鼠还老实"删去。他对于被无良之人诬为"共产

---

① 丁易:《中国现代文学史略》,作家出版社1955年版,第271页。
② 汤晨光:《老舍与现代中国》,湖南师范大学出版社2002年版,第235页。
③ 傅光明:《老舍:"人民艺术家"与自由作家》,《中国现代文学研究丛刊》2008年第2期。
④ 舒乙:《老舍文学与主流的逆反》,《汉语言文学研究》2015年第1期。
⑤ [法]路易·阿尔都塞:《意识形态和意识形态国家机器》,李讯译,《当代电影》1987年第3期。

共妻"的社会主义运动无好感,对自称为马克斯的弟弟马克同的描写也有些"过火",有悖于生活真实。为向主流意识形态靠拢,他几乎将关于马克同的描写全部删除。作者创作小说时,革命尚未成功,共产党还未成为中国的执政党,作者在小说中表现出对当时社会现实的不满,丝毫无损于新中国的伟大,但原先的表述逾越了意识形态划定的叙述边界,就不得不改。他将文本中出现的"革命"、"共产党"等政治语汇修改为较为中性的表述或直接删去,以撇清讽刺革命、不满现状的嫌疑。例如第七章第二节中,删去了"说他是共产党,屈心;不是,他又一点没规矩,没准稿子";第十三章第一节中,将"天真至少有共产党的嫌疑"改为"天真至少有革命的嫌疑";第十四章中,将"把个共产党释放出来,就值一所小房"改为"把个乱党释放出来,就值一所小房"。虽然故事发生的时间是民国,但考虑到北京的首都地位,必须用新名称来替换旧名称,便将地名北平也一概改为北京,表明现在是新时代,虽然这是反历史的修改。相比于《骆驼祥子》,《离婚》初版本中涉及性和神秘色彩的内容原本不多,也顺带进行了修改。如在第三章第三节中,作者用"他作梦的时候,女子全是裸体的"来表现小赵的流氓式性心理。老舍认为这些露骨的性表述与新社会的道德观相悖,于是删去了这些"不太干净的地方"①。如表现老李的苦闷心理时写了"知道人生的宿命而想象一个永生的乐园",将个人婚姻悲剧的原因归结为某种不可知的运命。早在1948年,批评家许杰就批评了老舍将祥子的悲剧归因为"命运"的错误②。大概为了摆脱这种宿命论嫌疑,老舍将"宿命"改为"有限"。通过删改这些色情、神秘等格调不高的内容,小说满足了意识形态的洁化叙事要求。

中华人民共和国成立后,现实政治和时代文化需要树立改造和建设共和国的"新人",如何书写女性、人民群众均受到时代政治的严格约束。老舍有意识地试图追赶主流意识形态的演变,自觉地将创作与政治联系起来,按照时代政治的要求来重塑人物形象。删改《离婚》中有损农民、女性形象的语词正是他对这种政治期待的回应。在1933年本《离婚》中,他为了幽默而不时透出对女性、乡下人的揶揄态度和嘲讽语气,如"张大哥对乡下人特别表同情;有意离婚的多数是乡下人,乡间的媒人,正如山村里的医生,是不会十分高明的。生在乡下多少是个不幸"。在涉及对女性的评价时,老舍总是不自觉地流露出某种男性中心意识。经过男性目光他者化的女性,在精神上俗不可耐,如借老李发表对妇女的看法——"半夜里打太太的人,有的是;牛似的东西还不该打";在形象上丑陋不堪,如对邱太太牙齿的夸张描写——"邱太太用当头炮的时候,连下边的一

---

① 老舍:《老舍序跋集》,花城出版社1984年版,第82页。
② 许杰:《论〈骆驼祥子〉》,《文艺新辑》1948年(第1辑),第37页。

槽牙也都露出来了，颇有些咬住耳朵不撒谎的暗示"；甚至还拿女人的小脚开涮，如"李太太前呼后拥的脚有点不吃力了"、吴太太的一对改组脚"大概连太极都得费事"。这样的描写有点不尊重女性。考虑到底层人民、妇女已成为新时代的主人并在思想意识上逐渐觉醒的现实，为了体现阶级平等和男女平等的社会新观念，老舍删去了丑化底层人民、妇女形象的文字，并对一些具有不洁特征的脏话进行了净化。如将"谁甘心当王八呢"改为"谁甘心忍受呢"，将"把东屋的野老婆除名"中的"野"去掉。这种洁化处理是老舍在20世纪50年代文学叙事整体范式约束下的一种自我再规范。

老舍一向以温和示人，在文化上偏于中庸，但在关涉国际关系的大问题上，适时的政治倾向性也会影响其文化立场，并做出顺应时代潮流的修改。1952年本《离婚》中删去与苏联、美国、基督教等相关的文字，就在不知不觉中融入了时代的政治、文化色彩。20世纪50年代，苏联模式及其文化形态被大力宣扬。在中苏关系的蜜月期，1933年本中"白俄老鬼"这样的贬义性描写肯定不合时宜，于是老舍在修改中删去了相关内容。由于意识形态的对抗，此时西方文化在中国文化领域的影响被大力清除。1933年本中有张天真"一边剥蜜柑，顺着果汁的甜美，板着脸一笑，想像着自己像巴里穆尔"的描写。喜欢美国影星本无可厚非，但在国际关系紧张的时期，这种对美国流行文化的追捧也许会招致崇洋媚外的罪名。为避免带来不必要的麻烦，老舍删去了"约翰巴里穆尔是圣人，是上帝"，将"想像着自己像巴里穆尔"改为"想像着自己像电影明星"，甚至删除了"谁要是不怕人了，谁就能像耶稣似的行奇迹"等句子。

一部文学经典的确立并非一蹴而就，往往需要经历一个历史的、动态的过程。在不断经典化的过程中，各种力量会对之不断进行重构和修订。《离婚》的版本变迁不只是作者老舍本人文学观念或创作姿态等变化的结果，也有读者及批评家能动地参与其间的贡献，甚至是一种社会集体意识的产物。《离婚》从1933年首次出版到2008年形成文集本，历时数十年，并历经多家出版社。其间，文学思潮、社会思潮及图书出版环境都在发生变化，老舍自身的创作也在不断深化。审美与功利、工具与独立、个人与时代的冲突一直伴随着《离婚》的版本变迁。《离婚》的修改是作者情怀和时代精神的缩影，既显示了他对于作品经典性的自觉追求，同时也折射出他对主流话语既警惕又依赖的复杂心态。审美与政治、正确与错误、迎合与坚守、进步与后退都叠加在《离婚》的版本变迁之中。

（作者单位：江苏泰州学院人文学院）

文学档案

"国士"与伪吏：华北沦陷时期的钱稻孙[①]
——从包丰保致胡适的一封未刊信谈起

汤志辉

一、引言

钱稻孙（1887—1966），浙江吴兴人，日本古典文学翻译家、学者、图书馆家，曾任教育部视学、京师图书分馆主任、清华大学教授、清华大学图书馆馆长。1937年北平沦陷后，任伪新民学院讲师，伪北京大学秘书长、校长、文学院院长、图书馆馆长等职。1949年后，任齐鲁大学教师、卫生部出版社编辑和人民文学出版社特约编译。他翻译的《万叶集》以风格古奥典雅见称，最为中日学界瞩目，得到日本著名汉学家吉川幸次郎的称誉。他翻译的《源氏物语》以及日本学者的学术论著，也都受到高度评价。钱稻孙对日本古典文学的修养以及对日本文化的体认，受到中日两国学人的认可，并为中日文化的交流做出了贡献。但他在华北沦陷时期出任伪职，成了文化汉奸，"大节有亏，便无足观"，这使得他的翻译成绩较少受到后人关注，其人其事亦渐渐淡出人们的视线。

新时期以来，引起较大关注的关于钱稻孙的研究是文洁若1991年1月发表在《读书》上的《我所知道的钱稻孙》。作者回忆了跟钱稻孙学习日文及研究日本文学的过程，并谈及钱稻孙在中华人民共和国成立后的日本文学翻译。该文从个人交谊角度重提钱稻孙，使钱稻孙重新进入人们的视野。目前，对钱稻孙的研究主要集中在日本古典文学翻

[①] 本文系国家社会科学基金青年项目"现代大学校刊与新文学关系研究"（18CZW040）的研究成果。

译与图书馆事业。《钱稻孙的归化翻译思想论——以〈汉译万叶集选〉为中心》① 是目前所见唯一一篇以钱稻孙为研究对象的硕士学位论文。论文以日语完成，探讨了钱稻孙以"文化对等"思想为基础，在翻译上体现为归化翻译的具体路径。《钱稻孙与〈万叶集〉的翻译》②、《钱稻孙〈万叶集〉汉译中的中庸思想》③ 等文章则具体论述了钱稻孙翻译《万叶集》的特点及所体现出的"内外合一、文化融合"的中庸思想。关于钱稻孙在图书馆事业方面的成绩，《图书馆的另类馆长钱稻孙》一文叙述了钱稻孙对中国现代图书馆事业的贡献，称其"与中国图书馆事业深有渊源"，"深知图书馆的图书对于研究的重要性，他从学者的角度，不遗余力为图书馆搜求资源"④。《学人钱稻孙的图书馆履痕述略》⑤ 则以时间为线索，呈现了钱稻孙在图书馆领域的任职经历与贡献，做出了客观的评价。此外，《〈鲁迅日记〉中的钱稻孙》、《鲁迅与钱玄同、钱稻孙叔侄》⑥、《翻译家钱稻孙与日本出版人岩波茂雄》对钱稻孙的生平交游研究也有所涉及。前两文谈到钱稻孙与鲁迅的交游。据统计，钱稻孙在《鲁迅日记》中共出现 163 次，甚至比钱玄同还多⑦。后一文则利用新发现的钱稻孙致岩波茂雄的书信，概述了两人的交游⑧。关于钱稻孙的生平，值得注意的是，《文汇学人》和"澎湃"刊发的一组文章，考证了钱稻孙的照片和事迹，起因是其女婿刘节的一张照片被误认为钱稻孙⑨。另有两部研究吴兴钱家的专著，都辟有专章讨论钱稻孙⑩。以上大致是目前学界对钱稻孙的研究情况。

关于沦陷时期的钱稻孙，以往的研究只是偶尔涉及，并无全面深入的论述。然而，这一时段对其一生产生了极其重要的影响。他出任伪职的经历及其日本古典文学翻译、其他文化活动，都有待细致梳理，以便完整呈现沦陷时期钱稻孙的心迹与行迹，也可见

---

① 甄文康：《钱稻孙的归化翻译思想论——以〈汉译万叶集选〉为中心》，四川大学外国语学院硕士学位论文，2007 年。

② 吴卫峰《钱稻孙与〈万叶集〉的翻译》，王晓平主编：《国际中国文学研究丛刊》（第二集），上海古籍出版社 2013 年版。

③ 孙伏辰、金中：《钱稻孙〈万叶集〉汉译中的中庸思想》，《湖南大学学报》（社会科学版）2017 年第 5 期。

④ 韦庆媛：《图书馆的另类馆长钱稻孙》，《读书》2010 年第 8 期。

⑤ 刘甲库、杨雪晶：《学人钱稻孙的图书馆履痕述略》，《大学图书馆学报》2014 年第 4 期。

⑥ 李健：《鲁迅与钱玄同、钱稻孙叔侄》，《寻根》2014 年第 6 期。

⑦ 参见陈珂瑶：《〈鲁迅日记〉中的钱稻孙》，《现代中文学刊》2013 年第 4 期。

⑧ 参见邹双双：《翻译家钱稻孙与日本出版人岩波茂雄》，《新文学史料》2017 年第 1 期。

⑨ 文章包括发表于《文汇学人》的苏枕书《泉寿东文库资料之补充》（2019 年 3 月 29 日）、洪出华《一张屡被误作钱稻孙像的照片》（2019 年 4 月 12 日）、吴真《同学录与"写真档案"里的人像》（2019 年 4 月 19 日）、王江鹏《泉寿书藏前的旧影》（2019 年 5 月 17 日），以及发表于"澎湃"的吴宝林《关于钱稻孙的稀见影像及其他》（2019 年 6 月 16 日）。

⑩ 两部专著为邱巍《吴兴钱家：近代学术文化家族的断裂与传承》，浙江大学出版社 2009 年版；李燕《克绍箕裘续家声——吴兴钱氏家族文化评传》，郑州大学出版社 2015 年版。

出沦陷时期附逆文人之一斑。这些可从新发现的钱稻孙夫人包丰保致胡适的一封未刊信谈起。

二、包丰保致胡适的未刊信

1946年，钱稻孙因在北平沦陷时期出任伪北京大学秘书长、校长等职，并参与日本人对沦陷区民众的奴化教育等汉奸行为，而面临南京国民政府的审判。10月11日，在审判来临之际，其夫人包丰保给胡适写了一封信，陈述钱稻孙在8年沦陷时期的经过，为何附逆，如何保存北大、清华两校校产等，恳请胡适出面以证明钱并非奸逆之人。此信是笔者在北京大学档案馆查阅档案时所见。现将该信披露如下：

适之先生大鉴，前次拜谒有扰至歉，兹为陈述稻孙八年来在沦陷期内之经过，乞赐竟览以明真相，以免隔膜。彼之参加伪北大，实因汤尔和责以大义有不容推辞之势，兼之家有八旬老母，势难奉之就道，因此未克离平。廿六年冬，伪政府成立，教育督办汤尔和以教育局长文化局长等职相邀，稻孙皆避不应命，请其成全不官之志，乃蛰居稍久，常有日宪兵来寓窥探，颇感威胁，平素本无多积蓄，至是家用亦告窘绌。廿七年，汤尔和倡导恢复大学，事非敌军所心喜，汤以为不复高等学校将沦为殖民地矣。故曰青年是谁家之青年而忍心任其失学耶。于是遂为所动。于廿八年春，决然允任伪北大秘书长。其时各学院有院长负责，秘书处事但承转而已。故得专心于收回文化资财。为从敌军手中追回北大校舍及各方文物，煞费苦心，有数次几与日敌成冲突。

北大国学门研究所所藏古档汉砖壁画以及语音学仪器等当时有日人从其军部取得保管之名，占据其中，稻孙设法从其军部收回并令该日人所保管者亦交还，特由总监督出资五百元以酬其保管之劳，此可查北大办公处会计课支付五百元款与文学院点收册子作证，当时刘梦秋先生挈同点收文学院以此成立研究院。

李木斋先生之藏书名闻海内外，廿五、六年国家即有收购公开之意，商议未成而遇事变。廿八年，稻孙在秘书长时，曾为总监督汤尔和言此书恐有流出海外之虞。汤即以商之王克敏、汪时璟，遂由伪临时政府出资收购，再请拨归北大图书馆，书在天津由稻孙亲率少壮往天津点收运平，现有吴庚年先生出字证明，正式证件已呈法院。

清华大学图书馆当日军占为伤病医院时，欲利用书库将所有书籍分散与彼国各会社。稻孙得讯即以之商得教育督办周作人之同意，由稻孙自往清华原址与敌军队谈论收归北大图书馆保存，特另立专目收集一处，以便清华收回，共计十六万册，证件已呈法院。获着清华大学校长出字证明。

北平研究院书籍八百六十种，五千一百六十七册及图一……于卅一年九月收归北大图书馆。卅五年一月由该院收回，北大图书馆有卷可查……大学学生阅览室特制黄色阅览券，……校长签名盖章，以示慎重。闻辅仁大（学）张星烺先生介绍最多图书馆有底券可查，兹有黄色阅览券呈验。

燕京大学之标本一部分存于北大理学院，此外有河南博物馆所藏墓志铭等，闻流入岛田某与关某之手，亦曾设法交涉收回，但结果未成而其随时用心于保存文物之意必可概见。事虽非一人之力所能成，然其奔走交涉亦不无微劳。北大之未毁坏有冯友兰先生所谓北大四壁琳琅一语足可证明。北大学生之未曾奴化，有美国人Wensfild氏去冬来平视察北大时曾曰日敌在华北之奴化教育成绩几等于零云云。教育部长朱家骅来平时亦曾发表谈话赞许北大，此人人皆知，何用饶舌。当时周作人为教育督办，若不允呈转请求当局事亦难成。若无稻孙出力冒险与日军队交涉，恐亦不能收回，总之，各有各功，在敌人铁蹄之下能保存至是非容易，彼等若均是诣媚奸逆之徒，何能有今日之北大，不早将珍贵文物献之日敌耶，恐还从中取利以饱私囊，何致赤贫如洗几至断炊，一切务求谅察见原。若得先生一言以证稻孙并非奸逆则感激不尽矣，死亦瞑目矣。

至参加谈话会及所谓强化运动者，有教部命令或不得不敷衍者，乃在沦陷区敌人压迫之下必所难免，皆敷衍面子，必非自愿，不但稻孙如此，凡我国人除奸逆之外均有此感。稻孙系常谓办事果难敷衍，面子更难。盖有时不得不敷衍也，此乃沦陷区内最苦痛之事。稻孙虽极力避免，但遇不得已时亦只得敷衍，所以后方虽苦，究竟精神上痛快，若事事矫真恐与实际之事亦都难办矣。稻孙之所以不官亦即因此，古人尚有权宜之处事衡轻重，岂能坚持小节以伤大事，因此委曲求全以待河山光复，彼此之见解是否得当不论，但其一片愚忠或有可原之处尚祈。

见谅，所求证明一节，如能办到更所盼愿，不能亦岂敢勉强。

先生之所以迟迟者或恐与傅斯年先生宗旨不符，有碍面子，但傅先生所恨者，奸逆耳，稻孙实非奸逆，爱国之心虽一，而处境不同而已。傅先生与稻孙本无宿怨，不知因何如此攻击。丰保早拟一见一剖稻孙之冤，但又恐反招傅先生误会，此中必有小人谗害，屡说稻孙亲日，其实即使亲日，亦何能作为通敌叛国，亲日与叛国两事稻孙之所以与日本文人往来者，乃拟取回一些我国古代文化资料而已，岂能即以媚日通敌论罪，此曾务乞先生调解疏通，是所至盼至恳者也。稻孙平素办事太认真，不肯稍循私情矫枉过正之处，或许有之，至本人个性实光明磊落。昨见《世界日报》载谓：若非故意献媚敌人，虽献铜献铁亦不能称为汉奸，此言最通情理之言，推此即知，当局亦渐了解沦陷区内人民之苦哀矣。

先生公忙见面忽忽不尽欲言，故修此代面敬祈。鉴察专此敬请

　　双安

　　　　　　　　　　　　　　　　　　　　包丰保　叩上
　　　　　　　　　　　　　　　　　　　　卅五年十月十一日

　　昨见《纪事报》载稻孙十九日公审，不知确否，若能赐证明，务祈早为掷下是叩。

这封信明显有给钱稻孙开脱之嫌。从该信的措辞和内容来看，包丰保并非普通的家庭主妇。那么，钱稻孙真如包丰保在信中所言，在8年沦陷期内不仅无过，反而有功？即便有过，也是情非得已，实属敷衍，其精神上之痛苦更甚于国统区之人民？这恐怕不能凭包丰保的一面之词，还得从钱稻孙的附逆经过及其动因来分析。

三、钱稻孙附逆之经过

1937年7月29日，日军攻陷北平后，亟须拉拢一批亲日文人为其侵略行径服务，相继"落水"的就有钱稻孙与周作人。从附逆的时间来看，钱稻孙要早于周作人，并且周作人的"落水"，钱稻孙在其间起了重要推动作用①。两人相继附逆后，在日伪政权与日本方面的文教活动中多次"同台演出"。在很多场合经常能同时看到两人的身影。

关于钱稻孙出任伪职的时间，此前的研究认为开始于1939年1月，即钱稻孙接受汤尔和的邀请，任伪北京大学秘书长。包丰保在致胡适的信中也说："于廿八年春，决然允任伪北大秘书长。"事实上，钱稻孙的出任伪职比这要早。从目前的文献来看，钱稻孙出任的第一个伪职是1938年1月任伪新民学院日本语讲师。1938年1月10日，伪新民学院在国会街正式成立，直接隶属于伪华北行政委员会，而不隶属于伪教育部，由王克敏任院长，可见其受重视程度。讲师由中、日两国人员组成，钱稻孙任日本语讲师②。伪新民学院宣称其创设意旨道："为将来国家之干城以贡献中日满一体之实现，而巩固世界和平之基础……以宣扬新民主义，培养有为人才，振兴东亚文化，进而以黄色民族，放

---

① 参见张菊香、张铁荣编著：《周作人年谱（1885—1967）》，天津人民出版社2000年版，第567页。
② 《北平伪组织丑相》，《战地通信》第23期，1938年4月10日。

异彩于世界之上者也。"① 实际上，新民学院是以"养成能奉行日寇命令的奴隶官吏为目的"②。至少到同年 8 月 30 日东亚文化协议会成立时，钱稻孙还是新民学会讲师③。大概钱稻孙在伪新民学院只担任讲师，并无其他职务，所以包丰保并不以此为附逆行为，在信中并未提及。

紧接着，1938 年 2 月 9 日，钱稻孙参加了由日本大阪《每日新闻》社在北京饭店召开的"更生中国文化建设座谈会"，汤尔和、周作人等人也参加了该会并发了言。这是一个日本人网络文化汉奸、实施奴化教育的座谈会。不管钱稻孙出于何种目的出席该会，在客观事实上已经是一种事敌附逆的行为。5 月 5 日，中华全国文艺界抗敌协会通电全国文化界，严厉声讨周作人、钱稻孙等的附逆行为④。至此，钱稻孙的附逆行为曝光于全国文化界，也第一次被称为汉奸。

8 月 16 日，在伪教育督办汤尔和的召集下，钱稻孙参与了东亚文化协议会的筹备工作。30 日上午，成立大会在北京怀仁堂举行，钱稻孙担任中方评议员⑤。东亚文化协议会是华北伪政府教育部与日本政府合力组织的机构，在官方声明的协议会大纲中，虽表明要"振兴中日两国文化"⑥，并主张"以传统之明伦亲仁为本，撷西学之萃以资利用厚生，努力迈进，庶几蔚为更进一层之新东亚文化"⑦，但实际上该会只是日本侵略华北地区文化教育领域的工具，欲通过该组织实施干预控制文化人的目的，以达到对中国思想文化的渗透。中日双方并不是在平等的基础上进行合作交流，而是在日本军事占领的威胁之下召开此会的。这从会后的合影中，日本军官代表着军服、配军刀的形象即可知⑧。钱稻孙翻译《万叶集》即是东亚文化协议会的提议。1941 年，钱稻孙还与周作人一起赴日本东京出席了"东亚文化协议会"文学部会。两人参加了汤尔和在日本的追悼会，并一同前往汤岛第一军医院、横须贺海军病院慰问在侵华战争中负伤的日本伤病员，参拜

---

① 安尹静：《一九三八年中日文教界大事纪》，《教育学报》1939 年第 1 期。
② 《北平伪组织丑相》，《战地通信》第 23 期，1938 年 4 月 10 日。
③ 《东亚文化协议会中国评议员名单》显示，钱稻孙的职别为新民学院讲师。参见《东亚文化协议会中国评议员名单》，《教育公报》1938 年第 4 期。
④ 参见《武汉文化界抗敌协会声讨周作人宣言》，《文摘·战时旬刊》第 21 号，1938 年 5 月 18 日。
⑤ 参见《东亚文化协议会开会日程表》，《教育公报》1938 年第 4 期。
⑥ 《中日委员召集准备会议》，《实报》1938 年 8 月 30 日。转引自张童：《周作人附逆时间再考察》，《鲁迅研究月刊》2014 年第 3 期。
⑦ 《东亚文化协议会成立经过》，《教育公报》1938 年第 4 期。
⑧ 辛德勇指出，"东亚文化协议会成立大会纪年摄影"照片上（笔者注："纪年"当为"纪念"），在 30 多位与会者当中，竟出现七八个身穿日本军服、手持军刀的"大日本皇军"军官。这样的"文化协议会"是什么性质的组织，由此即可明了。辛德勇：《读书与藏书之间》（二集），中华书局 2008 年版，第 74 页。

了供奉孔子的汤岛圣堂。

　　1939年春，钱稻孙受伪北大总监督汤尔和之邀，出任伪北大秘书长之职。1940年3月汪伪南京政府成立后，北平伪"临时政府"改为"华北政务委员会"。1940年10月，汤尔和逝世，北大总督由伪政委会秘书厅长瞿益锴暂行兼代。1941年4月2日，钱稻孙正式就职伪北京大学校长①。直到1944年，"北大文学院发生了学生王善举打日本教授今西春秋的事件，日方提出要整顿学风，于是华北政务委员会委员长王克敏自兼北大校长，钱稻孙的伪北大校长生涯结束，调任文学院长"②。1942年，钱稻孙又参加了"华北教育家座谈会"，并就"大东亚战争中华北文化人之使命如何"等问题发表了意见。这次笔谈是"华北宣传联盟，以在此大东亚战争节节胜利，第四次治安强化运动正当实施之际，欲确立人民中心思想，端赖社会最高文化人之倡导引领因特依目前需要，发起笔上座谈会"③。由此可知，这次笔谈的目的并不在真正的教育，而是配合"大东亚战争"的胜利。

　　在其附逆前半期，钱稻孙的身影主要出没在教育界，后半期则较多出现在文艺界。1942年9月13日，华北作家协会在北京饭店举行成立典礼，并召开第一次全体会员大会。钱稻孙入选评议员会，周作人任主席，其他还有俞平伯、沈启无、尤炳圻、杨丙辰、陈绵、毕树棠等。华北作家协会的目标的第一条就是"求文艺学术的发展，与大东亚建设的进展一致"④。这个组织虽无日本人参与，但正如沦陷区文学研究者张泉所言，"尽管它号称是一个民间团体，尽管它的许多成员的作品与日伪的宣传纲领无关，有的甚至还表达了不满和反抗的意向，但就一级组织而言，它是一个忠实追随殖民当局的文化控制机构"⑤。此外，华北作家协会还设立了"华北文艺奖金"，金额每年定为国币二千元，其中正奖一名奖金一千元，副奖五名奖金二百元，钱稻孙被聘请为小说方面的主审委员，诗词、戏剧、散文方面的主审委员分别为俞平伯、朱肇洛、周作人，每一文体类型还设有委员各三人⑥。

　　钱稻孙还参加了第一次和第三次"大东亚文学者大会"。1942年11月4日，第一次"大东亚文学者大会"在日本东京召开。首次议题为"大东亚精神之树立"。钱稻孙作为中国代表发表意见，撮要如下："东亚文明精神，中日印可谓鼎足而三，即中国之四海兄

---

① 《钱稻孙就任国立北京大学校长》，《教育时报》1941年第1卷。
② 邱巍：《吴兴钱家：近代学术文化家族的断裂与传承》，浙江大学出版社2009年版，第212页。
③ 《华北教育家座谈会》，《国民杂志》1942年第19期。
④ 罗特：《一年来的华北文艺界》，《华文每日·满洲文艺特辑》1943年第10卷第1期。
⑤ 张泉：《抗战时期的华北文学》，贵州教育出版社2005年版，第149页。
⑥ 参见《"华北文艺奖金"第一次审查委员》，《华北作家月报》1943年第7期。

弟，日本之八纮一宇，印度之一莲托生，欧美精神重利，东亚精神重义，故东亚当以义为根基，并推广至全世界，吾人基于四海兄弟为一家之本义，东亚各国均应相亲相敬相尊，并互相发现其美点，欧美精神流入东亚后，因利与义之不同，无形中受其挑拨之影响，目今东亚人士应觉悟本诸文以载道之本义，谋东亚文化之团结，以普及于全世界，使世界成为整个真美善之人类。"① 接下来，大会的议题是"大东亚精神的强化普及"、"以文学为途径的思想文化融合方法"。1944年11月12日，第三次"大东亚文学者大会"在南京召开，钱稻孙被推举为议长，陶晶孙为副议长。会议分三组审查提案，钱稻孙为第一组召集人，讨论的提案有"建立新东亚文化与研究东方古代文化案"、"力谋与艺术界合作案"、"大东亚文化交流案"等。大会宣言的实际起草者为钱稻孙，内容如下："我们在空袭下的中国首都南京，开这第三届大东亚文学者大会，深深通感我们的责任，为增强我们完成大东亚战争及确立大东亚文化的决心，勇敢宣言如左：一、我们须要尽力贡献，来提高大东亚共荣圈内各民族的文化水准，并且务使齐一步调；二、我们须要荟萃大东亚共荣圈内各民族的优秀精神，借为大东亚的共同目标，以期互相补益，结成一体；三、应相互尊重大东亚共荣圈内各民族历史与传统，借以发挥大东亚民族精神。"最后，由钱稻孙致大会闭幕词，略谓："此次大会业已圆满结束，各位代表均热烈讨论，姝深感谢。惟因日程短促，未能尽量交换意见；但会后蒙苏沪两地当局招待，则在此旅行期间，仍有交换意见之机会。最后，本人深感抱歉者，即本人不善司会，致诸位或感有不便者，尚请原谅。"② 这些所谓的文学者大会，实际上是为日本的"大东亚战争"服务的，从大会的议题即可见出。钱稻孙作为伪政权的重量级代表，投入敌人的文化阵营，对日本侵略者拍马逢迎、歌功颂德，是一种可耻的附逆行为。

1946年11月2日，钱稻孙被冀高院判处有期徒刑10年，剥夺公权6年。其判决书"主文为钱稻孙通谋敌国，图谋反抗本国，处有期徒刑十年，剥夺公权六年，全部财产除酌留家属必须生活费外，没收。事实栏中，首述被告幼年即至日本入庆应义塾之幼稚班，成城学校清国留学生班，及东京高师之附属中学，嗣随其父至欧洲毕业于罗马大学，返国后历任各大学日文教授，自幼即受日本教育之培养，且系研究日本文学与彼土人士相接，因之羡慕日本文化而养成其亲日思想。次述北平沦陷后，钱逆出任各项伪职，及被捕经过。判决理由则对其声辩各点加以驳斥，认为被告在职期内所为之奴化教育行为，确凿有据。惟知亲日媚敌，甘心为敌伪利用，诱惑青年，反抗本国。其主张敌伪提携，揭橥和平亲善，反共建国，组织青少年团，以筑成学生决战体制而完成大东亚战争，更

---

① 《大东亚文学大会开始正式会议》，《申报》（汪伪）1942年11月5日。
② 光震：《记第三届大东亚文学者大会》，《申报月刊》复刊第2卷第11号，1944年11月16日。

有通谋敌国,宣传大东亚战争,反抗本国确据。其犯罪行为,系以奴化教育亲日媚敌以反抗本国,应视为概括之犯意,构成惩治汉奸条例第二条第一项第一款通谋敌国图谋反抗本国之罪"①。至此,钱稻孙在沦陷时期的附逆行为得到了应有的惩罚。

四、钱稻孙附逆之原因

钱稻孙走上附逆之路,也有过一些犹豫与挣扎。包丰保在给胡适的信中提到,1937年冬汤尔和以教育局长、文化局长等职相邀,都被钱稻孙拒绝了。此一时期,钱稻孙内心纷乱,心神不定。在1938年2月11日致日本友人岩波茂雄的信中,钱稻孙表露了自己的心迹:"年贺状一直未寄出,失敬!恕罪!本欲去夏复信,无奈心境纷乱,竟无法提笔。"9月30日的信中又写道:"端礼回国后患扁桃体炎,已卧床四五日。小女亦患耳疾,终日心神不定。心虽挂念复信一事,却迟迟难以提笔。"②"无奈心境纷乱"、"终日心神不定",大概是钱稻孙自卢沟桥事变以来的主要心绪吧。到底要不要出任伪职,钱稻孙想必也颇费了一番纠结,不仅得说服别人,重要的是还得从内心说服自己。

首先,钱稻孙认为中日交战,中国必败,如果抗日,不仅是亡国,恐怕还得灭种。在主战还是主和的问题上,钱稻孙是主和的,而且对中国之前途颇为悲观。在1949年后的思想改造运动中,清华大学同事金岳霖谈到钱稻孙时说:"在日本占领北京之前,我有一次碰见钱稻孙,他那时是清华的图书馆长。我表示非抗日不可。他说万万抗不得,抗,不只是亡国,还要灭种。"③ 1937年9月2日,吴宓访钱稻孙,在日记中记道:"稻公深知日本内部之盛强,中国之疏懈,故夙主和而非战,对前途极悲观。"④ 钱稻孙在清华的学生杨联陞后来回忆说:"在七七事变之前,钱稻孙对时局确是偏于悲观,他觉得就中日国力而言,如果单打独斗,我们实在打不过。"⑤ 与周作人一样,钱稻孙对中华民族亦抱悲观的看法。尤其是在日本民族的强大观照之下,这一看法更为突出。这应是钱稻孙附逆的基本原因。

其次,钱稻孙是"亲日派",对日本文化有很强的认同感。与周作人成年后才赴日留学不同,钱稻孙在青少年时期就随父赴日留学,当时只有14岁,在日本完成了初等、中等教育,留日时间长达7年之久。这段时期是一个人确立自我、吸收知识的重要时期。

---

① 《钱稻孙案高院判决书已送达 详叙从轻量处理由》,《华北日报》1946年11月3日。
② 转引自邹双双《翻译家钱稻孙与日本出版人岩波茂雄》,《新文学史料》2017年第1期。
③ 刘培育主编:《金岳霖的回忆与回忆金岳霖》(增补本),四川教育出版社2000年版,第6页。
④ 吴宓:《吴宓日记》(第6册),生活·读书·新知三联书店1998年版,第206页。
⑤ 杨联陞:《忆钱稻孙先生——兼忆贾德纳》,《哈佛遗墨》,商务印书馆2013年版,第47页。

钱稻孙的成长受日本文化影响较深，他对日本文化的熟悉和认同非寻常可比。当时就有人称，"除了知堂老人和张子和两位老先生外，大而能够懂得日本古典文学，戏剧，诗歌，古代的日本典章制度；小而日本之风俗，礼仪，民情，宗教的人，恐怕只有钱稻孙先生了。听说张我军先生，还是他的门下弟子呢，又现在在清华大学担任中国文学系主任的散文作家朱自清先生，也正在跟他研究日文。钱先生去年曾领了一批清华同学赴日参观，很受一般日本文人的推崇。据说，今年暑假，钱先生又打算在休假中去国赴日，又据说此行的目的是研究日本之古代藩郡制度哩"①。可见钱稻孙对日本非常熟悉，并得到中日两国的推崇。他有许多日本友人，著名的岩波书店创办人岩波茂雄就是其中一位。他的10个子女，正式在日本留学的就有5位。"卢沟桥事变爆发时，长子钱端仁一家尚在日本，三儿钱端礼也在日本学习。"② 其中两个儿子娶了日本太太，有一位就是岩波茂雄的外甥女。钱稻孙的家庭与日本有着密切联系。如果从家庭而言，钱稻孙与日本真正做到了一家亲。当战事来临，到底是从民族大义出发，还是保全小家，就会有些踌躇了。这些当然不能成为钱稻孙附逆的直接条件，但是这种亲密感，很可能在其犹豫不决时，让日本这个形象在其个人生活中并不显得那么罪恶，从而消减对日本侵略暴行的谴责，进而失去价值立场。

再次，钱稻孙的附逆，家累与日本人的威胁也是重要因素。"据钱稻孙现唯一在世的子女钱亚满回忆，沦陷后也曾有举家南迁的打算，因奶奶年事已高，无论如何不走。父亲是大孝子，只好留下，一大家子人要吃饭，必须出去做事。"③ 包丰保在致胡适的信中也说道："彼之参加伪北大，实因汤尔和责以大义有不容推辞之势，兼之家有八旬老母，势难奉之就道，因此未克离平。……乃蛰居稍久，常有日宪兵来寓窥探，颇感威胁，平素本无多积蓄，至是家用亦告窘绌。"包丰保的解释是，一开始钱稻孙并不想出来做官，只是蛰居久了，受到日本人威胁，积蓄告罄，所以才出来接受伪职。这些理由不能用来推脱责任，但确实也是一些现实原因。以上原因可说都是一些外在的原因，或者只是一些诱因，而真正让钱稻孙走上附逆之路的，还有更深层的原因。

最后，钱稻孙附逆更深层的原因，也是大多数沦陷区知识分子走上附逆之路的重要原因。他们认为，如果自己不出来担任此职，则有忠心替日本人办事的走狗来担任。如果这样，沦陷区的人民就会遭殃，那还不如自己担任此职，还可以替人民办点事。这样一想，似乎可以减轻自己的罪恶感，可能还会产生一种救济世人、匡扶天下的错觉。包

---

① 保昌：《钱稻孙先生印象记》，《老实话》1935年第65期。
② 邹双双：《翻译家钱稻孙与日本出版人岩波茂雄》，《新文学史料》2017年第1期。
③ 邱巍：《吴兴钱家：近代学术文化家族的断裂与传承》，浙江大学出版社2009年版，第208页。

丰保致胡适的信中即有"汤尔和责以大义有不容推辞之势","故曰青年是谁家之青年而忍心任其失学耶。于是遂为所动"。沦陷区这样的例子较多。剧作家姚克的学生曾跟他提到,自己如何被伪"华影"总经理张善琨劝说"落水"的——"张善琨劝我,而且还说明如果他不当'华影'总经理的话,就会派一个死心塌地的走狗来掌管整个电影业。他还说,如果你不想和'华影'签订合同,还有几十几百个演员,他们倒是心甘情愿地想做使日本人和汉奸们高兴的事。然后,他问我:你说该怎么办?是拯救电影业,使它不致被日伪完全垄断呢?还是让一伙没有良心的蹩脚演员在整个沦陷区的银幕上歌颂大东亚共荣呢?于是,我签了字"①。这个理由很有说服力,关键能说服内心的自己,使附逆的行为变得冠冕堂皇,甚至还有几分悲壮色彩。

五、沦陷时期钱稻孙的翻译及其他

作为翻译家的钱稻孙,在沦陷时期有不少译作。这些译作无一例外都是日本文学作品或日本学者的学术论文。

译作主要有《日本古歌诠译》、《万叶集选译》、《万叶一叶》、《伊势物语》、《安贵王歌一首并短歌》、《日本谣曲〈隅田川〉试译草》等日本古典文学作品,还有《转生》(志贺直哉)、《华土日人新句译》、《水江浦岛子歌》(高桥虫麿)、《家畜》、《韵译藤村老人千曲川》(岛崎藤村)、《寄居蟹》、《城濠居》(志贺直哉)、《不如归剧本》(用日本德富芦花小说意)等近世日本文学作品,还有《日本精神与近代科学》(永井潜)、《中国文化与西方文化的交流》(石田干之助)等学术论文。以上译文主要发表在《中和月刊》、《中国留日同学会季刊》、《同声月刊》、《华北作家月刊》、《艺文杂志》、《日本研究》等刊物上。此外,钱稻孙还出版了3本译著《日本诗歌选》(北京近代科学图书馆,1941年)、《盒树记》(北京近代图书馆,1942年)、《樱花国歌话》(北京中国留日同学会,1943年)②。大部分译作是在由日伪或日本人所办的文学期刊上发表,或由日伪的出版机构出版。"这可以说是在文化交流的形式下实施不平等的文化霸权。"③ 然而日本对这种远离现实环境的古典文学翻译,有时还表现出不满。日本人对由周作人挂名负责的《艺文杂志》给予厚望。钱稻孙在该刊上发表了日本古典名著《伊势物语》的译作,但

---

① 转引自［美］耿德华:《被冷落的缪斯——中国沦陷区文学史(1937—1945)》,张泉译,新星出版社2006年版,第28页。

② 此三本译著,笔者只见《樱花国歌话》,前两种译著资料来源参见马良春、李福田总主编:《中国文学大辞典》(第七卷),天津人民出版社1991年版,第4841页。

③ 陈言:《抗战时期翻译文学述论》,《抗日战争研究》2005年第4期。

日本人认为"翻译《伊势物语》和俳句没有反映出当前严峻的现实"①。

从翻译角度而言，钱稻孙不仅是一个文学翻译家，还是一个学术翻译家，对中日文学、文化的交流与发展做出了贡献。但考虑到当时的沦陷语境及钱稻孙的附逆行为，他的日本文学与学术翻译就不仅仅是纯粹的学术行为，而是带有事伪色彩的附逆行为。因此，钱稻孙在沦陷时期的翻译，其行为本身更值得关注。有研究者认为，"翻译有助于塑造本土对待异域国度的态度，对特定族裔、种族和国家或尊重或蔑视，能够孕育出对文化差异的尊重或者基于我族中心主义、种族歧视或者爱国主义之上的尊重或者仇恨。从长远来看，通过建立起外交的文化基础，翻译将在地缘政治关系中强化国家间的同盟、对抗和霸权"②。那么可以说，沦陷时期钱稻孙的翻译行为，则强化了日本对中国的侵略和霸权。

沦陷区文学研究者陈言在探讨沦陷区的文学翻译时认为，"反观战时下的译介活动，翻译在民族意识与文化主体性构建中的作用被充分调动，故而译介过程显示出了选择性的操控和压抑性质。……在日本占领区，民族国家意识受到压抑，自我表达的空间相对狭隘，民族国家话语与政治意识形态话语基本上处于分离状态。但这并不妨碍外国文学，尤其是日本文学的译介、研究。究其原因，一方面是翻译家和学者通过改变工作方式，继续从事外国文学的译介研究，如转入地下，以隐蔽的方式译介、研究抗战文学，或在战火中继续经典文学的译介，如朱生豪；另一方面是日本为了凸显和宣扬本民族的优越性，鼓吹其文化纯粹论，在政策上扶植日本文学的译介研究工作，从而造成沦陷区日本文学翻译的畸形繁荣"③。钱稻孙在沦陷时期的翻译行为正是受到日本人的扶植，客观上凸显和宣扬了日本民族的优越性。

以《樱花国歌话》的翻译为例。该书原名《日本爱国百人一首》，收入"北京中国留日同学会丛书"，1943 年 3 月 15 日由新民印书馆印行，前有周作人"小序"。周作人在小序中介绍道："此选原名爱国百人一首，盖仿照通行的小仓百人一首之形式，而专取爱国的诗歌，作者百人，人各一首，故名"；"钱先生此译，根据彼邦学者公选定本，古用古语，今从今体，达旨造词，备极美善，以此一卷包举日本爱国精神，绍介于中国，

---

① ［日］饭塚朗：《华北文学通信》，《新潮》第 40 卷第 9 期，1943 年 9 月。转引自［美］耿德华：《被冷落的缪斯——中国沦陷区文学史（1937—1945）》，张泉译，新星出版社 2006 年版，第 42 页。

② ［美］劳伦斯·韦努蒂：《翻译与文化身份的塑造》，查正贤译，刘健芝校，徐宝强、袁伟选编：《语言与翻译的政治》，中央编译出版社 2001 年版，第 360 页。

③ 陈言：《忽值山河改：战时下的文化触变与异质文化中间人的见证叙事·前言》，中央编译出版社 2016 年版，第 9 页。

诚为有益之事"①。钱稻孙对该书的翻译也有所介绍："或者于日本之风习、故事、诗歌，及日本此时之教育精神所在，有可参考。"② 事实是，敌伪机构"文学报国会"为配合当时的"大东亚共荣圈"建设，认为此前的百人一首"言情居半，亦或写景，失之太柔，且多传讹窜改，考证家不无指摘。于是由文学报国会倡议，别选此爱国百人一首之歌"③，于1942年11月20日公布，钱即于12月1日起翻译，稿竟于1943年1月29日，用时仅两个月。如此之快，应是敌伪授意，以便让"支那顺民"诵读。钱在跋中所言"今兹所译，实出一时兴致"④，不足信也。钱稻孙大力翻译敌国之反映爱国精神的诗歌，宣扬敌国文化之先进，这一行为已有事伪附逆的色彩。沦陷语境中知识人的学术行为或学术研究，并不能视为简单的学术问题，在其言与不言背后，往往有所"隐喻"和"象征"⑤。

从翻译的文本角度而言，钱稻孙这一时期的日本文学翻译，如《万叶集》等得到后世好评。"以中土之韵文传彼邦之伟作。字斟句酌，鞭靷所难，读者必能知其用心之苦焉。"⑥ 这是当时编者对《万叶集》译文特点的概述。钱稻孙能从形貌与神韵上领悟日本古典文学之精髓，然后选择合适的中国诗歌形式将其翻译过来，如这一时期的《万叶集选译》就采用《诗经》的四言形式进行翻译。因此，如果抛开翻译行为本身的附逆色彩，仅从翻译的文本来评价，钱稻孙为将《万叶集》译成古雅的中国诗歌而苦心孤诣地摸索，使译诗成为拟古诗的上品。有学者称"《汉译万叶集选》作为我国最早的《万叶集》译本，在介绍与研究日本古典诗歌方面的业绩是不可抹杀的。"⑦

与沦陷时期钱稻孙的翻译表现出两面性相似，钱稻孙的其他一些活动客观上起到了保存文教的作用。包丰保在致胡适的信中，也主要从这些方面为钱稻孙开脱罪责。其中值得一提的有整理原北大旧存书籍、接收李氏木犀轩藏书、接收整理清华图书馆藏书。伪北京大学成立后，图书馆亦同时恢复。1939年1月，周作人收下伪北大图书馆馆长聘

---

① 周作人：《樱花国歌话·小序》，新民印书馆1943年版。周作人小序以雕版形式印于书前，无页码。
② 钱稻孙：《樱花国歌话·序》，《同声月刊》1943年第3卷第4期。
③ 钱稻孙：《樱花国歌话·序》，《同声月刊》1943年第3卷第4期。
④ 钱稻孙：《樱花国歌话·跋》，新民印书馆1943年版，第113页。
⑤ 如沦陷时期的汤尔和作诗吊耶律楚材，诗题为《吊耶律楚材墓》，则别有用心。（参见胡文辉：《沦陷语境中的耶律楚材——汤尔和的心事》，《掌故》第三集，中华书局2018年版，第85页。）另外，陈垣在北平沦陷时期的史学研究，同样别有怀抱，借《通鉴胡注表微》等史学研究以表达其在敌占时期仍"不忘故国"。（参见袁一丹：《史学的伦理承担——沦陷时期陈垣著述中的"表微"机制》，《中华文史论丛》2013年第2期。）
⑥ 编者：《万叶集选译》，《中和月刊》1941年第2卷第2期。
⑦ 参见王晓平：《钱译万叶论》，《东亚文学经典的对话与重读》，复旦大学出版社2011年版，第2页。

书,但伪北大图书馆的主要工作由钱稻孙处理。周作人任教育总署督办后,钱亲兼馆长一职。北大图书馆吴晞先生对伪北大图书馆时期评价道:"沦陷区的'北京大学图书馆'成立后,在整顿图书馆工作、维持馆藏图书方面起到了一些作用。尽管它是日伪政权下的一个机构,后人也常常冠之以'伪'字,但如果没有它的存在,北大图书馆的藏书和设备在沦陷后必将会被劫夺殆尽,蒙受永远无法弥补的损失。从保管维护北大图书馆的角度看,日伪时期'北大图书馆'的存在还是具有一定意义的。"[①] 在钱稻孙领导下,李木斋木犀轩藏书被收购,由北大图书馆保存。这批藏书是战后北京大学图书馆的重要组成部分。战后清华图书馆能追回原有图书,很大一部分原因是钱稻孙将清华图书单独存放于伪北大。他组织人员认真整理,并制备中西文目录,"其整理手续,系先按门类粗加整理,即行入库,然后再本书架片,细加查对排列,其书库则匀出第三、第四两层,专为存放清华图书而用,决不使其与本馆图书相混乱"[②]。因此,"不管怎样,钱稻孙的做法,客观上保护了危难之中的清华图书……钱稻孙的存在,对于保护日伪时期清华图书同样具有一定意义"[③]。

六、结语

1943年,钱稻孙给"国立北京大学文学院民国卅二年毕业纪念"题词道:"共为国士毋相忘。"[④] 显然,钱稻孙认为自己是以天下兴亡为己任、在国家陷于危难之际挺身而出的"国士"。这个"题词"颇能见出钱稻孙当时的真实心态。因为给毕业生"题词"无须作态,也不需敷衍,完全可以根据自己的真实想法写几句寄语。周作人的"题词"是《论语》中的一章:"譬如为山,未成一篑,止,吾止也;譬如平地,虽覆一篑,进,吾往也。"这种题词在任何情况下都不会有什么问题。钱稻孙的题词则表明他内心是以"国士"自居,并没有意识到自己的行为是一种附逆行为。相反,他可能觉得自己出任伪职是为了民族大义,有不可推辞之责任。这在包丰保给胡适的信中已经有所表明。这种"国士"心态,也是沦陷区大部分知识分子接受伪职的重要心理。这其实相当具有麻痹作用,其危害相当大。傅斯年在接受记者采访时曾谈到周作人与钱稻孙的附逆问题。对于周作人,傅斯年说:"他一生也没作过一句痛快文章,甚至没有做过一件痛快事,参加伪组织也是此种作风。"他认为,周作人是大汉奸中罪过比较轻的,而对于钱稻孙的评

[①] 转引自韦庆媛:《图书馆的另类馆长钱稻孙》,《读书》2010年第8期。
[②] 韦庆媛:《图书馆的另类馆长钱稻孙》,《读书》2010年第8期。
[③] 韦庆媛:《图书馆的另类馆长钱稻孙》,《读书》2010年第8期。
[④] 见《国立北京大学文学院民国三十二年毕业同学录》。

语则不然。他说:"比起来钱稻孙便要可恶多了,听说日本天皇发下降伏诏书以后,他还不信日本降伏是真的呢!"① 钱稻孙被"洗脑"得比周作人还要厉害。

自认"国士",那只是钱稻孙的一厢情愿。实际上,钱稻孙是日伪政权的高级伪吏。这一点不容置疑,从上面关于钱稻孙出任伪职及其原因的探讨即可得到证明。对于沦陷区知识分子的行止,该如何评判,不能过于简单,需要具体问题具体看待。历史学家辛德勇谈到沦陷区的知识分子时认为,"在沦陷区生存,有很多大后方体验不到的困难,不能过于简单地看待当时的这些活动,即使是为养家糊口,到日伪政权官办的'伪学校'里教教书,也不宜像傅斯年等人那样苛求,将其认作通敌的伪职"②。容庚即是一例,因其在伪北大教书,被傅斯年认为是附逆③。容庚与钱稻孙不同。容庚为了养家糊口,在伪北大从事研究和教学,而且只是一位普通教师,无其他附逆行为;而钱稻孙则参与到日伪政权中,在文教、宣传等方面都替日本人服务。这两种性质完全不同。

综上所述,沦陷时期的钱稻孙为了一己之利,违背民族大义,投靠日本人,出任伪职,这些行为都是可耻的附逆行为,应该受到批判。如果从具体情况出发,如杨义在评判沦陷区文学时主张"侧重从文学艺术自身的发展着眼,不以现在在政界文坛的职位衡人。对于过往的人事,力求采取开明宽容的态度,因为大将少帅已经轻易地把国土奉人,过分苛责靠卖文为生的弱者,岂非有失公道"④,那么,今日看来,钱稻孙当时的日本古典文学翻译,还是有可取之处的。其他如包丰保致胡适信中所言,他在客观上也保存了一些文物,这些虽是事实,但不能改变其附逆的基本事实。

(作者单位:湖南大学文学院)

---

① 《傅斯年对记者谈恢复当年的北大似乎充满了信心》,《申报》1946年6月7日。
② 辛德勇:《读书与藏书之间》(二集),中华书局2008年版,第74页。
③ 参见《傅斯年谈北大筹备复校决不延聘伪北大教职员》,《大公报》1945年12月2日。
④ 杨义:《读者·作者·编者》,哈尔滨文学院编:《东北文学研究史料》第6辑,1987年,第189页。转引自张泉:《抗战时期的华北文学》,贵州教育出版社2005年版,第12页。

| 文学档案 |

"未完成的时代力作"
——罗洪《孤岛时代》成书考略①

董卉川　张　宇

罗洪，原名姚罗英，学名姚自珍，1910年11月19日生于江苏省松江县（今上海市松江区）。因喜爱罗曼·罗兰的小说和洪野的画作，故改名为姚罗洪，取笔名"罗洪"。罗洪可谓现代文学史上最为多产的女作家之一，但在已出版的文学史中，却罕见其名，专门的研究资料更是十分少见②，主要研究成果集中于20世纪80—90年代。如艾以、王平较早关注罗洪的创作③，许杰④、胡凌芝⑤、王家伦⑥、万莲子⑦等人关注到罗洪的审美取向、主题内蕴。罗洪以中、短篇小说创作为主，长篇小说主要有《春王正月》和《孤岛时代》。不同于《春王正月》成书那般迅捷顺利⑧，《孤岛时代》从构思到题目、从连载到成书，均经历了一段曲折历程，最终于1947年由上海的中华书局出版了完整的单行本。学界对《孤岛时代》的研究或是以此版本为对象，或是以《孤岛时代》更名前

---

① 本文为国家社会科学基金重点项目"中国新文学学术史研究"（20AZW015）的中期成果。
② 北京十月文艺出版社曾于1990年出版了艾以、沈辉、卫竹兰、李国燊主编的《罗淑罗洪研究资料》，非罗洪的单独研究专集。
③ 艾以、王平：《罗洪创作初论》，《上海师范大学学报》1983年第3期。
④ 许杰：《人与文——漫谈罗洪和她的小说选集〈群像〉》，《社会科学》1984年第2期。
⑤ 胡凌芝：《论罗洪小说创作的审美取向》，《汕头大学学报》1990年第3期。
⑥ 王家伦：《略论罗洪的创作》，《镇江师专学报》1992年第3期。
⑦ 万莲子：《面对时代与社会的人生思索——罗洪〈逝去的岁月〉印象》，《武陵学刊》1995年第1期。
⑧ 《春王正月》于1936年12月完成，1937年6月即由上海良友图书公司出版成书。

在《万象》杂志上未完成连载的《晨》为研究对象①，却未曾比对二者在内容上的相同和相异，也未曾深入探究与《晨》有着密切关系的短篇小说《魔》、《前奔》同《孤岛时代》之间的联系与区别。这源于《孤岛时代》复杂曲折的成书过程和屡次变动的文本内容。只有通过考略《孤岛时代》的成书，才能剖析与阐释《孤岛时代》创作之优劣得失，最终回溯、钩沉罗洪这位被文学史所忽略的多产女作家的风貌，及其对中国现代小说创作的重要贡献。

一、回溯《孤岛时代》之成书经过

不同于一般的长篇小说，《孤岛时代》的成书过程十分复杂，几乎跨越了整个20世纪40年代，经历了数次变动与波折，最终于1947年由上海的中华书局出版了单行本。在特殊的时代背景下，受罗洪主观意志与客观因素的双重影响，最终成书的《孤岛时代》却与罗洪心中的那个原初构想相去甚远。

《孤岛时代》的创作意图最早起源于罗洪所构思的一部宏大的长篇小说。相继刊载于《文汇报·晚刊》和《中美周刊》、却因故未能完成连载的长篇小说《急流》，便是这个宏大构思的第一步。而《孤岛时代》则是第二步。罗洪说："想起在桂林开始构思和动笔写作《急流》时的心情，总觉得后来不应该让这个长篇不了了之，更不应该让当时那个比较大的写作计划成为泡影。我有责任反映这个伟大的时代，即使反映得不够全面、不够理想……面对这样的现实，我觉得应该单独把'孤岛'上海作为背景写一个长篇，以后可能将其中一部分内容纳入《急流》，或者把整个小说作为《急流》系列的一个组成部分。"②

《孤岛时代》脱胎于从1943年5月在《万象》杂志第2卷第11期开始连载的长篇小说《晨》。而对于《晨》的构思与成型，则可追溯至1939年创作、1941年10月刊载于《读者文摘》第2期的短篇小说《魔》。《魔》后来又被收录在了短篇小说集《这时代》③之中。

罗洪明确指出，本想以此短篇《魔》作为某长篇小说的开端，完成后又认为不太适

---

① 中国传媒大学出版社曾于2012年出版过韩国学者申东顺的著作《在"说"与"不说"之间——上海沦陷杂志〈万象〉研究》，其中有"未刊完的罗洪的《晨》和王统照的《双清》"一节，专门论述了罗洪连载于《万象》杂志的小说《晨》。
② 罗洪：《创作杂忆（六）——从〈急流〉到〈孤岛时代〉》，《新文学史料》1989年第4期。
③ 短篇小说集《这时代》以小说《这时代》命名，共收《友谊》、《王伯炎与李四爷》、《车站上》、《这时代》、《邻居们》、《雪夜》、《魔》、《晨光里》共8篇作品，1945年12月由正言出版社出版。

宜，所以作罢。"'魔'本来是写一本长篇的最初一节，写下了又认为不适宜作为一个长篇的开端，就使牠单独成为一篇短的小说。"①"一本长篇"即为《晨》。虽然《魔》的内容最终未能成为《晨》的"最初一节"与"开端"，但是，其中的人物角色"吕太太"、"大成"、"钟成"、"志伟"、"振业"均被保留在了《晨》的创作之中，并成为《晨》的核心人物，《晨》的故事情节就是围绕这一家人展开的。并且，《晨》的创作背景、故事框架、人物性格等也基本以《魔》为模板展开。在《晨》中，罗洪变更了"大成"的性格特征。《魔》中的"大成"与妻子"吕太太"是一类人，醉心投机，唯利是图——"'今年五月上海金融界大起变动，我就看定手里要多拿实货，赶紧订进，没隔两个月，连上半年的存货算在里面，不折不扣赚了四万。现在这时候，拿到货色就尽牠推在栈房里，不靠门市生意，牠自己会一天天生出钱来，一万的变成三万四万，做生意竟有这点妙处。可惜永泰隆以前常常亏本，没有结实的底子，一家人性命只靠乡下的田租又不够，叫我整年整月在钱眼里钻缝儿，东借西移；现在田租不能收，生意倒好做了，这也是命数！命数！'吕大成简直是满面春风，让雪茄久久衔在嘴角上，眼前尽浮着一些蹦跳的数目字……他的脸色仿佛在说：'这年头，除了在孤岛翻筋斗，什么都没有味道了。'"②而在《晨》中，罗洪彻底颠覆了"大成"的性格特征和身份背景——"吕大成做过县长，做过省政府机关的科长，战事之前，在青岛某大公司里当某部的主任，这公司是国营性质，规模相当宏大。旁人看来，这些事情都是好缺，手段高明一点，简直可以发一笔财，但吕大成始终玩不上这一手，他清清廉廉做了五年县长……过去就因为他个性坚强，一味的书生脾气，人家跟他合不上来，挑点是非推在他身上，才不能再呆住这县长的差。后来青岛那事情又操着实权，旁人先是艳羡他，继而笑他是傻子，可是他一点也不肯苟且；受到阻难的时候，他有勇气应付人家"③。"大成"被变更后的身份背景和性格特征也自然保留在了《孤岛时代》的写作之中④，甚至在行文上也未有任何的改动。

以《魔》为蓝本的《晨》则从1943年5月在《万象》杂志的第2卷第11期上开始刊载，一直连载至1944年12月的第4卷第6期，总计20期，已发表到全书第九章的开始部分。

《晨》的刊载受到了《万象》杂志编辑室的极大推崇——"罗洪女士与其外子朱雯，在文坛上与巴金茅盾并致声誉。事变以还，久珍笔政。此次慨允为本刊写一长篇创作小

---

① 罗洪：《这时代·后记》，正言出版社1945年版，第1页。
② 罗洪：《魔》，《读者文摘》第2期，1941年10月。
③ 罗洪：《晨》，《万象》第2卷第11期，1943年5月。
④ 参见《孤岛时代》，中华书局1947年版，第10页。

说，题名'晨'。原稿二十万言，已从不远千里之遥的内地寄到上海本社。编者统观全文，与巴金之'家'，'春'，'秋'，有异曲同工之妙，且从未刊过内地各报，由本刊首先发表。因即于本月号中开始推荐与读者相见。这在本刊，引为无上光荣，而在本刊数万读者，倘也渴望云霓似的以先睹为快。编者准备于六月号其他长篇结束后，每期尽量多登（至少二万字），好待本刊同志读个畅快"①。1945年元月，《万象》杂志主编柯灵被捕入狱，《万象》杂志遭逢变故被迫停刊，《晨》的连载也戛然而止。

罗洪本打算将《晨》未发表的部分匆匆加上一个结尾后出版成书，"改名'孤岛春秋'交由重庆的中华书局出版"②。却不料交稿3个月后战争结束，罗洪得以重回上海，柯灵将未刊完的《晨》的最后两章原稿交还给罗洪。柯灵在自己两次被日宪兵逮捕的险恶处境中，能把原稿保存下来，其对朋友高度负责的精神使罗洪深受感动。罗洪也得以再次翻阅并修改自己的原稿。"1946年秋，我偶然重读原稿，觉得在内地补写的结尾，不及这两章有力和有味。正好范泉为他主编的《文艺春秋》约稿，便从两章旧稿中挑选了一部分交给他，刊登在第三卷第六期上，改题为《前奔》。篇末加了一段附记。"③ 因此，1946年12月，罗洪在《文艺春秋》第3卷第6期上发表了与《晨》的后续情节密切相关的短篇小说《前奔》。"这里的一篇'前奔'，便是长篇'晨'中间没有发表两章的一部分，因为它还有若干可以自成一篇的原素，又经我删削，作为'晨'的夭折纪念。恐读者误会将旧稿重刊，特此加以声明。"④《前奔》中的主要内容——"振业"的思想转变，也确实如罗洪所讲，经其"删削"，没有出现在第二年出版的《孤岛时代》之中。但对"吕太太"（"黄慧珠"）复杂的内心世界状态的呈现——对"钟成"的爱与恨、对"志伟"莫名的怨，则在《孤岛时代》中延续了下来。《前奔》还解释了《孤岛时代》中"志伟"意外被捕的缘由——"慧珠要伺隙找他的岔儿，当然慢慢地会发现他行动有点诡秘。于是她就怀疑志伟是反日的秘密活动分子……慧珠趁志伟匆匆回来捡取东西的时候，从电话分机里偷听志伟一连打出的三个电话……于是她用尽方法使志伟在第二天点钟不能践约……可是这一次失约，就直接关系到他的被捕"⑤。"黄慧珠"从中作梗，阴差阳错地导致了"志伟"被捕入狱，这个重要情节却没有在《孤岛时代》中保留，《孤岛时代》只是将"志伟"的被捕一笔带过。

罗洪最终综合《魔》、《晨》、《前奔》三部作品，将未刊完的长篇小说《晨》最终

---

① 《编辑室》，《万象》第2卷第11期，1943年5月。
② 罗洪：《前奔·附记》，《文艺春秋》第3卷第6期，1946年12月。
③ 罗洪：《创作杂忆（六）——从〈急流〉到〈孤岛时代〉》，《新文学史料》1989年第4期。
④ 罗洪：《前奔·附记》，《文艺春秋》第3卷第6期，1946年12月。
⑤ 罗洪：《前奔》，《文艺春秋》第3卷第6期，1946年12月。

定名为《孤岛时代》，再经改动，于1947年2月由上海的中华书局作为"中华文艺丛刊第三种"出版发行。而"中华文艺丛刊编辑委员会"中恰恰有与罗洪"并致声誉"的巴金与茅盾。巴金与朱雯、罗洪夫妇早已相识，是二人的挚友。这也是罗洪的《孤岛时代》能够入选"中华文艺丛刊第三种"，并由上海的中华书局出版发行的重要原因之一。

二、探查《孤岛时代》成书之优劣得失

郑树森直言不讳地指出《孤岛时代》是一部"失败之作"，"题材的特出并没有能够挽救表现手法上的失败……整体来说，这是一部失败之作。而由于题材的特别，更令人觉得可惜"①。《晨》以《魔》始，以《前奔》终。而《孤岛时代》则是以《晨》为蓝本，在《晨》的基础上进行了大量的删减、变动，最终得以成书。"其实'晨'这个长篇，我在两个半月中间写成的，因为写得太快太草率，当然在整个的布局及人物的刻画方面，都不成个样儿……带着懊丧的心情把它整理起来，残缺的把它补充了，未曾发表完的只能装上了一个结尾，改名'孤岛春秋'。"② 因此，我们只有通过比对《孤岛时代》与《魔》、《晨》、《前奔》之异同，细查其删减变动，从具体的文本内容上来一窥全豹，才能揭示《孤岛时代》之优劣得失，才能分辨《孤岛时代》究竟是否为一部"失败之作"。

罗洪本想以《魔》作为《晨》的开端，后打消了此念头，另以"在赌场里的孩子"③——"振业"在赌场赌博，作为《晨》的开篇，也是全文的第一章。值得注意的是，《晨》仅第一章起了标题，其他八章均未再起标题。《孤岛时代》则延续了《晨》的开篇，且去掉了标题。《魔》以"吕太太"和"方太太"在跑狗场中赌狗开篇，而在《晨》/《孤岛时代》中，则以"实足年龄刚满十五岁"④ 的"振业"与朋友"沈秉良"在赌场赌博开篇，此处变更同《魔》相比实属震撼。上海滩的贵妇、小姐们流连赌场、舞场、跑狗场、跑马场等地，不足为奇，也屡见不鲜。而一个年仅15岁的少年混迹赌场、舞场却着实令人惊愕与唏嘘，从而使《晨》/《孤岛时代》从一开场就极富批判力度与思想深度，孤岛的悲哀、颓废、放纵、麻木已然污浊了青少年的心智，"学校里不缺

---

① 郑树森：《读罗洪小说札记》，艾以等编：《罗淑罗洪研究资料》，北京十月文艺出版社1990年版，第316—317页。
② 罗洪：《前奔·附记》，《文艺春秋》第3卷第6期，1946年12月。
③ 罗洪：《晨》，《万象》第2卷第11期，1943年5月。
④ 罗洪：《孤岛时代》，中华书局1947年版，第5页。

课就是好学生"①。在原本作为《晨》结尾的《前奔》中，罗洪也确实把描写"钟成"、"志伟"的笔触转向了"振业"，深入"振业"的内心世界，呈现了"一个堕落青年的转折点"②，描写了他的蜕变与前奔。这部分剧情本应继续保留在《孤岛时代》之中，罗洪也应继续着墨于"振业"这个角色，但吊诡的是，在《孤岛时代》中，"钟成"帮"振业"打发走了前来闹事的"沈秉良"后，小说就再也没有提及作为全文开篇的重要人物"振业"了。并且在《孤岛时代》的叙述过程中，罗洪也只是偶尔提及"振业"，似乎将他遗忘了。

实际上，"振业"的形象背景和性格设定比同父异母的兄长"志伟"更富有艺术张力。"志伟"的性格特质从头至尾是一条直线——内敛、坚强，有着异于同龄人的意志力，从他被捕后遭受种种酷刑也不泄露组织秘密便可见一斑。而"振业"在小说开始时只知纵情享乐，对投机也颇感兴趣——"志伟这些话倒引起了振业的兴头，他告诉钟成一个涨风起来时，价格像报上所说的，直线上腾：今天涨，明天也涨；公司商店里的顾客挤得也可以说是直线上腾！今天挤，明天更挤"③，在《前奔》中却先是对宠爱自己的母亲感到反感，又主动让"钟成"通知"志伟"可能处于危险境地，最后毅然留书远走日日笙歌、夜夜起舞的孤岛，寻找属于自己的人生之路。"振业"的前后转变确实激发出了一种艺术张力。但在《孤岛时代》中，罗洪却忽略了对"振业"的描写，放弃了《前奔》中有关"振业"的情节，放弃了这种富有艺术张力的前后转变，这是《孤岛时代》在人物形象刻画方面的失败之处。

在《晨》中，罗洪还特意设置了"大成"的世仇"周伯庠"前来央求他一起做走私生意，却被大成拒绝的情节。"周伯庠"身为恶讼师的父亲曾经设毒计迫害"大成"祖父，侵夺"大成"家产，"周伯庠"则继承了他父亲的狡黠和阴险——"恶讼师的儿子虽然不就是恶讼师，但那种相貌啊，实在完全是他老子的典型"④。这一点也被《孤岛时代》所承继，只是行文微略改动了几个字——"恶讼师的儿子虽然不就是恶讼师，但周伯庠的相貌，完全是他老子的典型"⑤。罗洪除了力图展现和批判孤岛的社会世相，还尝试着描绘孤岛之外、城市边缘的人生世态，"周伯庠"和"大成"的旧恨新仇就是切入点。"大成"的家乡在沪杭铁路旁边。这些靠近上海的县城乡镇虽然身处战火之中，但人们关心的却不是战事而是金钱，这种世相是罗洪在其小说创作过程中所力图展现的。

---

① 罗洪：《魔》，《读者文摘》第 2 期，1941 年 10 月。
② 罗洪：《前奔》，《文艺春秋》第 3 卷第 6 期，1946 年 12 月。
③ 罗洪：《孤岛时代》，中华书局 1947 年版，第 20 页。
④ 罗洪：《晨》，《万象》第 3 卷第 3 期，1943 年 9 月。
⑤ 罗洪：《孤岛时代》，中华书局 1947 年版，第 55 页。

因此，罗洪在《晨》/《孤岛时代》中，浓墨重彩地描写了两处"大成"家乡的情节：一是"志伟"远在家乡的外婆遭奸人抢劫杀害，"志伟"的外公受伤严重，最后被送到上海的医院救治，却不幸身亡；二是"大成"远在家乡的三叔"吕叔范"为了钱财准备变卖祖屋。罗洪对县城乡镇世相的描写细致、真实，对丑恶人性的挖掘深刻、透彻。

"周伯庠"就是县城乡镇恶势力的代表之一。罗洪之前设置的"大成"拒绝"周伯庠"的情节就是一个伏笔。在《晨》中，"大成"回到家乡阻拦"三叔"变卖祖屋，发现暗中操纵之人为"周伯庠"，由此将二人的矛盾推向高潮，进而使情节扣人心弦，正与恶的对峙与冲突激发出了作品强烈的艺术张力。罗洪详细描述了"大成"对付"周伯庠"的过程——"周伯庠的阴谋毕竟没有成功，一方面钱旭初托人把周伯庠控制了，同时大成又出其不意地把他邀到钱旭初家里，问他有没有这样的意思。大成是那么坦白大方，倒使这个狡猾家伙一时措手不及，无从施行狡计，只能全部否认。大成的纯正坦白态度，收到了极大的效果……原来周伯庠跟张轶群合作不久，就闹了意见。而且这裂痕正在他把吕三爷的'益记'设法捣毁之后，使他穷于应付，不得不将这个阴谋放了手"①，最终化解了家乡的危机，并且报了祖父之仇。这一来大快人心、令人振奋，二来使情节自然发展，叙述有始有终。但在《孤岛时代》中，罗洪却将周伯庠的阴谋诡计以及二人的对峙冲突做了淡化处理，尤其是删除了"大成"与"周伯庠"对峙的场面，改为"大成"委托"张轶群"处理此事，自己带着"钟成"、"淑芬"回到上海。此处情节的变动，与对"振业"的处理有着相似性，不仅减弱了对"周伯庠"人物形象刻画的力度，还破坏了故事的完整性，尤其削弱了剧情的冲突性。众所周知，戏剧冲突是一出好戏的关键所在，"戏剧主义的批评体系十分强调矛盾中的统一"②。这种改变最终造成了人物塑造不够深刻、作品剧情缺乏艺术张力的结果。

虽然最终成书的《孤岛时代》有着各种问题，但罗洪对女性复杂心理的挖掘、剖析与呈现，则始终贯穿于《魔》、《晨》、《前奔》与《孤岛时代》之中。这是值得称赞与瞩目的——"罗洪最擅长的，还是刻画人物矛盾的、复杂的心理，从而多侧面地塑造具有独特性格特征的人物形象"③。以女主人公"黄慧珠"为例。她对"钟成"的爱恨交织、对"志伟"的无名怨气所构成的其幽怨痛苦的内心世界从《魔》中即呈现出来——"这种没来由的烦恼，使她没兴趣跟大成多谈，他向她谈起在赵公馆里碰见的人，她也不像平时一样的关心。'今天，到底是什么意思呢？'她忿忿地暗自问着自己。可是自己也

---

① 罗洪：《晨》，《万象》第4卷第6期，1944年12月。
② 袁可嘉：《论新诗现代化》，生活·读书·新知三联书店1988年版，第37页。
③ 曾庆瑞、赵遐秋：《长于刻画人物的复杂心理》，艾以等编：《罗淑罗洪研究资料》，北京十月文艺出版社1990年版，第340页。

没法回答，只是给一种烦恼揉着罢了"①。"钟成"从内地来到上海，"慧珠"发现自己爱上了这个幽默又富有深度，且充满生命强力的男人，但伦理道德却禁锢着她的爱，使她极为压抑与苦痛——"她下意识里爱着钟成，可是又深深感到事实上很不可能，便无端的怨恨起来。有时候见了钟成就避开，形成了爱和恨的交迸……就把怨恨一股脑儿堆向志伟身上了……苦痛得无法自解的时候，便格外憎恨志伟"②。在《晨》和《孤岛时代》中，得益于长篇小说的体裁形式，罗洪详细记录了"慧珠"对"钟成"的爱与恨如何由轻及重，对"志伟"的怨又是如何形成并且逐渐加深，从而形成了一条比较完整的个人心理变化链。

此外，在《前奔》中，罗洪只是将"钟成"堂妹"淑芬"严重的精神疾病简单归结为"丈夫到了内地就变了心，跟别人同居，于是她受不了精神上的刺激"③。在《孤岛时代》中，罗洪则将其修改为"战争发生，她的孩子才一个多月，这样小的孩子受不起苦，逃难在路上死了。死又死得那么惨……当初秦致远是怎样爱过她，他们两个人作过许多梦想……然而秦致远变了心，到内地去了一年，就跟别人同居了，而且音讯沉沉，有过一封信来否认，又有过一封信来承认，此后就不再来信"④。此处的变动更加震撼人心，在呈现人性的同时，揭示了战争对普通人的伤害，自然而又真实地解释了"淑芬"精神疾病的原因，将社会反思与个人反思相结合，极具批判力度。

对于最终成书的《孤岛时代》，罗洪曾经有过一段客观的评价："从表现手法的角度看，首先是人物太多，而活动的空间和时间显得太局促……即便是某些主要人物，也由于我未作深层的审视和开掘，只让他们跟着事件的发展而活动，自不免使形象流于平面……其次是因为矛盾没有展开，故事情节陷于平淡，缺乏波澜跌宕的态势……明摆着的矛盾不去表现，随时会激化的冲突不去具体揭开，即使接触也往往是蜻蜓点水，着墨不多，致使整个画面没有风浪，反映不出当时那个风云激荡、错综复杂的'孤岛时代'……《孤岛时代》这个长篇的失败，决不意味着这个题材的没有意义。"⑤从总体上来看，《孤岛时代》远非一部失败之作，而是一部未完成的时代力作。《孤岛时代》在题材上，填补了以战时上海租界、战时上海投机市场为背景的小说的空白；在文本中，真实、全面、细致地呈现了孤岛上海上流阶层的社会世相，以最诚挚的"求真的精神"⑥表现

---

① 罗洪：《魔》，《读者文摘》第2期，1941年10月。
② 罗洪：《前奔》，《文艺春秋》第3卷第6期，1946年12月。
③ 罗洪：《前奔》，《文艺春秋》第3卷第6期，1946年12月。
④ 罗洪：《孤岛时代》，中华书局1947年版，第52-53页。
⑤ 罗洪：《创作杂忆（六）——从〈急流〉到〈孤岛时代〉》，《新文学史料》1989年第4期。
⑥ 罗洪：《文艺写作的条件》，艾以等编：《罗淑罗洪研究资料》，北京十月文艺出版社1990年版，第289页。

和反映了历史社会的真实。

三、以《孤岛时代》考察罗洪小说之创作

罗洪的小说乐以"时代"命名，如短篇小说《时代的渣滓》①、《这时代》②，以小说《这时代》命名的同名短篇小说集以及长篇小说《孤岛时代》等。由此可见，她的文学创作始终与时代紧密结合，与社会密切相关。其描写范围之广，几乎涵盖与容纳了现实社会中的种种世相以及各个阶层——"向来现代女小说家所写的小说都是抒情的，显示自己是一个女性，描写的范围限于自己所生活的小圈子；但罗洪却是写实的，我们如果不看作者的名字，几乎不能知道作者是一个女性，描写的范围广阔，很多出乎她自己小圈子以外"③。

通过剖析《魔》、《晨》、《前奔》，尤其是《孤岛时代》，可以探究罗洪现代小说的创作特质，即善于在纷繁复杂的社会世相中，捕捉触动心弦、震撼心灵的"悲哀"（世态的炎凉、人类的劣根性）——"社会给我的一点悲哀；或是个人生活上的一点悲哀，这些悲哀在我心上慢慢扩大起来，我便把她们写成一篇篇所谓小说了"④。罗洪以呈现与暴露种种世相与人性为主，刻画了特殊时代背景下（抗战时期），对国难无动于衷，只关心敛财、投机、囤积、享受的一类人。这类人从乡镇到城市，无处不在。

在《孤岛时代》中，罗洪以"吕大成"及其妻子"黄慧珠"为中心，向外辐射，继而引出与之相关的各色人等——亲人、朋友。由于"大成"和"慧珠"优渥身份背景的设定，罗洪由此绘制了一副抗战时期上海上流阶层的长篇社会世相图。小说用一场为"大成"弟弟"钟成"举办的洗尘宴会，让"大成"非富即贵的亲戚朋友们粉墨登场。在艰苦的抗战时代，这些亲戚朋友却依然享受着最精致、最富足的生活，终日沐浴在"酥软而醉人的空气"⑤之中。其中，"黄慧珠"、"唐鸿达"、"周伯庠"等人是疯狂的投机者，战争对于他们来说只是赚钱的一种机遇与条件，他们代表了当时上海最狂热的投机分子，或囤积居奇——"有几文钱的，大家搜罗现货"⑥，或炒卖外股——"投机最狂热的外股"⑦，抑或开办公司，走私货物。他们是最无耻的利己主义者和投机主义者，

---

① 罗洪：《时代的渣滓》，《文潮月刊》第1卷第2期，1946年6月。
② 罗洪：《这时代》，《文艺阵地》第4卷第8期，1940年2月。
③ 赵景深：《罗洪》，《文坛忆旧》，北新书局1948年版，第35页。
④ 罗洪：《腐鼠集·序》，未名书屋1935年版，第2页。
⑤ 罗洪：《孤岛时代》，中华书局1947年版，第61页。
⑥ 罗洪：《孤岛时代》，中华书局1947年版，第100页。
⑦ 罗洪：《孤岛时代》，中华书局1947年版，第100页。

——"未完成的时代力作"——

无耻到甚至盼望战争一直持续下去，从而借机大发横财——"战争坚持下去，货物消耗之后就无从补进；所以有一个观念在人们心上流传：谁手里货物最多，发的财也就最大"①。"玉玲"、"倩萍"和唐家的四位小姐等，则是典型的享乐主义者。她们不关心纷繁复杂的外部世界，只醉心于满足自我的欲望，"只为自己的健康打算，只为生活上的享受打算"②。"大成"年仅15岁的小儿子"振业"，天性良善，却受社会环境与家庭环境的双重影响，已然成为了投机主义者与享乐主义者的接班人。小说就是以"振业"在赌场赌博开篇的。还在上学的"振业"受朋友"沈秉良"的诱惑，终日流连于赌场、舞场——"我看两样都好，都可以叫人把什么都忘个干净的"③。其他事已经提不起他的兴趣，唯有金钱与刺激才能让他感到快活。

罗洪巧妙地将"大成"的身份背景设置为临近沪杭铁路边的某个县城乡镇的大户人家。家乡还有"大成"祖上留下的大屋与田产，还生活着他的亲戚。饱受战火摧残的县城乡镇，却与远离战火的孤岛上海一般，只关心金钱而非战事。"大成"的三叔"吕叔范"出身书香世家，是县城乡镇老年一代的代表，拿祖屋做起了赌场、烟窟、雅座、俱乐部的勾当，与他的"陆姨太"一道以贩养吸，为了钱财还准备变卖祖产。"慧珠"的弟弟"黄步昌"则是县城乡镇中年一代的代表，无耻地做了侵略者的翻译——"战事之后又多添一种畸形人物，就是翻译……他作的恶，实在多得不易计数"④。"陆姨太"的干儿子则是县城乡镇青年一代的代表，是一个无赖流氓——"那个俱乐部就有他的份……俱乐部开到现在，输得寻死觅活的人不知有多少"⑤。从城市到乡镇，从老年到青年，人们不关心国难家仇，只关注金钱与享乐，利己主义者、投机主义者、享乐主义者比比皆是，"在当时的社会里，金钱主宰着一切。为了金钱，可以颠倒黑白，混淆是非，可以置别人的生死于不顾，可以把别人弄得倾家荡产，逼得发疯死亡"⑥。罗洪在20世纪40年代的小说创作过程中，始终将视角聚焦于炎凉的世态、丑陋的人性，以朴素凝炼的文字去记录与反映种种社会世相，并以新文学作家所传承的社会责任感和历史使命感、以"悲哀"的搜集与暴露者的身份，去捕捉时代、社会、个人的种种"悲哀"。

罗洪在捕捉"悲哀"的同时，也展现了"希望"，即对于觉醒者、启蒙者的青年形象的绘制——"最使我激动的是青年朋友们为了祖国，宁愿抛弃家庭、牺牲自己生命，

---

① 罗洪：《孤岛时代》，中华书局1947年版，第100页。
② 罗洪：《孤岛时代》，中华书局1947年版，第32页。
③ 罗洪：《孤岛时代》，中华书局1947年版，第4页。
④ 罗洪：《孤岛时代》，中华书局1947年版，第121页。
⑤ 罗洪：《孤岛时代》，中华书局1947年版，第163页。
⑥ 罗洪：《践踏的喜悦·前记》，香港文学研究社1980年版，第2页。

投入战斗"①。因此，在罗洪的一些小说中，常常呈现出一种"悲哀"与"希望"相互碰撞、相互对抗的艺术张力。

"志伟"、"费杰"等人是青年觉醒者的代表。"志伟"是"大成"的长子、"振业"同父异母的哥哥。"费杰"则是"志伟"的好友，他的哥哥与"钟成"也十分相熟。优越的出身和周遭人的堕落，并没有腐化他们的心智。在国破家亡之际，他们义无反顾地加入了秘密的爱国组织。"志伟"还在狱中遭受了严刑拷打与非人的待遇——"那个穿雨衣的立即把两根电线分别绕在他两只耳朵上面，一阵剧烈震动激得他头脑发昏，无数的金星火花在他眼前乱跳乱迸。他忍受着，紧紧地咬住牙关忍受着，他觉得头脑就要爆裂开来，金星火花先在他眼前乱晃，后来好像都从他眼里飞进出去似的，他只觉得全身的血都将从眼眶里奔流出来"②。罗洪详细呈现了"志伟"在狱中遭受的种种酷刑——"有人送来两把大壶，重甸甸的放在他旁边。调侃他的那个人立刻提起一把，向他鼻子嘴巴里直灌。起先他还抵抗着，不让它全部流进去，慢慢地他无法屏住了，震流耳光，早已震得他的神经十分脆弱，所以等他无力挣扎的时候，就觉得满肚子胀得快要炸烈，头脑昏昏沉沉地……等他又恢复意识的时候，只觉得肚子上给人踢了一脚，一股冷水直从他鼻子嘴喷吐出来。那许多水喷着吐着流着，喉头鼻孔里痛得难受"③。面对非人的虐待，以"志伟"为代表的青年人依然坚守信念——"如果要这样逼出口供，我还是请你们给我一死！我已经承认爱我的祖国"④。小说对酷刑的展现，更加衬托出觉醒的青年人的无畏与牺牲精神，令人动容。

在《孤岛时代》中，"钟成"是青年的启蒙者。"钟成"是"大成"的弟弟，曾经留学德国，后弃理从医，战争爆发后决心报效祖国。他游历内地，回到孤岛上海只为从事秘密的爱国活动。在他的影响和启蒙下，"志伟"、"费杰"等热血青年毅然觉醒，抛弃稳定、富足、安乐、舒适的生活，投身到抗战洪流之中，英勇无畏地为国家、为民族贡献自己的一分力量。在《前奔》中，正是"钟成"从内地回到上海后，其所言所行触动并拯救了深陷泥潭、处在堕落边缘的"振业"，使他的思想发生了转变，远走安逸享乐的"孤岛"，实现了"前奔"，最终成为了像兄长"志伟"一样决绝的青年觉醒者。《孤岛时代》的最后，在"钟成"的启蒙和"志伟"的感染下，"孤岛"上的女子们也开始逐渐觉醒："淑芬"的精神状态日益好转；"亦薇"准备投身革命；甚至曾经享乐主义至上的交际花"玉玲"也开始转变，放弃了以往纸醉金迷、灯红酒绿的生活，认真研

---

① 罗洪：《群像·后记》，福建人民出版社1982年版，第169页。
② 罗洪：《孤岛时代》，中华书局1947年版，第152页。
③ 罗洪：《孤岛时代》，中华书局1947年版，第156–157页。
④ 罗洪：《孤岛时代》，中华书局1947年版，第157页。

究起戏剧来。她们都开始做一些有意义的事情。

在《孤岛时代》中，罗洪"以理智控制着热情，冷静的观察代替了浪漫的幻想"[①]，绘制和刻画了大时代背景下的人情世态，从而真实、大胆地暴露时代、社会的种种"悲哀"。她所呈现的"悲哀"具有跨越时代、超越历史的特性，令人深思，发人警省。在描写"悲哀"的同时，她也注重展现"希望"与"光明"，尤其赞美那些为祖国奉献出自己的一切的青年人，给人以鼓舞与激励。

结　语

长久以来，学界的罗洪研究停滞不前，研究成果主要集中于20世纪90年代以前，且数量较少。罗洪的现代小说数目繁多、题材各异，实属有待开掘的一座文学富矿。《孤岛时代》这部作家本人与评论家口中的"失败之作"，实则是罗洪文学创作生涯中举足轻重的代表作之一，是一部"未完成"的时代力作，也是新文学史上少有的反映抗战时期孤岛世相的长篇小说。从构思到题目、从连载到出版，《孤岛时代》的成书几乎横跨了整个20世纪40年代，这同样是一个值得瞩目与考察的文学事件。本文通过对《孤岛时代》成书的考略——回溯《孤岛时代》曲折的成书经过、探究《孤岛时代》创作的优劣得失、继而一窥罗洪小说的创作全貌与艺术特质，使尘封已久的《孤岛时代》（《魔》、《晨》、《前奔》）再现于世，最终使罗洪这个既陌生又熟悉的学人重回大众的视野之内，让学界重新审视罗洪对新文学发展的重要功绩，重新界定罗洪在新文学史上的历史地位。

（作者单位：董卉川，南京大学中国新文学研究中心、青岛大学国际教育学院；张宇，江南大学人文学院）

---

① 施蛰存：《罗洪，其人及其作品》，艾以等编：《罗淑罗洪研究资料》，北京十月文艺出版社1990年版，第253页。

民国文学研究

论朱湘的英文诗歌创作与翻译

傅其林　邓凤鸣

本文论述朱湘1928—1929年留美期间刊发在《中国留美学生月报》的英文诗歌。这些诗歌未见于任何朱湘作品集，也未见于已有相关研究论著。本文试图结合朱湘留美时期的书信，对朱湘的英文诗歌创作及英译汉诗活动展开史实补正和钩沉探隐，以呈现朱湘作为跨语际书写者的诗歌活动。

一

朱湘是20世纪中国文学史上一位特立独行的诗人，其人性情孤高狷狂，其诗柔婉清丽。朱湘被称为"中国的济慈"（鲁迅语）和"诗人的诗人"（柳无忌语）。就国内学术界对朱湘的研究来看，有关他的诗歌创作与汉译西诗都产生了众多的成果。仅以期刊论文为例，笔者以全文包含"朱湘　诗"和"朱湘　翻译"分别检索"中国知网"总库，各检索到论文7357和4165篇，涉及朱湘诗作、诗体、诗论、译诗活动、翻译成就等方面。然而，这些研究都集中在朱湘中文作诗和翻译外诗这两个维度。

朱湘是热忱的爱国诗人，有着强烈的民族自尊心，是"新月派的另一重镇"，被认为是"新月派最讲究形式美的诗人，强调音韵格律与'文字的典则'，诗作有鲜明的音乐感，同时又刻意营造一种古典美"①。他重视译介西方诗歌，其西诗译集《番石榴集》被称为"我国新文学运动初期第一部外国诗歌大观"②。至于朱湘的汉诗英译及英诗创

---

① 程光炜、刘勇、吴晓东、孔庆东、郜元宝：《中国现代文学史》，中国人民大学出版社2000年版，第125页。
② 罗念生：《朱湘译诗集·序》，湖南人民出版社1985年版，第8页。

作，现仅存几处关于朱湘英译汉诗的文字记录。其中，最早的记录是1925年3月11日《京报副刊》刊登的《白朗宁的"异域乡思"与英诗———一封致〈文学旬刊〉编辑的公开信》。该文提及朱湘在写给周作人的信中附有6首英译的个人旧作，并附上其中一首《乐人的》(*The Musician's Spring*)①。除此之外，朱湘只在与妻子霓君和友人的通信中提及自己的汉诗英译活动②。遗憾的是，这些作品至今未见其真实面貌。长期以来，除了《乐人的》可供瞻赏，朱湘的其他英文诗作和英译汉诗迫于原稿遗失已无法一睹其貌。

笔者在整理《中国留美学生月报》(*The Chinese Students' Monthly*)③时发现了1928—1929年间署名为"Chu Hsiang"及"Hsiang Chu"的6首英文诗歌：*Amundsen*④、*The Sun*⑤、*Serenade*⑥、*To a Young Cousin*⑦、*A Song of Li Yu, King of South Tang*⑧、*Bury me*⑨。这些诗歌的发表时间与朱湘赴美留学时间相吻合⑩；朱湘在美期间也多次在

---

① 详见朱湘：《白朗宁的"异域乡思"与英诗———一封致〈文学旬刊〉编辑的公开信》，《京报副刊》1925年第85期。

② 《朱湘书信集》等作品中散见朱湘的英译汉诗记录。例如1927年10月9日："寄近译的《摇篮歌》，并不是因为我在各诗中最喜欢它，不过是它易译成英文而已。"1927年11月13日："我现在已经译了八首词，都是用诗体译的。"1928年3月19日："本校《凤凰》杂志二月号中，登了我的两篇译诗：辛弃疾的摸鱼儿同欧阳修的南歌子。"1929年1月19日："《猫诰》英译已见到，印误太多。"12月15日（年份不详）："又有几首自己的诗译成了英文，小说月报总可见到的。"详见朱湘著，罗念生编：《朱湘书信集》，人生与文学社1936年版，第152、119、161、179、27页。

③ 《中国留美学生月报》是中国留学生在美国创办、出版的一份英文报纸，一共持续了26年(1906—1931)，从东美留学生会的机关英文刊物发展成为整个留美中国学生会的机关刊物，不仅更新留学界动态，也刊载中国留学生及中美人士对中国有关问题、时事热点的讨论。

④ Chu Hsiang, "Amundsen". *The Chinese Students Monthly*, Vol. 24, No. 1, November, 1928, p. 30.

⑤ Hsiang Chu, "The Sun". *The Chinese Students Monthly*, Vol. 24, No. 6, April, 1929, p. 281.

⑥ Hsiang Chu, "Serenade". *The Chinese Students Monthly*, Vol. 24, No. 7, May, 1929, p. 290.

⑦ Chu Hsiang. "To a Young Cousin". *The Chinese Students Monthly*, Vol. 24, No. 8, June, 1929, p. 345.

⑧ "A Song of Li Yu, King of South Tang". Translated by Hsiang Chu. *The Chinese Students Monthly*, Vol, 25, No. 1, December, 1929, p. 49.

⑨ "Bury me". Translated by Hsiang Chu. *The Chinese Students Monthly*. Vol, 25, No. 1, December, 192, p. 49.

⑩ 《中国留美学生月报》基本上保持了从本年11月至次年6月期间一年8期的发行量，但个别年份的出版时间及发行期数有所变动，例如第25卷第1期于1929年12月问世，当年（从1929年12月至次年5月）只发行了6期。另外，该刊要求投稿者在当月10号之前把稿件寄送给相应栏目的编辑，保证稿件在15号之前交付总编辑，以备稿件下月出版。朱湘于1929年9月从俄亥俄大学退学，10月抵达上海。由此可知，《中国留美学生月报》在1929年12月刊载的译诗 *Bury me*、*A Song of Li Yu, King of South Tang* 应该是朱湘退学前后的作品。详见："Editorial Announcements", *The Chinese Students Monthly*, Vol, 9, No. 1, November, 1913, p. 8.

与其妻及友人的通信中提及创作英诗和英译汉诗之事①。由此观之，这位署名为"Chu Hsiang"或"Hsiang Chu"的作者应该就是朱湘。这些作品未见于任何朱湘作品集，也未见于已有的朱湘研究论著，值得学界关注与阐释。

二

1927年9月，朱湘抵达美国劳伦斯大学，学习西洋文学、古英语、拉丁语和高级法语。仅在3个月之后，因为法文教科书里把中国人称为"猴子"而引得班上的同学哄堂大笑，气愤不已的朱湘便退出了课堂。尽管教法语的教授亲自登门道歉，朱湘依然决绝地离开了劳伦斯大学，并于1928年元月初转入芝加哥大学，继续学习英文、德文和古希腊文等。芝加哥大学的一位外国教授"不愿意给中国人上课"，"看不起中国人"，还"侮辱中国"②，而且一直对朱湘有偏见，又疑心他借书不还，朱湘为此愤懑不已。

1928年9月26日，朱湘在给罗念生的信中提到，自己看报得知中国学生黄天来打算从美国加州乘飞机横渡太平洋到广东，顿感"说不出的欢喜"，称赞黄天来"为国争光"，并为黄天来作诗一首③。他在信中自豪地称"美洲红人据说是中国人，当初白令海峡不曾分断时候过来美洲"④。朱湘相信中国人在哥伦布之前就发现了美洲，并且认为当哥伦布的祖先还身处以叶蔽体、与兽共游的原始时代，中国的徐福就已经跨海东渡了⑤。心潮澎湃的朱湘还以新航路开辟者哥伦布为例来批判西方血腥的殖民历史。他指出，中华文明历史悠久，中国人民历来追求和平，东渡的徐福一心寻找仙山，跨洋的西人"用铜枪铁炮换取血肉金钱"⑥，"科仑布是海盗"⑦。不久后，朱湘在《中国留美学生月报》发表了一篇题为 Amundsen 的英文诗，其中写道：

---

① 例如"想自己译些中文诗歌作英文诗"（1928年3月7日）、"如今忙着译诗"（1928年）、"作了几首英文诗"（1928年3月12日）等。详见朱湘：《朱湘书信二集》，安徽文艺出版社1987年版，第171、206页；朱湘：《日与月的神话》，《朱湘文集》，线装书局2009年版，第33—34页。

② 朱湘：《海外寄霓君 六十三》，《朱湘书信二集》，安徽文艺出版社1987年版，第119页。

③ 《送黄夫来》于1928年12月12日发表在清华校刊之一《文学》上。

④ 朱湘：《寄罗念生·十三》，罗念生主编：《朱湘书信集》，文学与人生社1936年版，第270页。

⑤ "红人度贝林海峡离开亚洲，在玄右已沟通了东西半球：当时那有科仑布，他的先祖/或在身披树叶与麋鹿同游。徐福携带着五千童女童男/在琅琊的碑碣下跨上楼船，他眼望朝阳开出滔滔东海，他要在朝阳之内寻到仙山。"详见 Tsinghuapper, 1923–24.

⑥ Tsinghuapper, 1923–24.

⑦ 朱湘：《朱湘诗全编》，四川文艺出版社2017年版，第248页。

The clarion blasts of Ibsen once had shook the world,

And echoes still reverberated① his mighty song;

The noble Roald now unto this globe of wrong

His flag of light upon its zenith hath unfurled!

His is th'eternal sun of spring and summer brave

In boreal climes. When wintry days the earth enthral,

His memory bright shall flash upon the minds of all,

Enkindling fiery powers this shivering world to save.

Blazing with steadfast flame he is the northern star

That over stormy seas guides survivors② aright,

While cries of wives and children piercing through the night

Are swallowed down the blackest chasm that stands ajar.

More glorious than Columbus when his ship did stand③

Upon an unknown realm of boundless plain and sky,

The modern Viking, seeing gorgeous Fung-Huang fly

In air, was greeted with the cry triumphant, "Land!"④

笔者试译如下:

　　易卜生吹响号角震惊世界,
　　那崇高之歌至今久久回荡。

---

① 此处应为 "reverberate". "Errata in 'Amundsen'". *The Chinese Students Monthly*, Vol. 24, No. 6, April, 1928. p. 252.

② 此处应为 "mariners". "Errata in 'Amundsen'". *The Chinese Students Monthly*, Vol. 24, No. 6, April, 1928, p. 252.

③ 此处应为 "strand". "Errata in 'Amundsen'". *The Chinese Students Monthly*, Vol. 24, No. 6, April, 1928, p. 252.

④ Chu Hsiang, "Amundsen". *The Chinese Students Monthly*, Vol. 24, No. 1, November, 1928. p. 30.

伟大的罗尔德展开光明之旗
飘扬在罪已深重的地球之巅！

他的英勇是永恒的白昼
凛冬的北域苍茫了大地，
众生心头闪现关于他的回忆
点燃这颤抖世界积攒的炽热。

他是燃烧坚定烈焰的北星
为骇浪中的水手引路指航，
刺破长夜的妇孺哭嚎，
吞没在至暗深渊裂口。

他搁浅的船比哥伦布更辉煌
在一片广袤无垠的全新天地，
现代维京人，看到绚丽凤凰翩跹
迎接他的是"陆地"的胜利呼喊！

全诗共有 4 个诗节，每个诗节有 4 行诗，除了第 3 节采用 abba 的交错押韵，其他 3 个诗节均采用了 abab 式的隔行交互押韵。诗中还运用了英文诗歌中常见的尾韵，如 "zenith hath"、"cries of wives" 等，以及头韵，如 "spring and summer"、"earth enthral"、"stormy seas" 等，让整首诗读起来圆润铿锵，回环婉转，极富音律美。该诗意境空旷，星辰、大海、平原等一系列意象烘托出宏大的空间，使得整首诗具有一种非常高远的视角。朱湘将各自孤立的意象和场景通过大小、远近、疏密等多种空间关系和谐地纳入一首诗中，彰显了中国传统绘画常见的多中心"散点透视"之道。从极点飘扬的旗帜到不落的太阳，到苍茫的寒冬北域，再到怒海深渊上空的明星，继之又到无边平原、搁浅的船只和飞舞的凤凰，呈现出极具空间感和层次感的构图。

结合该诗标题 *Amundsen* 和诗中出现的 "Roald" 来看，该诗的写作对象是挪威极地探险家罗尔德·阿蒙森（Roald Amundsen, 1872—1928）。他是第一个到达南极点的人，于 1928 年 6 月在北极遇难。在朱湘的眼里，不同于带给新大陆侵略和苦难的哥伦布，阿蒙森就如同易卜生一样仍然激荡着世界。即便阿蒙森的船已搁浅，但他以和平方式取得的成就远比哥伦布"更辉煌",在"无垠的全新天地"迎接他的是绚丽的"Fung-Huang"("凤凰"的音译)。

据前文所述,朱湘认为美洲是由中国人经白令海峡发现的,*Amundsen* 中对西方探险者在北域看到中国凤凰的描述不啻是对这一观点的重申。作为中国的一大传统文学意象,"凤凰"有着和美吉祥之意,而且具有不死、高贵、自由等深层意蕴。在朱湘的笔下,凤凰在民族复兴的宏大叙述中飞舞,历史悠久的中华文明不同于充斥着残暴血腥的西方文明,西方终将看到如凤凰涅槃重生的和美中国。

然而,回到现实的留美生活中,朱湘仍然遭到美国老师、同学的排挤和取笑,被"气得嘴都发抖"①。最终,"气实在受够了,再也忍不住了"② 的他于1929年1月从芝加哥大学退学。这段经历对朱湘产生了很大的影响,让他感觉"在外国越过越无味……毫无生趣,简直是一个走肉行尸","完全隔绝了人生",成了"失群的鸿雁"③。他在《金乌》(*The Sun*) 中写道:

> In days of yore there were ten Golden Crows
> From Morning's Mulberry who wheel'd their flight,
> And sped o'er sea-girt mountains, by man hight
> The Three Hills, where ling-che perennial blows;
> And set on Tree of Jo whose branches, close
> To fan-like clouds of eve, stretched forth their bright
> And glittering arms far in space to invite
> These wearied Birds to their long-wish'd repose —
> Little aware were they in their sweet doze
> Of poisonous arrows from a mortal wight,
> The King of Wickedness, who, out of spite,
> Would have killed all of these his shining foes,
> But for that he had only arrows nine —
> And to his sorrow one Sun still doth shine. ④

---

① 朱湘:《海外寄霓君 六十三》,《朱湘书信二集》,安徽文艺出版社1987年版,第119页。
② 朱湘:《海外寄霓君 六十三》,《朱湘书信二集》,安徽文艺出版社1987年版,第120页。
③ 朱湘:《寄罗皑岚 十三》,《朱湘书信二集》,安徽文艺出版社1987年版,第241-242页。
④ Hsiang Chu, "The Sun". *The Chinese Students Monthly.* Vol. 24, No. 6, April, 1929, p. 281.

笔者试译如下：

  曾几何时金乌有十
  扶桑暾将出以驰骋
  驶过环海群山之地
  三山常年灵气氤氲
  遥升若木枝去亲近
  天上幻的扇形夕霞
  展开闪耀臂膀盛邀
  那久盼休憩的倦鸟
  酣眠的鸟儿没看到
  凡人射来阵阵毒箭
  怀怨恨的邪恶之王
  差点把亮的敌杀光
  若不是九支箭那样
  还有一只照他心伤。

  整体来看，这首十四行诗呈现出 abba、abba、abba、dd 的韵式，除了第 7、9 行分别有 11、9 个音节，其余诗行均有 10 个音节，基本上通篇保持了抑扬格五英步的节奏。

  朱湘曾在 1928 年 3 月 12 日致信赵景深时提到自己"近来作了几首英文诗，是取材我国的神话……这些神话是极其美丽。即如太阳在文学中叫作金乌……日起扶桑，日落若木……这些譬喻中，试问，那一个能胜过'扶桑'……试问那一个能胜过'若木'……后羿射落九日，只留一日，这传说的来源极古"①。根据《金乌》的内容来看，它应该就是朱湘向赵景深提及的英文诗之一。该诗不但化用了后羿射日的神话，还采用了许多传说故事中的意象。对于自比"失群的鸿雁"的朱湘而言，海外飘零的心酸经历激发了他对"归属"的强烈渴望，作为民族文化精神根柢的神话传说无疑最能满足此种需要。神话传说因其飘远放飞的自由境界而超拔忍辱含羞、孤独无味的现实困顿，"金乌"（Golden Crows）、"扶桑"（Morning's Mulberry）、"若木"（Tree of Jo）等意象无一不隐现恬静韵雅的东方美学，共同熔铸成朱湘对抗西方睥睨和孤立存在的精神力量。

---

① 朱湘：《日与月的神话》，《朱湘文集》，线装书局 2009 年版，第 33-34 页。

值得一提的是,《金乌》最后一节出现了心怀怨恨(out of spite)的恶王(The King of Wickedness),与前文氤氲灵气、云天霞彩等和谐雅致的审美语境格格不入;在通篇均齐格律的烘托下,扭曲感和压抑感愈加呼之欲出。面对西方对中国的轻蔑蹂躏,尽管个体的生存体验充满酸楚,爱国心切的朱湘仍然坚强地以"中国精神文化之一方面的代表者"自勉,渴望能够在文学上做出成绩,"为了祖国过去的光荣,拼了命写"①,"要证明我们不是一个退化野蛮的民族"②,"为中国鞠躬尽瘁"③。《金乌》以满怀希望的意味结尾:美丽的金乌虽然疲倦沉睡甚至身处险境,但它终究是不死的,它依然会光芒四射。若借金乌指代中国,这首诗的情感诉求与以凤凰喻指中国的 Amundsen 是一致的。

不难看出,朱湘的英文诗歌音乐性突出,富有节奏感,既彰显出诗人高超的英语语言技巧,又处处透露出东方的审美习惯,表达出对中国文化的强烈认同和对祖国的深情热爱。对比其汉语诗歌《哭孙中山》、《答梦》等,这些英文诗歌既有朱湘汉语诗歌的罪恶之控诉、光明之礼赞、凄婉之心绪,又蕴含英语诗歌语境的音乐性、文化的异质性,体现了跨语际书写的复杂性。

三

除了用英文创作诗歌,朱湘还将自己的新诗作品以及中国古代诗词翻译成英文发表于《中国留美学生月报》。朱湘的翻译具有明确的目标指向。他认为翻译外国诗歌是为了与中国"古代诗学昌明时代的佳作参照研究"④,继而为中国的旧诗去芜存菁,为新诗开辟道路,翻译中国诗歌就是为了"将我国诗歌介绍进英文坛"⑤。朱湘认为"原诗只能算作原料",译者应该享受"充分的自由"⑥,因此他在翻译活动中注重突出译者的主体地位。

---

① 朱湘:《寄罗皑岚 十七》,《朱湘书信二集》,安徽文艺出版社1987年版,第248页。
② 注:1928年12月4日,朱湘在给赵景深的信中写道:"景深,你知道西方人把我们看作什么?一个落伍,甚至野蛮的民族!……他们对中国的态度不是轻蔑便是怜悯,因为他们相信中国是一退化或野蛮的国家……要证明我们不是一个退化野蛮的民族,便靠着我们这一班人的努力。如若我们(中国精神文化之一方面的代表者)不能努力,不能有成绩贡献出来,那就我们自己也不能不承认,我们实在是一个退化的,不及他们的民族,应该受到他们的轻蔑蹂躏!我来这一趟,所得的除去海的认识外,便类这种刺激。我们的前面只有两条路:不是天堂,便是地狱!"详见朱湘:《寄赵景深 十四》,《朱湘书信二集》,安徽文艺出版社1987年版,第214-215页。
③ 朱湘:《寄罗念生 十七》,《朱湘书信二集》,安徽文艺出版社1987年版,第275页。
④ 朱湘:《说译诗》,《朱湘文集》,线装书局2009年版,第154页。
⑤ 朱湘:《寄赵景深 十》,《朱湘书信二集》,安徽文艺出版社1987年版,第206页。
⑥ 朱湘:《说译诗》,《朱湘文集》,线装书局2009年版,第153页。

1929 年 5 月，朱湘在《中国留美学生月报》上发表了 Serenade①：

Through azure meadows flows the stream of sky

Beside whose waves two severed lovers sit and sigh:

You, near though your loving swain,

Would but redden and be shy—

Ah well, redden and be shy.

One day when we a river too should spy

Flowing betwixt us twain,

Then you will rue your fault and vainly cry.

In summer-night how thick and sweet doth fly

The breath of ma-ying flowers to scent of flesh so nigh:

Even the pale widowed moon

On her silver car would hie,

Westward to her lover hie—

In your breast but a heart of ivory

Is set, and for a boon

To me you would but redden and be shy.

根据该诗内容来看，Serenade 是朱湘新诗《恳求》② 的"自译"（self-translation）。在自译活动中，作者同时兼任译者，可以凭借充分的自由度对原文进行创造性改动。《恳求》原诗共有 3 节，译诗删除了第 2 节。由于朱湘一直坚持从西洋诗的翻译中探索并发展中国新诗的格律和诗形，他在汉语新诗英译过程中同样遵照英文格律诗歌对音节的严格要求，延续了他对诗歌"音乐美"和"建筑美"的不懈追求。

原诗第 1 节第 1、2 行和第 3、4 行交替换韵，第 5、6 行和第 7、8 行分别押韵，第 2

---

① Hsiang Chu, "Serenade". *The Chinese Students Monthly*. Vol, 24, No. 7, May, 1929, p. 290.
② 《恳求》全文：天河明亮在杨柳梢头，隔断了相思的织女，牵牛；不料我们聚首，女郎呀，你还要含羞……好，你且含羞；一旦间我们也阻隔河流，那时候要重逢你也无由！你不能怪我热情沸腾；只能怪你自家生得迷人。你的温柔口吻。女郎呀，可以让风亲，树影往来亲。唯独在我挨上前的时辰，低声问，你偏是摇手频频。马缨在夏夜喷吐芬芳，那浓郁犹如渍汗的肌香，连月姊都心痒，女郎呀，你看她疾翔，向情人疾翔——谁料你还不如月里孤孀。今晚上你竟将回去空房！

节通篇押韵。具体而言，每节的第3行的尾韵都为上声，每节的倒数第2行尾韵都为去声，每节的最后一句都用平声韵收尾。朱湘认为，"仄声韵的运用是为了要复杂化诗章的节奏；去声韵的运用，是为了要在上声韵之后，逼紧一步，使得情绪紧张起来。每诗章之末，用平声韵来煞尾，是想着凭了弛缓的音韵来暗示出恳求后得不到答应的那时候心绪的降堕"①。在朱湘的译诗中，每节的第3行和倒数第2行是全韵尾韵，即押韵的辅音和元音都相同，如 swain 和 twain 均是押 [wen]，moon 和 boon 均是押 [un]。除了第2节倒数第3行，每节的最后一个词都是用双元音 [aɪ] 作为尾韵，全篇呈现出 aaba、aaba、aaba、acba 式的押韵。从韵脚上来看，辅音 [n] 是浊辅音，依靠声带振动发音，气流从鼻腔泄出，而且它出现在音节结尾处时则要适度延长，以防止吞音；[aɪ] 是个开合双元音，发音时舌位由低到高，音量由强到弱，由长到短，由清晰到含糊。略微延长的 [n] 和逐渐含糊的 [aɪ] 均舒缓且平适，同样也较好地留存了原诗"求而不得"的情感特质。

朱湘曾坦言自己在诗章尝试中"有一种全章各行长短不定的，如《恳求》是从词学的乖。不过词（大阕非小令）不曾划一字数，我却划一了就是"②。在单独的诗节中，这样的"划一"显得长短不一，但是从全篇来看，诗行的排列仍然非常匀称整齐，并不会显得紊乱与不调和，诗中有两节的第1、2、5、6、7、8行都保持同样字数，第1节的第3、4行和第2节的第3、4行诗的字数的总数量也是相同的。《恳求》的译诗同样注重形式的"划一"，例如两节译文各行的音节数量都是对应相等的，而且两节译诗的第1、2、6、8行诗正常排列，第3、4、5、7行居中排列。从视觉效果上来看，第1、2、6、8行向两端突出，第3、4、5、7行向内回缩，从整体上来看全诗还是保持有规律的变化，在平衡对称中起伏跳跃，显得错落有致。这一变动却又均齐的形式也与朱湘等新格律派诗人"理性节制情感"的诗学理念相契合，同时让译诗也能呈现出整饬和谐的建筑美感。

"Serenade"一词意为"小夜曲"。小夜曲源自中世纪欧洲青年男子夜晚在情人窗前所唱的爱情歌曲。1924年，林孖在第15卷《小说月报》上发表的译文《诗的原理》(*The Poetic Principle*) 中翻译了英国浪漫主义诗人雪莱（Percy Shelley, 1792—1822）的

---

① 朱湘：《诗的产生》，《精读朱湘》，中国国际广播出版社1998年版，第325-326页。
② 朱湘：《孤高的真情：朱湘书信集》，陈子善编，上海人民出版社2007年版，第192页。

抒情诗《印度小夜曲》(*The Indian Serenade*)①。1926年，朱湘在第17卷第1期②和第6期③的《小说月报》上两次发表雪莱《有一个字经常被亵渎》(*One Word Is Too Often Profaned*) 的中文译诗，其中第一次的译文题目就叫《恳求》。同年秋，朱湘创作了同名中文诗《恳求》。鉴于《印度小夜曲》、《有一个字经常被亵渎》、《恳求》三诗共同的爱情主题，兹可推论：朱湘以 *Serenade*（小夜曲）为《恳求》译诗题目或许是因为雪莱及其《印度小夜曲》的影响。在自译活动中，译者享有充分的自主性，对原文的内涵有最大程度的理解，而且译者用目的语对原作进行语篇重建时也需要借鉴或参照其他相关译语文本。朱湘在译诗中采用具有"互文性"（intertextuality）的标题，也可以成为读者阅读文本的一个参照和背景，进而帮助西方读者更好地理解该诗主旨。

对于原诗中一些特定的文化意象或词语，朱湘也进行了适当的处理。例如，他采用归化翻译策略将"织女"、"牵牛"简化为"two severed lovers"（分开的恋人）。"马缨花"即合欢树，本来有其对应的英文翻译（acacia），朱湘结合音译将其异化处理成"ma-ying flowers"。类似的灵活翻译在他的另一部自译作品《葬我》(*Bury me*) 中也有体现。

    Bury me under a lotus-pond,

    Where water-snakes drawl in starless night,

    As on my tomb-lamp, the lotus-leaf,

    A firefly flickers with bluish light……

    Bury me beneath a plum-flower tree,

    Where I of fragrance may dream for aye

    Or beneath a pine, on mountain-top,

    To hear the wind sobbing night and day.④

---

① [美] 阿兰波（Edgar Allan Poe）：《诗的原理》(*The Poetic Principle*)，林孖译，《小说月报》1924年第15卷第1期。

② [英] 薛悝（Shelley）：《恳求》，朱湘译，《小说月报》1926年第17卷第1期。

③ [英] 薛悝（Shelley）：《爱：有一个字眼被人滥用……》，朱湘译，《小说月报》1926年第17卷第6期。

④ "Bury me". Translated by Hsiang Chu. *The Chinese Students Monthly*. Vol. 25, No. 1, December, 1929, p. 49.

《葬我》原诗共有3节，每节4行。根据译文来看，朱湘在翻译时只保留了第1、2节①。原诗每句都有一个三字顿和两个二字顿，构成了322或232的停顿形式，让全诗保持比较舒徐匀称的节奏。这首诗虽写死亡，但是没有对死的恐惧，只有与花鸟虫鱼、河流山川同眠的静谧，轻缓的音节烘托出宁静安详的氛围。朱湘的自译版本以音步代替音顿，通篇采用1行9个音节，各行大致3个音步，既充分地遵照了原作的节奏，维持了诗句在音韵上的和谐，与诗歌本身所营造的情感氛围相融合，又照顾到西方读者熟悉的音步组合格式。另外，朱湘还将原诗的"灯"改译为"墓灯"（tomb-lamp）。因为"我"葬于荷花池，萤火虫发出的光在荷叶上忽隐忽现，宛若"我"的墓灯，与诗歌主题相呼应，增进了读者对译文意境的理解。与《恳求》中音译的"马缨花"（ma-ying）不同，此处的"马缨花"被改译为"梅花"（plum-flower），与诗中的"荷"（lotus）、"松"（pine）同含高洁之意，共同营造出极具中国韵味的意境。

由此可见，在自译活动中，朱湘凭借高度的自主性，通过音节、诗体外形等方式追求译诗的建筑美，借助韵脚、音步等获得译诗的音乐感，传达原诗的情感，并且变通性地采取多种翻译手段，让译文接近西方读者，增加译文的可读性。

朱湘的古诗词翻译也呈现出丰富的音韵和形式美感以及明显的译者主体性。

例如《赠从弟其二》②（*To a Young Cousin*）：

> The lonely pine on summit high,
> With nothing near but clouds in sky,
> Fears not the wind that roars among
> His branches that are straight and strong.
> Still green he towers while leaves are shed
> From other trees the slope along—
> 'Tis not the biting frost hath spared,
> But hardy nature braves all wrong. ③

---

① "葬我在/荷花/池内，耳边有/水蚓/拖声，在绿/荷叶的/灯上，萤火虫/时暗/时明——葬我在/马缨/花下，永做着/芬芳/的梦——葬我在/泰山/之巅，风声/呜咽过/孤松。不然，就烧我成灰/投入泛滥的春江/与落花一同漂去/无人知道的地方。"

② 《赠从弟其二》："亭亭山上松，瑟瑟谷中风。风声一何盛，松枝一何劲！冰霜正惨凄，终岁常端正。岂不罹凝寒？松柏有本性。"

③ Chu Hsiang. "To a Young Cousin". *The Chinese Students Monthly*, Vol, 24, No. 8, June, 1929, p. 345.

《赠从弟其二》是五言诗,朱湘的英译基本上保持了一行 6 个词,一行 8 个音节、4 个音步的四步抑扬格,从形式上尽量与原文靠近。原诗中"亭亭"标示松的傲岸英姿,"瑟瑟"摹拟呼啸寒风,两个"一何"更显出原作者的强烈情感。对于"亭亭"和"瑟瑟"这两个叠词,朱湘选择在诗行末分别采用重读的"high"和"sky"以押尾韵[aɪ];对于原诗中的两个"一何",朱湘则借助"among"及"strong"进行尾韵[ŋ]及眼韵 ong 上的补充,使全诗的前 4 句形成完整的 aabb 型两行转韵,后 4 句呈现出 abab 隔行交互押韵,重现原诗形声兼具的生动形象。

《浪淘沙令·帘外雨潺潺》(*A Song of Li Yu, King of South Tang*):

Pattering, pattering without, the rain
Is goading spring on her wane-
From joy the chill of night woke me to pain……
O, to forget captivity, and to embrace
That receding dream again!

I let my longing eyes in vain
Wander over hill and plain
Toward that home where my heart most aye remain……
Lo, spring is fleeting on that eastward stream
With her fallen flowers and rain!①

译文几乎全篇押[en]韵。对于"雨潺潺",朱湘选择以叠词来译叠词的方式。patter 一词本身就是拟声词,形容啪嗒之声,连用两个 pattering 从形式上与原文的声律相对应,旨在重现帘外雨不断的意境。原作中的"流水"、"落花"、"春去"更多是一种想象的意象,是从五更寒凉醒来的帝王对自身命运的感叹。朱湘不仅将它们分别译出,还在文末增加了"落雨"(rain),想必是为了配合[en]韵,也与首句的潺潺之雨相呼应。

中国古典诗词中的第一人称指示词多处于隐匿状态,《浪淘沙令·帘外雨潺潺》同样如此。但朱湘在英译时转换了诗歌主体,以第一人称"我"(I)切入全诗,也符合西方文化语境中诗人作为审美主体地位的习惯。朱湘还删除了原诗中凭栏远眺的无限"江

---

① "A Song of Li Yu, King of South Tang". Translated by Hsiang Chu. *The Chinese Students Monthly*. Vol, 25, No.1, December, 1929, p.49.

山"这一意象,补以满心所向的"家"(home),将囚徒帝王的个体感受转换成普遍存在的纯粹经验,强化了诗歌情感的共通性,也拉近了与西方读者的距离。"流水"被替换成东流之水(eastward stream),对于熟悉中国诗词之人来说,不难联想到李煜的"恰似一江春水向东流"。或许对于朱湘而言,他愿意一路向东,流向东方的故乡。

朱湘以极大的自主性和自由度对原文进行创造性的改动,并采用灵活的翻译手法展现原诗情感,表达个人价值追求。流放般的海外生活并未吞噬朱湘对坚贞高洁本性的坚守。荷花出淤泥而不染,其清丽绝伦的特性与朱湘本人清高孤傲的性格相差无几,在凄清中依然炽烈,在幽暗中依然向着光明。《赠从弟其二》中傲骨的青松未尝不是朱湘的真实写照! 朱湘在译诗过程中践行了他一以贯之的格律体诗观,注重视觉上的建筑美和听觉上的音乐美,并且主动适应西方读者的背景文化和阅读感受,增加译文的可接受度,力求更好地实现"将我国诗歌介绍进英文坛"的目标。

四

朱湘曾在信中告诉妻子:"我的英文只要仔细练它一下,就能正式见人了。我如今在大学生当中,英文算是出色的。"①《中国留美学生月报》上发表的朱湘英诗创作和汉诗译作无疑成为了这一宣言的最好注脚,同时也成为朱湘留美期间双语诗歌创作活动的确切记载。朱湘在美两年换三校并提前回国,其中的心路历程和他本人的诗学思想也在这些作品中留下了些许痕迹。通过对这些创作和译作的解读,我们不仅了解了朱湘在中英文化方面的语言技能和知识储备,认识到他在诗歌创作及翻译中一以贯之的爱国主义诗学立场以及对诗歌音律和形体美学品质的坚持,还清楚地看到他融通中西古今的跨文化姿态和立场。

作为"嫡生的中国诗人"②,朱湘把对中国传统诗学和文化记忆的"前理解"内化成跨语言创作和翻译实践的源泉,通过吸收西方格律体诗歌的长处、讲究诗歌形态和音韵美感、借助十四行诗等西方诗歌形式完成了对中国内涵的书写,其西方语言和西方诗歌艺术的外衣下始终闪耀着东方古典文化的光彩,浸润着诗人强烈的民族意识和文化认同,涌荡着深厚的中国古典文化底蕴和炽热的爱国情思。朱湘的爱国热忱并不是偏狭片面和排外自闭的,其广阔的世界视野为他的诗学立场规避了狭隘的民族主义陷阱。朱湘不仅主动学习西方语言,研究西方文学,还灵活采用异化、归化等翻译策略,努力把中

---

① 朱湘:《海外寄霓君 六十五》,《朱湘书信二集》,安徽文艺出版社1987年版,第125页。
② 朱湘:《寄赵景深 七》,《朱湘书信二集》,安徽文艺出版社1987年版,第201页。

国文学介绍给西方世界,既力求真实传递汉诗的情感诉求和意境营造,又尽量让译文贴近西方读者,方便西方读者理解。与此同时,他对易卜生和阿蒙森等现代西人的开创精神表示了肯定,并且认为"要想创造一个表里都是'中国'的新文化,暂时借助于西方文化,这并不足为耻"①,意欲通过沟通中西古今以修护并弘扬中华文明,进而希望通过"一种比较的观察"以"复古而获今,迎外而亦获今之中"②。朱湘的英诗创作和英译汉诗活动始终充满了浓厚的东方本土意识,并在调和西方形式与东方内容的同时连接古今,从诗歌题目、题材内容、体裁形式、意象意境、音韵节奏、情感内涵等多层面彰显出跨文化的诗学立场。

(作者单位:四川大学文学与新闻学院)

---

① 朱湘:《寄彭基相 一》,《朱湘书信二集》,安徽文艺出版社1987年版,第175页。
② 朱湘:《寄孙大雨 五》,《朱湘书信二集》,安徽文艺出版社1987年版,第290页。

民国文学研究

狮吼金屋作家"颓废"书写再审视

李红霞

作为影响广泛的世界性文学现象，在象征主义、唯美主义进入中国后，颓废主义在中国现当代文学中也留下了深刻印迹：现代文学时期，鲁迅、创造社、新月社、象征派诗人、"狮吼—金屋"作家群、新感觉派、京派成员笔下都流淌出颓废美；当代文学中的"身体"写作及残雪和苏童等先锋作家、贾平凹和新世纪诸多作家的文中也都漫溢着颓废气息。作为文学事实的颓废写作在中国源远流长。作为一种持续发挥其魔力的否定性艺术化精神，颓废也必将常存于世。然而，颓废研究却"一直处在一种类似争取合法性的斗争状态中，因为不被理解而被贬斥，或者因为不确切的理解而歪曲颓废现象的声音总是不绝于耳"①。拨开笼罩在颓废文学周围的迷雾，贴近文学事实，梳理颓废书写在现当代文学中的流变，辨析其艺术特征，揭示其价值和局限，有助于进一步揭示现当代文学中审美意识多元共建活动之斑驳复杂。

作为中国现代唯美创作类型中争议最大的一种美，颓废美大致经历了从"五四"时期个性解放视角下的恶魔主义向20世纪20年代末以后的生活化转变，更借助"狮吼—金屋"作家群和绿社等唯美团体，将唯美主义推向顶峰。在新感觉笔下，莎乐美形象被宣判了消亡的命运，颓废的纯美被绿社成员推向极致后也难以为继，如烟花在空中闪出美丽光华后悄然消散。在颓废主义写作中，身体、女性与死亡三要素因其本质上的相通，即"都是对于常态的摆脱，都是对于道德的解构，都是对于理性的回避"②，从而构成基本表现对象，甚至作为标志性因素被推崇到至上地位，产生了新的审美经验与审美结果③。

---

① 薛雯：《颓废主义文学研究》，上海世纪出版集团2012年版，第1页。
② 薛雯：《颓废主义文学研究》，上海世纪出版集团2012年版，第196页。
③ 薛雯：《颓废主义文学研究》，上海世纪出版集团2012年版，第160–161页。

这种审美倾向最初在创造社笔下得到张扬,之后在狮吼金屋作家和新感觉派笔下获得令人瞩目的书写。

"狮吼—金屋"作家群一直被视为"逆流的泡沫",在大多数文学史叙述中被一带而过。近年来相关研究已有所突破,但整体仍存在研究量少、立场偏于道德化以及与异域相关书写异同辨析不够精细等问题。以此为背景,对该群体作家颓废书写的进一步探讨,可以从两方面入手——其一是从审美角度探究其颓废书写的核心理念特质,挖掘该书写在中国文学整体历程中的独特价值;其二是深入辨析其写作与异域颓废书写的本质相通与文化隔膜。

一、培植"恶之花":狮吼金屋作家颓废书写的初衷

唯美主义的重要特征之一即在内容层面对违禁情色的大胆书写,力图"以对抗资本主义道德的外在形式,揭示出长久被压抑的非理性形态的'神圣'精神内涵"①。性在唯美主义作家笔下作为审美的直接对象出现,就是在为身体的欲望正名。在宽泛意义上来讲,在中国语境中,面对道德,直接的情欲描写确实像唯美主义作品在基督教世界一样,呈现出某种近乎"罪恶"的特质,令人侧目。而"狮吼—金屋"作家群创作最显著的特点恰恰就是秉持强烈刺激的要求和决心堕落的精神,以情欲眼光关照宇宙的一切、生的执著②。它集中体现为"丑中求美"的意识,尤其体现为对"花一般的罪恶"的书写,具体而言,就是以空前大胆的女体描写、强烈的感官色彩来张扬世俗视野中丑陋的身体欲望。领袖人物邵洵美将史文朋和波德莱尔赋予文化史上的至高地位,称他们是"一切宗教、道德、习俗下的囚犯文学的解放者"、"一切真的、美的、情的、音乐的、甜蜜的诗歌的爱护神",两人的诗作都"在臭中求香;在假中求真;在恶中求善;在丑中求美;在苦闷的人生中求兴趣;在忧愁的世界中求快活,简括一句说'便是在罪恶中求安慰'"③。邵洵美对"丑"的理解已深入到自觉的审美意识,而且流露出较深切的人生况味。他反复申说和描写的"丑"、"罪恶",其实就是欲望,特别是情欲,体现为意象即"恶之花"或"花一般的罪恶"。"花"是形式,艺术品的形式之根在欲望。波德莱尔的"恶之花",其实是"欲望之花"。现代文学史上偶尔书写这一主题的不乏其人,现今新诗史鲜有提及的汪铭竹、朱维基、滕刚也都致力于书写欲望之境,但像狮吼金屋作家这

---

① 刘琼:《神圣与世俗:唯美主义的价值意向》,中国社会科学出版社2017年版,第1页。
② 苏雪林:《颓加荡派的邵洵美》,《苏雪林文集》(第3卷),安徽文艺出版社1996年版,第185–190页。
③ 陈子善编:《洵美文存》,辽宁教育出版社2006年版,第46页。

样旗帜鲜明、倾力而为的却不多见。他们也因为这种"对于处在情欲状态之中的身体的直白的描述，身体的呈露成为意识的中心"①而长久为人诟病。其实，仔细解读邵洵美的诗作和文论，窥视这群作家如此书写的初衷，会发现其中渗透出一种将颓废精神张扬为人生态度、生命体验的努力，从审美角度来看确实也可以自圆其说。

其一是借鉴萨福希腊小诗传统、史文朋"异教徒"风格等，将唯美主义对自然的隔膜加以变通，以自然界万物为"作诗最好的材料"，以单纯心境看待情欲，使自然景色与人工的情色世界交织，赋予自然以情色，赋予情色以天然美感和浓丽斑斓的色彩。邵洵美以"一种几乎是野蛮的，直感的单纯，——同时又是最近代的颓废"作为每章的"骨骸与灵魂"，表现"一个近代人对爱欲微带夸张神情的颂歌"②。"花一般的罪恶"意象是最明显的例子。此外还有"桃红的罪恶"、樱桃般的嘴唇、白玉牙齿、血霞色的靥和身体、春笋的手、红菱的脚、乌云、黄金的头发、莲花等意象。类似诗句颇富代表性：

你这从花床中醒来的香气，／也像那处女的明月般裸体——／我不见你包着火血的肌肤，／你却像玫瑰般开在我心里。

——*To Sappho*

其次是对诗歌肌理的探索。邵洵美试图将西方各唯美主义文学流派的诗学观念加以综合，提出"只有能与诗的本身的'品性'谐和的方式是完美的形式"③。他充分注意到了作家的主体意识、身体感受和审美表达的关系，在20世纪20年代身体观念发生重大改变的背景下，著专文谈论新诗与"肌理"，提出"肌理"说。他认为一般意义上的肌理即"……Texture，曾由钱钟书先生译为肌理，即是说，字眼的音调形式，句段的长短分合，与诗的内容意义的表现及点化上，有密切之关系"。同时，他对肌理进行了个人化的诠释："'肌理'的重要是无可讳言的，换句话说，便是一个真正的诗人非特对于字的意义应当明白，更重要的是对于一个字的声音、颜色、嗅味、温度，都要能肉体地去感觉及领悟。"④对字眼、语言的"肉体领悟"就是对自己身体的领悟。这种在字句的使用中敞开感官、注重语言与肉身体验的追求，与唯美主义对希腊文化的推崇内在一致。它不仅强调节奏韵律的音乐性，也追求艳丽多姿的色彩，还追求以冷与热、芬芳与恶臭调动读者的身心。当然，更理想的，是实现对上述所有追求的综合意象之美的整合。象

---

① 张新颖：《20世纪上半期中国文学的现代意识》，三联出版社2001年版，第126页。
② 沈从文：《论徐志摩的诗》，《现代学生》第2卷第2期，1932年8月。
③ 陈子善编：《洵美文存》，辽宁教育出版社2006年版，第370页。
④ 陈子善编：《洵美文存》，辽宁教育出版社2006年版，第134–135页。

征主义追求使思想、情感具体可感,唯美主义则力图使每个字词本身成为富有感性意味的"肉体",尽量从"肉体"的感性角度去领悟万事万物。

出于对"肌理"的特定理解,邵洵美等唯美作家才刻意以情欲之眼赋予所有事物以肉体感。如引起非议的《颓加荡的爱》其实只是以性爱场景对享乐主义进行形象化诠释,体现其"极端的个人主义"实质。现代诗人中进行身体写作的诗人并不多。沈从文以雅歌口吻将身体与自然界进行类比联想,体现纯美;穆旦"用身体思想",诗中的身体以理性和感性的结合产生极大的爆发力。相形之下,邵诗中的身体色、香、味俱全,具有很强的画面感和动感,仿佛伸手可触。如《帕里斯传奇》中美的强大与具体而热烈的氛围相系,体现为身体的感受性,诉诸"善吸吐沫的红唇"、"燃烧着爱的肚脐"、"皇阳色的头发"、"初月色的肉肌"等意象。

他们的这些追求,与所处语境形成过大张力,落实到具体作品中也需要一个长期的过程,因此没有留下特别经典的作品,只沦为一种奢侈的规划。但我们不能因为其奢侈而否定其内在合理性。退一步讲,即便没有这种将颓废精神进一步深化为生命体验和审美原则的企图,狮吼金屋作家对"花一样的罪恶"的描写,于整个中国文学发展进程而言,也具有一定的独特价值:首先,单就其描写的主要对象"女性"而言,他们突破了中国古代文学的同类写作范式;其次,如将身体叙事仅仅视作生命体验的传达,而不是单纯与性爱联系,这些作家也做出了独特的贡献。

虽然古典诗词曲赋中不乏对身体的勾勒,甚至有艳情的宫体诗,但身体隆重地进入现代新诗创作中与传统诗歌还是存在质的差别。在中国古代文学中,特别是温庭筠等人的诗词中,女性形象往往以物化的形式被予以描写,往往成为声色之美的一个组成部分,其身体与如画的亭台楼阁、精致的家具陈设等一起,沦为男性作家情感、欲望的载体,女性本身对世界的个性化感受、体验等并未得到真切抒发。造成这种现象的原因非常复杂:长久的女性崇拜意识使女性的阴柔美成为一种象征,这种视角如此有效,有时男性也喜欢从女性化角度抒发哀怨,借假想的女性口吻表达情思;或是因为女性作家数量较少;更重要的恐怕还是男性意识的主宰力量太过强大,女作家自身在创作中也大多无意识地重复着男性作家的立场和视角,凄凄惨惨地描写着闺怨相思。此外,古代文学中的情欲描写还易走入两个极端:或如艳情小说那样对性爱场面做妖魔化处理;或压抑于幽闭的氛围,以含蓄朦胧的笔调书写,将情欲的炽热尽可能淡化、诗化。女人多被规范为贞静贤淑,如张爱玲所谓华美屏风上被动等待的鸟。

"狮吼—金屋"作家群的作品,当然受到传统的深刻影响。章克标、邵洵美和滕刚等人的部分作品仍从外部将女性作为声色之美场景的一部分进行描写,对女性的真实个性化体验仍然比较漠视。但他们相比于古代文学的突破性体现在以下三个方面:首先,中国古代对性的描写是含蓄、朦胧和压抑的,而狮吼金屋作家使性爱场面不再掩映于朦胧含蓄的帘幕后,而是直接将其作为书写对象,体现出对欲望的直视态度;其次,作品中灵肉合一,身体不再是静默的躯壳,而是拥有肉身化、会思想的灵魂,欲望与理性不再对立,而是和谐并存,步调一致;第三,身体,特别是女性身体,不再是被动、物化的观赏对象,女性不再是只知独自望月、怀远、流泪的哀怨淑女,而是发出了自己独特的欲望声响,呈现出巨大活力,具有极大的诱惑力。上述身体态度流露出这批作家对女性的"蛇"性想象意味,并呈现出与异域颓废写作不同的中国化特质。

二、欲望的审美化:对女性的"蛇"性想象

对女性的"蛇"性想象,是现代主义作家的一个情结,格外凸显出女性作为美和人类欲望的代名词、替罪羊的复杂意味。这种想象在颓废主义作家笔下得到了极致性的传达。波德莱尔、王尔德、邓南遮、谷崎润一郎等都以对女性身体、性情的别样想象和摹写,透露了对人性和艺术美的崭新诠释,即由朦胧和煦、温馨天真向狂乱、情色转移。女性形象由被动、阴柔的淑女向妖妇变迁,因欲望的尽情张扬呈现出生机勃发的极致美,对整个人类而言都是巨大诱惑。男人面对它自惭形秽乃至不自觉地屈服礼拜,其实是对美和身心欲望等感性力量的皈依臣服。施蛰存小说《鸠摩罗什》以象征欲望和美的舌头作为高僧仅剩的舍利子,就寄托了对美和欲望永恒强大力量的内在信念。但与此同时,女性又因其相对远离社会化而天性未泯、感性至上,因其生理机能的特殊性而与生命的无常变幻互相映衬,女性的神秘与无法掌控的时空、无法驾驭的自由、无法抗拒的死亡的恐怖交织、对应,从而使女性以吸血鬼形象出现。在将女性妖魔化的写作中寄寓着的"厌女症"或"憎女情结",流露出男性欲望、对虚无本身的恐惧感。克尔凯郭尔就赋予女性以快乐祥和与恐惧兼具的气质:"一个青春洋溢的女性纯净、祥和、令人愉快,既是人间万象当中最美丽可爱的尤物,又是令人绝望的。……全部的直观世界尽管有其祥和宁静的一面,却也仍是恐惧,而大体上说,这是对虚无的恐惧……"① 对这种美的恐惧感在众多唯美作品中得到体现。波德莱尔的诗作予以深刻呼应。在王尔德笔下,约翰要求莎乐美不要看他,其实是惧怕欲望之眼拆解他内心的信仰。希律王下令杀死莎乐美,是因为对欲望无可奈何。施蛰存的小说《将军底头》、《石秀》中具有致命诱惑的女性最终被世俗斩杀,证明了理性对欲望的恐惧多么强烈。

对女性的"蛇"性想象,左手牵着身体,右手领着死亡,"身体—女性—死亡"这种美恶相连的思维形态由此成为一种本源性的经典颓废姿态,对它的处理态度彰显出不

---

① [英]特里·伊格尔顿:《美学意识形态》,王杰等译,广西师范大学出版社1997年版,第169页。

同颓废主义者的文化隔阂。作为生命状态,颓废在中西面貌各异。在西方,出于对既定社会现实的绝望和对理想境界的憧憬,产生了放浪形骸的精神状态和举止言行,以及美学趣味上对恶魔美、荒颓美、分裂美的迷恋,使艺术与爱欲、死感紧密关联,最后才表现为一种技法,体现为对人与外界、感官之间深层契合性的呼唤、对生死和坟墓等意象的经营、对音乐化境界的赞美、对暗示手法的推崇等等。西方颓废的唯美主义者出于严肃深刻的思考和探索,以自己的艺术理想、创作实践,更以生活艺术化的行为,与所处时代语境达成对话,实现独特的文化功能。而在中国文化传统中,颓废更倾向于表现为放浪形骸之外的意趣和忧郁格调。置身其中,中国现代唯美主义者的颓废态度本身就很含糊——或将西方、日本的颓废与中国古代的诗酒风流进行比附糅合,或将颓废的叛逆色彩转化为享乐的愉悦。他们中虽有像于赓虞、滕固这样将西方文学意象移植入自己作品的现象,却更注重生命的情味和内在虚无感。就恶魔美而言,没有足够的狼性便不成其为恶魔。中国作家的精神多偏柔弱,大多只是有些颓丧而已。如此背景下,狮吼金屋作家的尝试便别具意义。事实上,他们已触及颓废写作的内在核心——对"女性、身体、死亡"三者合一艺术化精神的深刻体验,集中体现为对女性的"蛇"性想象。但是,在全世界范围内都普遍遭到误解、诟病的颓废艺术精神想要在中国语境获得接纳,本身就意味着要以新的文化交融为背景和前提,而因各种因素导致的文化隔膜,早已注定了它在中国的悲惨命运。狮吼金屋作家创作的固有局限则彰显了这种隔膜的难以化解。他们的颓废写作中糅合了过多的世俗化理念,从而妨碍了其颓废体验的进一步深入,也削弱了颓废精神的表达力度,令人遗憾。

无独有偶,在他们之前,徐志摩不满于郁达夫袒露爱欲的描写,将其贬斥为街头乞丐般"故意在自己身上造些血浓糜烂的创伤来吸引过路人的同情",对邓南遮的"酣畅的肉欲"却极尽赞美之辞。他曾翻译过邓南遮的《死的胜利》,其中的"妖精"意象就具有蛇性,凝聚着爱欲与刺痛兼有的快感:"她在这艳色的月下忽然又放射了不可抵御的妖艳,他又被迷蛊住了。……她像是从她的灵魂深处呼泄出最鲜甜,最锐利的恋爱的幽香,姿容他的迷醉,直到快感被锐逼成绝对的刺痛。"受邓南遮影响,徐志摩也曾重点表现女性美作为纯粹美的极致所给予人的"快感与痛感"的结合。徐志摩对波德莱尔的接受,似乎也经过了邓南遮式感官视角的过滤。他从唯美主义角度解读波德莱尔的《恶之花》,从嗅觉、音乐性和色彩感方面予以赞美,认为它飘逸着某种"奇香",那"音调与色彩像是夕阳余烬里反射出来的青芒——辽远的,惨淡的,往下沉的"。他称赞《腐尸》这篇颓废主义写作的宣言是"《恶之花》诗集里最恶—最奇艳的一朵不朽的花","它的臭味是奇毒的，但也是奇香的，你便让他醉死了也忘不了他那异味"①。或许是对邓南遮的热爱，才使徐志摩对《腐尸》中的感官体验如此敏感；而对邓南遮"爱与死"、"死的胜利"主题的熟悉，使他忽略了《腐尸》这一原题，而将其译为《死尸》，更凸显死亡的"奇艳"美。

这种点到即止的局面到了狮吼金屋作家这里，也没有发生根本性改善。他们非常敏感地捕捉到了上述"蛇性"意味，也致力于以热衷和冷淡的结合这一特质来体现女性美，"以官能的歌颂那样感情写成他的诗集。赞美生，赞美爱，然而显出唯美派的人生的享乐，对于现世的贪恋，对于现世又仍然看到空虚"②。如邵洵美的标志性诗作《蛇》对女人与蛇的类比联想，就可从他对史文朋的领悟中找到线索："他觉得女人都是像花般香的，甜的；都是像蛇般美的，毒的。……有了女人，黑暗是光明的；冷酷是温柔的；痛是舒服的；泪是快活的。但是他咏的乃是世外的，非人间的，超自然的……"③ 他将女人与"美"、"毒"兼具的蛇类比，将场景安置于云房等"世外"之所，使其冰冷与情欲的火炽形成张力，身体自深渊般的欲望骤然飞翔，在"伤痛"中臻于"双倍"的欢欣。

很明显，极致的颓废是如波德莱尔的《腐尸》那样更侧重传达快乐中之苦恼、爱怜中之忿怒、欲求中之绝望，较少享乐意味。而邵洵美在类似上面的诗里将徐志摩曾竭力渲染的"放肆的荡妇"形象进行了相似的想象，从中可见中国作家对波德莱尔的特定诠释方式及其极限所在。邵洵美诗作中不断重现的"冷"与"热"的混合难辨，风格显然更倾向于史文朋，又因所写为"超自然"人与景，所以大都可从具体和象征两方面加以理解。具体而言，是对性爱的描摹；象征而言，是面对死之冰冷抓紧生之温热，流露出类似史文朋诗作那种"苦恼中之快乐，忿怒中之爱怜，绝望中之欲求"④，颓唐到一定程度就折回头来，具有鲜明的享乐色彩。

三、颓废与豪情：唯美渲染的时代镜像

正因多限于凸显享乐的渴望，狮吼金屋作家对死亡、虚无的强烈感受以及相应的宗教感远未得到开掘。邵洵美格外向往波德莱尔和史文朋的"异教徒"情怀，自称"天堂正好开了两爿大门，/上帝吓我不是进去的人。/我在地狱里已得到安慰，/我在短夜中曾梦着过醒"（《五月》）。其诗作或深或浅地书写颓废，时有《天堂与五月·序诗》这样富

---

① 徐志摩译：《波特莱的"死尸"（Une Charogne）》，《语丝周刊》第3期，1924年12月1日。
② 沈从文：《我们怎么样去读新诗》，《现代学生》创刊号，1930年10月。
③ 陈子善编：《洵美文存》，辽宁教育出版社2006年版，第55页。
④ 陈子善编：《洵美文存》，辽宁教育出版社2006年版，第57页。

有深度感喟的颓废之作来凸显张力：

> 我也知道了，天地间什么都有个结束；/最后，树叶的欠伸也破了林中的寂寞。/原是和死一同睡着的；但这须臾的醒，/莫非是色的诱惑，声的怂恿，动的罪恶？//这些摧残的命运，汗浊的堕落的灵魂，/像是遗弃的尸骸乱铺在凄凉的地心；/将来沉湎在海洋里给鱼虫去咀嚼吧，/啊，不如当柴炭去燃烧那冰冷的人生。

不过他所言的"罪恶"基本只是彰显自己背德者的精神立场。作品多不具备波德莱尔那种在极度的叛逆和绝望中仰望神性，以反宗教方式体现出的真正意义上的沉重宗教感，也不像史文朋那样在清教思想浸润中为诗作注入命运无常、人类生命渺小的感受，凸显爱情的"狂乱、冷酷和烦腻"①，或在清教思想和中世纪文学情调的影响下，迷恋"死亡"之美，以死亡实现灵肉和谐及爱的永恒。邵洵美通过乔治·摩尔这个中介，将戈蒂耶、魏尔伦也拉入"享乐"队伍加以推崇，并通过对"享乐派"味道的倾心，将王尔德所写的灵肉冲突斥为"颓废"，并予以疏远。他更多时候是将对审美享乐主义的张扬简单而直接地付诸对现世享乐的渲染。《死了有甚安逸》完全是直露的享乐宣言："啊与其与死了的美女去亲吻，/不如和活着的丑妇退送烂舌。"他和波德莱尔、史文朋都曾以"女人头发"为主题作诗，却风格各异。波德莱尔将自然与女人同一化，诗作中充满芳香、色彩和音响。史文朋的《回旋曲》在意象上以冰凉幻魅的海花之梦与女人花般深邃、雾样迷蒙的眼光呼应，模糊生死界限，运用通感，注重音韵的回环舒缓之美。全诗笼罩着难以捉摸的梦幻色彩，流露出对刹那感受的专注，富有轻微的虐恋色彩，但诗人始终欣赏灵肉合一，认为灵魂要受到肉体（头发）的捆缚和牵绕。邵洵美的《头发》中鲜明的画面感来自先拉斐尔派。诗作最后一节明显可见对史文朋诗意的借用，头发与自然意象交融，色彩感鲜明，并以夜晚梦醒枕上乌云之类意象暗示情色，将波德莱尔的狂野和史文朋的阴郁化作天狗狂吞的贪婪，世俗感很强烈。

值得一提的是，因为这种世俗感，狮吼金屋作家捕捉到了都市与颓废美之间的关联，使都市成为颓废作品中的重要意象。巴黎和活跃其中的女人，是波德莱尔笔下最富活力、最饱含诗意的事物。都市以其独特的意象——机械的骚音、汽车的臭屁、霓虹灯管的赤光……成为左翼作家眼里类似《子夜》里吴老太爷所谓的邪魔，即"梦魇似"的"精怪"。尤其是那些"长身玉立"的女人们，作为最独特的都市语言，"简直是夜叉，是鬼"！而茅盾早期小说如《蚀》三部曲等，以对女体的恣肆狂想和莎乐美式瞬间狂欢的

---

① ［英］艾弗·艾文森：《英国文学简史》，蔡文显译，人民文学出版社1984年版，第112页。

渲染，具有唯美意味，并更多与颓废思潮中对女性的"蛇"性想象相通，赋予女性以孩子的任性、恶魔与猫的诡谲欲望气息和蛇的致命魅惑色彩，塑造了章秋柳等具有莎乐美气质的"时代女性"形象。茅盾还将肉感女体所承载的欲望、其健硕所象征的旺盛精力，与革命、与新时代相联系，赋予以性狂欢为主要标志的颓废以新兴阶级改天换地的豪情。这些都与人物所活动的都市语境密不可分，从而使女体"既有革命乌托邦的空想成分，也强烈地反映了都市欲望"①，体现了唯美与颓废在左翼作家笔下的微妙转换。当然，这类作品在茅盾的整个创作历程中毕竟属于昙花一现，而且上述具有唯美气息的片段和形象潜隐于他对左拉、莫泊桑等作家自然主义手法的借鉴之中。这与科学观念的影响密不可分，可谓颓废多于唯美。不过，它们体现了颓废主义在现代文学中的广泛影响，从一个侧面体现了都市语境与颓废主义的密切关联。

狮吼金屋作家将左翼笔下都市女性的妖魔化意味进行转换，赋予都市女性以诗意观照，并付诸绮词丽藻，使颓废服务于美。他们不满于格雷漫游过程中的不适感导致的"颓废"，而以渗透着摩尔式的漫游视角，对女性及自然进行"情欲"化打量，其中，对享乐姿态的神往，与上述"在罪恶中求安慰"的态度一致。然而，他们毕竟已逐渐开始在都市、大众文化和女性之间建立起深刻的呼应关系，赋予都市令人爱恨交加的复杂意味："舞台的前门，娼妓的后形；/啊，这些便是都会的精神；/啊，这些便是上海的灵魂。/此地有真的幻想，假的情；/此地有醒的黄昏，笑的灯；/来吧，此地是你们的坟茔。"② 在他们的先导下，后来的新感觉派将都市营造为唯美想象与世俗生活相结合的理想舞台，实现了他们的跨国时尚梦想，但莎乐美灵肉合一的追求完全遭到否弃，欲望与道德、个体灵魂的灵与肉之间几近丧失张力，而波德莱尔那种"欲望—女性—生命"之悲剧性关联在他们心里又远未确立起来，颓废的艺术精神更趋萎靡。

(作者单位：绍兴文理学院人文学院)

---

① 陈建华：《革命与形式——茅盾早期小说的现代性展开》，复旦大学出版社2007年版，第246页。
② 邵洵美：《花一般的罪恶》，上海书店出版社2008年版，第40页。

民国文学研究

边缘的文学之声
——《现代》的小国文学翻译①

刘叙一

一、引言

"淞沪抗战"后，我国的出版业正处于百废待兴时期，此时在上海创刊的《现代》杂志（*Les Contemporains*，1932—1935）是当时第一份也是唯一一份"非同人"文学期刊。在主编施蛰存、杜衡为主导的编译群体的努力下，《现代》组织并开展了一系列对20世纪初尤其是战后世界文学的翻译活动。在左翼思潮于全世界范围内盛行的20世纪30年代，《现代》无论是在翻译动机、翻译选材还是翻译策略的制定中都呈现出一种"不同于20世纪30年代主流思潮的主张和立场"②。在《现代》众多的翻译活动中，有两个个案尤其引人注意：其一是对被施蛰存视为"自由"、"创造"及"多元化"的美国现代文学的翻译；其二是对那些无论在地理位置、国家规模还是国际地位中均处于边缘位置的小国文学的翻译③。这两者从当时世界文学的板块与格局来看，皆属于主流欧洲

---

① 本文系2021年度上海市教育科学研究项目"产出导向法视阈下商务英语专业学生讲好中国故事能力培养的实证研究"（C2021335）的研究成果。

② 刘叙一、史婷婷:《聚焦时代的文学性——〈现代〉译介活动评析》，《外语研究》2020年第6期。

③ 文中所指的"边缘小国"在现代中国翻译史上通常被称为"弱小民族"，宋炳辉将其定义为"相对于这一时期中国的世界地位和民族处境而言，同时在中外关系中又是相对于中国与西方强势国家的关系而言的，是作为弱者而看到的弱者"。（参见宋炳辉：《弱小民族文学的翻译与20世纪中国文学的民族意识》，复旦大学博士学位论文，2003年，第18页。）

文学之外的文学体系。其中更加值得注意的是，《现代》对边缘小国文学的翻译为这个文类在我国的翻译史增添了多位未经介绍的作家和新推出的创作；对于杂志创刊前或同时期国内已经译介过的小国作家作品，《现代》也从全新的视角推出，编译者在翻译过程中皆充分关注到了文本的开放性与重译时的语境变化。无论是在编译群所秉承的翻译动机，对国别、作家及作品的选译倾向，还是所采用的翻译策略中，都没有同类翻译活动中所尽力凸显的民族意识与民族矛盾。

二、同为"弱势民族"
——20 世纪初我国的小国文学翻译

作为一个根据相对概念而设定的民族文学体系，我国从 20 世纪初起即被视为世界范围内的"弱势民族"之一。在民族意识觉醒的时代背景下，20 世纪初译介外国文学的重镇《小说月报》便充分意识到了与我国同处于弱势群体的国家及民族文学的翻译，大力倡导并专门开设了"被损害的民族文学号"。对当时的期刊及译者来说，积极翻译这些作品，仿佛怀有与同样带有心理创伤的民族群体一起与世界霸权文化做斗争的斗志与体验。于是，20 世纪初，各类报刊杂志所开展的小国文学翻译活动通常由愤怒的呼喊、绝望的反抗为导言。"小国"被直接等同于"弱小"，只要是主流欧洲国家以外的，都属于被侵略、被欺压的群体。"五四"新文化运动前后，以鲁迅、周作人等作家为主导的翻译及出版活动是该时期小国文学译介的重要实践。到了 20 世纪 30 年代左右，随着我国出版业的发展，以期刊杂志为主要媒介平台的文人群体加大了对此类文学的译介，且大多数翻译活动均以专刊专号的形式集中推出。由此，我国对该类文学的翻译达到了一定作家及作品数量的积累。"左联"成立后，左翼文人群体的专注将该类文学的翻译推向了高潮。其中，最具代表性的是以左翼作家群体为主导的《文学》月刊（1933—1937）所推出的"弱小民族专号"，该专号以东欧国家的作家、作品译介为主；上海生活书店出版的《弱小民族小说选》可以称得上是当时对该类文学翻译成果的集中整合；此外，得到鲁迅等人支持的专门以翻译外国文学为主要任务的《译文》（1934—1937）也在 1937 年特别推出了"西班牙文学专号"。对于左翼群体来说，对小国文学的翻译在当时被视为充满革命性、进步性的行为，尤其是对于北欧及东欧国家而言[①]。

除了对该类文学重点关注的左翼译者群体，被视为"非同人"期刊的《现代》杂志编译群，对此类文学的关注也从 20 世纪初延续到杂志创刊的 30 年代。作为主编的施蛰

---

① 郭延礼：《中国近代翻译文学概论》，湖北教育出版社 1998 年版，第 438—439 页。

存,甚至将这份关注与译介热情持续到了抗战后。从20世纪初到抗战后,文学生产及翻译的语境经历了多重变化,而以施蛰存为代表的"《现代》派"译者群始终怀着对小国文学翻译的一份特殊的坚持。

经过左翼译者群体、"《现代》派"编译群以及右翼作家群体的积极译介①,国内对此类文学的翻译无论是在国别、作家数量还是作品文类、涉及的主题等方面都取得了一定规模的成果。更有多位作家被多次、反复地译介,其代表作也得到了相应的评论与分析,这对我国的文学文化生产,尤其是现代文学的发展来说,有着广泛而又深远的影响②。

三、撕去"弱小"的标签
——《现代》的译介立场

从20世纪初开始至30年代,对小国文学的关注和翻译确实扩大了此种文学类型在我国的传播和影响,是外国文学汉译史的重要组成部分。但在固定标签下的译介活动遮蔽了此种文学类型本身的审美特性与文学价值,忽略了此种文学类型在建构中国现代文学审美体系中的真实面貌和作用。从20世纪初左翼文人群体的重点关注,到30年代左、右翼期刊的积极译介,源于这些国家的作家作品在我国的流转和传播一直处在强弱的对立话语体系中。凸显"弱小"不仅是以上译者群体的唯一译介动机,也是其在翻译过程中反复强调并不断放大的重要元素。一旦被贴上了"弱小"的标签,这些作品的文学功能便会被减弱,转而被赋予过多的文学之外的压力及功能。总体来说,以《文学》月刊及《译文》杂志为代表的期刊编译群对这些国家在国际上所处的弱势地位及政治状况尤为关注,而多数此类文学作品都是以此政治或历史背景展开,这部分便是其重点向国内读者呈现的。不仅译者本人会在"译后记"中强调、凸显这种背景,期刊的编者也会利用各类副文本空间向国内读者渲染导致这些国家目前境遇的根本原因在于其所承受的来自大国的欺压,甚至替他们发声,呼吁其不惜一切代价进行反抗。这些副文本话语同译作一起,在一定程度上激励了同处于弱势境遇的中国人民团结一致,勇于反抗,维护民族及国家的主权。《小说月报》弱小民族文学译介专栏的推出便是当时对此类文学的典

---

① 创刊于南京、有着右翼背景的《矛盾月刊》(1932—1934)也参与了小国文学翻译,并在1934年推出了译介专号。
② 宋炳辉:《弱小民族文学的翻译与20世纪中国文学的民族意识》,复旦大学博士学位论文,2003年,第22页。

型译介模式。专栏在名称、类别、性质上的限制无疑忽略或遮蔽了它们本身作为文学作品本身的审美特征。正如茅盾在专栏的导言中所强调的民族性和内在精神一样,感动他们的是这些民族被损害的灵魂,是他们面对黑暗坚持抗争的勇气①。也有译者在翻译过程中自觉地将我国的状况纳入此类话语体系,并与其所译介的这些国家进行对比,呈现出我国亦是不平等、不合理体系受害者的现状,以此来激发国内读者潜在的抗争意识。哪怕是对一些国家优质文化艺术的认可,也是基于艺术对民族精神的刺激作用②。正如茅盾在提及翻译外国文学动机时所提及的:"我们相信文学不仅是供给烦闷的人们去解闷,逃避现实的人们去陶醉;文学是有激励人心的积极性的。尤其在我们这时代,我们希望文学能够担当起唤醒民众而给他们力量的重大责任。"③ 如果说以左翼译者群为代表的群体在翻译过程中较多地关注小国文学在意识形态方面的特征而不是蕴含在作品中的创新性写作技巧,那么对国内读者来说,对此种文学类型的认识无疑便是片面的。

  从《现代》作为期刊的文学生产立场和动机来看,以主编施蛰存为代表的编译群对文坛当时广泛盛行的文学功利主义风气感到不满,想要建构以文学性为主导的翻译活动。于是,创刊伊始,他便明确表示要打破独尊某一种倾向的文学或文学批评模式的态势,倡导各种创作风格及题材元素并存。这便决定了《现代》在译介这些无论地理上还是政治地位上都处于边缘的小国文学时,还是以文学为本位的立场去选译作品。于施蛰存个人而言,对此类文学的关注同样源于20世纪初我国盛行的对这些国家和民族文学的译介风潮。《现代》编译群的其他成员也是成长于阅读由鲁迅、周作人、周瘦鹃、茅盾等人所翻译的域外文学作品,尤其是在当时被广泛称为弱小民族文学的译作。周瘦鹃的域外小说译介选集便包含了多个小国文学作品,施蛰存、戴望舒等人也经常去同学孔另境的住所翻看相关的译作书籍④。这些作品为怀揣文学梦想的年轻人带来了新奇有趣的阅读体验,使他们在年少时期便对这些边缘的小国文学产生了浓厚的兴趣。这些国家的文学

---

① 沈雁冰:《被损害民族的文学背景的缩图引言》,《小说月报》,1921年10月。
② 茅盾曾在提及新的一年译介弱小民族文学计划时对广大读者发出呼吁:"我鉴于世界上许多被损害的民族,如犹太如波兰如捷克,虽曾失却政治上的独立,然而一个个都有不朽的人的艺术,使我敢确信中华民族哪怕将来到了财政破产强国共管的厄境,也一定要有,而且必有不朽的人的艺术!而且是这'艺术之花'滋养我再生我中华民族的精神,使他从衰老回到少壮,从颓丧回到奋发,从灰色转到鲜明,从枯朽力爆出新芽来!"(参见沈雁冰:《一年来的感想与明年的计划》,《小说月报》,1921年12月。)
③ 茅盾:《"大转变时期"何时来呢》,《茅盾全集》,人民文学出版社1989年版,第414页。
④ 1923年秋,施蛰存与戴望舒同进上海大学文学系求学,任班长,兼听社会学系的课。通过孔另境介绍,施蛰存结识了沈雁冰。孔另境是沈雁冰(茅盾)的妻弟,在上海大学求学期间居于沈家。经沈雁冰同意,施蛰存等人经常去沈雁冰家里阅读文学书籍。

创作在各类人生体验的描写上带给他们极大的触动①。这与施蛰存一直以来深信的文艺最大功效是一点点刺激和兴奋的观念是完全吻合的②。在他眼里，文学能够刺激人们的情感，甚至可以使人更加坚定自己的文学信仰或革命信仰，这便是文学的审美和社会功能的辩证作用。也正是在翻译小国文学的过程中，施蛰存找到了一处追求文学性同时也不回避革命与政治主题作品的文学生产空间。于是，他与戴望舒、刘呐鸥、杜衡等人一同创办文学社团，创立期刊，不断地把选译的视角延伸到这些小国文学。到了《现代》时期，编译群对小国文学的译介热情依旧不减，几乎每期杂志都会出现小国文学的译作，却从未开设与其他期刊类似的、打着"弱小民族文学"旗号的专号，编者也从未将这些作品归于或限制于哪个门类下。对《现代》来说，译介这些边缘小国文学只是杂志"名副其实地介绍外国文学"计划的组成部分③。

四、超越民族性
——《现代》的译介倾向

从《现代》杂志对这些小国文学的翻译立场到翻译实践，我们看到了不一样的翻译图景。从副文本的角度来看，无论是在编者的"编辑座谈"中还是译者的"译后记"里，始终没有出现"弱小民族"的字眼，通过翻译此类文学来呼应中国现实的声音相对来说也就减弱和淡化了。当然，这种立场和倾向与《现代》杂志对这些民族国家生存状态和文学发展情况的关注并不矛盾。《现代》仍然积极并及时地在世界文学译介栏目中报道这些小国的文学动态、国家政局变化对文学的影响等，杂志所组织的对小国文学的翻译活动的总体基调还是进步的。正如以往一直被译界忽略的、在国人看来神秘无比的朝鲜文学，《现代》杂志从关注该国民族主义文学和普罗文学对立现状入手，对比中国当时的文艺状况，来重新审视朝鲜文学的发展状况，将该国的民族主义文学逐渐反动化和法西斯化的原因归结于朝鲜民众和民族主义文学之间的距离和隔阂。这种深入源头的译介方式在一定程度上还原了朝鲜文艺运动的真实情况，不仅首次向国内读者介绍了这个国家的文艺状况，也揭开了一直以来覆盖于朝鲜文学上的神秘面纱。

（一）从"民族英雄"到"伟大作家"

来自于意大利的邓南遮（Gabriele D'Annunzio）一直都是左翼译者群体热衷译介的小

---

① 陈子善、徐如麒：《施蛰存七十年文选》，华东师范大学出版社1996年版，第822页。
② 编者：《社中谈座》，《现代》第3卷第4期，1933年8月。
③ 编者：《编辑座谈》，《现代》第1卷第1期，1932年5月。

国作家。早在1921年和1930年，寿丁、海镜等译者便在译介其作品时凸显了作家强烈的民族意识。邓南遮因年过50依然奋勇参加第一次世界大战而闻名于世，其爱国主义英雄形象和以其为代表的意大利人民为民族独立解放而奋勇斗争的经历一直为当时的左翼译者群所称道。在另一方面，除了民族意识，邓南遮的名字还与被无产阶级视为腐朽堕落的唯美主义思潮联系在一起。茅盾从文学的社会性出发，始终对邓南遮的唯美主义表示敌意①；《唯美》杂志在1921年7月刊中公开指责唯美主义作家邓南遮、王尔德所宣扬的浪漫的个人主义无益于人类的前进②；1924年，张闻天翻译了邓南遮的戏剧作品，称邓南遮代表了"意大利的民族性"③；到了20世纪30年代，赵景深在《现代》杂志上介绍意大利文学时曾就邓南遮在文学地位上得不到关注而感到惋惜④。作为一位身处民族解放语境中的作家，《现代》对邓南遮的关注视角是独特的。杂志所选译的邓南遮的诗歌作品大多是那些不为传统内容所限，有新元素和新诗情的现代诗歌。在译介过程中，译者尽力凸显诗人在诗歌创作中所融合的记忆、冲动、直觉等心理状态和心理活动的多变流转。在译文中，读者能够体会到诗人细腻的描写手法，感受到诗人的心绪，体会诗人曾有的经历。译者极力向读者展现诗人独特的创作手法和艺术表现力，突出其作品中的文学性元素。在翻译邓南遮诗抄的同期，《现代》还刊登了林庚的《诗与自由诗》、郁达夫的《谈诗》等讨论诗歌理论的文章；刊登了现代书局即将出版新诗名著《沫若诗集》和《独清译诗》的广告，这在一定程度上配合了译者对邓南遮诗作的翻译活动，引发读者由邓南遮的作品所衍生的对诗歌翻译、诗歌创作的关注及对中国诗学理论建构的思考。在《现代》的译笔下，邓南遮褪去了爱国主义作家的形象，而是一个对现代主义创作技巧的丰富有过诸多贡献的作家；意大利也不再是那个斗争情怀激昂的民族，而是可以为我国的文艺创作起到深层次借鉴的国家。

与邓南遮的译介模式相似，对爱尔兰作家夏芝（Willian Butler Yeats）的译介也使得其民族英雄的形象得到了改换。夏芝在国内经历了多轮翻译热潮。20世纪20年代以来对"民族英雄"夏芝的翻译导致了国内读者无法体会其诗歌作品的审美特质，对夏芝作品的频繁翻译也一直圈定在颂扬其民族精神的主题中。这种翻译模式在一定程度上导向了单一化和意识形态化。这也正是每个历史阶段盛行的意识形态对翻译选择对象进行操纵的结果。其实，夏芝的作品中既有反映爱尔兰民族忧患和针砭时弊的内容，也有对人生

---

① 茅盾：《茅盾全集》（第18卷），人民文学出版社1989年版，第127页。
② 茅盾：《"唯美"》，《茅盾全集》（第18卷），人民文学出版社1989年版，第127页。
③ 张闻天：《〈琪娥康陶〉序》，《少年中国》第4卷第11期，1924年4月，第1页。
④ 赵景深说："因为丹农雪乌（邓南遮）即使有使人不满意的地方，他究竟是一切伟大诗人中的一个。讲到丹农雪乌，难道只应该讲到他的生平，而他的诗反而没有地位么……可惜这样好的材料，竟没有好手来写"。（参见赵景深：《最近的意大利文学》，《现代》第1卷第4期，1932年8月。）

与大自然的体悟和思考,在创作晚期还一度呈现出了神秘主义的倾向。《小说月报》、《文学》和《东方杂志》作为译介夏芝的主要期刊,对其作品中所蕴含的爱尔兰民族精神进行了深层析的解读①。而到了《现代》的"夏芝专辑",首先编者所选译的作品并没有承载高远深刻的题材,而是描写自然景观、心理变化、恋爱经历等;其次,选译的诗歌也多为民谣风格,具有民间的乡土气息。这些诗作远离爱尔兰当时的政治与社会现实,浸润着诗人对于自然变化、四季更替的诗意情绪,充斥着十足的英国乡间牧歌情调,抒发着诗人对人生、自然、爱情的象征性感悟,淋漓尽致地把淳朴的乡村生活表现得自然而又美好。在译介过程中,译者都是将夏芝作为象征派诗人推出的。作为创刊号上首个诗歌专辑,施蛰存显然有意不选择那些蕴含政治与社会现实等严肃主题和革命激进情绪的早期作品,而是选择诗人真情流露和悠然自得审美意趣的生活小诗。另一方面,《现代》杂志在选译时还考虑到了中国新诗发展和诗学建构的内在需求,为了使夏芝更多以象征主义诗人的形象出现在中国,那些暗喻时事、忧国忧民、心系家国的具有政治情怀作品显然不在译者的选择范围内。在《现代》杂志中,我们终于看到了不再背负民族英雄责任的独立文学家形象。

(二)从民族情怀到现代书写

《现代》对匈牙利文学的译介也是独辟蹊径的。需要指出的是,《现代》并不是首译匈牙利文学的期刊,其译介倾向重在对以莫尔那(Franz Molnar)为代表的匈牙利文学进行重构性的呈现和描述,凸显匈牙利文学在现代性方面的突出表现。匈牙利文学的特殊性在于欧战给国家和民族带来的巨大影响,由此导致该国文学发展的每一步都与政治环境的变化紧密相连。政局的变动使该国文人群体性逃离,一直以来为国内译者所关注的莫尔那便是其中的一员。鉴于此背景,《小说月报》在对匈牙利文学进行译介时便倾向于那些以大国的压迫侵略为背景、以民族英雄为主要人物形象、以抵御外敌争取民族独立为主要情节的作品。因而,具有战地记者这个特殊身份的莫尔那及其作品便最符合左翼译者群体的预设。莫尔那是一个具有革命斗争意志的作家,曾在第一次世界大战时因为职业身份而遭到纳粹的追杀。茅盾、沈泽民等早年在译介莫尔那时没有对其作品进行具体的翻译。因此,国内读者对作家独创的情境穿插、对话描写、出人意料的结局安排等创作技巧以及他赋予人物的极具个性的语言风格和心理描写等特色毫不了解。《现代》的编译群发现莫尔那的对话体小说《钥匙》融汇了他全部的创作风格,于是由编者亲自

---

① 《小说月报》第14卷12号(1923年12月10日)发表了郑振铎的《一九二三年得诺贝尔奖金者夏芝评传》;《文学》杂志分别在第97、99、104、105期刊载了夏芝的译文;《东方杂志》在20周年纪念号上刊登了王统照的《夏芝的生平及其作品》,在1924年21卷7号上发表了愈之翻译的《介绍爱尔兰诗人夏芝》。

翻译，重点推荐。由于施蛰存自己也是国内心理分析小说创作的先驱，在翻译心理活动时便格外注重对抽象的、片段式的、流动的心理活动的传递。虽然原作中人物的心理变化过程复杂而多变，但译者的选词和呈现都极为自然到位，将作家"极富于机智，有轻快感觉"的创作风格有效地体现出来①，使读者身临其境地感受到主人公的心态变化。

由于施蛰存本人充分认可文学对人类内心的触发及感动功能，那些周瘦鹃的短篇小说译作中常出现的描述压抑和苦难情绪、抒发内心理想、追求梦幻、分析心理活动、探索灵魂等作品便一直为《现代》杂志所青睐。再加上编者想从审美的角度向国内读者介绍一些小国文学的新进展以及他们所运用的新型创作手法，便促成了《现代》对东欧小国罗马尼亚文学的翻译。编者特意邀请有多年世界语翻译经验的译者孙用，翻译了由勃拉太斯古创作的、"特重深细的心理分析，明白而又适当的表现手法"的《小尼克》②。小说描述了由贫富差距带来的悲剧。作家用细致的笔触刻画了主人公小尼克在圣诞节想看到美丽圣诞树的强烈愿望及天真无邪的内心世界。对该小说的译介体现了编译群对小国文学在主题及内倾性描写上的倾向。这一期之后，《现代》又马不停蹄地推出了爱沙尼亚文学的译介。在傅平所撰写的《现代爱沙尼亚文艺鸟瞰》中，爱沙尼亚并不是传说中那个被欺压的弱小民族，《现代》刊载的爱沙尼亚小说《觅珠人》中也没有愤怒的情绪和激烈的反抗，却蕴含了该民族所特有的文学属性和怪诞、独特、叛逆的艺术创作风格。小说的作者 Gailit A. 是一位善于运用技巧的小说家和文体家。译者从人物塑造、情节构思和创作典型性方面帮助读者对作家的创作进行了赏鉴："他的创作的奇想是无边际的。他引我们走入奇异的世界中，创造许多不平凡的场面，介绍一些不平凡或罕见怪异的人物……在这富有幽默趣味与美妙的奇想的书中，他创造了在爱沙尼亚文学中的如塑的独创的一个典型。"③ 作家笔下怪诞、独特、叛逆的手法从某种程度上来说丰富了爱沙尼亚小说的艺术性元素。虽然属于小国文学作品的范畴，译者丝毫没有提及该国在文学创作中的民族情怀和抗争意识，而是全力向读者展现作家创作风格的独特性。

此外，对西班牙文学的译介也是《现代》小国文学翻译活动的重要组成部分及特色之一。杂志一共译介了包括阿耶拉（Ramón Pérez de Ayala）、阿索林（Azorin）和巴罗哈（PíoBaroja）在内的 3 位西班牙作家及其作品。阿耶拉还是由《现代》率先译介到国内的。除了意大利，西班牙是《现代》小国文学译介系列里涉及作家及作品数量最多的国家。杂志的编译群核心成员戴望舒便是西班牙文学的主要译者，多数作品都是由法文版转译的。阿左林是戴望舒从 20 世纪 20 年代初就开始关注的作家，在西班牙文学史上占

---

① ［匈］莫尔那著，惜蕙译：《钥匙》，《现代》第 2 卷第 6 期，1933 年 4 月。
② ［罗马尼亚］勃拉太斯古著，孙用译：《小尼克》，《现代》第 2 卷第 4 期，1933 年 2 月。
③ ［爱沙尼亚］Gailit A. 著，傅平译：《觅珠人》，《现代》第 2 卷第 6 期，1933 年 4 月。

有重要地位。在施蛰存主编的《新文艺》（1929—1930）第1卷中，就刊有徐霞村对阿索林散文的介绍。阿索林的散文风格向来简练、朴素、清新。戴望舒所翻译的《西班牙一小时》破例以连载的方式刊载在《现代》上，包揽了杂志为数不多的连载份额。作为一部长篇小说，《西班牙一小时》描写的是16世纪长达30年间西班牙社会的种种情形，小说时间跨度大，人物数量众多且形象丰富，事件庞杂，因此具有史诗般的宏大叙事模式。值得一提的是，作家的视角触及了那些不为人所关注的群体。那些有着异端性格和行为的人们，属于边缘小国中的边缘群体。缺少了这部分群体，异域社会的众生相便无法完整地呈现。与赵景深发表在《小说月报》上的《西班牙作家与革命》（1931）中所介绍的阿索林不同的是，《现代》对《西班牙一小时》的选译其实是基于该作品以特殊的历史与诗的混合文体形式描绘了西班牙社会。如果说赵景深意欲将阿索林的创作与西班牙的革命活动相联系，那么戴望舒对该散文集的翻译则是为了向国内读者展示异域社会的众生相，尤其是那些异端的人群，那些不为人所知的群体如何在其特有的文体形式下被塑造得栩栩如生的方法。在《西班牙一小时》中，作家用他那特有的散文体形式描写西班牙社会中的各类人物：那些可怜的、生活在宫廷里的臣仆，在王宫里伺候了一辈子、负载着许多秘密的人，那些传递文书的使者，那些经历身边亲人挨个离去的老人。这些不为人所关注的以及常人体会不到的情境带给了读者多重情绪上的冲击与触动。另外值得一提的是，译者选译的还是阿索林文体创新的重要成果——笔记体散文，这种新型的文体对西班牙现代文学的贡献远超于作家所擅长的其他文类。译者也借此抒发了对西班牙文学发展现状的感受，表达了对西班牙文学创作中传统元素的认可，呼吁文学创作中匠心精神的回归，同时表达了对国内文坛浮躁之风和功利主义的不满："诸君代表着西班牙文学的传统……诸君爱我们本国的文学，诸君知道语言底美和纯粹，诸君一心专注于艺术底问题……文学的工作者应该是忍耐和爱。"① 在翻译活动的系统安排上，创刊号以阿索林的译作为开端，将西班牙文学译介作为特色栏目在杂志上连续推出。编者不仅邀请了有过多年西班牙文学翻译经验的戴望舒，还计划与另一位未曾在中国介绍的西班牙新兴"怪杰"作家阿耶拉联合介绍。从编者对转译行为的安排，到有经验的译者的选择，到译作的刊载模式，再到编者有针对性的推荐，我们可以看出《现代》杂志的编译群对西班牙作家文学创作方式的认可和在选译过程中对作品文学性的重视。

五、结语

从20世纪初开始，以《小说月报》为代表的对小国文学的翻译活动强调并凸显了其

---

① ［西］阿索林著，戴望舒译：《西班牙的一小时》，《现代》第1卷第1期，1932年5月。

作为弱势民族及群体的身份标签，这从某种程度上来说为我国民族意识的确认和民族精神的表达提供了重要的文学层面的参照。以施蛰存为代表的"《现代》派"译者群体在对该类文学进行译介时则超越了一直以来被凸显和放大的民族矛盾和国民情怀，淡化了"强"、"弱"或"大"、"小"的对立概念，将这些在地缘属性、经济发展及政治地位上处于边缘角色的、在主流文学译介史上为人所忽略的对象一并纳入了主体论述的空间，更为全面地揭示了这些国家及民族文学的现代性特征，呈现了《现代》杂志在选译外国文学时始终如一的立场和标准，加强了特殊时代语境下国内读者对优秀文学的认知与借鉴。从外国文学在现代中国的翻译史角度来看，《现代》没有在文学转型的关键时期失去其作为文艺刊物最重要的文学导向功能。这些边缘小国文学与《现代》所译介的其他文学类型一起，为中国现代文学思潮和文学样式的发展做出了重要的贡献。

（作者单位：上海商学院商务外语学院）

民国文学研究

文学与舞台的拮抗
——20世纪早期两种中国戏剧"提纯"观及其现代性问题

高 洋

引 言

"纯粹性"(purity)可以说是近代中国围绕戏剧改良与革新的众多言说都格外关注的一个问题,由此也形成了两套关于何为"纯粹戏剧"(pure theatre)的话语系统。在第一套话语体系中,戏剧被框定在文学体裁之一种这一范畴内。也就是说,文学文本(剧本)的形态对于戏剧来说是第一义的,而对这种文本进行舞台性呈现的诸种要素则是第二义,它们的存在价值必须依附于文本的文学性之上,其本身并不具有本体属性①;这种认识在20世纪早期催生了关于中国戏剧的第一种"提纯"(purification)观念,即站在文学中心的立场上对戏剧文本及其舞台呈现方式进行系统性改造,从而使中国戏剧和其他中国现代文学体裁一道加入"世界文学共和国"(the republic of world literature)的大家庭中。

与此针锋相对,在关于"纯粹戏剧"的第二套话语体系中,戏剧并不被视为文学形式中的一种,而是要声张其作为一种独立的艺术样式所具有的本体论价值,即不是"从文学的角度去考虑,而是把戏剧带到剧院去讨论、去实践"②。也就是说,戏剧的"纯粹

---

① 正如周宁所指出的,持这种观点的人认为"文学因素是唯一永存的因素;戏剧文学足以构成完整的艺术作品;戏剧中的其他艺术因素是附属性的"。周宁:《比较戏剧学——中西戏剧话语模式研究》,上海社会科学院出版社1993年版,第206页。

② 胡星亮:《二十世纪中国戏剧思潮》,江苏文艺出版社1995年版,第171页。

性"存在于其本体属性——"剧场性"(theatricality)之中。"剧场性"亦可被称为"舞台性"(stageability)①,它将戏剧定义为以舞台演出为中心的、有机地融合了各种艺术要素的综合整体,具有一种"总体性"(totality)。占据这种舞台"总体性"核心位置的并不是文学文本(剧本),而是演员的表演,更确切地说是表演者的身体性演技(physical acting)。从这种话语系统的内在逻辑中诞生了第二种中国戏剧的"提纯"观,它将中国传统戏曲视为一种天然的"剧场性戏剧"(theatrical theatre)与"总体戏剧"(total theatre),通过对演员的程式性身体演技进行进一步的丰富与发展以及对演员表演之外的其他舞台构成要素进行去"杂质"化的处理,力争使传统戏剧的"剧场性"与"总体性"特征更加洗练与精致。

上述两套关于戏剧"纯粹性"的话语体系及其推演出的两种戏剧"提纯"观,无论是将戏剧视为文学的一种存在形态(可以称之为"文学派"),还是主张戏剧乃是一种具有独立本体价值的舞台综合艺术(可以称之为"舞台派"),表面上看,似乎涉及的只是为戏剧在文艺体裁范围内划定一个归属地。但是,这种形式层面上的戏剧观之争实与近代中国风云变化的社会历史语境有着深刻的关联,反映出在巨大的时代变革背景下时人文化观念演变的复杂图景。可以说,在当时的社会文化氛围中,探讨现代性在文学艺术的形式与内容层面上的建构成为了各种文艺论争与风潮的结构性底流。在这种意义上,20世纪早期出现的两种中国戏剧"提纯"观,在东西方文化碰撞的宏观历史视野中,为我们思考中国文化现代性建构的路径选择、面相呈现、内在诉求及其背后所蕴含的"新"、"旧"价值判断以及现代性自身的发展与超克等一系列问题提供了有益的启示。

一、"原始性"的去除:"文学进化论"下的中国戏剧"提纯"观

强调剧本——而不是以演员表演为核心的舞台呈现——乃是戏剧之根本的理念,可以说是近代以来中国戏剧审美话语中最重大的观念变革。这种从剧场性(舞台性)到文学性(文本性)的戏剧本体论的转变,贯穿了从晚清戏曲改良到以文明戏为代表的新剧革命在内的近代中国戏剧发展历程的各个阶段。"五四"新文化运动前后,这种文学中心的戏剧本体论的认知趋势愈发变得强势。这一点清楚地体现在一些新式知识人与戏剧人关于戏剧与文学之关系的论述中。在这些人看来,"戏剧是艺术的一种,文学的一种,

---

① Davis, Tracy C. and Thomas Postlewait, editors. *Theatricality*. Cambridge: Cambridge University Press, 2003, p. 21.

诗的一种"①，即将戏剧视为一种文学艺术，而对于以演员表演为中心的舞台演出，有的人虽然承认其也是一种艺术形式，但是认为舞台艺术本身缺乏独立的本体属性，其存在必须依附于戏剧文本的文学艺术之上②；有的人干脆将戏剧（文本）与舞台（演出）截然分开，只承认前者是一种"艺"（art），而将后者视为仅仅是一种为前者服务的"技"（craftmanship）③，认为舞台呈现的存在与否并不会对戏剧的艺术性造成任何影响④。

正是在这种认识论前提下，"五四"新文化运动时期，以胡适等为主将的《新青年》派激进革新知识人，高举着"一时代有一时代之文学"的"历史的文学观念"⑤，将戏剧改革视为文学革命的一个重要分支⑥。带着一种"文学进化论"的视角，这些知识人对以京剧为代表的中国传统戏曲进行了严厉的审视，并最终得出了这样的结论：中国现代戏剧如果要获得一种符合时代精神要求的纯粹文学性品质，就必须从舞台与文本两个方向上彻底去除传统戏曲所具有的种种"原始性"（primitiveness）痕迹。

首先，在舞台演出这一层面上，以《新青年》派为代表的激进知识人认为传统戏曲在两个方面的落后保守性严重阻碍了中国戏剧向着"纯粹戏剧"发展的进化路径。第一个方面是戏曲的各种舞台构成要素所具有的强烈程式性。在这些知识人看来，诸如"脸谱、嗓子、台步、武把子、唱功、锣鼓、马鞭子、跑龙套"等传统戏曲的舞台程式性元素，乃是一些"于戏剧的本身全不相关"的历史"遗形物"（survivals of rudiments）⑦，它们在戏曲舞台上的留存清楚地表明了中国戏剧从来就没有经历过充分而完全的进化历程，而是在很早的历史阶段就陷入了绝对的停滞，从而将其在进化阶梯上的低级原始状态保存至今⑧。由这些"恶腔死套"⑨所构成的舞台程式体系不仅违背了人们正常的艺

---

① 梁实秋：《戏剧艺术辩证》，余上沅编：《国剧运动》，新月书店1927年版，第24页。
② 例如，向培良指出："排演本身也是一种艺术，虽然排演不能离剧本而单独存在。"向培良：《中国戏剧概评》，知识产权出版社2016年版，第3页。
③ 例如，洪深认为"所谓优伶，只是演戏的人而已，他的技术也不过是戏剧艺术的局部表现"。洪深：《北剧之将来》，左明编：《北国的戏剧》，现代书局1929年版，第7页。
④ 梁实秋明确主张"戏剧就是戏剧，舞台是舞台；没有戏剧当然没有舞台，没有舞台，则仍可有戏剧"。梁实秋：《戏剧艺术辩证》，余上沅编：《国剧运动》，新月书店1927年版，第41-42页。
⑤ 胡适：《历史的文学观念论》，《新青年》1917年第3卷第3号。
⑥ 有论者指出："近代剧跟着白话文学运动在中国的新文学中筑下了基础。"郑伯奇：《中国戏剧运动的进路》，艺术剧社编：《戏剧论文集》，神州国光出版社1930年版，第15页。
⑦ 胡适：《文学进化观念与戏剧改良》，《新青年》1918年第5卷第4号。
⑧ 傅斯年对此有一个形象的比喻："好比猴子，进化到毛人，就停住了，再也不能变人了。"傅斯年：《戏剧改良各面观》，《新青年》1918年第5卷第4号。
⑨ 刘半农：《我之文学改良观》，《新青年》1917年第3卷第3号。

术审美感受性①，更重要的是，程式性让戏曲的舞台呈现彻底沦为了玩弄形式花样的"技"②。如果不将这些保留有原始竞技性质的舞台程式元素，特别是演员的样式化的身体演技彻底淘汰殆尽③，那么中国戏剧的舞台演出就永远不能脱离"玩把戏"的幼稚状态，从而进化到基于文本（剧本）的情节来反映现实人生的严肃文学表达阶段。

另一个方面，中国传统戏曲舞台演出集"歌舞乐"于一体的"总体性"也被视为妨碍中国戏剧向"纯粹戏剧"进化的顽固遗存，从而受到《新青年》派知识人的猛烈攻击。根据这些知识人的见解，西方戏剧在其原始阶段也保持着歌舞乐融合不分的总体状态（古希腊戏剧乃是最典型的代表）。但是，在随后的进化历程中，西方戏剧最终演变成了纯粹基于文学文本的话剧（drama），而音乐、歌唱和以舞蹈为代表的样式性身体动作在这一过程中从戏剧的舞台构成体系中被剥离出来，分别演化成为了独立的艺术体裁。因此，中国戏剧也必须要步西方戏剧的后尘，以文学性的"纯粹戏剧"作为最终的进化目标，为此，就需要对自身所具有的这种原始的"总体性"进行拆解④。

如果说，以《新青年》派为代表的革新派知识人认为作为一种"技"的传统戏曲舞台表现系统由于其具有的程式性与总体性特征而呈现出一种"百纳体"（傅斯年语）的状态，从而在外在形式上损害了作为一种"艺"的戏剧文学表达的纯粹性的话，那么，在视文学文本（剧本）为戏剧本体论基础的这些知识人的眼中，传统戏曲的剧本的低劣性相较其舞台呈现的原始性也不遑多让。抛开戏曲剧本在思想主旨上的"时代错误"不谈⑤，单就文学性着眼，戏曲剧本的价值也被完全否定了，以至于让人发出"剧本文学既为中国从来所未有"⑥的感慨。中国戏剧要想从"原始性"的泥沼中摆脱出来，最大的任务就是对剧本的文学品质进行"提纯"。

为此，一些革新知识人认为，一方面，要在结构布局上增强剧本的戏剧性张力，从

---

① 傅斯年认为戏曲在服饰、歌唱等方面的程式性刺激性过强，从而"违背了美学上的均比律（law of proportion）"，"总和美学原理，根本不相容"。傅斯年：《戏剧改良各面观》，《新青年》1918年第5卷第4号。

② 欧阳予倩认为"旧戏者，一种之技艺"。欧阳予倩：《予之戏剧改良观》，《新青年》1918年第5卷第4号。

③ 胡适认为"武把子一项，本是古代角抵等戏的遗风，在完全成立的戏剧里本没有立足之地"；傅斯年也说"武戏，简直是根本不能存在"的。胡适：《文学进化观念与戏剧改良》，《新青年》1918年第5卷第4号；傅斯年：《再论戏剧改良》，《新青年》1918年第5卷第4号。

④ 按傅斯年的观点，中国戏剧"如要适用于二十世纪，总当把这体裁拆散了，——纯正的'德拉玛'，纯正的'吹拉拍'，纯正的把戏"。傅斯年：《再论戏剧改良》，《新青年》1918年第5卷第4号。

⑤ 有论者斩钉截铁地指出："旧戏所要给出的'教训'，是反历史的，开倒车的，反进化的！"李朴园：《旧剧的如是观》，左明编：《北国的戏剧》，现代书局1929年版，第60页。

⑥ 欧阳予倩：《予之戏剧改良观》，《新青年》1918年第5卷第4号。

而摆脱"旧剧只有'故事'而无'剧'"①的缺陷;另一方面,则要实现剧中人物言语与身体动作的自然化。所谓自然化,体现在言语上就是"俗化",就是让剧中人物的言辞接近现代人日常生活中使用的语言。这一点与"五四"时期轰轰烈烈展开的白话文运动的诉求是相吻合的。在胡适等白话文运动的急先锋看来,"建构现代文学的根本是言语媒介问题,而语言问题的关键是言文一致"②。文学要在时代的进化中保持活力,必须要使用"活"的而不是"死"的语言文字,因为"死文字绝不能产出活文学"③。而白话文运动的"言文一致"诉求就是要用"活"的白话(口语)来取代"死"的文言来统一书面语言,从而清晰晓畅地表现发展了的时代内容与精神。对于以代言体的人物对话为文本主体的戏剧剧本来说,"言文一致"的要求就显得更加具有合理性与迫切性。另外,剧中人物的身体动作和言语一样,也必须是生活化的。值得注意的是,在一些知识人看来,戏剧人物的动作在本质上不是舞台性的,而是一种文学体裁,其构成了戏剧文学性的一个重要组成部分④。换句话说,戏剧动作在第一义上是"文本化"(textualization)的,其在舞台层面上所具有的"表演性"(performativity)只能依附于这种文本性才能实现。正是在这个意义上,在剧本中对人物的动作进行生活化的文学描写才能从根本上涤荡戏曲舞台上演员表演中的那些"不纯"的程式性身体表现。

二、剔除"杂质"的"异质":"复古"与"雅化"下的中国戏剧"提纯"观

与以《新青年》派为代表的激进革新知识人将戏剧视为一种文学形式,从而把中国戏剧的进化寄托在剧本文学性的提高并进而带动舞台表演变革的文学中心戏剧"提纯"观有所不同,一些对中国戏曲传统有着深厚感情的文化人——其中既有张厚载、齐如山这样的旧式文人,又有以"国剧运动"代表人物余上沅、闻一多这样的同时具有中西文化视野的现代知识分子——则坚决认为戏剧作为一种艺术体裁并不附属于文学,而是具有独立的本体论价值。在戏剧与文学的关系上,虽然这些文化人的认知并不一致,但是

---

① 熊佛西:《国剧与旧剧》,范善祥编:《现代艺术评论》(二),世界书局1930年版,第2页。
② 童庆生:《汉语的意义——语文学、世界文学和西方汉语观》,三联书店2019年版,第329页。
③ 胡适:《建设的文学革命论》,《新青年》1918年第4卷第4号。
④ 例如,梁实秋援引亚里士多德关于悲剧与史诗在体裁上的区别"一是叙述、一是动作"的理论,从而得出"是以 Drama 为动作之意,诚属不诬,但动作系指体裁言,非谓物质的舞台上的动作"的结论。梁实秋:《戏剧艺术辩证》,余上沅编:《国剧运动》,新月书店1927年版,第20页。

他们都一致相信作为一种独立艺术形式的戏剧，其"纯形"（pure form）① 性的实现并不是在文学文本（剧本）中，而是在舞台上。

带着这种戏剧的本体属性乃是"剧场性"（舞台性）而不是文学性的认识，这些文化人认为，不同于西方戏剧的写实化舞台表现为剧本的文学表达服务，中国传统戏曲的"纯粹性"乃是在于具有独立艺术价值的写意化舞台表现②，而这种有别于西方戏剧的舞台"异质性"（uniqueness）正是由那些被进步知识人诟病为"原始遗存物"的东西——舞台表演中的程式性与总体性——所构成的。由此，他们提出了与《新青年》派等激进知识人的主张截然相反的戏剧"提纯"观：不是去破坏戏曲的舞台"异质性"（程式性与总体性）；相反，应该进一步增强这种"异质性"。鉴于演员的表演乃是构成戏曲舞台程式性与总体性的核心要素，这些文化人主张通过进一步丰富和优化戏曲演员的样式化身体演技，以此来解决传统戏曲演出中程式性过于单调③和总体性各要素之间缺乏平衡④的问题。

由于将戏曲动作中蕴含的舞蹈成分视为戏曲舞台"纯粹性"的重要来源，一些人认为戏曲动作的进一步舞蹈化乃是强化演员样式化身体表现的一个有效手段。这一点集中体现在齐如山基于昆曲表演美学原则对京剧旦角身段的"复古"化改造中。通过对昆曲表演美学与实践的潜心研究，齐如山得出了中国戏曲舞台表演的本质特征在于"有声必歌、无动不舞"⑤ 的结论，从而将所有戏曲动作都视为"舞式表演"⑥，认为剧场实质上乃是一个"舞场"⑦。在为梅兰芳编排《天女散花》、《上元夫人》等一系列"古装新戏"的过程中，齐如山特意从历朝的古典诗文辞赋中去挖掘舞蹈意象，以此为灵感来源，在这些古装新戏中编入了"水袖舞"、"绶舞"、"杯盘舞"等一系列"古典舞蹈"，并且按照昆曲舞台表演所体现出的"唱做并重，歌舞合一"的原则，在演出中为"每句唱词都

---

① 闻一多：《戏剧的歧途》，余上沅编：《国剧运动》，新月书店1927年版，第56页。
② 余上沅指出："非写实的中国表演，是与纯粹艺术相近的，我们应该认清它的价值。"余上沅：《旧戏评价》，余上沅编：《国剧运动》，新月书店1927年版，第196页。
③ 有论者指出戏曲动作应该"由千篇一律的程式，进而变化为不同的程式"。马肇彦：《为在困难征服下的旧剧改革同志提议一个最初可能的办法》，《剧学月刊》1936年第5卷第5期。
④ 齐如山认为，在京剧取代昆曲成为戏曲主流样式的过程中，戏曲演员的表演由原来的演唱与身体动作在音乐配合下紧密结合的平衡状态演化成过于专注于"唱"的部分，而"做"的方面则一定程度被削弱与忽视了。梅兰芳：《舞台生活四十年》，河北教育出版社2000年版，第29页。
⑤ 齐如山：《中国剧之组织》，《齐如山全集》（第一卷），台湾联经出版事业公司1979版，第31页。
⑥ 齐如山：《国剧艺术汇考》，梁燕主编：《齐如山文集》（第三卷），河北教育出版社2010年版，第61页。
⑦ 齐如山：《国剧的原则》，梁燕主编：《齐如山文集》（第四卷），河北教育出版社2010年版，第308页。

安上身段,成为一出歌舞剧"①。可以说,这种按照昆曲表演美学原则编排"复古"化舞蹈动作,以此对京剧表演体系进行改造的实践,很好地体现了"舞台派"文化人提升戏曲舞台程式性与总体性品质的理想。

如果说,"舞台派"文化人认为中国戏曲的"纯粹性"维系于与西方戏剧舞台表现方式截然有别的、由程式性与总体性构成的舞台"异质性"的话,那么在他们的眼中,这种"异质性"并不是完美无瑕的,其中是掺杂着一些"杂质"的。因此,为了进一步提升作为"纯粹戏剧"的中国戏曲的"纯度",有必要从文本与舞台构成的各个层面上摒除这些"杂质"——具体来说,就是要对那些在内容与形式上被视为"俗"、"陋习"或是与时代风气与精神不相兼容的成分进行"雅化"的处理。例如,在剧本问题上,强调对传统剧目中存在的情节词句猥琐、意识形态上的封建性等问题进行改造,创造在思想内容上具有高雅格调的作品②;在音乐问题上,尝试通过加入月琴、忽雷、琵琶等声调柔和的乐器,来减缓传统京剧乐队编制中锣鼓与胡琴等乐器由于彼此声调不谐和从而听来相当刺耳的音响效果③;取消传统戏曲演出时的饮场、检场、跪拜扔垫子等"陋习"④。

三、"新"与"旧"之辨:现代性的"显"、"隐"两面及其超克

纵观上述两种出现于 20 世纪早期的、关于中国戏剧改革路径的戏剧"提纯"观的论述,可以发现,以《新青年》派激进知识人为代表的"文学派"的言说体现了一种"显"性的现代性诉求。在某种意义上,这种"显"性现代性可以被视为一种"强思想"(strong thought),其在本质上怀有一种宏大的历史终极目的论式的"解放叙事"⑤。在这

---

① 齐如山:《齐如山回忆录》,中国戏剧出版社 1998 年版,第 113 页。
② 谈到为梅兰芳编写某些神话题材的古装新戏的初衷时,齐如山直言中国传统的"鬼神戏"不像欧洲的神话剧那样"高雅洁净",而是"烟火气太重"。齐如山:《齐如山回忆录》,中国戏剧出版社 1998 年版,第 101 页。
③ 这一实践最成功的范例体现在梅兰芳于 1930 年访美公演时的乐队编排上。参看齐如山:《齐如山谈梅兰芳》,文化艺术出版社 2015 年版,第 27 页。
④ 张厚载主张把检场"等戏剧以外的人,整个儿排除在舞台之外";齐如山也认为"监场人在必要时仍然上台,唯工作一完便须赶紧下去,不准在场上停留",此外,"各脚场上都不饮场,跪拜不用垫子"。张厚载:《旧戏问题》,《国闻周报》1925 年第 2 卷第 13 期;齐如山:《齐如山谈梅兰芳》,中国戏剧出版社 1998 年版,第 41 页。
⑤ [美] 马泰·卡林内斯库:《现代性的五副面孔》,顾爱彬、李瑞华译,译林出版社 2019 版,第 301 页。

种"宏大叙事"(grand narrative)下，人类的社会生活被看作一个逐渐对其"原始性"加以"却魅"(disenchantment)的、连续的、不可逆转的历史过程。这种以科学理性为基底的、线性进步的历史观在价值倾向上的一个重要特征就是将一切在时间线上已经发生的"旧"事物视为落后的，从而加以排斥，而对那些刚出现的，或者尚未发生的"新"事物则表现出极大的迷恋与崇拜①。

可以说，"文学派"提出的中国戏剧"提纯"观就是这种"显"性现代性内含的历史进步主义观念在文化艺术领域的投射。在这一观念的支配下，"文学派"对中国"旧"剧在各方面的"原始性"加以毫不留情的攻击，并从根本上否定了从"旧"戏中生长出"新"的时代成分的可能性。为此，他们把创造中国"新"剧的希望寄托在文学领域，企图通过提升剧本的文学品质来形塑一种"纯粹戏剧"。但是这种"新"剧在文学性上的"纯粹性"在很大程度上并不是以文学艺术本身为归旨，而是"以政治、思想和文化启蒙为目的进行的"②。在这种以社会启蒙与政治教化为归旨的功利主义戏剧"提纯"观下，戏剧的舞台呈现并不具有独立的艺术本体价值，而必须只能为文学文本（剧本）所体现的社会现代性思想所服务。以这种工具主义的舞台演出观绳之，戏曲这样的"旧"戏的舞台表演体系必然是无法胜任体现时代进步性的要求的，只有《新青年》派提倡的易卜生"社会问题剧"式的"新"剧本因为能够传播新思想、新观念才有被排演的资格③。

以"文学派"的言说中暗含的"显"性现代性所体现的线性进步史观来衡量，"舞台派"的主张看似是相当"反动"的，因为它的目的并不在于对中国传统戏剧中的"原始性"进行"却魅"；相反，而是要对这种"原始性"进行"复魅"(reenchantment)，即通过进一步强化舞台演出的"剧场性"与"总体性"来使中国戏曲回溯到更深的历史源头中去。"舞台派"认为这种重新获得的、具有更深厚历史渊源的舞台"异质性"才是中国戏曲取得更高"纯粹性"的保障。可以说，"舞台派"持有的是一种本体论式舞台演出观，与"文学派"的工具论式舞台演出观不同，它反对"文学进化论"这样的机

---

① 波德莱尔认为"现代最本质的口号是'造新'"；瓦莱里也将现代传统的本质特征总结为"对新的迷信"。转引自［法］安托瓦纳·贡巴尼翁：《现代性的五个悖论》，许钧译，商务印书馆2018年版，第3页。

② 周宁主编：《20世纪中国戏剧理论批评史》（上卷），山东教育出版社2013年版，第89页。

③ 在胡适等《新青年》派的眼中，易卜生"并不是艺术家的易卜生，乃社会改革家的易卜生"。胡适承认《新青年》译介易卜生的"社会问题剧"的"宗旨本在于排演"，而排演的目的乃是"输入这些戏剧里的思想"。胡适：《答T. F. C（论译戏剧）》，姜义华主编：《胡适学术文集·新文学运动》，中华书局1998年版，第487页。

械性历史进步观念①将文学文本（剧本）的价值作为衡量戏剧"纯粹性"与否的标尺，认为这会导致文学在戏剧所有构成要素中的一家独大地位，其结果是只能产生一些毫无戏剧性的"案头剧"（closet drama）②；更为重要的是，本体论式舞台演出观拒绝将戏剧的舞台呈现仅仅视为文学文本中的思想与问题意识的物质表达这种实用主义戏剧观，认为这种做法不仅扭曲了艺术与现实的关系，更会损害戏剧作为一种艺术形式的超功利的"纯粹性"③。尽管"舞台派"采用"复古"与"雅化"的手段对戏曲的舞台呈现系统进行改造的实践遭到了诸多的攻击与指责④，他们仍然坚定地认为具有一种独立的艺术本体论价值的舞台性才是中国戏曲的审美本质之所在。

如果说"文学派"的立场是一种求"新"的进步主义的话，那么"舞台派"的主张当然可以说成是一种守"旧"的复古主义。但是，这种"复古"中也并非全无现代性的成分。只不过，相较于"文学派"对传统戏曲进行全盘否定的态度中蕴含的那种"显"性现代性，"舞台派"革新中国戏曲的方式所体现的则一直是"隐"性的现代性：一方面，通过"雅化"的手段来剔除传统戏曲中那些被视为"杂质"成分的做法可以说已经隐晦地展现了一种与现代文明理念接轨的志向；另一方面，在演员的身体演技等方面进行的"复古"化改造虽然是向着更加"原始"的程式性与总体性方向回归的尝试，但是"舞台派"并不否认在某些方面有对中国戏曲进行"现代化"改革的必要（例如改革戏曲音乐的记谱方式⑤等），只不过，在"舞台派"看来，这些"现代化"操作在戏曲的舞台演出构成中仅仅起到补充与美化的作用，它们只能以一种不喧宾夺主的方式在背后支撑与促进中国戏曲有别于西方戏剧的舞台"异质性"的体现。

在某种意义上，"舞台派"的"复古"主张中含有的这种"隐"性现代性可被视为

---

① 李泽厚指出，胡适等人提倡的"文学进化论""是一种相当浮浅的'历史的'观念"。李泽厚：《中国现代思想史论》，三联书店2018年版，第90页。

② 即使是对戏曲持全盘否定态度的向培良，也对胡适创作的《终身大事》这样模仿易卜生"社会问题剧"的剧作提出了严厉的批评，认为这些作品"根本不能叫那是剧本"，因为在这些剧本中"毫不能找出一些合适的动作"，其作者"完全不知道一个剧本应该怎样写，一个剧本的情节应该怎么进展的"。向培良：《中国戏剧概评》，知识产权出版社2016年版，第17页。

③ 闻一多认为"问题粘的愈多，纯形的艺术愈少"。闻一多：《戏剧的歧途》，余上沅编：《国剧运动》，新月书店1927年版，第57页。

④ 这种观点的一个典型例子是鲁迅对齐如山为梅兰芳编制古装新戏的批判。在鲁迅看来，本来是"俗人的宠儿"的梅兰芳，被齐如山这样的士大夫"罩上玻璃，做起紫檀架子来"；这些士大夫"教他用多数人听不懂的话，缓缓的《天女散花》，扭扭的《黛玉葬花》"；这些戏"雅是雅了，但多数人看不懂，不要看，还觉得自己不配看了"。鲁迅：《花边文学》，人民文学出版社1973年版，第128页。

⑤ 有论者指出戏曲音乐"记谱符号的不完备"，为此需要借助科学的方法"厘订记谱最完全的方法——音符，音名，音阶"，甚至主张"或竟采用西洋五线谱方法"。王泊生：《中国乐剧进一步的方法》，《剧学月刊》1932年第1卷第1期。

一种"弱思想"（weak thought）。相较于"文学进化论"这样的"强思想"对于"旧"事物那种疾恶如仇的不宽容态度，"弱思想"在对待"新"与"旧"的价值评判上采用的是一种相对的而非绝对的标准，它否认"新"以进步主义为名对"旧"进行全面压制的价值优越论，而宁愿在"旧"事物内部培养出"新"的萌芽，并达到二者之间的"重构性对话"①。更为重要的是，既然"新"与"旧"的界线已经在相对化中变得模糊，那么"新"与"旧"在性质上就出现了相互转换的可能。从前那些被视为"前现代"（premodern）或者"反现代"（countermodern）的事物因此会呈现出一种超越的"新的现代性"② 的面貌。20 世纪早期在西方世界风起云涌的艺术现代主义运动就是这种全新的"反现代的现代性"的典型体现。在戏剧领域，出于对 19 世纪以来以写实化的舞台表现来诠释文学剧本的戏剧进化路线的抵抗，以戈登·克雷、莱因哈特、梅耶荷德为代表的西方戏剧革新家力求"为戏剧创造一种新的空间，一种新的表演，结束（戏剧）对文学的依赖，将音乐和音乐性的创作原则重新引入到（戏剧中）"③。为此，他们积极地从中国戏曲这样的非西方戏剧传统中寻找灵感与启示，试图通过"再剧场化"（re-theatricalization）和"再总体化"（re-totalization）的方式来使西方戏剧重新获得具有独立本体价值的纯粹舞台性。正是在与西方现代主义戏剧革新运动的文脉对接中，"舞台派"通过对传统戏曲固有的舞台审美属性的保持与精炼，将戏曲备受诟病的"旧的原始性"逆转成了一种值得借鉴的"新的进步性"，从而实现了对现代性本身在中国文化发展中的意涵与作用的超克。

结　语

最后，我们似乎可以说，20 世纪早期围绕中国戏剧改革问题出现的这两种戏剧"提纯"观，在民族文化身份的建构上都体现出了一种对文化纯洁性的追求，其背后隐含着一种认同东西方文化有根本区别的本质主义文化观。在这种东西有别的二元对立式文化观下，无论是"文学派"还是"舞台派"，其强化中国戏剧"纯粹性"的主张及其中现代性的呈现方式都带着一种强烈地意识到文化"他者"（Others）的外部化视角。

对于"文学派"来说，中国戏剧的"纯粹性"只能在体现时代进步潮流的"世界

---

① ［美］马泰·卡林内斯库：《现代性的五副面孔》，顾爱彬、李瑞华译，译林出版社 2019 版，第 305 页。
② ［美］马泰·卡林内斯库：《现代性的五副面孔》，顾爱彬、李瑞华译，译林出版社 2019 版，第 354 页。
③ George Fuchs. *Die Schaubühne der Zukunft*. Berlin: Schuster & Loeffler, 1905, p.29.

性"(cosmopolitism)中去寻找。也就是说,中国现代戏剧要想成为一种"纯粹戏剧",就必须要像现代小说等其他中国文学体裁一样加入"世界文学共和国"的大家庭,在表达形式上褪去民族性而获得世界性①。但是,这种看似具有大同意味的"世界主义"显然并非价值中立的,而是建立在现代西方文明的观念体系之上的。在对这种西方中心主义的"世界性"的追随中,"文学派"带着具有"显"性现代性特质的"文学进化论"这样的机械式线性发展观念,对戏曲舞台上一切"旧"的、"原始的"特征进行了无情的否定,从而使自己陷入了文化历史虚无主义的陷阱。

与此相对,"舞台派"所提出的保持与强化中国戏曲固有的舞台"异质性"的主张,虽然很容易被视为文化国家主义者对"国粹"的盲目崇拜,但是,究其实质,这种"异质性"只有在与西方这样的文化"他者"的对照中才能被建立。更何况,这种"异质性"还是需要被"提纯"以排除那些所谓的"杂质"的。那么,"杂质"的标准是由谁设定的呢?"杂质"与"异质"的区别又在哪里呢?在"舞台派"的认知中,似乎戏曲表演中那些能勾起西方人对一种陌生戏剧样式的异国情调式的审美愉悦感的元素就是"异质"的;而那些可能与西方人的文化观念与审美习惯相冲突的成分则是"杂质"②。因此,这种对戏曲舞台"异质性"中的"杂质"进行剔除或弱化的"提纯"做法,其所内含的"隐"性现代性还是变相地承认了以传统戏曲为代表的中国文化仍然处在西方规定的文明等级秩序中的"原始"阶段,只不过这种"原始性"中既有体现中国文化的纯洁与质朴的"孩子般的"(childlike)一面("异质"),也有暴露中国文化的幼稚与野蛮的"孩子气的"(childish)一面("杂质")③。进一步而言,去除了"杂质"后的戏曲舞台"异质性"虽然在与西方现代主义文艺思潮的语境嫁接中实现了对现代性的超克,但是,这种"超现代性"的生成仍然需要西方"他者"的承认,即需要西方对于中国戏曲这样的东方戏剧传统所具有的"异质性"进行范围划定。这些被挑选出来的,被认为代表东方戏剧精神与美学实质的"异质性"固然可以被用来实现对以写实主义戏剧为代

---

① 正如有论者指出的,胡适等白话文学运动的推动者认为"现代小说的形式是世界性的,并非某个民族文学所独有的专利";与现代小说相似,现代戏剧的表达"工具应该是大同的,没有界限的区别。表现的方法只有好和坏,没有东和西"。童庆生:《汉语的意义——语文学、世界文学和西方汉语观》,三联书店2019年版,第334页;向培良:《中国戏剧概评》,知识产权出版社2016年版,第75页。

② 例如,赵太侔认为戏曲演出中的音乐乃是引起西方人不快的最大源泉:"西方人之不能领略旧剧,这一层,锣鼓的喧噪,实在是最大的拒力。"赵太侔:《国剧》,余上沅编:《国剧运动》,新月书店1927年版,第12页。

③ 关于西方对古老东方文明的"原始性"中"孩子般的"与"孩子气的"成分的区分,参看周云龙:《越界的想象:跨文化戏剧研究(中国,1895—1949)》,厦门大学出版社2010年版,第175-179页。

表的西方戏剧"现代性"的反叛,但是,这种反叛实际上乃是西方人在所谓的古老东方艺术中投射自己的文化乡愁的产物,本质上是"虚构的,至少是带有浪漫色彩的,幻想的品质"[①]。而"舞台派"为了对抗"文学派"对中国戏曲民族文化身份的诋毁,利用这种"超现代性"来刻意营造一个比西方戏剧更有先见性,因而更高明、更纯粹的中国戏曲形象,而不自知这种"超现代性"乃是由西方人赋予的外部化本质,从而不自觉地陷入了一种"自我东方化"(self-exoticization)的尴尬境地。

(作者单位:扬州大学新闻与传媒学院)

---

① [美]爱德华·W. 赛义德:《赛义德自选集》,谢少波等译,中国社会科学出版社1999年版,第200页。

民国文学研究

民粹与启蒙的混合：艾芜改造国民性路径新论①

钟良鸣　白　浩

在中国现代文学史上，自鲁迅开启"国民性"思考之后，"国民性"书写与批判即成为中国现代作家关注的核心命题之一，而以改造"国民性"为主要题中之义的文化启蒙传统，更是构成中国20世纪百年文学的主潮。艾芜是鲁迅培养起来、直接受其教诲、得其真传的作家②。关照"国民性"话题，关注底层民众艰难挣扎的生存处境和精神困境，及其在困境中迸发出的生命力量和人性光辉，是艾芜文学创作的中心议题。然而，多年以来，囿于对"国民性"理解的日益片面和固化，艾芜到底是否承继了鲁迅"国民性"批判精神传统？承袭了哪些方面？是否又有超越的地方？迄今为止，这仍然是值得深入讨论的问题。

一、鲁迅的"改造国民性"与艾芜的"国民性"立场

首先需要探讨的问题是：艾芜的小说创作与"国民性"批判究竟有没有关系？

自梁启超等晚清知识分子将"国民性"从日本引入中国之后③，"国民性"就成为百年中国挥之不去的话题。21世纪之初，肇始于千禧年《收获》杂志第2期"走进鲁迅"专栏文章的关于"国民性"的争论，至今仍有余音。一个话题竟能引发如此众多和

---

① 本文系2018年度国家社会科学基金一般项目"新时期藏汉文学融合研究"（18BZW191）的阶段性研究成果。
② 胡永修：《略论艾芜早期小说的现实主义特征》，《四川师范大学学报》（社会科学版）1994年第1期，第128页。
③ 《"国民性"一词考源》，《鲁迅研究月刊》1995年第8期，第69页。

—— 民粹与启蒙的混合：艾芜改造国民性路径新论 ——

长时间的讨论，足以见其丰富性、复杂性和重要意义。那么，究竟什么是"国民性"呢？一般而言，"国民性"之于鲁迅即是"国民劣根性"，包括国人的奴性、愚昧、迷信、自私以及麻木不仁、精神优胜等种种缺陷，是鲁迅"批判"和"改良"的对象。这几乎成为了一个常识。然而，很多时候恰恰是所谓的常识局限了我们的思维与认知。

正是因为将"国民性"常识性地理解为"国民劣根性"，所以鲜有论者将艾芜和"国民性"联系起来。给人惯常而深刻的印象是，"艾芜旗帜鲜明地站在下层人民的立场上，把他全部的歌颂献给了那些压在生活底层的人民身上，充当他们的歌手、代言人和辩护士"①。在早期小说中，他同情底层人民的苦难和不幸，讴歌他们的反抗，甚至对于那些被黑暗社会现实扭曲了性格的被侮辱者与被损害者，他都仍以满腔热情挖掘他们人性中的真善美；中华人民共和国成立以后，艾芜又将创作转移到歌颂新的生活、表现新的人物上，他将笔聚焦于身处新时代中的那些普通劳动者，如平凡的工人、农民，展现他们的美好情怀和内心世界。所以，我们很难在艾芜的小说中找到鲁迅式的揭出病苦、引起疗救的注意的"批判国民性"的文本。因而，有学者说："如果把艾芜的小说与其他新文学作家，如鲁迅、沙汀的小说放在一起，我们不难发现两者之间的差别，它们根本就属于两种不同的小说形态。"②

揭露和批判确实并非艾芜的特点，但这是否就意味着艾芜的创作与"国民性"批判没有关系呢？换句话说，是不是仅凭没有揭露和批判"国民性"，就可以断定艾芜没有在创作中进行"国民性"问题的思考呢？

早在1964年，孙玉石先生就指出，"所谓'国民性'，即'民族性'，原为西方资产阶级社会学中的概念，最初运用于民族问题的研究，以后又扩展到各民族文学艺术的鉴赏和批评领域。十九世纪，文学与国民性的关系，才成为资产阶级文艺思潮中的一个重要问题"，"国民性是资产阶级的思想概念。它指的是每个民族都具有自己共同的思想和精神状态"③。而据刘禾的考察，"'国民性'一词（或译为民族性或国民的品格等），最早来自日本明治维新时期的现代民族国家理论，是英语 national character 或 national characteristic 的日译"④。也就是说，仅从词源上看，"国民性"是一个中性词，而一般的

---

① 谭兴国：《论艾芜的独创性》，《文艺报》1981年第6期，第28-32页。
② 冷嘉：《讲故事的人——对艾芜小说的另一种解读》，《浙江社会科学》2002年第5期，第167页。
③ 孙玉石：《鲁迅改造国民性思想问题的考察》，《鲁迅研究集刊》（第一辑），上海文艺出版社1979年版，第86页。
④ 刘禾：《国民性理论质疑》，王晓明主编：《批评空间的开创：二十世纪中国文学研究》，东方出版中心1998年版，第157页。

"国民性"话语系统或概念也只是"一种对事实进行概括的描述性话语"①,"国民性"包括"劣根性"和"优根性",不特指"劣根性"。至于"国民性"一词为何会被赋予贬义的意味,刘禾认为,"新文化运动中的'现代性'理论把国民性视为中国传统的能指,前者负担后者的一切罪名",从而使得"批判国民劣根性"上升为批判传统文化的重要环节,因此,将"国民性"贬义化,"主要是新文化运动和五四运动的功劳"②。孙玉石在梳理中国国民性问题研究的大致脉络后也发现,19世纪末在中国社会上广泛传播的进化论思想实则是国民性理论的思想基础,"优胜劣汰,适者生存"的进化论公式到了20世纪初,成为一部分智识精英思考国家和民族命运、寻求民族解放道路的思想工具,而这些精英们受制于所处的阶级地位和历史条件,无法认识到帝国主义的侵略和封建阶级的压迫才是阻碍中国发展的根源,转而依据"优胜劣汰"的生物进化理论,将中国失败的原因归结到民族性的"孱弱",认为中国要想实现富强,首先需要改造"国民性"③。可见,其实"国民性"自引入中国时,就含有某种程度的负面指向性。

的确,在语言符号中存在着专用、专有或特定概念,一旦这些概念的内涵被设定或得到公认,往往就会相对固定,包括它们所负载的感情意味,也会被固化。但是,像"国民性"、"民族性"、"阶级性"等带有"性"的语汇,属于类群概括性概念,本身没有明显的价值内涵。因此,即使"国民性"概念在种族主义理论中含有贬抑东方民族的内涵,但这个词汇本身应该是"干净的"④。换言之,这个词汇是中性的。之所以要特别指出"国民性"一词的中性特征,是为了理解艾芜的小说创作与"国民性"的关系。

事实上,艾芜自己,是有改造"国民性"的意愿和写作追求的。1931年11月29日,艾芜与沙汀联名写信给鲁迅,请教有关小说题材问题。12月25日,鲁迅的回信中有这样的话:"然而两位都是向着前进的青年,又抱着对于时代有所助力和贡献的意志,那是也一定能逐渐克服自己的生活和意志,看见新路的。"⑤鲁迅表达了对于两位青年未来创作的期许和祝福,也对他们想要用文学给予时代助力和贡献的写作动机表达了肯定。

---

① 杨曾宪:《质疑"国民性神话"理论——兼评刘禾对鲁迅形象的扭曲》,《吉首大学学报》(社会科学版)2002年第23卷第1期,第61页。
② 刘禾:《国民性理论质疑》,王晓明主编:《批评空间的开创:二十世纪中国文学研究》,东方出版中心1998年版,第159页。
③ 孙玉石:《鲁迅改造国民性思想问题的考察》,《鲁迅研究集刊》(第一辑),上海文艺出版社1979年版,第89页。
④ 杨曾宪:《质疑"国民性神话"理论——兼评刘禾对鲁迅形象的扭曲》,《吉首大学学报(社会科学版)》2002年第23卷第1期,第61-62页。
⑤ 鲁迅:《关于小说题材的通信·回信》,《鲁迅全集·二心集》,人民文学出版社2005年版,第377-378页。

────── 民粹与启蒙的混合：艾芜改造国民性路径新论 ──────

  其后，艾芜在谈到"为什么要从事文学"的问题时，总是会举鲁迅的例子。鲁迅"开始立志以医救人，后来改为要从精神上拯救人类从事文学创作的例子"，使艾芜深受影响，他不断以此自我教育，也用以教育后来者。他说："鲁迅先生他对小说的认识，绝不像先前一般人的看法，当成闲书，只在茶余饭后供人消遣，他最恨这种看法。就是为艺术而艺术的态度，他也很不赞成。他认为小说应是为人生的，揭示人间的疾苦，引起人去治疗，亦即是说要借小说的力量去改良社会。"① 不只要认识人生、评价人生，还要改良人生，艾芜对鲁迅的这一文学观深以为然。他认为"最好的文学家，他不仅记载人民的生活、成为人民的历史家就算了，他还得变为一个医治人民精神病态的医师"②。20世纪80年代，艾芜还根据时代具体的情况和现实的要求，对鲁迅"为人生"的文艺观有了新的理解和阐释："鲁迅先生有两句重要的话，一是说他写小说必须是'为人生'，二是要'改良这人生'。他说的'为人生'，就是为人民服务，'改良这人生'就是要改善人民的物质生活和精神生活。"③ 而且艾芜坚持认为"最好的文艺传统，就是鲁迅先生提倡的为人民服务的传统"④。类似关于鲁迅改良人生的文学观的理解和论述，在艾芜的创作谈中，可谓比比皆是，这足以证明鲁迅以文学改造国民精神的文艺观明显影响了艾芜文学创作的动机。或者更进一步说，艾芜是接受鲁迅改造"国民性"的文学理论的，他有改造"国民性"的创作倾向。

  然而，艺术倾向或者说创作追求是一方面，创作表现则是另一方面。作家具有某种创作追求并不能决定他就一定能在创作中实现此种追求。这与"胸中之竹"未必就能成为"纸上之竹"是同样的道理。毕竟，从文本表面看，艾芜的小说中改造"国民性"的因子的确体现得不明显。这就涉及艾芜小说中改造"国民性"的路径问题。笔者认为艾芜的小说创作深受鲁迅改造"国民性"书写传统的影响，有继承，但更多是开拓出了自己独特的路径，具有了独创性，因而也就显得与众不同了，甚而至于被忽略了。

---

① 艾芜：《鲁迅先生的小说》，《艾芜全集》（第14卷），四川文艺出版社2014年版，第172页。
② 艾芜：《鲁迅先生的小说与时代》，《艾芜全集》（第14卷），四川文艺出版社2014年版，第165页。
③ 艾芜：《再向鲁迅先生学习》，《艾芜全集》（第14卷），四川文艺出版社2014年版，第341页。
④ 艾芜：《谈谈正确对待西方现代派作品——答青年作者问》，《艾芜全集》（第14卷），四川文艺出版社2014年版，第382页。

二、艾芜改造国民性的两条路径

有学者注意到,艾芜是在两种区域文化的对比中来思考"国民性"问题的。这两种区域文化分别指的是以巴蜀、滇缅边地作为边缘区的异域文化,和以中原、沿海一带为代表的本土文化。两相比较,"异域的生活景象恰如一面镜子,映照出本土文化的原形和老态"①。正因为意识到本土文化的古老与沉闷,意识到国民性格的过于顺从与安分,艾芜才着力表现异域边缘人的刚健、洒脱、率真、讲义气、不安分的性格和自由自在、无拘无束、慷慨豪爽、原始自然的品性,希望以"年轻少壮的血液"来"滋补"老化、柔弱的国民肢体,疗救古老民族的痼疾。

滇缅边地之于艾芜和本土文化,无疑是"他者",而"他者"与"自我"之间的差异性刺激是引起认知反应的主导因素,异质文化之间发生冲突和碰撞恰是带来更深入认知的契机,是促使认知结构发生改变或重构的可能动力。为羸弱的国民引入"他者",提供强健的性格榜样,这是艾芜改造"国民性"的一条路径。这条路径既呈现出艾芜小说中所具有的"国民性"书写因素,又能够回答为什么艾芜并非显在地批判"国民劣根性",却在实质上延续了鲁迅改造"国民性"书写传统的问题。鲁迅抱着启蒙主义的思想,希望"改变"②愚弱国民的"精神"。为此,他采用的是揭出苦痛、引起疗救的注意式的、暴露式的、批判式的启蒙路径。艾芜则采用为欲救治的国民引入"他者"的方式,以刺激其改变固有精神之痼疾。这构成艾芜改造"国民性"路径的独特性之一。但就艾芜改造国民性的路径来说,这显然只触及了一个重要方面,还不全面,有必要进行更深入的探讨。

鲁迅批判国民劣根性,艾芜挖掘国民"优根性",这是两条并行不悖的改变国民精神、改造"国民性"的路径。所谓国民"优根性",是相对于国民劣根性的一种说法。如果说,国民劣根性指的是国民整体精神、心理状态和集体无意识中存在的消极性因子;那么,国民"优根性"则指的是普遍存在于一国民众之中,内化为国民性格的,既支撑着国家、民族对付外来危机,又主导着国家、民族健康成长发展的,具有基因性的、根

---

① 张建锋:《在他乡与故乡之间》,艾芜:《芭蕉谷》,花城出版社2011年版,第214-234页。
② 鲁迅:《呐喊·自序》,《鲁迅全集·集一》,人民出版社2005年版,第271页。

抵性的，世代相袭的优质思想、文化、精神、心理等方面的质素①。艾芜实则和沈从文有着类似的创作追求，就是"想借文字的力量，把野蛮人的血液注射到老态龙钟，颓废腐败的中华民族身体里去，使它兴奋起来，年青起来，好在二十世纪舞台上与别个民族争生存的权利"②。为此，艾芜结合自身的漂泊经历，研究他所遭遇的处于时代大潮冲击圈外的粗人和蛮人，发掘这些底层民众身上的"优根性"。

除了以对"另类"群体"不安本分"的推崇，来对逆来顺受的国民性格和"温柔敦厚"的封建规范、"三从四德"的封建礼教等加以否定；除了以对特殊群体所显示出的"兽性主义"③加以推崇，来召唤一代青年生出蓬勃的朝气和生命力外，艾芜还挖掘、讴歌了底层民众身上极其可贵的两种品质。

首先是忍耐。艾芜不断尝试探测底层人物生命意志的极限，展现重压下的忍受、痛苦中的挣扎、绝境里的周旋。其次是勤劳。在艾芜的小说中，正面表现的人物都能吃苦耐劳。在《山峡中》里，一帮山贼，即便被逼到生活绝境，仍勤苦抗争以期绝处逢生。艾芜笔下的劳动妇女更是吃得苦、耐得劳的典型。无论是姜大嫂（《芭蕉谷》）还是周四嫂（《一个女人的悲剧》），包括石青嫂（《石青嫂子》），她们都是农家女子，不同于知识女性、时代女性、新女性和革命女性，她们"没有也不可能有更完善的自我，没有也不可能有更丰富的精神世界，没有也不可能有更远大的生活目标"④，但她们吃苦耐劳的品质使她们独具魅力。

---

① 刘醒龙在《现实主义与"现时主义"》一文中直接使用"优根性"一词。他说："我们成天都在批判自己的劣根性，谁又能指出什么是中国人的优根性呢？……我深刻地感到在环境恶劣中保持了五千年文明历史的中国人，是不可能靠着劣根立国的，她肯定有自己优根的存在。"他相对于"劣根性"而提出"优根性"，认为"优根性"是我们中国人能在恶劣环境中保持五千年文明历史生生不息、连绵不断的立国之本性质的质素。（见刘醒龙：《现实主义与"现时主义"》，《上海文学》1997年1月号。）丁帆在回应刘醒龙的信中说"弘扬优根性和抨击劣根性是相辅相存的，是对立统一的"，亦认可了"优根性"的说法。（见丁帆：《论文化批判的使命——与刘醒龙的通信》，《小说评论》1997年第6期。）任美衡在《近三十年长篇小说的精神流脉及其拓展》一文中论述"中间人物"的特征时，使用了"优根性"一词，并总结提炼出"中华民族的根本品格与十大'精神'"，认为"这十大精神就是民族核心之'力'"，即民族"优根性"的体现。（见任美衡：《近三十年长篇小说的精神流脉及其拓展》，《文艺争鸣》2011年第8期。）冯颜利在《无须讳言国民的"优根性"》一文中认为"我国国民的'优根性'是中华传统美德与社会主义核心价值观的突出表现，是坚持和发展中国特色社会主义的精神基础，也是实现中华民族伟大复兴中国梦的力量源泉。该文特别提炼并强调了爱国主义、敬业精神、诚信、友善等国民"优根性"的具体体现。（见冯颜利：《无须讳言国民的"优根性"》，《人民日报》2015年4月30日第9版。）虽然"优根性"一词已有学者有所论及，但它毕竟不是一个得到广泛公认的概念，所以特加引号使用。

② 苏雪林：《沈从文论》，《苏雪林选集》（第五卷），安徽文艺出版社1981年版，第465页。
③ 陈独秀：《今日之教育方针》，《陈独秀文章选编》（上），三联书店1984年版，第88页。
④ 张建锋：《在他乡与故乡之间》，艾芜：《芭蕉谷》，花城出版社2011年版，第214–234页。

总之，艾芜对于底层民众采取的基本态度和通常路径是挖掘并讴歌他们的"优根性"。而进一步分析会发现，艾芜所挖掘和讴歌的底层民众的"优根性"，在很大程度上，能与通常意义上被批判的国民劣根性形成对照。

譬如忍耐。艾芜笔下的底层人物所体现出的坚忍，更多地表现为对恶劣环境、极端情形和生活苦难的忍耐。如果站在批判国民劣根性的启蒙者的角度看，这种忍耐颇为趋近于逆来顺受，是一种奴隶性。林语堂就认为忍耐是中国"国民性"的弱点之一。在他看来，"忍耐，和平，本来也是美德之一"，但"过犹不及"，正是由于"在中国忍辱含垢，唾面自干已变成君子之德"，所以导致逆来顺受成为中国人的至理名言，安分守己成为中国人的处世哲学，明哲保身成为中国人的人生信条，使得整个社会老气横秋、暮气沉沉①。

那么，该如何理解艾芜对此的讴歌呢？凡事皆忍耐，忍人所不能忍，没原则的忍，"唾面自干"式的忍……如此忍耐极易滑向逆来顺受，养成奴性。从理论推导上，这似乎无可辩驳。倘以此为据，忍耐自然不值得倡导。可是，这是启蒙者自说自话的"精神理想国"，它与现实存在着相隔之处。启蒙者批判奴性，批判逆来顺受，批判一切可能导致停步不前的思想和行为，其目的就是要鼓动民众起来变革，甚至通过流血牺牲，推翻旧世界，造出新世界。可是这个目标太过远大和理想化，有种可望而不可即的镜花水月般的梦幻感。人人都知道它美好，只是道阻且长，要紧的还是现实生活。"任何人类历史的第一前提无疑是有生命的人的存在。"② 理想值得追求，可人得活着。

尤其处在艾芜小说所呈现的"鬼世道"，处在这个世道的最底层，小人物要活着是何其艰难，活着本身就充满力量。这种力量"不是来自于喊叫，而是忍受，去忍受生命赋予我们的责任，去忍受现实给予我们的幸福和痛苦、无聊和平庸"③。这样的忍受，不是逆来顺受，而是坚韧；不是屈从，而是韧性的战斗。鲁迅曾教柔石生存之道："人应该学一只象。第一，皮要厚，流点血，刺激一下，也不要紧。第二，我们强韧地慢慢地走去。"④ 鲁迅所主张的强韧，其实与艾芜讴歌的忍耐多有相通之处，只是鲁迅塑造的人物却从反面映衬强韧的价值，如闰土、阿Q，他们是屈从地活着，有"忍"却无"韧"，成为非人；而祥林嫂则未能强韧到底，为思想障碍所粉碎。鲁迅写的是千年的枷锁如何把人变成了非自然的人。"他压给自己的使命是剪断古老的精神锁链，唤醒世人迟钝的

---

① 林语堂：《中国人的国民性》，《林语堂随笔精选》，长江文艺出版社 2016 年版，第 308 页。
② [德] 马克思、恩格斯：《马克思恩格斯全集》（第 3 卷），人民出版社 1998 年版，第 23 页。
③ 余华：《〈活着〉韩文版自序》，作家出版社 2012 年版，第 5 页。
④ 柔石：《柔石日记》，北京鲁迅博物馆鲁迅研究室编：《鲁迅研究资料7》，天津人民出版社 1980 年版，第 59 页。

心，催动国民的自审与自奋。"①

与鲁迅相对，艾芜则是从正面表现底层民众包括忍耐在内的"优根性"。他刻画边缘地带充满野性的、拥有原始生存意志的人物。"南行"体验使他获得了"他者"和"镜像"的参照，让他意识到是绵延的古老文明将尚存于底层边缘人物身上的这些原始野性力量给规约、剥蚀和磨损掉的。所以，他试图先"祛魅"，将他现实中在边缘地带所遭遇到的人物所具有的原始自然人性给呈现出来，以还原人的自然状态，再考虑怎样去掉文明的枷锁。也即是说，与启蒙者总是告诉民众"你们不要这样"不同，艾芜是从正面挖掘底层民众的优秀品质，提供性格榜样，试图告诉民众"我们应该这样"。这是他改造"国民性"的重要路径之一。

概而言之，艾芜所找到的这条改造"国民性"的路径即是，不以启蒙者自居，而站在底层民众的立场，对他们的生存境遇、生活方式和态度，给予理解之同情，并且以积极的视角发掘其正面的价值与意义；不将"国民"和"国民性"作抽象的理解，而是关注具体的群体、具体的人、具体的问题和具体的特性，不大而化之，更不乱扣帽子；即使是针对启蒙者眼中的"国民劣根性"，也倾向于提供改造的方向和正面典范，而不是一味地批判。

然而，艾芜改造"国民性"的路径中，真就没有丝毫暴露和批判的因素吗？答案是否定的。艾芜最突出的一点是他暴露并批判了知识分子本身的弱点，对启蒙者进行自审。这是他改造国民性的另一条路径。

艾芜早期小说选取一个流浪读书人"我"作为"居中叙述者"，目的就是通过叙事者"我"对"自我"、"他者"的身份及二者关系的确认，来体现底层叙事中教育话语的使用，从而揭示"五四"以来的国民性话语发生的异变，即不再将底层视为启蒙的对象，反而一定程度地凸显底层的历史主体地位②；换言之，以此揭示启蒙话语对于底层民众失去效力，知识分子失去了启蒙者主体地位。

艾芜的《南行记》及随后的几个小说集里的叙述者都在试图与下层社会的民众实现认同。但是，小说叙事者和主人公的认同却很可疑。《山峡中》的细节便有体现。贼帮中的"鬼冬哥"对叙述者"我"进行指责："看什么？书上的废话，有什么用呢？一个钱也不值……烧起来还当不得这一根干柴。"贼帮头领"老头子"也对叙事者读书的行为表达了不屑："你高兴同我们一道走，还带那些书做什么呢？……那是没用的，小时候

---

① 冯骥才：《鲁迅的功与"过"》，《收获》2000年第2期。
② 熊庆元：《知识形态、国民性话语与被压迫者的教育学——艾芜〈南行记〉的"国民性"书写》，《长江师范学院学报》2018年第6期。

我也读过一两本。"① 由此析知,叙事者所具有的阅读、写作能力造成了他与贼帮成员巨大的隔阂,这种隔阂是叙事者即便甘愿同他们共同承受物质痛苦都不能弥补的。而作家呈现这一隔阂,其意图即在"向写作本身的合理性提出疑问"②。

简言之,艾芜使用流浪读书人作为"居中叙述者",暴露了知识分子与其意欲启蒙的底层大众之间的疏离,揭露了知识分子的失语和启蒙话语的失效状态。流浪读书人代表知识分子视角,可这个流浪读书人却处处受到底层人物的教育,从这些底层人物身上感受到生命力,并获得勇气。作为叙述者,流浪读书人意识到自己由一个想要教育别人的施教者变成受教育者的这种处境变换,实则意味着他已经意识到并开始分析自己所存在的问题。也即是说,艾芜意欲挖掘和暴露小资产阶级知识分子自身的问题。而这恰是鲁迅在回信中为沙汀、艾芜指明的方向。鲁迅认为"非同阶级是不能深知的,加以袭击,撕其面具,当比不熟悉此中情形者更加有力"③。鲁迅很希望沙汀和艾芜多暴露小资产阶级本身的问题。

艾芜也的确自审了小资产阶级知识分子的一些问题,除揭露了知识分子与底层民众的隔阂、知识分子失语的问题外,还暴露、自审了更深层次的问题。

首先,艾芜对知识分子的思索、决断能力提出了质疑,自审了为启蒙者本身所习焉不察的思维方式的弊端。《南行记》中的"我",用传统的话语概括就是一个"青年书生",用"五四"的话语概括就是一个"新的智识者"。必须说,这个"新的智识者"对底层民众尚缺乏研究。他涉世未深,缺乏清醒的历史分析能力,只是"在光明和黑暗的认识框架中,以理想和信念给自己以安慰和奋斗的勇气"④。典型者如《山峡中》里的"我",在面对贼帮时,没有说服对方的能力,甚至不能与之争辩,甘拜下风。由于缺乏系统研究,且缺少足以让人信服的社会经验,基于乐观的启蒙精神、二元对立非此即彼的思维模式和抽象地追求"更高价值"的乌托邦倾向的"我",被贼帮集团以现实的生存哲学加以批驳和否定。《月夜》中的吴大林对于自己"顺手牵羊"式的偷窃的生存方式没有丝毫犯罪感,但小说叙事者"我"这个知识分子却试图以曾教化自己的道德廉耻观念来代替吴子林减轻些许罪恶,完成一些救赎。知识分子习惯运用道德范畴考量甚至指导现实生存方式,然而在底层生存的层面,道德常常无力而无用,这显示出知识分子话语在面对严酷生活和艰难人生时的苍白和理想化色彩。艾芜以此自审了知识分子常常

---

① 艾芜:《山峡中》,《艾芜全集》第1卷,四川文艺出版社2014年版,第122-123页。
② [美]马斯敦·安德生著,孔书玉译:《鲁迅与中国现代短篇小说》,乐黛云主编:《当代英语世界鲁迅研究》,江西人民出版社1993年版,第55-77页。
③ 鲁迅:《关于小说题材的通信·回信》,《鲁迅全集·二心集》,人民文学出版社2005年版,第377-378页。
④ 邓伟:《〈山峡中〉:光明与黑暗之间的心路历程》,《现代中国文化与文学》2005年第1期。

以自己为中心、以书本知识为指导、以积习经验为出发点的思想方法的弊端。

其次，知识分子所具有的阅读、写作的能力，使知识分子从极大程度上获得了为民请命、启蒙救世的启蒙者身份和权力，这是他们自我价值的实现方式和"存在形态"①。但艾芜对此能力亦多有疑虑。与《山峡中》的"老头子"、"鬼冬哥"对"我"的书和"我"百般鄙夷不同，《寸大哥》中的赶马人寸大哥对"我"这个读书人及"我"所读的书不时表现出钦羡之意。有一天，寸大哥与"我"讨论起读书的事来。他希望有那么一本书讲八莫、腾冲的事，讲他走过的地方。他误以为"我"手上的就是这样的书。当"我"告诉他不是时，"他失望地坐了下去"。而后，寸大哥又突然急切鼓励"我"写这样一本书②。然而，结局是寸大哥和"我"先后离开赵家马店，我们之后再也不曾相见，"我"也永远没能写出一部赶马人的书。

艾芜呈现的这个细节极为典型。这其中至少暴露了两个问题。其一，如鲁迅所说，在中国，只能听见一种声音——"圣人之徒的意见和道理"，而百姓则没有声音，这便是"国民的沉默"现象，延伸出来就是底层书写的缺位。而百姓的沉默和缺位，一方面是因为文字的难，使得很多人不能借此表达心声；另一方面，则是因为人与人之间有着精神的隔阂，以致他们连想说话/表达的勇气也没有。其二，这揭示出"启蒙的困难"往往是因为"表达的困难"③。"我"何以永远没能写出寸大哥期待中的有关赶马人的书呢？按小说的说法，是因为寸大哥离开了赵家马店，"我"没能继续听他讲述赶马人的生活，没有素材，所以写不出。然而，即便有了素材，"我"也是很难写出这本书的，因为"我"很难真正体会寸大哥的悲欢喜乐。这也恰是寸大哥叮咛"我"不要单写他们的欢乐，也要写他们的苦楚的原因；之所以叮咛，是因为觉察过后的忧心。语言表达本身就有局限和困难。鲁迅一直质疑自己能否发出真的声音，而这也是包括艾芜在内的智识者所共同面临的难题。加之，启蒙者自身的体验与经验亦有限度。由此，艾芜表达出对于知识分子文化启蒙限度的省察。

三、"以民为粹"：艾芜改造"国民性"路径的内在思想逻辑

艾芜的"国民性"批判，或者更准确地说，是"国民性"书写，较之鲁迅一脉，有继承，但更多则又显出独特性。那么，该如何理解他的独特之处呢？笔者认为，艾芜的

---

① 钱理群：《中国知识者"想"、"说"、"写"的困惑》，陈学超主编：《国际汉学论坛》卷1，西北大学出版社1994年版，第51页。
② 艾芜：《寸大哥》，《艾芜全集》第1卷，四川文艺出版社2014年版，第254页。
③ 曹清华：《表达与鲁迅的"思想"：一个世界难题》，《学术月刊》2009年第41卷第1期。

"国民性"书写是民粹思想和启蒙主义的混合物,而"以民为粹"正是其改造"国民性"路径的内在思想逻辑。

通过上文分析,艾芜改造国民性的路径大致有两条:发掘底层民众的"优根性"和暴露并批判知识分子本身的问题。而这两个方面,实则是一体两面,其核心思想即是"以民为粹",内含"贫贱者最高贵"之类的民粹逻辑。

民粹主义,得名于俄语,英语为 Populism,可译为"人民主义"、"平民主义"。民粹主义者相信"在人民中保存着真正生活的秘密"①、"人民是真理的支柱"②、"只有从劳动者那里才能发现力量和善良"③(卢梭语),表现出对平民百姓、未受教育者、非智识分子的创造性和道德优越性的信赖与尊崇。与之相对应的则是,智识阶级在面对"人民"时,往往流露出自我否定情绪以及道德上的自卑感。民粹主义的总体特征表现为道德主义而非实用主义的思维方式,其核心是对底层民众的极端崇拜和对知识分子及其所代表的理性的不信任。也即是说,智识阶级是否具有这种以底层民众为本位,把底层民众当作真理的支柱、生活的楷模进行无限仰视、崇拜,而非俯视、平视的立场和思想倾向,是判断其民粹与否的关键点。

由此观之,艾芜的国民性批判无疑与民粹主义思想的一般特征是相契合的。那么,这些契合究竟是无独有偶,还是有意为之?说艾芜的国民性批判具有民粹主义思想特征,是不是给他贴标签呢?

在中国,民粹主义思想的主要来源之一就是俄国 19 世纪知识分子所倡导和发起的"到民间去"运动。"五四"新文化运动时期,以李大钊为代表的中国先进知识分子们高度评价俄国民粹派知识分子"到民间去"的运动,极力鼓吹"劳工神圣"思想。而"劳工神圣"思想正是新文化人在拓展启蒙视野时,为应对历史语境计,特意赋予民粹主义以"五四"特色后所形成的产物④。简言之,民粹主义思想在"五四"时期的中国具体表达为"劳工神圣"思想。

艾芜在回忆他走上文学道路的过程时,曾说:"在来云南之前,从《新青年》上看到,世界上有这么一个国家,它叫劳农政府,就是苏俄。在那里,工人和农民当家作主,这是鼓舞人心的一件大事情。第二,是我在《新青年》上看到蔡元培和李大钊发表的文章,鼓吹劳工神圣,赞美劳动。所以,我认识到,干任何下贱的体力劳动都是神圣的,

---

① [俄]尼·别尔嘉耶夫:《俄罗斯思想》,生活·读书·新知三联书店 1995 年版,第 102 页。
② [俄]尼·别尔嘉耶夫:《俄罗斯思想》,生活·读书·新知三联书店 1995 年版,第 102 页。
③ 转引自朱学勤:《道德理想国的覆灭:从卢梭到罗伯斯庇尔》,生活·读书·新知三联书店 1994 年版,第 115 页。
④ 刘东玲:《"新民说"与晚清白话文运动》,《学术月刊》2017 年第 49 卷第 9 期。

都是光荣的劳动。"① 正因有了这样的思想刺激和认识，错过到法国勤工俭学的机会又缺乏足够的经济能力去自费留学的艾芜，选择南行"走夷方"，半工半读。由此可知，艾芜之"南行"，进而走上文学创作道路，是受到过"劳工神圣"这类民粹主义思想影响的。而在后来的"南行"过程中，艾芜亲身体会到民间的力量与底层的野性魅力，实则被动地完成了个人的"到民间去"的运动。他在这一过程中所获取的民间资源，和"五四"时期的英美启蒙主义主流化资源产生了差异。"南行"获取的这些独特的民间资源被艾芜引入创作，以民粹主义的立场给予剪裁加工，由此拉开了和"五四"启蒙主流的差距。

再者，民粹主义内在地蕴涵于"五四"文学之中。"五四"时期，知识分子是社会的主体，是西方（现代）知识的承载者，他们的基本使命是启蒙，是批判国民性。"而在十月革命刷新了我们对民族国家的想象之后，劳动人民和知识分子的地位被颠倒过来，所有关于民族国家的美好想象以及对西方资本主义的拒斥都投射到一个新的'想象共同体'——'劳动人民'身上。加上五四文化解放出来的'个人'急需在民族国家中找到归宿，带着浓重的历史宿命感的知识分子的'原罪'意识开始生成，导致作品中知识者形象强烈的自我批判色彩。"诸如鲁迅《一件小事》、郁达夫《春风沉醉的晚上》这样的作品不断出现。这些作品中的知识分子在工农大众面前往往表现出自愧弗如的道德卑下感。实质上，它们表达的即是"五四"一代知识分子民粹意识的觉醒②。自此，民粹主义呼声不绝如缕，"一直回荡在20世纪中国文学的上空"③。个人总是处于时代之中，难免不受到时代风习和思想的感染，艾芜亦难例外。何况，一般认为，民粹主义是左翼文学最核心的思想资源，作为左翼作家，艾芜又怎会置最核心的思想资源于不顾呢？

另外，艾芜看待一些问题的视角，也能说明他接受了民粹主义这一思想资源和价值立场。譬如"看电影"事件。同是受到"看电影"事件的触动，艾芜和鲁迅有了创作的冲动。然而，在对"看电影"事件的认识上，二人则迥然不同。鲁迅意识到中国民众精神麻木的痼疾，进而意识到批判国民性、疗救民众精神、启蒙民智的迫切性。艾芜惊觉的则是艺术的重要性，艺术如果掌握在帝国主义的手中，就会被他们加以利用，为自己的掠夺和压迫行为辩护，从而使弱小者被掠夺和压迫而不自知。所以，艾芜决心将"一切弱小者被压迫而挣扎起来的悲剧"④ 写出来，目的就是要用文学为被压迫的底层民众

---

① 艾芜：《我是怎样走上文学道路的》，《艾芜全集》第14卷，四川文艺出版社2014年版，第348-349页。
② 李杨：《文学史写作中的现代性问题》，北京大学出版社2018年版，第229页。
③ 张堂会：《启蒙与民众崇拜的悖谬》，《社会科学战线》2006年第1期。
④ 艾芜：《原〈南行记〉序》，《艾芜全集》第1卷，四川文艺出版社2014年版，第6页。

发声，为他们打抱不平。请注意，艾芜强调的是"挣扎起来的"的悲剧。尽管是"悲剧"，可是却"挣扎起来"了。也就是说，艾芜想要展现的是民众的悲壮，而不单是悲惨，这就不光是人道主义的体现了，更是民粹主义的思想流露。正是因为深受民粹主义的影响，艾芜才总能从各个被侮辱、被损害者身上发掘可贵的精神品质，才会在无论怎样危难的时刻，都能对民众抱以希望和信心。

然而，民粹主义本身是一个具有内在矛盾性的悖论，它自身处于两难困境之中，因而具有自我局限性①。"'民粹主义'基本上是一个与'精英主义'相对抗的概念。"②它内含排斥知识分子的隐性结构，"一方面，知识分子作为社会的精英，高高在上，是开启民众蒙昧的启蒙者，负有教化大众的义务；另一方面，他们又对民众极端崇拜，对于平民大众自发的创造性和道德优越性无比推崇，对知识分子及其所代表的智性极端不信任，具有明显的反智论倾向"。这种内在的思想张力往往让知识分子在民众崇拜和启蒙大众之间游移不定，尤其让走向民间和底层的知识分子处境尴尬③。民粹主义让艾芜的创作具备了独特性，但其内在的矛盾张力也将创作的尴尬和局限性一并带给了艾芜。

较为明显的是，由于沉溺于民粹主义的民众神话之中，艾芜一味发掘和讴歌底层民众的"优根性"，却削弱了对于底层生存逻辑的辩证思考力度，典型者如他对底层倾轧现象所持的暧昧态度。譬如"小黑牛"之死，尽管非"野猫子"亲手所为，但她是参与其中的，在一定程度上，她是帮凶，是刽子手。可因为她也是被侮辱者，艾芜就更多着力于赋予其奇情异彩，投之以理解之同情，从而淡化了对于这一人物形象本性之中的恶的批判。事实上，相比于为富不仁，弱者相食亦极为惨烈和可怕。艾芜在这一问题上却语焉不详，支吾遮掩。这暴露了艾芜的局限性。这种局限性体现在一个文学逻辑上，即"只要你是被侮辱与被损害的，你的所作所为就拥有了天然的正义性和真理性"。借用毕飞宇的说法，"这是隐藏在中国现代文学内部的巨大毒瘤"④。遗憾的是，艾芜未能完全切除这个毒瘤，在一定程度上伤害了其作品的思想性和艺术性。甚至在文学史意义上，较之其导师鲁迅所写出的"被侮辱者亦损害人"的思想主题，艾芜在这些方面多有倒退之嫌，至少是停滞不前。而阻挠艾芜完成这一毒瘤切除手术的最重要力量，或者重要力量之一，是他思想深处的"贫贱者最高贵"的民粹主义逻辑。

---

① [英]保罗塔·格特：《民粹主义》，袁明旭译，吉林人民出版社2005年版，第3页。
② 李杨：《文学史写作中的现代性问题》，北京大学出版社2018年版，第226页。
③ 张堂会：《启蒙与民众崇拜的悖谬》，《社会科学战线》2006年第1期。
④ 毕飞宇：《沿着圆圈的内侧，从胜利走向胜利——读〈阿Q正传〉》，《文学评论》2017年第4期。

结　语

　　艾芜是处在时代过渡期的作家。他是喝"五四"的奶成长起来的，深受"五四"文学和思想的影响，具有启蒙思想和意识。他初登文坛的 20 世纪 30 年代，中国文艺界异彩纷呈，"京派"和"海派"代表作家众多，你方唱罢我登场，光大型文学论争都达 6 次之多，可谓热闹至极。而在此时的上海文坛，左联作家们都在分析社会阶级斗争状况；与此同时，还有一批"新感觉派"作家沉浸在十里洋场中，书写摩登的上海；以言情、黑幕、武侠和侦探为主题的"鸳鸯蝴蝶派"作家，流风余韵犹在；萧红的抒情小说，以萧军为代表的东北作家群的小说，张天翼、沙汀的社会讽刺小说，风格各异的名家名作，百花齐放……凡此种种，都会对文学青年艾芜构成"影响焦虑"。如何突围？好在 20 世纪 30 年代的中国正面临时代转折，知识分子群体在寻求各种救国道路时，意识到依靠个人道德操守已无力改变社会命运，都纷纷转向了人民革命的大潮流。也就是说，艾芜遇到了"五四"启蒙、救世阶段向革命救亡阶段的过渡时期，人民大众日益成为文学表现的主流和积极面。而更为幸运的是，本是因生活所迫导致的"南行"却在客观上为艾芜提供了亲近民间的机会，使他在实际的民间生活中逐步有了"改造国民性"路径的萌芽和发展。而这其中，思想深处的"民粹"成分有着重要的激活之功。从这个意义上说，是"民粹主义"思想让艾芜在无路中找到了路，响应了时代的号召，顺应了时代的潮流，从而在当时众声喧哗的文坛，乃至在中国现代文学的第二个高峰时期，拥有了自己的一席之地。

　　艾芜还是跨代作家，其创作生涯跨越现、当代两个时期。他在一个以个性主义创作为主的文学氛围中初登文坛，后又遭遇体制规约。尽管处于几乎截然不同的创作环境之中，但他似乎都应对自如，游刃有余。尤其是在许多跨代作家或封笔从政，或辍笔不写，或创作失败而陷入创作困境的时候，艾芜却能写出长篇工业题材小说《百炼成钢》，完成转型，实属难得。而细究艾芜的这一转型过程会发现，其背后仍旧离不开"民粹主义"思想的支撑。恰是这一思想，让艾芜能够压制知识分子的个性主义、自由主义的思想倾向，真心愿意改造自己，真心愿意接受集体主义思想，真心愿意走近并拥抱人民大众，为他们服务。

　　总之，艾芜"改造国民性"的路径，其深层指导思想是启蒙和"民粹"的混合。而"民粹主义"思想无论在突围时期还是在转型时期，都对艾芜产生了重要影响，可谓其"安身立命"的思想资源。

（作者单位：四川师范大学文学院）

民国文学研究

论"幽默大师"林语堂的"不幽默"

范 玲

作为在中国将 humour 翻译为"幽默"的第一人,林语堂因曾大力倡导"幽默"并成功在 20 世纪 30 年代掀起一阵不小的旋风而获得了"幽默大师"的称号。可以说,从 20 世纪三四十年代至今,林语堂研究始终与"幽默"相伴。如此长时段和大批量的研究似乎已让这一论题显得有些乏善可陈,但若细心观察学界对于其"幽默"的讨论却可以发现一个有趣的现象,即虽然许多学者都非常自然地把林语堂称之为"幽默大师",但他们却或多或少地都曾在文章中表达过林语堂并"不幽默"的感受。

例如,陈漱渝曾指出:"林语堂一方面极力赞许以道家思想为代表的'幽默派'","但他自己在创作时并非都能有超脱的心态,旁观的眼光,在现实的利害关系中作局外人想","阅读'幽默大师'的文章,有时令人感到并不'幽默'"[1]。钱珺则感慨道,《中国新闻舆论史》一书,"愤怒之情跃然纸上","简直使人难以相信"这是"出自大力提倡'幽默闲适'小品文风格的林语堂之口"[2]。而裴春芳亦曾提到,"林语堂等人认为中国现实本身的痛苦荒谬激烈斗争,应以旁观的、超然的幽默态度观之,置身事外为佳","不过,虽然有意自别于讽刺嘲谑小品文之酸辣,但林式幽默小品有时亦未能尽弃酸苦之味"[3]。应该说,林语堂的幽默观及其幽默作品之间的确并非全无矛盾,但常常为研究者们所提及的"不幽默"之于林语堂而言,或许需要另作他解。

---

[1] 参见陈漱渝:《"相得"与"疏离"——林语堂与鲁迅的交往史实及其文化思考》,《鲁迅研究月刊》1994 年第 12 期。
[2] 参见钱珺:《从〈中国新闻舆论史〉看林语堂新闻思想》,《传媒观察》2018 年第 9 期。
[3] 参见裴春芳:《〈论语〉半月刊与"幽默性灵小品文"的流脉、格调及意蕴》,《中国现代文学研究丛刊》2017 年第 11 期。

一、"超脱"、"旁观"在"幽默"概念中的作用

由开篇的例子可以看到,在许多研究者看来,"超脱"、"超然"和"旁观"是林语堂"幽默"概念中的重要组成部分。由于他们都很自然地确信,"幽默"之"超脱"、"超然"和"旁观"可以等同于"置身事外",因而,在他们看来,林语堂作为"幽默大师"却发表了众多政治性鲜明的讽世之作是一种"不幽默"的表现。尽管近些年已有部分学者关注到了林语堂抗争性的一面①,但这些概念却仍旧极少被纳入讨论的范畴,甚至在这样一种观点的内部,所谓"超脱"是"对当下人生境遇的超越和脱离"②,与研究者们此前所理解的"置身事外"似乎亦无太大的差别。

实际上,若我们细查林语堂20世纪20—30年代的文章③,即可发现,"超脱"、"超然"和"旁观"在林语堂文章中出现的频率并不高。在《我的话——论幽默(上篇、中篇)》发表以前,林语堂除了在《脸与法治》一文中曾说过"有脸者固然极乐荣耀,可以超脱法律"④之外,其实从未在其他任何文章中使用过"超脱"一词。而"超然"虽与"超脱"在语义上非常相似,却只在林语堂去国前的文章中出现过两次,并且都未曾涉及"幽默"⑤。

"旁观"的首次出现则是在1932年10月16日《论语》第三期的《我们的态度》中:"只须旁观者对自己肯忠实,就会见出其矛盾,说来肯坦白,自会成其幽默,所以幽默文字必是写实主义的。"⑥ 不过,直到一年多以后的《我的话——论幽默(上篇、中

---

① 例如施萍:《论林语堂幽默思想的批判功能》,《文艺理论研究》2004年第6期;施萍:《幽默何以成小品——以林语堂小品为例》,《文学评论》2006年第1期;周质平:《林语堂的抗争精神》,《鲁迅研究月刊》2012年第4期;陈欣欣:《林语堂:孤行的反抗者》,清华大学出版社2015年版;钱锁桥:《林语堂传——中国文化重生之道》,广西师范大学出版社2019年版等。
② 参见施萍:《论林语堂幽默思想的批判功能》,《文艺理论研究》2004年第6期。
③ 由于林语堂在中国提出并倡导"幽默"的时间主要集中在20世纪20—30年代,因此此处未将他去国后对"幽默"的讨论纳入统计范畴。
④ 参见林语堂:《脸与法治》,《论语》1932年第7期。
⑤ 第一次是在1932年12月16日《论语》第七期的《新旧文学》中,文章用"超然"夸赞了明末公安、竟陵派等人之文章思想独特,"不模仿古人"。第二次则迟至1935年10月16日《宇宙风》第三期《不知所云》的发表,并且文中"超然的文学"一词其实是为了例证《现代文学中之颓废性》的佶屈聱牙而出现在了引文当中,它与林语堂自己的观点关系甚微。参见林语堂:《新旧文学》,《论语》1932年第7期;林语堂:《不知所云》,《宇宙风》1932年第3期。
⑥ 参见林语堂:《我们的态度》,《论语》1932年第3期。

篇)》的发表，它才再次出现在了林语堂的笔下①。

因此，准确地说，在林语堂的"幽默"概念里，只有"超脱"和"旁观"是可以被纳入讨论范畴的。此外，据统计，在《我的话——论幽默（上篇、中篇）》一文及其后的《我的话——论幽默（下篇）》（为便于讨论，此后统称《论幽默》）中，林语堂不仅首次将"超脱"与"幽默"相关联，还再次使用了"旁观"一词。因此，接下来，笔者将着重对该文进行细读和分析，以期辨清林语堂笔下"超脱"与"旁观"的确切所指以及它们与"幽默"的关系。

在《论幽默》的首段，"超脱"已出现在了林语堂的笔下，并被用来指称以老子、庄子为代表的道家思想。或许正是由于林语堂在文章开篇对道家毫不掩饰的推崇，以及所谓"不遇时都信道教，各自优游林下，寄托山水，怡养性情"②，许多研究者都倾向于将"幽默"之"超脱"与中国自古以来的隐士之风相联系，并由此而引申出了"置身事外"之义。

应该说，道家之"超脱"与"入世不成而出世"的隐士之风的确有着千丝万缕的联系。但林语堂在《论幽默》中凸显"超脱派"之价值是否是为了将这样一种隐士之风纳入"幽默"的概念之中，则需要作更为仔细的辨析。

在《论幽默》中，以下一些语词支撑起了首段的论述："放肆"、"犀利"、"狂笑"、"远大渊放不顾细谨"以及"执棺椁之厚薄尺寸，守丧之期限年月"、"孜孜为利及孜孜为义"③。为了更好地理解这些语词，或许可以将林语堂晚年在《从异教徒到基督徒》中关于老子、庄子和孔子的看法同时纳入以作参照：

> ……一个心灵在确实的知识范围以外摸索某些东西……这是老子曾给我的那种震击……这种思想体系把我们击出了正当的思想与观念。孔子曾是很正当的，关心人类的一切责任，……但有一种危险，我们老实的公民可能是太老实了，以致与一切的思想，一切奇怪的幻想，一切对真理的概念都无缘了。难道要在人身上注入一个这么死板的灵魂，使他除了想做一个好父亲或好儿子之外永远不会想去做其他的事吗？……这些话是无法令一个仍然被逼着要跳出这种"可知"的知识范围，宁愿

---

① 1933年2月16日《论语》第十一期《变卖以后须搬场》中出现的"旁观'贪污史料'栏"以及1933年5月16日《论语》第十七期《春日游杭记》中出现的"旁观瀑布"，由于和"幽默"之中的"旁观"一词含义有别，因此未被计入。
② 引自林语堂：《我的话——论幽默（上篇、中篇）》，《论语》1934年第33期。
③ 引自林语堂：《我的话——论幽默（上篇、中篇）》，《论语》1934年第33期。

—— 论"幽默大师"林语堂的"不幽默" ——

冒着痛苦或失败的危险去追求未知的人满意的。它也不能使我满意①。

可见，于林语堂而言，老子、庄子之所以能给予他灵魂上的"震击"，是因为他们能跳出"可知"以寻求"未知"，敢于不孜孜于"正当的思想与观念"，"宁愿冒着痛苦或失败的危险"也要在不确定性中游走。在他看来，孔子的选择是"正当的"，却极易促成"死板的灵魂"，阻隔抵达思想与真理的道路。因此，他更倾心于老、庄，更希望能"在确实的知识范围以外摸索某些东西"。

由此反观前文所谓"放肆"、"狂笑"、"远大渊放不顾细谨"，甚至是"优游林下，寄托山水"的人生选择，可以发现它们其实都指向了对"正当"的某种偏离，并与"孜孜为利及孜孜为义"的"谨愿派"形成了鲜明的对照。尽管林语堂在论述中提及了"悠游林下"的人生选择，但在我看来，此处所谓的"超脱"与其说是"超脱"于现世所存的社会，不如说是"超脱"于现世社会所存的某种"确定性"与"正当性"。

事实上，林语堂在《论幽默》中曾明确说过，庄子以后，"议论纵横"的幽默不会再有。因为，帝王及道统逐渐建构起的"圣道"对于"有骨气有高放的思想"的压迫在中国持续了两千年之久。期间，人们只能认"圣道"为"正当"，"超凡见解"皆成"悖经叛道"，"执笔之士，只在孔庙中翻筋斗，理学场中捡牛毛"，以至于"朝士大夫，开口仁义，闭口忠孝，自欺欺人，相率为伪"，及至民国"武人通电，政客宣言，犹是一般道学面孔"②。此中所存的对立关系，即以"超脱"为特征的庄子和为"圣道"所困的在朝"士大夫"，其区别并不在于"出世"或"入世"的人生选择，而恰恰是士大夫们无法如庄子般"超脱"于"圣道"，对世间之事皆能自由地抒己之感怀与新见。

因此，许多研究者直接将林语堂提到的老子、庄子之"超脱"与中国自古以来的隐士之风相联系，并毫不犹豫地将这种不问世事、"置身事外"的"超脱"纳入林语堂的"幽默"概念之中，或许还是有些操之过急了。

也正是由于这样一种对于"超脱"的误解，许多研究者都没能发现，林语堂虽在《论幽默》开篇声称"有了超脱派，幽默自然出现了"，但老子、庄子作为"超脱派"之鼻祖在后文中都被划入了"讽刺"之列。所谓"超脱"的幽默，其实本就是讽世之作的代称，它们在林语堂那里是构不成矛盾的：

老子庄生，固然超脱………我们读老庄之文，想见其为人，总感其酸辣有余，

---

① 引自林语堂：《林语堂名著全集》第10卷，工爻等译，东北师范大学出版社1994年版，第120页。

② 引自林语堂：《我的话——论幽默（上篇、中篇）》，《论语》1934年第33期。

温润不足。……老子多苦笑,庄生多狂笑,老子的笑声是尖锐的,庄生的笑声是豪放的。大概超脱派容易流于愤世嫉俗的厌世主义,到了愤与嫉,就失了幽默温厚之旨。……幽默是温厚的,超脱而同时加入悲天悯人之念,就是西洋之所谓幽默,机警犀利之讽刺,西文谓之"郁剔"(Wit)①。

至于"旁观",亦即"幽默只是一位冷静超远的旁观者"、"只须旁观者对自己肯忠实,就会见出其矛盾"等等字句,在笔者看来亦未尝不是对"超脱"之于抵达真理的重要作用的再次强调。它与"超脱"一样,无法如许多研究者所设想的那样,可以直接作为一个可靠的论据导向林语堂倡导"幽默"是为了"置身事外",远离社会政治的结论。

二、"幽默"何以与"讽刺"相别

当然,尽管许多研究者都误解了"超脱"、"旁观"在"幽默"中的作用,但林语堂对于"幽默"和"讽刺"的区分以及他在言辞中对"超脱"之幽默(即"讽刺")的否定的确容易使人得出"置身事外"的结论。毕竟,对"讽刺"最为广泛的理解正是其针砭时弊的社会批判功能。但"讽刺"是否真的是因为具备社会批判功能才被林语堂排除在了"幽默"的范畴之外呢?

由上一节所引的原文可以看到,林语堂之所以将超脱派归入"讽刺"之列,是因为在他看来,超脱派"容易流于愤世嫉俗的厌世主义","失了幽默温厚之旨"。他所期待的,不仅仅只是"机警犀利之讽刺",而希望能同时加入"悲天悯人之念",以形成与"讽刺"相别的另一种"幽默"。也就是说,于林语堂而言,"幽默"之所以与"讽刺"不同,并不在于是否具备社会批判功能,而在于所谓的"悲天悯人之念"。为了更好地说明这一点,或许可以引入林语堂在其后所举的庄子与陶潜的对比以作参照:

> 陶潜的责子,是纯熟的幽默。陶潜的淡然自适,不同于庄生之狂放……他与庄子,同是主张归返自然,但对于针砭世俗,没有庄子之尖利。陶不肯为五斗米折腰,只见世人为五斗米折腰者之愚鲁可怜。庄生却骂干禄之人为豢养之牛待宰之彘。所以庄生的愤怒的狂笑,到了陶潜,只成温和的微笑②。

---

① 引自林语堂:《我的话——论幽默(上篇、中篇)》,《论语》1934 年第 33 期。
② 引自林语堂:《我的话——论幽默(上篇、中篇)》,《论语》1934 年第 33 期。

可见，在林语堂看来，陶潜的作品是一种"纯熟的幽默"，不同于"庄生之狂放"与"尖利"，而只有"温和的微笑"。不过，这种"温和"与"归返自然"的主张却无太多的关联。在见出了"世人为五斗米折腰者"的愚钝以后，庄子愤而怒骂其为"豢养之牛待宰之犠"，而陶潜则因感其可怜而只露出了"温和的微笑"。尽管庄子的怒骂背后是否藏着更深层次的悲悯其实是一个尚待论证的问题，但于林语堂而言，二者的区别似乎即在于此种悲悯之同情。

事实上，在《论幽默》一文中，除了"超脱"、"旁观"两词，频频与林语堂之"幽默"发生关联的，正是"情感"和"同情"。如：

> 孟子亦近于郁剔，不近于幽默，理智多而情感少故也。
> 幽默最富于情感。
> 讪笑嘲谑，是自私，而幽默却是同情的①。

当然，对于这种"同情"，研究者们并非全无察觉。不过，在许多研究者看来，这正是林语堂在1927年大革命失败后逃离社会现实，以温情退守的姿态形构自我避难之所的某种表征。若我们仔细查看林语堂关于幽默的所有文章就能够发现，早在1924年发表的《幽默杂话》中，他已明确区分了"幽默"与"讽刺"。并且，在那时的他看来，二者的区别正是"同情"二字：

> 幽默之同情，这是幽默与爱伦尼（暗讽）之所以不同，而尤其是我热心提倡幽默而不很热心提倡爱伦尼之缘故。幽默绝不是板起面孔（pull a long face）来专门挑剔人家，专门说俏皮、奚落、挖苦、刻薄人家的话。并且我敢说幽默简直是厌恶此种刻薄讥讽的架子。……故谓幽默之人生观为我佛慈悲之人生观，也无不可。……冷酷的非笑他人而自以为是了不得的正人君子，头一桩便是犯了"不幽默"的罪过②。

尽管面对时代的陡然转变，林语堂的确曾表白过自己心态上的变化，但这样一种精神状态的转换和他对于"幽默"与"讽刺"的区分，却并不像许多研究者所认为的那样关系密切。那么，何以林语堂会屡次将包含着"同情"的"幽默"单独拎出，以区别于

---

① 引自林语堂：《我的话——论幽默（上篇、中篇）》，《论语》1934年第33期。
② 引自林玉堂：《幽默杂话》，《晨报副刊》1924年6月9日。

"讽刺"呢？

有论者曾将此归结为基督教精神的深刻影响①，但在笔者看来这并不具有太大的说服力。暂且不论20世纪20年代的林语堂已脱离基督教而成为一名异教徒，即使将他晚年重新皈依基督教的经历同时纳入考量的范畴，我们亦不能说"同情"仅仅因为是一种基督教精神，便成为了林语堂的选择。

因为，宗教于林语堂而言，始终都是"自个人内心生出，不能由他人'赐予'"②的事。不论是20世纪20年代因教会所授教义之"伪善"而选择相信"人道"，还是晚年因对于"人道"的失望而重新皈依基督教，并试图以耶稣之"爱"的"绝对明朗的光"为依托，重建人类"道德"之信念，林语堂始终是因其选择能够解决内心的某种困惑而终于放弃或重新皈依了基督教③。他从未仅"因教义而信基督教"④，因而"同情"亦无法仅仅因为隶属于基督教精神便被林语堂视为"幽默"中不可或缺的部分。其中最为关键的，不是"同情"与基督教存在怎样密不可分的关联，而是"同情"本身在何种意义上解决了林语堂所关注的问题，才使它得以屡次被纳入"幽默"的概念之中，并占据了较为醒目的位置。

三、林语堂何以强调"同情"

尽管林语堂在《论幽默》中曾说"柏克森所论，不得要领"⑤，但在我看来，柏格森对于"笑"之分析是解答这一问题的重要参考文献。事实上，林语堂所提出的"幽默"与柏格森对于"笑"的界定是有诸多相似之处的。关于这一点，已有论者提及，却并未作更进一步的分析⑥。在笔者看来，这样一种相似性恰恰使林语堂曾说过的"不得要领"重新成为一个尚待探讨的问题，而这一问题的解决则恰好有助于我们发现林语堂"幽默"概念中较难被察觉的内容。

若我们细读柏格森关于"笑"的讨论即可发现，林语堂与柏格森最为核心的分歧，

---

① 参见张健：《精神的伊甸园和失败者温婉的歌——试论林语堂的幽默思想》，《文学评论》1993年第4期，第30-42页。
② 参见林语堂：《林语堂名著全集》第10卷，工爻等译，东北师范大学出版社1994年版，第40页。
③ 参见林语堂：《林语堂名著全集》第10卷，工爻等译，东北师范大学出版社1994年版，第225页。
④ 参见林语堂：《林语堂名著全集》第10卷，工爻等译，东北师范大学出版社1994年版，第232页。
⑤ 参见林语堂：《我的话——论幽默（上篇、中篇）》，《论语》1934年第33期。
⑥ 参见施萍：《论林语堂幽默思想的批判功能》，《文艺理论研究》2004年第6期。

论"幽默大师"林语堂的"不幽默"

其实正在于"同情"二字。在柏格森看来,"笑的最大的敌人莫过于情感","无动于衷的心理状态是笑的自然环境",若我们"作为一个无动于衷的旁观者来参预生活","把自己解脱出来",将能发现"许多场面都将变成喜剧"。因此,在他看来,"滑稽要求我们的感情一时麻痹",它"诉之于纯粹的智力活动"①,否则"笑"将消泯在怜悯、同情等情感之中②。

正是基于这样一种看法,柏格森指出,"笑当中并没有什么很善意的东西",尽管它有益于社会,却"是一种以怨报怨"。因为,笑作为一种纠正手段,是"用来羞辱人的","它必须给作为笑的对象的那个人一个痛苦的感觉",若带有"同情和好心",将无法达到目的③。因此,在讨论即将结束时,柏格森提到了"笑"之中的"苦涩":

> 我们会看到,紧张的缓和或扩张只不过是笑的前奏,笑的人立即就想一想他自己的行为,多少有些洋洋得意,把别人看作是由他操纵的木偶。在这种自负之中,我们很快就会掺进一点利己主义,而在利己主义背后,随着笑的人进一步分析他的笑,越来越明显地出现了一种不那么自发产生而比较苦涩的东西,也就是一种悲观主义的萌芽。……在这里跟在别处一样,自然为了善而利用了恶④。

由此,反观林语堂数次对于"幽默"之"同情"的强调,也就不难理解他何以会在《论幽默》中认为"柏克森所论,不得要领"了。不过,在我看来,林语堂所谓的"不得要领"并非针对"笑"的"无动于衷"以及其中所可能携带的"恶",而主要指向柏格森对于"笑"与"同情"之关系的判定。

由第一节的"超脱"与"旁观",以及所谓"人生是这样的舞台","扮演的人,正正经经,不觉其滑稽而已,只须旁观者对自己肯忠实,就会见出其矛盾"等字句已可看到,林语堂在界定"幽默"时亦要求了情感的抽离。不过,与柏格森较为纯粹的学术讨论不同,林语堂对于"幽默"有着更为明确的善恶要求。

林语堂在《论幽默》中虽直言自己"最喜爱"麦烈蒂斯对于幽默的解释,但若细查麦烈蒂斯的原文就会发现,林语堂的译文在词语的择取上有非常明显的倾向性。在林语堂笔下,"俳调之神"的形象是善的,其唇边藏着"谐谑",古时是"响亮的狂笑",如今已不再"胡卢笑闹",而只是"莞尔微笑"。面对人类的失态,他常露出"温柔的谴

---

① 参见[法]柏格森:《笑》,徐继曾译,北京十月文艺出版社 2004 年版,第 3-4 页。
② 参见[法]柏格森:《笑》,徐继曾译,北京十月文艺出版社 2004 年版,第 94 页。
③ 参见[法]柏格森:《笑》,徐继曾译,北京十月文艺出版社 2004 年版,第 130-132 页。
④ 引自[法]柏格森:《笑》,徐继曾译,北京十月文艺出版社 2004 年版,第 133 页。

意"，"跟着是一阵如明珠落玉盘的笑声"①。但若将此译文与麦烈蒂斯的原文相比较即可发现，麦烈蒂斯所描述的"俳调之神"常常充满了恶意，其暴烈的性情其实并不似林语堂所翻译的这般温柔和善②。其中，"malice"、"malign"两词，皆带有较强的恶意，但林语堂却将它们都弱化为了带有玩笑意味的"谑"；而意指"非常严重的罪行"的"noisy enormity"，亦被林语堂置换成了与原意相差甚远的"胡卢笑闹"③。

对于从小在教会学校接受西式教育并留学欧洲的林语堂来说，还原麦烈蒂斯的原意并不困难，但他没有这样做。究其原因，或许即在于他其实并不仅仅想要介绍自己"最喜爱"的观点，而是希望能以此增加他所欲倡导的"幽默"的说服力。正是由于他希望自己所倡导的"幽默"是一种"善"的存在，因此，当麦烈蒂斯所言并不符合这样一种愿望时，被置换或修改也就在所难免了。

林语堂其实非常清楚，"笑"与"恶"的距离仅一步之遥，上一节引文中曾出现的所谓幽默不会"冷酷的非笑他人而自以为是了不得的正人君子"以及"讪笑嘲谑，是自私，而幽默却是同情的"等字句皆明确指向了柏格森所谓的"笑"之"苦涩"。不过，与柏格森的悲观不同，于林语堂而言，这并不是一个无法解决的问题。在他那里，"同情"与"笑"不仅可以共存，并且正是因为有了"同情"，才能够淡化"笑"的恶意，并将其中所可能含有的"以怨报怨"修订为"善"。

也就是说，林语堂的"幽默"从始至终都包含了两部分内容，其中需要依赖"超脱"或"旁观"的"笑"只是第一步，紧随其后的"同情"，虽与"笑"呈相互抵消的状态，但在林语堂看来，却是"幽默"之中不可或缺的重要组成部分。因此，我们才会看到，林语堂的"幽默"所推崇的"笑"皆为被抑制了的"温和的微笑"或"轻轻的一弯儿的微笑"④，而作为"超脱"派鼻祖的老子、庄子却因缺乏"悲天悯人之念"而最终只能被划入"讽刺"之列。

不过，在林语堂的论述中，"讽刺"的确并不总是因为缺乏"同情"才被排除在

---

① 完整译文参见林语堂：《我的话——论幽默（上篇、中篇）》，《论语》1934年第33期。

② 麦烈蒂斯原文："It has the sage's brows, and the sunny malice of a faun lurks at the corners of the half-closed lips drawn in an idle wariness of half tension. ……The laugh will come again, but it will be of the order of the smile, finely tempered, showing sunlight of the mind, mental richness rather than noisy enormity ……the Spirit overhead will look humanely malign and cast an oblique light on them, followed by volleys of silvery laughter. That is the Comic Spirit." 完整原文可参见：https：//www.gutenberg.org/files/1219/1219-h/1219-h.htm

③ 在《牛津英语词典》中，"malice"意指"a feeling of hatred for somebody that causes a desire to harm them"；"malign"意指"to say bad things about somebody/something publicly"；而"enormity"意指"a very serious crime"。

④ 参见林玉堂：《幽默杂话》，《晨报副刊》1924年6月9日。

"幽默"之外。尽管他曾强调自己并非抑"讽刺"而扬"幽默",但"讽刺"常常被描述为"幽默"的某种对立面,以凸显其所欲倡导的"幽默"的特性。例如在这一段,林语堂即将"讽刺"描述为"必关心世道,讽刺时事"的道统势力,而不再是前文所述的"非笑他人而自以为是的正人君子":

> 中国道统之势力真大,使一般人认为幽默是俏皮讽刺,因为即使说笑话之时,亦必关心世道,讽刺时事,然后可成为文章。其实幽默与讽刺极近,却不定以讽刺为目的。讽刺每趋于酸腐,去其酸辣而达到冲淡心境,便成幽默。欲求幽默,必先有深远之心境,而带一点我佛慈悲之念头,然后文章火气不太盛,读者得淡然之味①。

应该说,林语堂此处的确表达了"幽默"不必然关心世事的观点,但其中真正被否定的并不是所谓"关心世道,讽刺时事",而是不太起眼的程度副词"必"。第一节已提到,林语堂之所以认为"有了超脱派,幽默自然出现了",即在于超脱派敢于不孜孜于"正当的思想与观念",即使"冒着痛苦或失败的危险",仍要在"确实的知识范围之外摸索"。惟其如此,才能避免"死板的灵魂",拥有触及真相的可能。

因而,所谓"欲求幽默,必先有深远之心境"虽要求了与现实的距离,但这种距离本身却不是目的。也正因为"距离"从来都只是一种手段,当真相已达,即使"同情"意味着对于"超脱"或"旁观"状态的破除,林语堂仍毫不在意地将它附加在了自己的"幽默"概念之中,并使其成为了此中最不可或缺的部分。由此,可以说,林语堂对于"幽默"和"讽刺"的区分不仅无法推导出"置身事外"的结论,并且这种区分本身其实已经包含了对这样一种观点的反驳。

四、"幽默"概念中的悖论

不过,尽管林语堂所倡导的"幽默"概念并不包含"置身之外"之义,但裴春芳提到的林语堂"虽然有意自别于讽刺嘲谑小品文之酸辣",其作品"有时亦未能尽弃酸苦之味"的现象的确是林语堂"幽默"之中较为明显的矛盾。关于这一矛盾的缘由,其实仍可在"同情"二字中找寻。

应该说,"同情"并不必然导向林语堂"幽默"中所出现的这种矛盾。例如被许多

---

① 参见林语堂:《我的话——论幽默(上篇、中篇)》,《论语》1934年第33期。

研究者视为林语堂之对立面的鲁迅,即在描述"讽刺"时亦提及了同情之"善意",并由此而区分出了与此相异的"冷嘲"①。在鲁迅1926年翻译的《说幽默》中,日本学者鹤见佑辅则说出了与林语堂非常相似的看法:

  ……在这里,我所视为危险者,就是幽默的本性,和冷嘲(cynic)只隔一张纸。……对于一切气愤的事,并不直率地发怒,却变成衔着香烟,只有嘲笑,是很容易的……使幽默不堕于冷嘲,那最大的因子,是在纯真的同情罢。同情是一切事情的础石……幽默不怕多,只怕同情少。以人生为儿戏,笑着过日子的,是冷嘲②。

可见,前文所论的"讽刺",亦即为林语堂所排斥的"愤世嫉俗的厌世主义",其实更接近鲁迅之"冷嘲",而非许多研究者曾认为的"讽刺"。但何以同样强调"同情"的鲁迅并不似林语堂这般排斥酸苦之文呢?

若细读林语堂在《论幽默》中的表述可以发现,他对于"同情"的判定方式与鲁迅存在较为明显的差别。由前文中庄子与陶潜的比较已可看到,林语堂直接将语言风格的"尖利"与否视为了区分"讽刺"与"幽默"的标准,似乎在他看来,语言风格的差异本身已足以判断"同情"之有无,而无须探讨风格背后所可能包含的更为复杂的面向。但于鲁迅而言,"同情"与否和语言的表层风格并无太大的关系,他要求"讽刺"的"善意",却从未认为这种"善意"需要通过某种特定的语言风格才能够实现。因而他所写的虽多为辛辣之作,却从未因此认为这种风格将与内中应有的"善意"相冲突。

应该说,相较于鲁迅,林语堂的判断方式存在较为明显的问题。因为"同情"或"善意"之有无,的确与语言的表层风格没有太大的关系,而主要依赖于作家写作时心内所持的真实目的。它有时浮在表层,有时藏在深处,其实很难直接通过语言的表层风格进行判断。但何以林语堂在辨认"同情"时需要同时将语言风格纳入考量的范畴呢?

在笔者看来,这可能源于林语堂在"同情"之中还放入了另一种要求。若回到《论幽默》一文对于"幽默"与"讽刺"的区分,可以发现林语堂之所以将陶潜归入"幽默"之列,除了陶潜不同于"庄生之狂放"之外,同时被排除的,还有"屈原的悲愤"。所谓"激越哀愤之音",在林语堂那里,似乎亦是"悲天悯人之念",亦即"同情"要求处理的对象③。

也就是说,在林语堂的"幽默"概念之中被频繁要求抑制的,除了"笑",其实还

---

① 参见鲁迅:《什么是"讽刺"》,《杂文》1935年第3期。
② 引自[日]鹤见祐辅:《说幽默》,鲁迅译,《莽原》1927年第2卷第1期。
③ 参见林语堂:《我的话——论幽默(上篇、中篇)》,《论语》1934年第33期。

有"怒"。他在《论幽默》中特地提到,"火气"、"谩骂"、"怒"等情绪都源于人们无法将道理参透,缺乏"同情"之自省①。这样一种论述却显得有些经不起推敲。稍加联系现实即可发现,"同情"之自省与"怒"之间的关系并不像他设想的这般对立。许多时候,恰恰是由于人们参透了道理,同时又有"同情"之心理,才终于触发了"怒"之生成。前文中鹤见佑辅即非常自然地指出,"冷嘲"因缺乏"同情",才会"对于一切气愤的事,并不直率地发怒"。

事实上,除了前文所讨论的"真实"和"同情",林语堂在20世纪20年代的《幽默杂话》中所提到的"宽容",虽在《论幽默》中隐而不显,却仍是其中非常重要的内容。而他之所以会认为"同情"可以处理"怒",即在于他所谓的"同情"还混杂了"宽容"之义。许多研究者都倾向于将林语堂的"同情"与"宽容"相混同,甚至林语堂自己亦最终将二者混为一谈,但这两个概念在"幽默"中所起的作用是存在细微差别的。

由上一节的讨论可以看到,林语堂的"幽默"之所以需要"同情",是为了能够抑制"笑",以避免"自以为是"的"利己主义",而"宽容"却稍有不同。林语堂在20世纪20年代的《幽默杂话》中是这样解释幽默之"宽容"的:

> 张敞为妻画眉一段故事,"上问之,对曰,臣闻之,闺房之内,夫妇之私,有过于画眉者"句后,书上尚说:"上爱其能,弗备责。"故事固然好在张敞之幽默之诚实,而尤好在汉宣帝之幽默之宽容。若当时两位君臣板起面孔来,什么话都不好说,张敞非亡命不可②。

可见,在林语堂看来,汉宣帝未怒而以张敞顶撞冒犯之言为罪,保全了张敞的性命,是极好的"幽默之宽容"。在这个过程中,"宽容"淡化了汉宣帝的"怒"气,而本应被"同情"抑制的"笑"在此处反而成为了期待中的结果。也就是说,在林语堂的"幽默"概念中,"宽容"最初之所以可以被单独拎出并与"同情"相并列,即在于它所针对的,是与"同情"所处理的"笑"完全不同的"怒"。

也正是由于林语堂的"同情"包含了"宽容"之义,语言风格的"尖利"、"酸辣"与否才终于成为了"幽默"中有待处理的问题。尽管"同情"与否和语言的表层风格并无太大的关系,但"宽容"却内在地要求了语言风格的趋于平和。所谓"尖刻"、"酸辣"之味,与其说是由于缺乏"同情"之自省,倒不如说是因为无法做到"宽容"所要

---

① 参见林语堂:《我的话——论幽默(上篇、中篇)》,《论语》1934年第33期。
② 引自林玉堂:《幽默杂话》,《晨报副刊》1924年6月9日。

求的谅解，以至于"怒"意始终延宕，难以真正消解在行文之中。

前文中有提到，林语堂对于"幽默"的"善"有很明确的要求。而"宽容"之所以会被纳入"幽默"之中或许亦与这样一种"善"的要求相关。于林语堂而言，"幽默"似乎应该是一种纯粹的"善"，因而不仅麦烈蒂斯笔下的"俳调之神"所显露出的暴烈需要被修改为"谑"，那些"火气"太盛、读来"令人难受"的尖酸之文亦因此而被剔除在了"幽默"之外①。

尽管20世纪20年代关于"费厄泼赖"的讨论使林语堂由"勿打落水狗"转而"益发信仰鲁迅先生'凡是狗必先打落水里而又从而打之'之话"②，但由他在此处对于纯粹的"善"的坚持可以发现，鲁迅当年所谓"老实人"③的影子其实始终未曾从林语堂的身上真正离开。

于鲁迅而言，"善"与"恶"从来不似林语堂所设想的这般简单。因此，不论是在《论"费厄泼赖"应该缓行》还是在《"论语一年"》中，他始终都在强调"辨别"二字。在鲁迅看来，笼统而不加辨别地追求"善"是终于要"混沌"的。因为，"猴子的亲戚也有大小，有好坏"，"狗也有大小，有好坏"④，若如"老实人"般好坏"视同一律"，皆以"犯而不校"的"恕道"待之，即使最初是出于好意，"结果反成为纵恶"⑤。因此，鲁迅从未执着于纯粹的"善"，并且在他看来，必要时，只有通过"恶"才能最终抵达"善"。

而林语堂"幽默"概念中的悖论似乎即在于此种笼统求"善"的"恕道"。尽管林语堂提倡"幽默"时非常强调"近情"二字，并且汉宣帝的例子正是某种"近情"的体现，但若将此推而广之，笼统地要求所有的弱者、下位者、良善者亦如汉宣帝般，对于强者、上位者、作恶者的冒犯甚至侵害表示宽容和谅解，而不得显露任何怒意，否则便是不够"明理"，缺乏对自身"反省的能力"，未免过于不近人情，就连林语堂自己也是难以真正做到的。由此，也就不难理解，何以一心求"善"的林语堂"虽然有意自别于讽刺嘲谑小品文之酸辣"，却"亦未能尽弃酸苦之味"了。

（作者单位：北京师范大学文学院）

---

① 尽管林语堂对于尖酸之文的抵触与当时文坛流行的"骂人"之风不无关联，但林语堂不加区分地将所有尖酸之文都加以排斥，并不只是对于当时文坛的一种回应，而是包含了他自身对于"善"与"宽容"的某种潜在的偏执。
② 参见林语堂：《翦拂集》，北新书局1928年版，第110页。
③ 参见鲁迅：《论"费厄泼赖"应该缓行》，《莽原》1926年第1卷第1期。
④ 参见鲁迅：《"论语一年"》，《论语》1933年第25期。
⑤ 参见鲁迅：《论"费厄泼赖"应该缓行》，《莽原》1926年第1卷第1期。

民国文学研究

萧红的"回心"时期
——以《七月》散文为中心的讨论

冯 芽

在萧红研究中,一个值得透彻分析的问题是如何理解她前后期的创作转变,这既关涉对作品的解读和评价,也牵连着作家与时代关系的探讨。茅盾等人将之归因于萧红个人的寂寞心态,此解释多出自友人间的同情之理解,实际上对其后期作品不无失望;刘禾等研究者从性别视域提供阐释框架,但无法涵盖《马伯乐》等例外文本;平石淑子在《萧红传》中将其全部作品视作一系列有意识的精神行为,提示了新的阐释路径,然而她以连续性弥合创作整体的同时也悬置了差异性。面对萧红前后期的创作转轨,我们仍需考察差异产生的契机及作家思想的形成脉络。上述疑问,可以在萧红的散文写作中找到线索。

1937年8月至1938年5月,萧红在胡风主编的《七月》杂志上接连发表了9篇散文①。此间,她从上海流徙武汉,又短暂地去往山西临汾、西安等地后而返回武汉。在1938年8月完成短篇小说《汾河的月亮》前,除了尚难确认写作起始时间的《呼兰河传》外,萧红没有任何小说创作。换言之,在萧红的创作生涯中,出现了一段此前、此后都未曾有过的近一年时间的纯散文写作时期。《七月》及同时期在《大公报·战线》上刊发的具有连续性和关联性的散文作品,构成了整体和独立的创作阶段,并显影出作家较为完整的思想演进脉络。抗战爆发后,民众内迁、知识分子流亡的家国危机,逃离"满洲国"的历史记忆和战时再流动的现实感受,抗战文艺的兴起,《七月》杂志的创作

---

① 分别为《天空的点缀》、《失眠之夜》、《窗边》、《在东京》、《火线外(二章)》(《窗边》、《小生命和战士》)、《一条铁路底完成》、《一九二九年底愚昧》、《〈大地的女儿〉与〈动乱时代〉》、《无题》。

场域,均给萧红提供了梳理自我处境和思想主张的"决定性时机"。作为从《生死场》、《商市街》到《呼兰河传》、《马伯乐》前后创作的中间节点,萧红全部作品所关注的核心性问题,以及此后的思想趋势和创作走向都能在此寻到踪迹。质言之,决定萧红创作整体样态的那种生命的、原理的内面逐渐形成,借用竹内好的概念,即"回心"①。有鉴于此,本文以萧红"回心"时期的散文为理解其作品风格转变的视角和方法,梳理萧红如何通过散文写作表现抗战和战时生活,以此透视"危机时刻"作家关切时代的具体方式;并借由不同文类的对读,考察萧红后期作品的生成脉络及创作思想发展的内在理路。

一、"决不是拿着这短刀而赴前线"

抗战爆发,上海的许多刊物被迫停刊,胡风准备筹办新刊以图文艺抗战。萧红、萧军应邀参加筹办座谈会,萧红提议以"七月"为刊名,称"现在正是'七七'事变,为什么不叫《七月》呢?用《七月》做抗战文艺的开始多好啊"②。作为文艺界抗敌的先锋刊物,《七月》应抗战而生,以"抗战文艺"为旨归:"在今天,可以说整个中华民族都融合在抗日战争的意志里面。但这还是一个趋势,一个发生状态;稳定这个趋势,助长这样发生状态,还得加上艰苦的工作和多方面的努力。"③ 萧红与因战争播迁的知识分子一同积极投身文艺抗战,提出"拥护这抗战和加强这个抗战,向前走去"④。但正如她拒绝胡风拟定的"战火文艺"而选择"七月"这一暧昧的刊名,面对社会时代和文艺观念的变迁,萧红有着独特的理解。

上海陷落使东北作家继逃离"满洲国"后再次直面战争和战争书写。从哈尔滨到青岛,萧红以《生死场》描绘东北民众的觉醒和反抗。平石淑子指出,《生死场》中"这些描写确实令人感动,但是缺乏现实感。这恐怕是因为萧红感到自己是被迫离开东北的,在这种紧迫的情况下,她认为自己必须写,这种使命感迫使她写下去,即便自己对走向抵抗的过程和手段都还没有具体的认识"⑤。彼时,萧红未亲历战事,小说中对义勇军抗日情形的描写主要源自磐石游击队员傅天飞的讲述⑥。她曾在《商市街》中回顾离开东

---

① 本文借用竹内好的"回心"概念来描述在武汉前后暂缓小说创作的散文时期,萧红开始或者重新思考对个人和创作都至关重要的一些核心性问题,并形成了对此后创作产生决定意义的思想内面。参见竹内好:《近代的超克》,李冬木、赵京华、孙歌译,生活·读书·新知三联书店2005年版。
② 钟耀群:《端木与萧红》,中国文联出版社1998年版,第4页。
③ 《愿和读者一同成长——代致辞》,《七月》半月刊(汉口)1937年第1集第1期。
④ 萧红:《寄东北流亡者》,《大公报·战线》(汉口)1938年9月18日第6版。
⑤ [日]平石淑子:《萧红传》,崔莉、梁艳萍译,北京人民大学出版社2017年版,第330页。
⑥ 袁培力:《萧红年谱长编》,陕西人民出版社2019年版,第73—74页。

萧红的"回心"时期

北的原因:"我们决定非回国不可,每次到书店去,一本杂志也没有,至于别的书那还是三年前摆在玻璃窗里退了色的旧书";"想到一个人,被弄了去,灌凉水,打橡皮鞭子,那已经不成个人了。走吧,非走不可"①。可见,东北作家逃离伪满洲国属于个人行为,是基于伪满残酷的文化环境及当局对反日知识青年的迫害。因此,萧红将《生死场》作为"应然的"民族意识觉醒进行呈现。此作轰动文坛,也与文本中爱国主义的情感动员不无关联。如果说《生死场》中存在平石淑子所言的为感染读者有意为之的成分,那么《七月》时期,萧红则开始关注"走向抵抗的过程和手段"等现实问题。东北作家从上海到武汉等地的再流动,是基于躲避战争炮火和抗战需要的全民族内迁。此时,萧红对战争有了更切近的体验和感受,炮声和难民、拥挤的车站和船只、伤兵和战士、持久的战事和艰难的抵抗,使她不再以《生死场》的方式来想象和召唤民族共情。抗战的推进及战争体验的加深,开启了萧红对战争的新理解和新的文学表现。

萧红刊载于《七月》的首篇散文《天空的点缀》记录了战争发生时刻个体的心理感受和思想进程:

> 用了我有点苍白的手,卷起纱窗来,在那灰色的云的后面,我**看不到**我所要看的东西(这东西是常常见的,但它们真的载着炮弹飞起来的时候,这在我还是生疏的事情,也还是想象着的事情。)……它们都是银白色的,并且又都叫着呜呜的声音。**它们每个都在叫着吗?**这个,我**分不清楚**。……
>
> 我只知道这是下午两点钟,从昨夜就开始了这战争。至于飞机我就**不能够分别**了,**日本的呢?还是中国的呢?**大概是日本的吧!……
>
> 至于飞机上的炮弹,**落了还是没落呢?**我**看不见**,而且我也**听不见**,因为东北方面和西北方面的炮弹都在开裂着。甚至那炮弹真正从那方面出发,因着回音的关系,我也**说不定**了②。

"它们每个都在叫着吗?""日本的呢?还是中国的呢?""落了还是没落呢?"文本的叙述语调充斥着对战争的疑问和不确定,虽然直接写日机轰炸,但仍然以局外远观和猜测的方式展现。在"看不见"、"听不见"、"说不定"、"分不清"中,战争被推向感知之外。同时,在对战争的冥想中,作者延宕开一笔写道:"风很大,在游廊上,我拿在手里的家具,感到了点沉重而动摇,一个小白铅锅的盖子,拍啦拍啦的掉下来了,并且在

---

① 萧红:《商市街》,上海文化生活出版社 1936 年版,第 251、161 页。
② 萧红:《天空的点缀》,《七月》周刊(上海)1937 年第 1 期;后重刊于《七月》半月刊(汉口)1937 年第 1 集第 1 期。黑体为笔者所标。

游廊上拍啦拍啦的跑着,我追住了它,就带着它到厨房去了。"① 叙述语调在此发生了转变,呈现为结果式肯定描述——"追住了"铅锅的盖子,"带去了"厨房,并感到"沉重而动摇"。当现实生活进入战争的思考序列,实际上阻断了战争视野展开的自然连续性。文章结尾处,作者对自我行动和选择做出了明确回答:"我相信我自己决不是拿着这短刀而赴前线。"②《生死场》中王婆的女儿走向反抗而牺牲,二里半离开他的山羊奔赴前线;《天空的点缀》中却有一把无法举起的短刀。

抗战将中国每一个角落的人都卷入其中,然而,如何切实地推进抗战仍是有待探讨的问题。萧红拒绝了《生死场》情感向度上的觉醒和反抗,转向对战争中实际行动的智性思考。"回心"时期的散文《逝者已矣!》中留下了感性和理性的挣扎痕迹:"自从上海的战事发生以来,自己变成了焦躁和没有忍耐,而且这焦躁的脾气时时想要发作,明知道这不应该,但情感的界限,不知什么在鼓动着它,以至于使自己有些理解又不理解。"③ 萧红表示,从鲁迅先生的教诲——"能作什么,就作什么。能作一点,就作一点,总比不作强"中获得了挣脱出感性的方法。在《寄东北流亡者》中,她进一步指出了克制情感和幻想的必要,主张以生产工作来支援抗战:

  单纯的心急是没用的,感情的焦躁不但无价值,而常常是理智的降低。要把急切的心情放在工作的表现上才对。我们的位置就是永远站在别人的前边的那个位置。我们是应该第一个打开了门而是最末走进去的人。……作个商人去,作个工人去。作一个能生产的人比一个在幻想上满足自己的流浪人要对国家有利的多。

  幻想不能泛滥,现实在残酷的抨击你的时候,逃避只会得到更坏的暗袭④。

在由感性抗争转向理性抵抗的意义上,萧红回顾学生时代游行的文章相继出现。在《一条铁路底完成》、《一九二九年底愚昧》中,她追述了哈尔滨时期参与的学生运动,并称之为"愚昧":

  大队又从新收拾起来,又发着号令,可是枪声又响了,对于枪声,人们像是看到了火花似的那么热烈。至于"打倒日本帝国主义","反对日本完成吉敦路"这事

---

① 萧红:《天空的点缀》,《七月》周刊(上海)1937年第1期。
② 萧红:《天空的点缀》,《七月》周刊(上海)1937年第1期。
③ 萧红:《逝者已矣!》,《大公报·战线》(汉口)1937年10月20日第4版。
④ 萧红:《寄东北流亡者》,《大公报·战线》(汉口)1938年9月18日第6版。

情的本身已经被人们忘记了，唯一所要打倒的就是滨江县政府，到后来连县政府也忘记了，只"打倒警察，打倒警察……"①

同为"救亡运动特写"，与端木蕻良、彭伯山等人将学生运动作为抗战的开端不同，萧红意识到了反抗目标与行动的错位，以及战争的虚妄和牺牲。相似的枪声和死亡将过去与当下时空牵连起来，历史的经验与现实感受相互迭现，促使她自觉地思考行动的限度、个人的反抗和生命的意义。即使在直写战争见闻的《火线外》中，萧红也坚持外在视角；《窗边》以"窗子"作为透明的隔断，既可以近距离感知所见，又能冷静旁观；《小生命和战士》则转向描绘战争的荒诞及对"飘蓬的人类"生命本身的震颤。

重要的是，《七月》时期萧红回应了作家的抗战自觉。面对高涨的抗战和战地话语，萧红认为文艺工作者该有的选择和价值并不在前线。1938年1月，《七月》杂志社的座谈会上就有相关讨论。丘东平等人提出，投身战场则无暇写作，反之，作家又无法深入现实生活。萧红说："我看，我们并没有和生活隔离。譬如躲警报，这也就是战时生活，不过我们抓不到罢了。即使我们上前线去，被日本兵打死了，如果抓不住，也就写不出来。"② 萧红所理解的战时生活更宽广，否认"战场高于一切"，并明确了知识分子在抗战中的职责。在文艺创作上，她也理智地强调思考和熟悉抗战题材需要时间。在《现时文艺活动与〈七月〉》的座谈会上，萧红指出："为什么在抗战之前写了很多文章的人而现在不写呢？我的解释是：一个题材必须要跟作家的情感熟悉起来，或者跟作者起着一种思恋的情绪。但这多少是需要一点时间才能够把握住的。"③ 萧军在《我留在临汾》中所记载的萧红的谈话表达了相似的观点："你去打游击吗？那不会比一个真正的游击队员更价值大一些，万一……牺牲了，以你的年龄，你的生活经验，文学上的才能……这损失，并不仅是你自己的呢……我也并不仅是为了'爱人'的关系才这样劝阻你，以致引起你的憎恶与卑视……这是想到了中国文学底前途……"④ 经过"回心"时期的调适，萧红于1940年出版的短篇小说集《旷野的呼喊》着力描绘大后方的战时生活侧面和流亡者的精神世界，丰富了抗战文艺的表现范围。概言之，亲身经历了战争的萧红转向理性地思考战争中的抵抗方式，即拒绝"前线"并不意味着远离抗战。她主张每个人明晰各自的责任、付诸应有的行动来有效地抗战。

---

① 萧红：《一条铁路底完成》，《七月》半月刊（汉口）1937年第1集第4期。
② 《抗战以后的文艺活动动态和展望：座谈会记录》，《七月》半月刊（汉口）1938年第2集第1期。
③ 《现时文艺活动与〈七月〉》，《七月》半月刊（汉口）1938年第3集第3期。
④ 萧军：《我留在临汾》，《新新新闻每旬增刊》1938年第5期。

二、"停留着的仍然是别人的家乡"

《生死场》与《七月》散文同在书写战争的链条上，从情感动员转向理性抗争。萧红的思想心态和创作意识发生了变化，并未按照《生死场》成名后文坛所期待的方向发展。当时有评论规劝萧红道："在这抗战趋入艰难困苦的现阶段里，我们切盼她珍重过去的成就，不要离开了抗战的阵容，而继续为国家民族的自由解放而斗争。"① 事实上，战争的推进却反向促使萧红重新发现了故乡。

抗战爆发鼓舞起东北流亡者"打回老家"的希望，也引发了萧红"故乡的思虑"——"自从这上海的炮声开始响，常常要提起家乡，而又常常避免着家乡"②。此种思虑一直延伸到《呼兰河传》、《后花园》、《小城三月》等一系列作品的产生。在《呼兰河传》之前，萧红写了一场"失眠"：

这失眠大概也许不是因为这个。但买驴子的买驴子；吃咸盐豆的吃咸盐豆；而我呢？坐在驴子上，所去的仍是生疏的地方，我停留着的仍然是别人的家乡。

家乡这个观念，在我本不甚切，但当别人说起来的时候，我也就心慌了！虽然那块土地在没有成为日本的之前，"家"在我就等于没有了③。

在乡土意义上，萧红身份混杂。无论满洲的流亡者、离家出走的女儿，或是外来的媳妇，"别人的家乡"的认知使她意识到自我故乡的空悬。经由《失眠之夜》的写作，原有的"乡土"概念因无效性而被拆解，所以，她才说"那块土地在没有成为日本的之前，'家'在我就等于没有了"。但萧红并未停留在破除的层面，面对朋友们打回老家的心愿，"比方，高粱米那东西，平常我就不愿意吃，很硬，有点发涩（也许因为我有胃病的关系），可是经他们这一说，也觉得非吃不可了"；面对萧军对自己家乡的讲述，"我不知道为什么一提到家乡，常常愿意给他扫兴一点"④。如果说战争导致乡土的失落，那么战争爆发前自己乡关何处？作为女儿曾经生活的世界如何定义？在此意义上，我们可以重新理解《呼兰河传》、《后花园》等乡土文本中的"小女孩"视角。

---

① 谷虹：《呼兰河传》，《现代文艺》1941年第4卷第1期。
② 萧红：《八月之日记二》，《大公报·战线》（汉口）1937年11月3日第4版。
③ 萧红：《失眠之夜》，《七月》周刊（上海）1937年第2期；后重刊于《七月》（半月刊）（汉口）1937年第1集第1期。
④ 萧红：《失眠之夜》，《七月》周刊（上海）1937年第2期。

—— 萧红的"回心"时期 ——

正如阿斯曼所言,"地点的记忆"是回忆空间的重要维度,"地点本身可以成为回忆的主体,成为回忆的载体,甚至可能拥有一种超出人的记忆之外的记忆"①。萧红从《七月》散文开始,有意识地梳理对"家族之地"的印象和回忆,并试图凭借记忆在风景、人物上的投影营造自己的乡土世界:

也许这又是想家了吧!不,不能说是想家,应该说所思念的是乡土。

人们所思念着的那么广大的天地,而引起这思念来的,往往是几片树林,两三座家屋,或是一个人物……也或者只凭着一点钟的记忆,记忆着那已经过去的,曾经活动过的事物的痕迹②。

萧红从她所理解的"乡土思念"的内涵和实现路径出发,在"回心"散文中呈现家乡风物的片段式描写:

在家乡那边,秋天最可爱:

蓝天,蓝得有点发黑,白云就像银子做成的一样,就像白色的大花朵似的缀在天上;就又像沉重得快要脱离开天空而坠了下来似的而那天空就越显得高了,高得再没有那么高的。……

但我想我们那门前的高草,我想我们那后园里开着的茄子的紫色的小花,黄瓜爬上了架。而那清早,朝阳带着露珠一齐来了!

——《失眠之夜》③

家乡是北方,常常这样,大风、大雨,眼看着云彩升起来了,也耳听着雨点就来了。

——《八月之日记二》④

以自然景物作人物出场的背景和心理情绪的映衬,是萧红一贯的笔调和风格。《生死场》、《家族以外的人》、《永远的憧憬与追求》等抗战前的作品中已不同程度地调动乡土

---

① [德] 阿莱达·阿斯曼:《回忆空间:文化记忆的形式和变迁》,潘璐译,北京大学出版社2016年版,第344页。
② 萧红:《八月之日记一(上)》,《大公报·战线》(汉口) 1937年10月28日第4版。
③ 萧红:《失眠之夜》,《七月》周刊(上海) 1937年第2期。
④ 萧红:《八月之日记二》,《大公报·战线》(汉口) 1937年11月3日第4版。

资源来进行创作。但彼时萧红笔下的自然风物仅是作为风景存在，尚未形成系统的故乡风景。当作者在乡土建构的意义上再出发的时候，自然景物序列获得了新的内面和意义，《七月》时期表征为片段式东北风景，在《呼兰河传》中风物人情发展成作品的主体。"回心"时期对故乡风景的梳理、调动和衍生，促成了《呼兰河传》中具有"总体性"意义的地方世界的生成。质言之，从《七月》起，萧红不再仅在东北流亡者乡愁意义上回忆家乡，而是在真实生活的地方的向度上再造乡土。

从《七月》到《呼兰河传》整体性乡土的内在曲折是有迹可循的。散文时期，萧红试图凭借追忆和言说来建构乡土，但每每受阻：

我一说到高草或是黄瓜，三郎就向我摆手和摇头："不，我们家呀……"
……
"我们家就不这样，没有高山，也没有柳树……只有……"我常常就这样打断他。
有时候，他也不等我说完，他就接下去，我们讲的故事彼此都好像是讲给自己听，而不是为着对方。

——《失眠之夜》①

这几天来，好像更有了闲情逸致，每每平日所不大念及的，而现在也要念及，所以和军一谈便到深夜。
而每谈过之后，就总有些空寞之感，就好像喝过酒之后，那种空寞。

——《八月之日记一（上）》②

在他人故乡话语围困下，萧红对自我故乡的塑造被提上日程。根据蒋锡金的回忆，萧红在武汉时便开始构思并着手创作《呼兰河传》③。由"回心"散文所开启的叙述和问题延伸到《呼兰河传》的创作。具言之，《失眠之夜》、《八月之日记》等散文与小说《呼兰河传》构成了内容及情绪上的互文。散文中不能讲完的蒿草和黄瓜以自在自为的姿态在小说中出现，出嫁的女儿、娶来的媳妇、童年的自己在《呼兰河传》中被一一安放了位置。

首先，《呼兰河传》中回应了出嫁的女儿与家乡的关系，即一年一次的"野台子戏"

---

① 萧红：《失眠之夜》，《七月》周刊（上海）1937年第2期。
② 萧红：《八月之日记一（上）》，《大公报·战线》（汉口）1937年10月28日第4版。
③ 锡金：《萧红和她的〈呼兰河传〉》，《长春》1979年第5期。

将二者联结起来:

> 眼看台子就要搭好了,这时候,接亲戚的接亲戚,唤朋友的唤朋友。
> 比方嫁了的女儿,回来住娘家,临走(回婆家)的时候,做母亲的送到大门外,摆着手还说:
> "秋天唱戏的时候,接你回来看戏。"
> 坐着女儿的车子走远了,母亲含着眼泪还说:
> "看戏的时候接你回来。"①

作者以温暖的笔触描摹姐妹、母女的分离和相聚,同时也提示了这种回乡的渺茫——"这是你大姑的扇子,那是你三姑的花鞋……都有了来历。但我不知道谁是我的三姑,谁是我的大姑"②。出嫁的女性之于生活过的空间,仅有些旧物作为《八月之日记》中所说的"曾经活动过的痕迹"存在。其次,《失眠之夜》中"你们家对于外来的所谓'媳妇'也一样吗"的疑问在《呼兰河传》中给予了解答。所谓"媳妇",有媳妇的规则和惯例——"那有那样的团圆媳妇一点也不害羞,坐到那儿坐得笔直,走起路来,走得风快","那家的团圆媳妇不受气,一天打八顿,骂三场"③。小团圆媳妇越是渴望"回她的家",就越多地遭受伤害。再次,《呼兰河传》完成了对乡土的塑造和想象,但在炮火中"失眠"的当下,东北流亡者的故园"也许现在完全荒凉了","也许现在根本没有了","这一些不能想象了"④。小说中,家长终于舍得钱去买豆腐,成为一种"毁家纾难"的行为;河边沙滩上看戏的乡下人的车马,"好像出征的军人似的,露天为营";有二伯的零零碎碎的行李如同战时中国一样,"就一片一片的好像活动地图似的一省一省的割据开了"⑤。文本的叙述缝隙溢出回忆的限度,折射出它作为战时文本的一面。

既往对《呼兰河传》的评价,或认为"在这里我们看不见封建的剥削和压迫,也看不见日本帝国主义那种血腥的侵略"⑥,或全面认同"文学评论在时空上距战时的中国越远就越认为该书是写作技巧上最成功之作"⑦。如果从《失眠之夜》、《八月之日记》中

---

① 萧红:《呼兰河传》,上海杂志公司出版社1941年版,第64-65页。
② 萧红:《呼兰河传》,上海杂志公司出版社1941年版,第112页。
③ 萧红:《呼兰河传》,上海杂志公司出版社1941年版,第174、188页。
④ 萧红:《呼兰河传》,上海杂志公司出版社1941年版,第325-326页。
⑤ 萧红:《呼兰河传》,上海杂志公司出版社1941年版,第44、81、251页。
⑥ 茅盾:《论萧红的〈呼兰河传〉》,《文艺生活》1946年第10期。
⑦ [美]葛浩文:《回忆式文体的"巅峰之作"——论〈呼兰河传〉》,晓川、彭放主编《萧红研究七十年(1921—2011)》(中卷),北方文艺出版社2011年版,第370页。

萧红的思考出发,在战争引发乡土建构的意义上考察《呼兰河传》的生成,可能就不会局限于抗战或乡土的单向视域。

三、"抗战是要建设新中国,而不是中国塌台"

萧红在书评《〈大地的女儿〉与〈动乱时代〉》中表达了两个方面的思考——主体自觉及如何抗战。

> 当我借来了这两本书(要想重新翻一翻),被他们看见了。用那么苗细的手指彼此传过去,而后又怎样把它放在地板上:
> "这就是你们女人的书吗?看一看!它在什么地方!"话也许不是这样说的,但就是这个意思。因为他们一边说着一边笑着……
> 另一个也发狂啦!他的很细的指尖在指点着书封面:"这就是吗?《动乱的时代》……这位女作家就是两匹马吗?"当然是笑得不亦乐乎:"《大地的女儿》就这样?不穿衣裳,看唉,看唉……"①

在文本内部,萧红读到了战乱时代的逃亡和丽洛琳克的反抗哲学,也看到了男权中心社会中女子的牺牲。而在文本外部遇到的"新的刺激"——来自男性作家对女性作家的贬低,令萧红感到震动和屈辱。事实上,这种困扰一直存在。萧军对萧红作品的态度稍显轻慢,如在《商市街·后记》中,萧军虽表达了对这部作品的喜爱,但仅在"一点不折不扣的生活记录"的层面上肯定了《商市街》,并直言"读者如认为多余,那么我觉得这部书的印出,根本就是多余"②。文坛上"萧军萧红"、"二萧"、"萧军夫妇"等称谓很难说没有对女作家的遮蔽。绿川英子在《忆萧红》中称:"原来,各有其事业的男女结合,不单是一加一等于二,要向着一加一等于三或四的方向发展才是理想。可是在他们的场合,一加一渐渐降到二以下来了。而这个负数,其负方是常常落在萧红这一面的。"③ 1941年的《艺术与生活》上的一则《呼兰河传》推介可作旁证:"与萧军同时崛起之萧红女士(其妻)近来作品甚多,为继丁玲后之最有希望之女作家,近在香港星岛日报发表的《呼兰河传》,现已连载完毕由上海杂志公司刊印单行本中。"④ 此时,萧

---

① 萧红:《〈大地的女儿〉与〈动乱时代〉》,《七月》半月刊(汉口)1938年第2集第1期。
② 朗华(萧军):《读后记》,《商市街》,文化生活出版社1936年版,第187页。
③ 绿川英子:《忆萧红》,欧阳凡海译,《新华日报·新华副刊》1942年11月9日第4版。
④ 《萧红新作出版》,《艺术与生活》1941年第23期。

红已与萧军分手并迁居香港,然而文坛对她的认知仍与萧军捆绑起来,对她的称赞亦颇为吊诡。在对文本内外反思的基础上,萧红对女性创作的价值和意义的认识明晰起来——"在现社会中,以女子出现,造成这种斗争的记录,在我觉得她们是勇敢的,是最强的,把一切都变成了痛苦出卖而后得来的"①。

萧红的主体性在生成的同时,与民族生存的危难相缠绕。她因逃离嘲笑现场而遇到草堆里的乞丐后写道:"我憎恶打仗,我憎恶断腿断臂。等我看到了人和猪似的睡在墙根上,我就什么都不憎恶了,打吧!流血吧!不然,这样猪似的,不是活遭罪吗?"② 在《天空的点缀》、《窗外》等作品中,萧红表达了对战争有距离的审视,《〈大地的女儿〉与〈动乱时代〉》中则进一步指认抗战背景下的现实问题。面对墙根下生活的乞丐以及在抗战中苦闷不已的青年,萧红认为:

> 这种苦闷是热烈的,应该同情的。但长久了是不行的,抗战没有到来的时候,脑子里是个白丸。抗战到来了,脑子里是个苦闷,抗战过去了,脑子里又是个白丸。这是不行的。抗战是要建设新中国,而不是中国塌台③。

抗战是毋庸置疑的,问题在于如何抗战,抗战后中国怎么样。从《〈大地的女儿〉和〈动乱的时代〉》中所表述的对抗战现状的反思和"建设新中国"的角度出发,长篇小说《马伯乐》的出现顺理成章。《生死场》叙述了民族主体诞生的过程,《马伯乐》则揭示了在因抗战高大起来的男性主体的想象之外,抗战建国主体的存在形态可能是墙根下佝偻的乞丐、陷于苦闷的学生以及马伯乐这样的搞笑分子。在萧红看来,"抗战也有缺点,但我们要用文学把它的缺点纠正。文学除了纠正现实以外,还要改进现实"④。

实际上,萧红的创作观念与《七月》最初的主张有契合之处:"如果这个战争不能不深刻地向前发展,如果这个战争底最后胜利不能不从抖去阻害民族活力的死的渣滓启发蕴藏在民众里面的伟大力量而得到,那么,这个战争就不能是一个简单的军事行动,它对于意识战线所提出的任务也是不小的。"⑤ 在"意识战线"的层面上,就可以理解萧红创作《马伯乐》及坚持"现在或是过去,作家们写作的出发点,是对着人类的愚昧"⑥ 的动因。这一方面源于她对战时生活理解的宽广,创作《马伯乐》的同时,萧红

---

① 萧红:《〈大地的女儿〉与〈动乱时代〉》,《七月》半月刊(汉口)1938 年第 2 集第 1 期。
② 萧红:《〈大地的女儿〉与〈动乱时代〉》,《七月》半月刊(汉口)1938 年第 2 集第 1 期。
③ 萧红:《〈大地的女儿〉与〈动乱时代〉》,《七月》半月刊(汉口)1938 年第 2 集第 1 期。
④ 《关于抗战文艺的几个问题》,《岭南周报·艺文专刊》1940 年 5 月 29 日,第 3 页。
⑤ 《愿和读者一同成长——代致辞》,《七月》半月刊(汉口)1937 年第 1 集第 1 期。
⑥ 《现时文艺活动与〈七月〉》,《七月》半月刊(汉口)1938 年第 3 集第 3 期。

在岭南大学的文艺座谈会上重申了《七月》座谈会上的观点——"在后方的现实只要我们能深入地反映也同样有价值,因为抗战影响了全中国每一个角落"①;另一方面,也在于萧红的批判视野已经延伸到抗战之后。

萧红文艺主张的形成,与她对鲁迅先生的回忆也有某种关联。郜元宝指出:"就在酝酿长篇《马伯乐》的同时(1939年),萧红发表了《回忆鲁迅先生》,这部独创性极强的长篇散文,避开鲁迅作品,也避开一切理性分析和论断,完全采用跟《马伯乐》高度相似的散文笔法。"② 事实上,萧红的鲁迅回忆是从"回心"时期开始的。《在东京》、《万年青》、《逝者已矣!》的写作,提供了萧红系统梳理及深化鲁迅精神遗产的契机。《回忆鲁迅先生》可以视作《七月》时期的延续和扩展。二者除了散文形式上的关联外,《马伯乐》也在"抗战建国"的向度上重构了启蒙话语。《马伯乐》中对人物的塑造和批判,直接指向抗战救亡,或者说启蒙和救亡的合奏。

在《马伯乐》中,萧红对笔下形形色色的人物不无嘲讽。以往的研究也多将马伯乐看作完全负面的人物,然而萧红所看重的却是他可笑的一面。1940年7月28日,萧红在给华岗的信中附上《马伯乐》最前面的一章,写道:"请读一读,看看马伯乐这人是否可笑。"③ 或许在萧红看来,她塑造的不过是大时代中一个可笑的人,而不是彻头彻尾无可救药的人物。马伯乐作为"半部《红楼》"④ 的主人公,虽不是强有力的新主体,但由于《马伯乐》的未完成,不可否认地获得了内在觉醒的可能。1941年的一篇《马伯乐》书评文章中指出:"在现实生活的巨变中,一切新的东西还在凝练的过程,完备的典型的创造,自不得不待之来日,而《马伯乐》的完成,已经足够值得我们的惊异了。"⑤《马伯乐》被当时的读者视为"新的东西"凝练过程中的创作,马伯乐这一人物形象及其缺陷也应置于新事物的形成状态中来考察和评价。萧红惋惜"还没有把那忧伤的马伯乐提出一个光明的交代"⑥,也许能提供马伯乐光明前途的正是《〈大地的女儿〉与〈动乱时代〉》中所呼吁的抗战中的觉醒和进步。在《马伯乐》已完成的文本中,不断重复出现"中国"、"中国人"、"中华民族"、"中国青年",凸显了民族身份认同与抗战共识。空想的马伯乐唯一主动性的选择和行动,就是抗战中的逃难。只有在逃难时,"他聚精会神了起来,好像长征的大军在出发的前夜似的,又好像跑马场的马刚一走出场

---

① 《关于抗战文艺的几个问题》,《岭南周报·艺文专刊》1940年5月29日,第3页。
② 郜元宝:《萧红眼中的中国渣男——重读〈马伯乐〉》,《小说评论》2019年第3期。
③ 萧红:《致华岗》,《萧红全集》(诗歌戏剧书信卷),北京燕山出版社2014年版,第194页。
④ 骆宾基:《萧红小传》,《文萃》1947年第2卷第12、13期合刊。
⑤ 《马伯乐》,《直入——奔流新集之一》,奔流出版社1941年版,第35页。
⑥ 大顿:《忆萧红——为纪念她的七年祭而写》,《大公报》(香港)1949年2月22日第8版。

来似的。那种饱满的精神是不可挡的,是任何人也阻止不了的"①。作为"中国民族历史开始的最荣光的一页"的抗战,提供了马伯乐超克国民性的可能。

综上,《马伯乐》是萧红创作思想推进和突破之作。然而在全民抗战的鼓吹下,它变成了一部"问题"之作。即便是《七月》的战友胡风也认为"萧红后来走向了脱离人民脱离生活的道路,我们应该把这当作沉痛的教训"②。借由萧红《〈大地的女儿〉与〈动乱时代〉》及鲁迅回忆散文所引发的"抗战建构"的思考,我们可以重新理解萧红的抗战书写,尤其是长篇《马伯乐》的生成。

结　语

萧红常将自己的生存境遇编织进创作中,其散文文体尤其明显,散文的价值也因此被低估了,成为研究萧红生平经历、传记评传的材料和注脚。实际上,武汉前后的《七月》时期,是萧红离合引生的"回心"时期,也是其前后小说创作的停留阶段。经由散文写作,萧红梳理、延伸、构建了她抗战后的文艺观念和创作主张,并开启了新阶段的文学自觉。《七月》散文包含了萧红创作整体中的核心性问题,《生死场》、《商市街》、《桥》等此前创作中所关注的面向在"回心"时期的创作中得以深化;同时,面对新的战争形势和生活现实,作者表达了对战争、乡土、抗战建国等问题的智性思考,并直接开启《呼兰河传》、《马伯乐》等后期文学实践。萧红的创造性还在于她对上述问题的处理实现了对常规抗战话语的突破,拓展了抗战文艺的视域。

(作者单位:华东师范大学中文系)

---

① 萧红:《马伯乐》(15),《时代批评》1941年第4卷第82期。
② 胡风:《胡风回忆录》,人民文学出版社1997年版,第351页。

| 共和国文学研究 |

四川大学八十年代先锋诗歌精神与民刊回眸

向以鲜

民国二十年（1931）12月2日，早年在美国伍斯特理工学院（Worcester Polytechnic Institute）学习电机工程的梅贻琦出任清华大学校长。就职演说中，梅校长向清华学子和世人宣称："一个大学之所以为大学，全在于有没有好教授。孟子说：'所谓故国者，非谓有乔木之谓也，有世臣之谓也。'我现在可以仿照说：所谓大学者，非谓有大楼之谓也，有大师之谓也。"① 我踏进四川大学校园的那一刻，印证了梅校长的卓绝论断。1986年7月，我从天津南开大学研究生毕业，来到坐落于锦江之畔的四川大学。宁静之中略显陈旧的校园阳光灿烂，书声琅琅，隐隐然有大家气象。那个时候，历史系的徐中舒先生、缪钺先生，中文系的杨明照先生，法律系的伍柳村先生，数学系的柯召先生，都还健在。印象深刻者，是来自南方石刻艺术重镇重庆大足的杨明照先生，其时先生还是我所在的古籍整理研究所名誉所长，也算是我的老领导。杨先生贡献给四川大学及世间的，不仅仅是一部穷尽毕生心血而著成的《文心雕龙校注拾遗》及《补正》②，还有两道独特的风景——白若霜雪的飘飘美髯和一双手工打制的单耳子草鞋。

民国知识分子中，拥有美髯的人不在少数，我的导师王达津先生的先生闻一多就是著名的美髯公。四川大学老学者中美髯者亦不止杨先生一人，比如年长杨先生15岁、早在20世纪60年代后期即含冤辞世的蒙文通先生，也蓄有一副飞扬的美髯。但是像杨明照先生这样，不仅有美髯，整个夏天都穿着一双麻绳草鞋出入高等学府者，就我有限的见闻而言，确实是一道十分罕见的风景。一所大学，能有杨先生这样的"好教授"或"大师"出没其间，即使没有林立的"大楼"，也一定是一所令人景仰的好大学。

---

① 刘述礼、黄延复编：《梅贻琦教育论著选》，人民教育出版社1993年版，第10页。
② 杨明照：《文心雕龙校注拾遗》，上海古籍出版社1982年版；《文心雕龙校注拾遗补正》，江苏古籍出版社2001年版。

由杨先生身上所传达出来的这种渊博而不失生活气息的川大气质,一种难以言传、令人着迷的气质,并非空穴来风,而是有其源远流长的文脉。如果从汉代化蜀的文翁说起,可能说得远了些,但至少可以上溯至清代的尊经书院。尊经书院创立于同治十三年(1874),其灵魂人物正是倡导"中学为体,西学为用"的洋务派代表人物、四川学政张之洞①。这种立足于本土文明又兼具世界性的眼光,对四川大学的成长和气质的形成,具有不可估量的影响力。百多年前,法国作家左拉(émile Zola)在讨论马奈(Edouard Manet)作品时,曾使用过témperament一词,其中文含义相当于"气质"。气质与人的个性、修养、风度、禀赋及灵动的思想紧密相关,同时也与涵养其人的整体文明本质互为表里。宋人张载说:"为学大益,在自求变化气质。不尔皆为人之弊,卒无所发明,不得见圣人之奥。故学者先须变化气质,变化气质与虚心相表里。"② 一个人、一个民族或一种文明,只有通过不断向传统学习、不断向传统汲取力量,才能造就自身博大又通透的气质,气质是一种独特的精神性存在。

悠久、醇厚的人文气质仅仅是四川大学的一面。四川大学之所以是四川大学,还有另一面。就在这座百年学府弥漫着深厚而精粹的人文气息的校园中,还潜藏着,不,一直勃发着一种珍贵的先锋诗歌精神——和悠久的四川大学人文精神一起,成为四川大学翱翔于世间的精神双翼。这种磅礴的先锋诗歌精神,是四川大学对现代诗歌一份了不起的馈赠;同时,也是现代汉语诗歌对四川大学一份伟大的反哺。

古老和现代性或先锋精神,从来就不是一对矛盾体,而是相辅相成的。如果只有古老的传统而没有前卫的、时代的先锋精神,这样的传统可能会因丧失新鲜血液而逐渐失去生机,变得苍老甚至腐朽;同时,没有传统作为支撑的所谓现代先锋精神,亦终将是无根之木、无源之水,同样无法获得发展壮大的生命养分。法国哲学家福柯(Michel Foucault)在《什么是启蒙》一文中谈论现代性时再次提及"气质":"我不明白,为什么我们不能把现代性更多地看作是一种态度,而不是一段历史时期。所谓'态度',我指的是一种与现时性发生关联的模式,一种由某些人作出的自愿选择,总之,是一种思考、感觉乃至行为举止的方式,它处处体现出某种归属关系,并将自身表现为一项任务。无疑,它有点像是希腊人所说的精神气质(ethos)。因此我认为,对我们来说,更有启示意义的不是致力于将'现代'与'前现代'或'后现代'区分开来,而是努力探明现代性的态度如何自其形成伊始就处于与各种'反现代性'态度的争战之中。"③ 人们通常认为最早提出"现代性"一语的法国诗人波德莱尔(Charles Baudelaire)就认为,每一

---

① 张之洞:《劝学篇》,广雅书局,光绪二十四年(1898)。
② 张载:《经学理窟》(义理),上海古籍出版社2010版。
③ [法]福柯:《什么是启蒙》,李康译,源自 https://www.douban.com/group/topic/14194644/。

个古代画家身上都体现出一种现代性。因此,广义地说,任何时代的诗歌与艺术,都有其现代性和先锋精神的一面。对于《诗经》传统来说,屈原的作品是极具有现代性的;对于南朝宫体诗来说,张若虚就是现代的,是一个彻底的叛逆者;同样,陈子昂绝对是初唐时代的现代先锋诗人!缘于此,我才在《感遇陈子昂》中,将《修竹》献给这位卓越的唐代先锋诗人:"黎明,收到东方/寄来的一枝修竹/我把它插进岩石里/剪掉一切与竹无关的/词语,冰雪和装饰,剩下苍茫,浸出碧血千滴/轻叩龙渊,剖开/水银泻地的疆场/傍晚,我听到琳琅之声/那是炼金士的密吟/还是拔节生长的汉魏风骨/在石头中轰鸣。"①

四川大学的先锋诗歌精神,一定与司马相如、扬雄、陈子昂、李白等蜀中作家诗人有着深切的关联。开创和包容,是四川大学先锋诗歌精神的核心。其更为直接的渊源,则与百年前的郭沫若以及生物学家兼诗人周太玄相激荡。宣统二年(1910)春天,郭沫若进入四川大学的前身四川高等学堂就读,两年后(1912)考入四川高等学堂理科。郭沫若是第一位四川大学现代著名诗人。尽管他的早期代表作《女神》中的作品主要完成于此后留日期间(1919年至1921年),如果没有"海纳百川"的四川大学的哺育以及瑰奇壮丽的古蜀文明的滋养,我们可能就看不见光芒四射的中国现代诗歌"女神"。四川新都人周太玄原名周焯,又名周无,是少年中国学会发起人之一。周太玄比郭沫若小3岁,于宣统元年(1909)进入四川高等学堂分设中学堂,留法归来(蒙彼利埃大学获教育硕士学位,巴黎大学研究院获理学博士学位),于民国二十一年(1932)被聘为四川大学理学院长兼生物系主任,1951至1955年担任四川大学校务委员会主任委员(校长)。周太玄是第二位四川大学现代著名诗人。其广为人知的现代汉语诗歌,是他在民国八年(1919)写于赴法途中的《过印度洋》——那是一首现代汉语诗歌的杰作。诗人虽然尚未完全摆脱古典诗歌的羁绊,但已竭尽所能地绽放出现代汉语的自由光辉,将汉语的孤寂与辽阔之境推向极致。

在周太玄之前,能将汉语的孤寂之美写到如此境界的诗人少之又少,我能想到的可能只有杜甫。永泰元年(765)初夏,不到40岁的剑南节度使严武病卒于成都。杜甫告别老友严武之后,黯然离开成都,放船东下。在星月辉映的江河之上,杜甫突然没有了方向感,就像法国诗人兰波(Arthur Rimbaud)在其天才之作《醉舟》中所说:"当我顺着无情河水只有流淌,我感到纤夫已不再控制我的航向。"在辽阔的天地之间和无边的黑夜里,杜甫和家人待在一起,像极了一只无依无靠、随风飘荡的沙鸥:"细草微风岸,危樯独夜舟。星垂平野阔,月涌大江流。名岂文章著,官因老病休。飘飘何所似,天地一沙鸥。"(《旅夜书怀》)两首诗的心境完全不同:周太玄那时才20多岁,正漂洋出海,

---

① 向以鲜:《唐诗弥撒曲》,东方出版中心2014版,第14页。

对未来充满了想往和期待；杜甫已经是 50 多岁的垂暮之人，未来虽然还没有来，但已经没有多少未来可来。尽管如此，杜甫的诗境极其苍凉、寥廓而又孤独无助，震撼人心。我想，周太玄一定是熟知杜甫诗歌的，他在苍茫而陌生的印度洋上写作诗歌时，看见的是印度洋上的"海鸥"，思绪中一定闪现过来自"故乡"杜甫的这只"天地"间的"沙鸥"。

两位蜀国诗人开一代风气之先的诗歌精神火种，越过半个世纪的风烟，依然没有熄灭，依然如同四川大学前辈诗人郭沫若所讴歌的浴火凤凰一样，在 20 世纪 80 年代的四川大学校园获得重生，并展现出前所未有的先锋图景。20 世纪 70 年代末至 80 年代中后期，乃是四川大学赓续百年前川大先锋诗歌精神的黄金时代。毫无疑问，80 年代的四川大学，作为中国诗歌的南方桥头堡，在全国现代诗歌阵地上具有举足轻重的地位。百年来，成都虽地处内陆深处，却在政治和文学尤其诗歌革命——两根最为敏感的时代神经——方面常常得风气之先。

四川大学 80 年代的先锋诗歌精神火种，首先在几大民刊中复苏。

20 世纪 70 年代末至 80 年代前期，四川大学诞生过两本重要的民刊——《锦江》和《第三代人》。后者的贡献主要在于明确的诗歌史学意识（代际划分），并和后来声名显赫的各种开宗立派的"第三代"概念融合在一起，对中国当代诗歌的史学描述做出了前瞻性贡献。在文学觉醒意识方面，四川大学的校园文学民刊《锦江》可能更值得注意。这本代表着川大人独立精神与自由思想的刊物，其诞生的时间要比《第三代人》早好几年（创刊于 1979 年 6 月）。

《锦江》不是纯诗歌刊物（包括小说、诗歌、散文、文学评论四个方面），其广为世人所知的也不是诗歌，而是小说。这种情形在中国民刊中可算是一个孤例。《锦江》当时有多火？谢谦回忆说：第一期印刷时，印刷厂听说这是学生刊物，宣布刊物先印，卖了以后再给钱。出刊后，大伙分组推车去九眼桥、盐市口、春熙路等地试卖，路人一拥而上，竟然很快被抢购而空。有了第一期的基础，第二、三期更加"畅销"。三轮车直接拉到春熙路，买书的人近于哄抢，如林的手都举着钱，附近高校的学生纷纷闻讯赶来，围了里三层外三层。在川大校园内、校门口，锦江宾馆附近等发行点，《锦江》也同样被哄抢一空，场面甚为火爆①。

这应该算是四川大学历史上最迷人、最热烈的风景吧——青春、热血、理想、诗歌、汉语、先锋、无所畏惧！可惜，这只是昙花一现的光景。《锦江》的诗歌及文学兄弟姐

---

① 谢谦：《〈锦江〉：一本民刊的光荣与梦想》，源自 http://www.mjlsh.org/book.aspx?cid=6&tid=177&pid=3641。

妹们，后来各自分散。最有才气的女作家龚巧明，也于1985年9月26日在去边防哨卡采访归途中的工布江达车祸罹难。如果她还活着，我相信一定是中国当代最卓越的女性小说家。

《红旗》虽然不属于完全的校园民刊，却和四川大学有着深刻的关联。在我到四川大学的次年，也就是在1987年的冬天，一个黄昏，时在铁路局上班的诗人孙文波推着一辆破旧的二八自行车，和漆维（付维）、三郎（潘家柱）一同来到我在川大向阳村四舍的教师集体宿舍楼下。就在那个夜晚，我们4个人被漫卷的红旗、诗歌的红旗召唤着，指引着。一群年轻的生命，一群诗歌的弄潮儿，在西风萧瑟中，和红旗一起热血沸腾。诗人柏桦回忆说："情感生活的体验在进行、在结晶并出自抒情诗这一古老传统。在这个抒情的传统上，'红旗'诗人留下二十世纪八〇年代中叶一代中国诗人在西南边陲所走过的心路历程和美之历险。他们从自身的疾病出发激昂地表现了一个时代的痛苦、焦虑、愤怒和悲哀，他们面对生活的真相首先从自身撕下一道惨烈伤口，他们的诗之利剑正对准自己的心猛刺。一年之后，熄灭了青春的烈焰，'红旗'的任务业已完成。"①

《红旗》一共只出了4期。创刊号刊名"红旗"二字，是我在成都寒冷的冬夜，亲自用钢板上的蜡纸刻出来的，字体类似于现代的黑体，黑色的墨迹与红色的意象形成强烈反差。封面的中下部，则用镂空黑体字刻上"中国四川"四个字。刊物取名"红旗"，来自毛泽东《清平乐·蒋桂战争》："风云突变，军阀重开战。洒向人间都是怨，一枕黄粱再现。红旗跃过汀江，直下龙岩上杭。收拾金瓯一片，分田分地真忙。"创刊号上有段"导言"，算是我们的诗歌宣言。印象中应该是时为川大中文系文艺批评研究生的潘家柱（三郎）执笔：

> 中国现代诗正处于危机的阴影中，我们作为中国当代诗人并无资格评判各种流派的优劣。我们只是要在出路的寻觅中努力提供一种本质的东西。
>
> 我们坚信，诗必须打动人，必须以突如其来的方式切入生活与意识的浊流。诗歌形式的里程是要被超越的，一个真正奠定了新方法、新形式的诗人的成功，恰恰在于他对任何套路的轻蔑，他所提炼的是自己的年华、血肉、青春和激情，并像王子一样地挥迈。他不遵循，不模仿什么风范，最后他自己成为特立的风范。
>
> 因此，我们不讳言，诗不是一种方法。诗的命定的抒情品格乃是诗作为生命的内规定的呈现。我们同意说，技巧是对诗人真诚的考验。也意味着，照我们的理解，严格意义上的现代汉语诗歌乃是东方文明注入我血脉中的命定浪潮与当代生活撞击

---

① 柏桦：《毛泽东时代的抒情诗人及其他》，《现代中国文化与文学》2009年第1期。

的苦难结果。诗的最新形式必是生命岩流的最新轨迹。中国现代诗必是我们种族这一代精英血染的风采。所以我们叫《红旗》。

我们希望能以独特的诗歌理想和写作实践（重倡诗歌的抒情本质），重整中国纷乱的诗坛，并从中创造一片属于我们的广阔诗歌天地：收拾金瓯一片，分田分地真忙。

为什么取名红旗？孙文波在后来的一篇名为《还有多少真相需要说明——回答张伟栋》的文章中给出了另外一种解释："之所以把刊物的名字定为《红旗》，是因为我们都认为写诗这一行为在当时的时代氛围中就像把命豁出去一样，是具有极其悲壮色彩的事情。再之，就整体的四川诗歌氛围而言，当时流行的是反智主义，一方面对古老的文化秩序说不，另一方面则强调诗歌的平民化。而对于这些流行并形成了极大势力的诗歌力量，我和后来进入《红旗》的诗人想要做的是表明自己与他们疏离的态度。"① 这里可能还有一层意思，那就是对一切威权的反动，对诗歌主流的反叛，并且多多少少带有几分黑色幽默的反讽意味。

《红旗》油印出来的当晚，我和潘家柱乘着夜色的掩护，把拆开的诗页张贴到了四川大学的告示墙上（即位于川大当年的研究生楼旁边、临近篮球场的水泥墙）。次日凌晨，我悄悄跑过去察看动静——它还在，没有被撕掉或涂抹！不仅如此，还有几个青年男女学生在一边朗读一边抄录。这场景太让人感动了。我要感谢四川大学，在那个年代，这是一种了不起的包容！四川大学之所以能走出一大批优秀的先锋诗人，与此密不可分。

在《红旗》上面发表作品的，主要有孙文波、潘家柱、向以鲜、傅维、柏桦、郑单衣、张枣、雪迪等。其中有不少诗作，在今天看来也堪称经典，如柏桦的《琼斯敦》、《痛》，张枣的《楚王梦雨》、《梁山伯和祝英台》等。在极度贫穷的时代，要创办一份刊物，哪怕是简单的刊物，也并非易事。《红旗》是一个标准的同仁刊物，从经费到主办，都是民间的、自愿的。孙文波提供了一些当年的细节：我记得除了有一期是那时候已经在倒腾图书出版的潘家柱出的钱，以后的几期都是大家像吃饭打平伙（AA 制）那样，一人凑一份钱。《红旗》是老式铅版打字油印，用订书机装订，没有什么讲究。那时自己印东西不像现在这么讲究，非要搞得比公开出版物还要精致，所以凑的钱也不算多。而且大家的想法也很一致，只要把诗印出来，能够传播给一些同行看就行了。其实，《红旗》的传播面并不大。因为我们每期的印数不多，几十份而已，但它还是让一些过去不太了解我们的写作的人，主要是外省的一些人，了解了一些情况，并通过他们的评说产

---

① 孙文波：《还有多少真相需要说明——回答张伟栋》，源自 https：//www.poemlife.com/index.php？mod=libshow&id=2100。

生了不小的影响。

《红旗》创办的次年，1988年10月，我参与了四川大学一份民间诗报《王朝》的创办工作。这份只印了一期的诗报，由时在川大读书的诗人杨政和熊剑主编，并且得到朋友王钰的友情赞助。刊头"王朝"两字是我从苏东坡的书帖中辑录出来的——以古老的集字行为来为一份小小的校园诗报题签，在整个80年代的民刊中尚属创举！《王朝》的首期也是最后一期上面，刊载了杨政、赵野、张枣、郑单衣、胡冬、向以鲜、青森、李亚伟、漆维、浪子、邓翔、熊剑、柏桦等人的作品。《王朝》不是油印而是铅印的，这在当时已是相当奢华的事情，大约印了好几百份。杨政在一个深夜敲开我的寝室，抱着一大沓油墨未干的《王朝》，以托孤的庄严神色告诉我，要好好保藏起来——我便把那叠报纸压在了床头的棉絮下面，一压就是好几年，后来搬家时才发现，由于经过几个夏天汗水的浸渍和老鼠的噬咬，报纸已经完全给毁掉了。现在我手中还有一份千疮百孔的《王朝》，则是由诗人邓翔教授保存下来的。

创办《王朝》的同一时间（1988年10月），我参与创办了另一份校园民刊《天籁》。在当下记载和研究中国民间诗刊的文章中，基本上看不到关于《天籁》的任何文字，仿佛它从未到来过这个世界一样——包括我个人的回忆性文章中，也从未曾提及。被遗忘的《天籁》却有其自身存在的方式——它一直隐藏在《天籁》创办参与者之一查常平的陈旧书柜中。

同样是那个冬天，在四川省畜牧兽医学院工作的诗人浪子（刘苏）到四川大学进修。他与研究日本文化和基督教的查常平（毕业于四川大学外语系，现为四川大学宗教研究所教授），以及同样来川大进修的诗人郑单衣、川大研究生张同道（长风），一同来到我居住的向阳村四舍，开始讨论创办刊物的事。后来完全告别诗坛的浪子，当时显得野心勃勃、情绪激动，在我那个并不宽敞的单身宿舍中来回转动，像一头狂躁的猛兽。我们最终确定为这个即将临世的刊物取名为《天籁》。现在已经记不得谁最先提出这个名字。由我提出的可能性比较大，那时我正热爱着天马行空的《庄子》。也可能是刘苏提出来的，因为他就写过一首名叫《天籁》的诗作。我们希望这个刊物办得有品格，有视觉冲击力。查常平推荐了与川大有着紧密联系的画家戴光郁作为《天籁》的特约设计者。戴光郁现在已是中国很有影响力的前卫画家。我们在微信中沟通时，他说现在看来并不满意自己当年的设计。他还记得当时设计这个封面的场景：当着查常平的面，将醮满墨汁的毛笔往一张白纸上用力洒下，墨汁在接触纸张那一瞬间，迅速向四周溅射，浸染，并以不可知的方式形成其不可重复的生命形态。这种感觉很好——自然而然中充满实验精神，很贴切"天籁"的本质。

《天籁》创刊号刊发的诗作包括：

郑单衣诗六首：石榴、再给你一个下午的风、凤儿、旧歌单、杯子、秋千；

向以鲜诗五首：绿色的衣袖、波浪、空瓶、阴影、悬崖；

赵野诗四首：忧伤的波兰、吟诵一个黑夜、有所赠、也有这样的时候；

浪子诗六首：巴勃罗·耶鲁达、天籁、游杜甫草堂、风景、新婚之夜、罗丹《思想者》；

张枣诗三首：别了，威茨堡、刺客之歌、楚王梦雨；

柏桦诗三首：琼斯敦、我歌唱生长的骨头、青春；

（美）爱伦·坡二首（张同道译）：烦忧的山谷、独自一人；

（日）岛崎藤村一首（查常平译）：椰子之实。

很多诗作都是首发，如郑单衣的《凤儿》，我的《波浪》和《空瓶》等。包括《天籁》在内的几个与川大校园密切相关的民刊，有一个显著的共同点，即包容性和开放性（也是一种先锋性的体现）。它们从不局限于川大校园本身，而是立足于川大，放眼全国乃至全世界。入选诗人既有川大的学子，亦有其他学校的诗人，还有已经离开校园的优秀诗人和海外诗人，真正体现了海纳百川的川大精神。

记得《天籁》后来还为当时成都的先锋舞蹈家张平做过一个专辑，可惜早已失落人间。《天籁》同仁，除了我和查常平还在四川大学坚守之外，余皆各自为政，彼此之间几乎断了联系。浪子出版过一部诗集《刀锋·蓝玫瑰》，后来弃文从商，起起落落，告别了诗坛。长风（张同道）在写过一部《探险的风旗：论20世纪中国现代主义诗潮》之后，便转向了电影艺术研究。但是，《天籁》终归不是凡响，即使锁在柜子中长达32年，还是要被人听见。

《象罔》不属于校园民刊，却诞生于四川大学。柏桦在《左边：毛泽东时代的抒情诗人》中较为全面地回忆了民刊《象罔》的来龙去脉："一九八九年十月，正当中国诗歌万马齐喑的时刻，钟鸣在成都发起《象罔》民间诗刊，当时的参加者有赵野、陈子弘、向以鲜等人，刊物名称为向以鲜所取，这个刊物共出十四期，钟鸣为该杂志主编，肩负总体策划之责。当时我已在南京，我还记得最初收到《象罔》时的新鲜和兴奋。打开钟鸣寄来的邮件，一股白纸黑字的清芬整齐地扑面而来，第一页印着我的两首诗《饮酒人》、《踏青》，诗的左上角还套印了一副很像南京鸡鸣寺的小画，一帧小巧的古代风景配上踏青的饮酒人，江南之春气呼之欲出，洁白的纸上短短的诗行，一座古寺清爽可人。第一期是恢复诗之元气的初步，而'美'却跃然达到一个高度，一反过去地下刊物装潢上马虎了事的作法。这种对美的完全彻底的呈现惟有万夏可与之相较。钟鸣，一个极端完美主义者、一个精美生活崇拜者、一个房间里四季放置鲜花的读书人、一个紧闭室内的悲观论者,我知道他最无法容忍的就是美的匮乏(这跟他珍爱文房四宝、山水书法的父亲如出一辙)。《象罔》之美理所必然。每一期都不重复,而整个却是'象罔'在向一个有限的空间要求无穷的美的各个侧面,'象罔'敞开它对每一位严肃诗人的亲切关注,没有耸人听闻、故弄玄虚的教规,也没有吞吞吐吐、含糊其词,只有唯美是它的一个普遍认同的标准,一个古老而常青的默契。唯有不美的诗歌被排斥在《象罔》之外。而美又在萧全的照片、戴光郁的画、中国古代版画这些材料中相映成趣,'象罔'是地下诗刊中一个美学上的例外。"①

钟鸣后来在为微信公众号"灰光灯"撰写《〈象罔〉与〈我们这一代〉》时,再次回忆当时的场景:"1989年岁终,我和赵野、向以鲜,在川大草地上讨论刊名,想了无数个,向氏是研究古文的,故熟典籍,偶然提到了象罔,我立即认为非它莫属了。"② 需要指出的是,我并非偶然想到"象罔"这个词。我不仅提出了"象罔"这个刊物名称,并且第一次从现代汉语诗歌角度对"象罔"故事进行了阐释:

> 黄帝巡游至赤水,登了昆仑之丘,向南眺望良久。返回时,不慎遗失了珍贵的玄珠。随后,便让天下最聪明的人知去寻找,但未找到;然后,又派眼最尖的离朱去找,也未找着;旋即,再派最能说的吃诟去找,但仍未找着。不得已最后让象罔去找,象罔找着了。黄帝有些纳闷,怎么象罔能找到呢?

钟鸣接着说:"奥妙就在这里,象,就是能见,图象,可见,有矣。罔,即惑,无,没有。也就是说,象罔即在是与不、有和无之间。喻人也好,政治也好,国家也罢,某事物的真理或真相,并非靠聪明,或眼捷手快,或能言擅辩就能获得。或真相本就在是非之间,也未可知。"其实,我现在仍然以为我当时的解释最为清晰明白——象罔就是虚无的人。

我与象罔之缘,当追溯至更早之1984年夏天。其时我尚在天津南开大学求学于王达津先生门下,王先生在民国时期武汉大学的硕士论文就是庄子研究,闻一多先生还是王先生毕业论文答辩时的座上师。王先生为我们讲授《庄子》,并布置了一篇庄子读书笔记。我所交出的作业就是《说"象"》,其中有专节谈论"象罔"。3年后,我已来到锦江河畔的四川大学谋职,并写下《迷宫与玄珠》一文,后公开刊发于《诗:三人行》③。

---

① 柏桦:《毛泽东时代的抒情诗人及其他》,《现代中国文化与文学》2009年第1期。
② 钟鸣:《〈象罔〉和〈我们这一代〉》,源自https://mp.weixin.qq.com/s/D1v_LS-h7QS89KJrYK91Cg。
③ 徐永、向以鲜、凸凹:《诗:三人行》,海风出版社2009版,第116页。

《象罔》创刊号的那段关于象罔的解释，最初的文稿亦出自我手（后经钟鸣润色）。我希望好好保存玄珠，一旦丢掉，可能就再也找不回来了。因为象罔就是虚无的人，他根本就不存在。

隐藏着四川大学80年代先锋诗歌精神火焰的校园民刊，像极了获得玄珠的黄帝大臣象罔——他确实存在过、鲜活过，又仿佛从未来过。

眨眼之间，三十多年就过去了。

我深信，诗歌和校园是不会老的！

四川大学的先锋诗歌精神，也不会老！

2017年夏天初稿，2020年冬天修订于成都石不语斋

（作者单位：四川大学历史文化学院）

以"戏"带"述":传统评书与《茶馆》的美学追求

吉开金

老舍深受传统民间文艺的影响,不落痕迹地汲取了中国曲艺说书传统的精华,把其水乳交融地化入外来的戏剧形式中,成就了中国现代话剧杰构——《茶馆》。该剧共三幕,叙述了半个世纪平民化的中国历史,每一幕因时间跨度的区隔而相对独立如"独幕剧",三幕戏各自容纳络绎不绝的多样冲突,皆统摄于中国社会现代化的历史变迁主题。它是舞台上的戏剧,又像书台上的说书人"讲史"。目前学界有关《茶馆》的研究虽已形成一个颇为壮观的景象,但迄今为止尚未有人去关注其"讲史"特质与这种民族化、民间化的审美品格,故须探讨。本文将在全剧将 50 年历史时段分为三幕戏的基础上,从"长江大河"讲史与"旁征博引"布置、山重水复说"故事"与连绵不绝演"冲突"、光阴荏苒的"剪断截说"与下回分解的"重续身世"这些方面展开探讨,看《茶馆》在"演"与"述"的同构中,如何实现"戏"的冲突与"书"的讲史完美统一。

一、"长江大河"讲史与"旁征博引"布置

老舍一生和民间文艺关系密切,其戏剧创作深受传统说书艺术的影响。20 世纪五六十年代,老舍曾多次谈论传统说书,表达了由衷的喜爱,且取两段述之:

> 大概的说,说评书的有两派。一派是给书听的,一派是旁征博引的。前者是长江大河的往前说书,不扯闲话,打了《连环套》,再打《凤凰山》,一节比一节热闹,一节比一节惊奇。后者是《挑帘杀嫂》可以说半个月,《武松打虎》可以说五六天。前者是真有故事可讲,后者是真有东西可说①。

---

① 老舍:《大众文艺怎样写》,《老舍曲艺文选》,中国曲艺出版社 1982 年版,第 44 页。

—— 以"戏"带"述"：传统评书与《茶馆》的美学追求 ——

评书演员似乎可分为两类：一类是真给书听，一件事紧接一件事，不多费力气去详述细节，或旁征博引。这是尽职的演员。可是我所见过的第一流名手，都是第二类的——把书中每一细节都描绘得极其细腻生动，而且喜欢旁征博引，离开正题，说些闲文①。

关于评书艺术，老舍几次的说法如出一辙。之所以不断提起，是因为评书在老舍的文学世界中占据了重要位置。依据老舍所说评书，可以分成两派：一派是"给书听的"，"长江大河的往前说书"；一派是"旁征博引的"，说书、表演细腻生动，喜欢扯闲话和穿插故事，具有丰富的社会容量。对于这两派评书，老舍都汲取了营养，独具匠心地将之互文到《茶馆》的叙事艺术中。这首先体现为《茶馆》的"长江大河"讲史和"旁征博引"布置。《茶馆》截取了3个时代断面——"戊戌变法"失败后的大清末世、军阀混战的民国初年、抗战胜利后国民党统治时期，分别构成3个独立时空（"独幕剧"）。它气势磅礴，"长江大河的往前说书"，一个历史时代紧接一个历史时代地讲述中国现代历史之变迁，滔滔汩汩，奔涌向前。在50年的历史变迁中，中国发生了若干的政治大变动，但老舍并未正面去叙述那些重大政治事件，选取的是"莫谈国事"而"侧面透露"历史的手法，只通过一个茶馆和茶馆里的一些小人物，"用他们生活上的变迁反映社会的变迁，不就侧面地透露出一些政治消息么？"② 在《茶馆》中贯穿三幕戏的"莫谈国事"是一个象征符号。王利发将其张贴在茶馆各处，用以警戒。然而，充满反讽和悖论的是，"莫谈国事"的大茶馆里偏偏有许多国事要谈，甚至王利发有时也不自觉地谈起，即使不谈政治问题也无法避开。茶馆是现代中国的一个政治空间，人们置身其中，无论如何都难以逃逸现代政治，政治就渗透在茶馆的日常之中。茶馆中上演着一幕幕故事：太监得势买老婆，农民困顿卖女儿，流氓打手肆意横行，吃洋教的一派威风，两个逃兵合娶老婆演绎奇葩"三角"，魑魅魍魉的人贩子被胡乱砍头，恶德人物子承父业而"发扬光大"，民族资本家工厂在"强盗"手中玩完，国民党官员自命不凡霸占茶馆……这些血淋淋、令人战栗、荒唐怪诞的社会故事虽然都未涉及国事，仅展示了众多小人物的生生死死，却深刻有力地道出了中国现代政治的变迁与幽暗丑陋。王利发、常四爷等小人物在3个时代中被动地承受各种戕害，在世事浮沉中无力挣扎，不正从侧面透露出一些政治消息吗？小刘麻子、小唐铁嘴之流的丑类人物生活得如鱼得水，年头越乱生意越好，

---

① 老舍：《谈〈武松〉》，《老舍全集》（第16卷），人民文学出版社2008年版，第566页。
② 老舍：《答复有关〈茶馆〉的几个问题》，《老舍全集》（第17卷），人民文学出版社2008年版，第758页。

不也从侧面流露出一些政治消息吗？值得注意的是，张贴于茶馆各处的"莫谈国事"，本身就是现代政治的一个隐喻——在时代变迁中，茶馆空间一幕幕缩小，它却一幕幕扩大，愈发醒目，恰暗示了现代政治的不断变化与恶势力的层层逼迫。很显然，老舍这种独特的"讲史"——"莫谈国事"与无处不渗透着国事的悖论叙事、小人物的生活变迁对现代政治变迁的侧面透露，产生了极大的艺术张力和较高的艺术魅力。这种新范式的"讲史"既不同于由宋代开始的"说话"之一门的"讲史"——讲说西汉、三国、隋唐、大明英烈等，亦有别于20世纪五六十年代郭沫若的《武则天》、曹禺的《胆剑篇》等历史剧之"讲史"。宋元话本"讲史"和郭沫若等人的历史剧所讲之事皆见诸书史文传，且是国家存亡、民族兴衰之大事，而老舍极具创造性地运用现代话剧形式让众多小人物登台，以其被动承受政治动乱的生活变迁来讲述中国半个世纪的现代政治变迁。在冲突类型上，宋元话本"讲史"与郭沫若等人的历史剧皆是英雄叙事模式的重大民族、阶级矛盾，而《茶馆》的"讲史"既没有英雄好汉也没有政治斗争，只有平民性格化、阶层分明的意气之争，总的来说是小纠葛，不是民族矛盾、阶级矛盾的流血斗争。无疑，《茶馆》用现代话剧形式建构起一种陌生化而充满审美力量的"讲史"范式。

《茶馆》的舞台提示较为繁复，出场人物众多，头绪繁杂，运用的是"旁征博引"的舞台布置方式。在这里，舞台布置方式实质上涉及的是剧作的结构处理方式。老舍把三幕戏设置在茶馆这个公共场所内，让三教九流的各色人物汇聚在这里，使一个大茶馆就是一个小社会。《茶馆》中有70多个人物，多数人物都有故事，这些人物故事各自言说，牵涉一个个社会问题，发人深思，独立成篇。每一幕的戏剧场面以人际关系频繁转换的冲突故事为标志，体现着剧本对历史巨变的隐性叙述和对生活冲突的展现与控制。剧作家老舍好似隐藏在舞台天桥上，控制着场面上的人物，让其来去皆有路数。这样的人物故事不下数十个。此外，老舍还穿插了若干在场上一走而过，所谓"招之即来，挥之即去"① 的这一类人物的琐碎生活描写。一连串的社会故事与纷繁的社会现象，令人目不暇接、眼花缭乱，它们之间互无纠葛，多方位地展示出广阔的社会图景和历史变迁中的人生百态。这犹如被老舍誉为"通俗史诗"的《武松》说书，善于"从四面八方描写生活，一毫不苟，丝丝入扣"，"上自绸缎，下至葱蒜，无所不知，说得头头是道"②，呈现出一种"旁征博引"、全面细腻的叙事美学。有所不同的是，传统说书中的穿插是用以增加知识性和趣味性的闲话，这些插叙不受主体情节的约束，可短可删，是正题的

---

① 老舍：《答复有关〈茶馆〉的几个问题》，《老舍全集》（第17卷），人民文学出版社2008年版，第759页。

② 老舍：《谈〈武松〉》，《老舍全集》（第16卷），人民文学出版社2008年版，第567页。

旁枝逸出；而《茶馆》中的众多穿插则是正题必要的、重要的组成部分，它们在情节上虽无统一性，但在主题上紧密相连，像一个个发散的圆弧始终有着向心力。这恰如老舍所说："我设法使每个角色都说他们自己的事，可是又与时代发生关系。这么一来，厨子就像厨子，说书的就像说书的了，因为他们说的是自己的事。同时，把他们自己的事又和时代结合起来，像名厨而落得去包办监狱的伙食，顺口说出这年月就是监狱里人多；说书的先生抱怨生意不好，也顺口说出这年头就是邪年头，真玩意儿要失传……因此，人物虽各说各的，可是又都能帮助反映时代，就使观众既看见了各色的人，也顺带着看见了一点儿那个时代的面貌。"① 例如，《茶馆》第一幕中没落旗人松二爷看刘麻子的精巧小洋表，既令观众看见作为旗人文化代表的松二爷醉心于遛鸟、喝茶和小玩意儿的人生艺术，亦使人看见时代演变和现代性行进中，洋表、洋鼻烟、洋缎大衫等洋货的入侵正在吞噬着正儿八经的传统东西成为时尚，传统文化与乡土北京渐行渐远。这便在写出了人物之外，还画出了时代面影。又如，第三幕中小刘麻子和小唐铁嘴要创办一个统管妓女的"托拉斯"，这令我们看见了小刘麻子之流的鄙俗丑恶，还顺带看见了西方资本主义对中国经济民生的影响，特别是抗战后美国的宰制性影响。对此，老舍借"卖货郎"老杨富有深意的戏谑作过照应，人物说道："美国针、美国线、美国牙膏，美国消炎片。还有口红、雪花膏，玻璃袜子细毛线。箱子小，货物全，就是不卖原子弹！"② 此外，还有沈处长的七个"好（蒿）"和一个"传"字，寥寥几笔就极为简净、传神地写出了自命不凡的人物个性和崇洋媚外的时代风气。《茶馆》中类似之例诸多，不胜枚举。于此可见，《茶馆》中纷繁各异的社会故事皆统摄于时代主题之下和历史叙述之中，形成了一个严密的有机整体，其叙事结构接受了传统评书的艺术滋养，但又从传统内部挤压出自我，呈现出清晰的独创个性。

二、从山重水复说"故事"到连绵不绝演"冲突"

《茶馆》人物众多，他们演绎的故事无数，舞台上只展示那最富戏剧性的冲突。人物各自的故事包蕴着整个社会，大大小小的冲突集中演述历史。仅以第一幕为例。这一幕人事繁杂，老舍山重水复说"故事"，集锦般展览了十数个社会故事：旗人常四爷和流氓打手二德子之间交锋，人贩子刘麻子巧舌如簧坑骗农民康六卖女儿，黄胖子调停两

---

① 老舍：《谈答复〈茶馆〉的几个问题》，《老舍全集》（第17卷），人民文学出版社2008年版，第759页。

② 老舍：《茶馆》，《老舍全集》（第11卷），人民文学出版社2008年版，第307页。

家人动刀舞棒地争抢一只鸽子，维新派秦仲义和顽固派庞太监之间展开较量，15 岁的康顺子被卖给太监做老婆，两特务混淆黑白缉拿常四爷……这些五花八门的故事在当时大多具有新闻时事性，是街谈巷议的对象，即使在时过境迁之后同样能引发人们的话题，成为谈资。它们看起来又和民国旧派小说善于汇编各式各样的新闻话题材料十分相像，喜欢运用层出不穷、纷至沓来的事实让人一饱眼福，大嚼而快之。值得注意的是，每一个故事都有着鲜明的时代色彩，包蕴着整个社会。如剧中常四爷和二德子之间发生的纷争，一段十余句的人物对话不仅交代清楚了人物关系，刻画出跃然纸上的人物形象，还弥漫着沉郁的社会性和历史感，耐人咀嚼。剧中二德子一出场就带着一股横劲儿，听到常四爷说争夺鸽子的两方打不起来，他立马觉得不对味儿，凑了上去，摆出一派威风凛凛的架势，说："你这是对谁甩闲话呢？"① 听到常四爷的"回敬"——"要抖威风，跟洋人干去，洋人厉害！英法联军烧了圆明园，尊家吃着官饷，可没见您去冲锋打仗"②，被刺痛了短处的二德子气急败坏地要大打出手："甭说打洋人不打，我先管教管教你！"③ 正当二人闹得不可开交之时，戏剧情境出现"突转"，吃洋教的马五爷的一句喝断"二德子，你威风啊"④ 使二德子戛然而止，乖乖束手。于此，这个故事在生动写出人物身份、性格之外，还写出了时代、历史和文化。二德子的自在威风背后是社会的黑暗，其作为统治阶级的帮凶有恃无恐，而大清末世是一幅岌岌可危的图景，外强入侵，洋人势力横行。因此，作为统治阶级帮凶的二德子在面对以常四爷为代表的普通百姓时，是趾高气扬的，而面对以马五爷为代表的洋人势力时，则奴颜婢膝，媚相十足。二德子和常四爷、马五爷的典型人物关系正深刻揭示出时代之种种，且充盈着历史气息。同时，从常四爷身上可以看到一些爱国人士对世事的不平和旗人落魄后的处境，以及一个"您"字中隐匿的满族人的文化积淀。一言蔽之，《茶馆》中的每个故事都包蕴着整个社会。颇具匠心的是，老舍将这些日常叙事（小故事）汇聚升腾为宏大的历史叙事（大时段历史），呈现出清明上河图般的史诗风貌。

  《茶馆》的第一幕集中了纷繁的戏剧故事，但没有围绕一个中心编织复杂的戏剧纠葛。与传统戏剧相较，其故事性不强，在冲突上也缺乏前浪推后浪之势，但《茶馆》第一幕向来为人称道，谓其一开场就精彩纷呈，一个个场面震撼人心，令人叹为观止。那么，老舍是如何化一个个松散的故事为精彩纷呈、震撼人心的场面的？这就在于老舍将各类人物与事件交织起来，将"故事"紧缩为"冲突"。他善于从事件入手，抓住人物

---

① 老舍：《茶馆》，《老舍全集》（第 11 卷），人民文学出版社 2008 年版，第 266 页。
② 老舍：《茶馆》，《老舍全集》（第 11 卷），人民文学出版社 2008 年版，第 266 页。
③ 老舍：《茶馆》，《老舍全集》（第 11 卷），人民文学出版社 2008 年版，第 266 页。
④ 老舍：《茶馆》，《老舍全集》（第 11 卷），人民文学出版社 2008 年版，第 267 页。

之间矛盾冲突最尖锐、最精彩的高潮瞬间去发挥和倾力描写。这样一来，不仅故事情节引人入胜，而且把人物写活了，同时，多样性的矛盾冲突形成了气氛热烈的戏剧场面，生活气息浓郁，时代风云尽收茶馆，气势恢宏。走进《茶馆》第一幕，我们看见：二德子和常四爷之间仅三五句话就矛盾激化，动手开打；秦仲义和庞太监之间的言语交锋暗含着政治上的激烈较量，展现的是维新派和封建顽固派之间斗争的一个精彩瞬间；康六的灵魂受到重创，最煎熬的莫过于在一家老小的活命与卖女儿给太监当老婆之间所作的艰难抉择，由之展现出买卖之间的尖锐冲突……对于一个个精彩的高潮瞬间，老舍精雕细刻，不遗余力却极为俭省地进行了描写。例如，在述说秦仲义与庞太监之间的故事时，老舍没有全面铺开、四处出击，而是选择二人矛盾冲突最尖锐的地方，让其一碰面就上演势不两立、杀气腾腾的戏剧场面，通过人物的语言、动作和茶客的反应，进行层层铺叙和对细枝末节的演绎，予以淋漓尽致地刻画，甚至连人物之间看似可有可无的摹声词"哈哈哈"这一细节也不愿放过。整体来看，《茶馆》的每一幕都有人际关系多元转换、人物频繁上下场，都有充满激烈冲突的戏剧小高潮，以及对各种相互冲击的力量的细致刻画。众多迭起的矛盾冲突虽不是取自历史的大潮大浪和斗争的漩涡，但其绵延不绝的冲突群起呈现出重大历史政治变动对广阔的社会面所产生的实际影响，折射了中国半个世纪的社会变迁。

《茶馆》这种独特的叙事艺术善于将"故事"紧缩为"冲突"，抓住矛盾冲突最激烈、最精彩的部分，把剧情前后不紧要的东西隐藏在幕后。由此，老舍打破惯例，创造性地写出了冲突激烈、精彩异常的第一幕。如果要为这种叙事艺术寻找灵感来源，自然还是离不开传统说书。1956 年，老舍在谈论戏剧时说："故事性强不强，不在于情节复杂、人多，而在于冲突是否强烈。冲突不强烈，矛盾不尖锐，就是五十个人满台乱打，也同样没有故事性。我们写的所以故事性不强，最大的毛病在于写的太多，太分散，没有重点……老段子为什么故事性强呢？譬如《武松打虎》《十字坡》《武松杀嫂》《鸳鸯楼》等，都是一段一段地抓住了冲突最强烈的地方，每一个段子都有一个中心情节，围绕着这个去充分发挥的。"① 从这儿，我们看到了传统说书在故事性和矛盾冲突方面的成功处理方式。缘于对传统评书的喜爱，老舍从中得到启发，将其移植到话剧创作中。对此，他曾明确地表示："写话剧更是这样，都是找顶要紧的书核儿写，不要皮儿。"② 所谓"书核儿"，就是冲突最激烈的高潮部分；要"找顶要紧的书核儿写"，也就是抓住矛

---

① 老舍：《关于业余曲艺创作的几个问题》，《老舍全集》（第 17 卷），人民文学出版社 2008 年版，第 702-703 页。

② 老舍：《把红旗插到评书界》，《老舍全集》（第 17 卷），人民文学出版社 2008 年版，第 761 页。

盾冲突最尖锐的地方去演绎。要而言之，民间传统评书对老舍的影响至深，他将传统评书的叙事艺术渗透到《茶馆》中去，产生了《茶馆》独特的叙事美学。

三、光阴荏苒的"剪断截说"与下回分解的"重续身世"

传统说书人在台上演出，最善于剪裁书情，其叙事时间是不等的。对于一些紧要的情节和关注点，说书人会放缓叙事节奏，做到委曲详尽、说表细腻，用尽每一点时间去描摹事物、动作、场景、心情等，可谓"搏兔亦用全力"；对于无关紧要的，则省略跳过，惜墨如金。老舍充分吸收了传统说书之艺术，对《茶馆》采用剪接结构方式——光阴荏苒五十年，剪断截说分三幕。他将大时段历史截长取短，选取重大政治事变之后的3个历史时间节点（"戊戌变法"失败后、"倒袁"后、抗战胜利后）一一叙说，把3次重大政治事变的历史故事全部隐去。这样，待到再一幕拉开时，已经是"下回分解"，隔了若干年。茶馆中人物的生命状态与世变相呼应，逐一发生着变化：常四爷从身着绸缎长衫和提笼架鸟，到短布衫肩了扁担，提着菜与鸡；王利发从年轻精明的茶馆老板，到中、老年的人生衰颓；秦仲义从财大气粗、年轻自负的实业救国论者，到在不可抗拒的外部势力打击下破产与衰老幻灭。显然，50年里世变迭生，常四爷、王利发、秦仲义三人历经沧桑，演绎了多少历史的"落回"（说书）与"折子"（传奇）。老舍用话剧来呈现，就是"三幕"。独幕都是一段身世。例如，《茶馆》第一幕中，出身旗人的常四爷有"铁杆庄稼"的特权，吃着钱粮，坐得起茶馆，但并非如一些老派旗人那样狭隘地只关心自身利益。常四爷正派、刚直、淳朴，从心里瞧不起"吃洋教"的颐指气使。他看到洋货大量涌入，心疼大清的银子往外流，目睹农民卖儿卖女的惨痛生活更是心生怜悯。面对大清的岌岌可危，他沉痛地喊出"我看哪，大清国要完"[1]。然而，一片耿介爱国之心的他却遭到特务缉拿，锒铛入狱。第二幕中，军阀混战的民国初年，常四爷在旗人艰难被动的处境下放下架子，自食其力，靠着挑筐卖菜和挎篮子卖花生米把腰杆挺直，倔强而自尊。第三幕中，日本人走后，常四爷已70多岁了，仍是一贫如洗，于万念俱灰中等待惨死。临了，他发出字字饱含血泪的天问："我爱咱们的国呀，可是谁爱我呢？"[2] 在这三幕戏中，历史时间被剪断，人物故事采取"截说"方式，常四爷用自我行动（"独自出戏"）去完成每一幕的"小时段"叙述，社会历史关系中人物的戏剧性动作与其身世一致。对于贯穿三幕戏的王利发和秦仲义这两位主要人物，老舍亦是如此安排。

---

[1] 老舍：《茶馆》，《老舍全集》（第11卷），人民文学出版社2008年版，第272页。
[2] 老舍：《茶馆》，《老舍全集》（第11卷），人民文学出版社2008年版，第272页。

3个"独幕剧"看似剪断,但事实上有着紧密联系,是似"断"实"续"、贯穿一气的,正如传统说书的"书断意不断"。3个"独幕剧"是3个独立时空,老舍一方面通过"回溯"叙事,使三幕之间的人物动作、身世故事有着承接、连续,以达到戏剧结构和艺术效果的浑然一体。如《茶馆》第二幕中常四爷对自己上一段历史有所回叙,交代自己从牢里出来后赶上扶清灭洋运动,于是参加义和团,跟洋人真刀真枪地打了几仗,大清崩解后开始凭力气吃饭。第三幕中常四爷也有对上一段历史的回顾,叙说自己自食其力,凭良心干了一辈子,却一事无成。这样,三幕之间剪断的历史经由人物的"回溯"叙事得以连缀,即"重续身世"。对于王利发、秦仲义二人,老舍亦采用了"重续身世"法。如此,老舍让贯穿三幕戏的"书胆人物"——常四爷、王利发、秦仲义的身世故事、行动轨迹形成一条"线"(书路结构),实现了《茶馆》在结构和艺术上的整体性。另一方面,老舍让人物"独自出戏"去完成每一幕的"小时段"叙述时都遵循着一个逻辑,那就是聚焦人物被动承受3个时代黑暗反动政治的戕害而产生的民生悲剧。无论是常四爷、王利发还是秦仲义,老舍所关注的根本点就是他们的民生悲剧,即人物行动与时代政治对峙、冲突而产生的悲剧,这成为深层次的、本质上的"重续身世"。于是,我们看到了常四爷在50年历史中的生命悲剧,也看到了王利发和秦仲义在50年历史中的生命悲剧。王利发在茶馆空间中是一个被动承受民生悲剧的人物典范。出生平民的他为了能够实现人生的最大梦想——守住祖传茶馆,活下去——从大清末世,至民国初年,到抗战胜利,他一直被动顺应时代,苦心经营茶馆,实行各种改良。但其一生的委曲求全最终换来的是人生巨大的悲怆——家破人亡、茶馆被霸占。秦仲义也有着惨痛的人生悲剧。《茶馆》第一幕中,他是年轻自负的实业救国论者。至第三幕时,救国实业在各路"强盗"手中玩完,他在衰老幻灭中发出"醒世"之言:"有钱哪,就该吃喝嫖赌,胡作非为,可千万别干好事!告诉他们哪,秦某人七十多岁了才明白这点道理!他是天生来的笨蛋!"①

于此可见,老舍在三幕戏中聚焦这3位主要人物与时代政治对峙、冲突而产生的生命悲剧,使《茶馆》的3个"独幕剧"密不可分,一起演述了中国现代政治变动的历史。同时,这被动承受的民生悲剧表明老舍已走出当时流行的历史观和主流意识形态,按照自己关心和把握的事实讲述、审视中国近半个世纪的历史,在独立不倚中表达了自己对中国几次政治变革的态度。

---

① 老舍:《茶馆》,《老舍全集》(第11卷),人民文学出版社2008年版,第272页。

结　语

　　《茶馆》作为中国 20 世纪话剧的扛鼎之作，历来为人称道，这在一定程度上要归功于其独特的戏剧美学。老舍不落痕迹地把评书传统化入外来的戏剧形式之中，形成新颖的以"戏"带"述"的戏剧叙事范式，既打破了传统的戏剧惯例，亦有别于契诃夫和布莱希特等剧作家的散漫、史诗般叙事。这种创造性地融入评书传统的独一无二的戏剧体叙事结构，在其经典地位的建构中起到了不可忽视的作用。正如传统经典的捍卫者美国学者哈罗德·布鲁姆所说，"一切强有力的文学原创性都具有经典性"①。

（作者单位：安徽师范大学文学院）

---

①　［美］哈罗德·布鲁姆：《西方正典》，江宁康译，译林出版社 2011 年版，第 20 页。

共和国文学研究

论余光中译诗中的自由

李　璐

从早年自称"右手为诗，左手为文"，到开掘诗歌、散文、评论、翻译"四度空间"，余光中以极大的创作热情为文坛留下了丰富的文学产物。黄维梁教授称其手中握的是一支"五色之笔"——用紫色笔写诗，用金色笔写散文，用黑色笔评论，用红色笔编辑，用蓝色笔翻译①。足可见出，翻译乃余光中文学成就的重要一极。

从大学外文系时期开始，余光中即以译海明威的《老人与大海》（1952）开启了翻译生涯②。大学毕业后的1954年，余光中投入《梵谷传》的全本翻译③。后来亦不断有译著问世：译诗则有《英诗译注》（1960）、《美国诗选》（1961）、《英美现代诗选》（1968、1980）、《土耳其现代诗选》（1984）以及《济慈名著译述》（2012）等（这里主要罗列英译中作品）；戏剧则以王尔德喜剧作品为主，如《不可儿戏》（1983）、《理想丈夫》（1995）等；此外亦不乏小说翻译。从上述简单的作品勾勒可知，余光中对英译诗歌情有独钟。若悉数考察其翻译成果则发现，译诗作品几乎占据其译著总量的半壁江山。

另一方面，英诗对于余光中的文学创作亦有着启迪和引导。余光中在其第一本诗集《舟子的悲歌·后记》里写道："我觉得，影响我的新诗的最大的还是英诗的启发。"在两年后出版的第二本诗集《蓝色的羽毛·后记》中，余光中再次表明了英诗对于其创作的重要性："我无日不读英诗，而创作和翻译则始终未曾间断。在英诗方面，我的兴趣渐由十九世纪转入二十世纪：豪斯曼（A. E. Houseman），弗罗斯特（R. Frost），欧文

---

① 李元洛、黄维梁：《壮丽余光中》，九州出版社2018年版，第24页。
② 金圣华：《余光中：三者合一的翻译家》，《台湾现当代作家研究资料汇编34·余光中》，台湾文学馆2013年版，第202页。
③ 徐学：《余光中传》，厦门大学出版社2016年版，第64页。

(W. Owen)和女诗人狄更生(E. Dickenson),怀利夫人(Elinor Wylie),米蕾(Edna St. Vincent Millay)等的手指一次又一次地为我揭开缪斯的面纱,让我窥探到新的美。"① 从小接受英文的熏陶、大学期间的专业培养以及一直洋溢着的对英诗的热忱,使得余氏与英诗之间建立了紧密而深厚的联系。

既得益于英诗的滋养与启发,余氏的英诗译作呈现出怎样的面貌呢?这里笔者以《天体与裸体》一诗中的首节为例来简要指明余氏译诗的特征。

天体与裸体

我觉得天体与裸身
(被字典学家解释成
同义词,表达的意义
全一样,都是没穿衣
或有所庇)两者太悬殊,
如爱与谎,道与术

The Naked and the Nude

For me, the naked and the nude
(By lexicographers construed
As synonyms that should express
The same deficiency of dress
Or shelter) stand as wide apart
As love from lies, or truth from art.

在这里,诗人格瑞夫斯(Robert Graves)意在区别"Naked"与"Nude"二者的意义。尽管它们都被字典学家统一解释成为"没穿衣或有所庇护",但在诗人眼中,前者意味着生命本真状态的袒露,后者则意味着带有矫饰的、被表现的赤裸状态,因而其间的区别"太悬殊",如"爱"与"谎"、"道"与"术"之别。为了在译诗中凸显出这一

---

① 余光中:《蓝色的羽毛·后记》,《余光中集·第一卷 诗歌》,百花文艺出版社2003年版,第107页。

差别，余光中以"天体"译 Naked，以"裸体（身）"译 Nude。尽管两词在语义上的差别拉大，但显然这其中又杂糅进了中文语境中语词的引申义等扩张性成分，即"天体"（宇宙中各种物质客体的通称）一词不仅与 Naked 所携带的"没穿衣"意思相去甚远，还以其自身的语义将整体上诗歌所传达的信息导向了语意逻辑矛盾。在这里，我们看到了传统翻译理论中常见的"意译"（free translation），而非"直译"（literal translation）。但这一"意译"是否真的出于译者的自由（free）？如果存在这样一种自由，那么它会将读者对诗歌的理解引向何方？换句话说，身为读者的我们，读罢余氏的译诗过后，究竟是对该诗有了一些理解，还是陷入了二次疑惑？

一、文白并存中的自由

本雅明（Walter Benjamin）在《译作者的任务》一文中表示："在任何有关翻译的讨论中，传统概念都包括两点：一是忠实原著，二是译文自身的不拘一格。后者说的是再创造的自由，而前者指的是服务于这种自由的对词句的忠实"①，而"自由的意思若不是认为达意并不是高于一切的目的，它又意味着什么呢？"② 按照本雅明的观点，对于翻译而言，自由主要指译文再创造中的不拘一格，且意味着对达意的不满足。那么，余氏的英译诗歌作品中表现出怎样的"不拘一格"呢？我们不妨先从分析余氏译诗的形式特征入手，从中挖掘译诗中自由的呈现方式。对于译诗来说，大致可从语词（word）、韵律（rhyme）以及句法（sentence）三个方面来加以说明。

第一，从语词的角度，主要涉及中文字词与英文单词之间的语义（meaning）对应。举例来说，在余译《天体与裸体》首节最后一行中，译者将原作中的"truth（真理）"译为"道"，将"art（艺术）"译为"术"，这样译的目的看起来在于同前面的"爱"与"谎"形成单音节（monosyllable）汉字的对应。而为了达成这种与原作的相似（likeness），则需要借助汉字的语义包容性以寻找到能够对应"truth"的单字。如果说将"art"（英文原义为"艺术"）省略译作"术"，尚属两种语言在语义上的客观相似，那么将"truth"译作"道"则较多地体现了译者基于语义对应上的带有主观倾向的"自由"转化与调适。且在中文语境下，"道"本身就是一个极富语义张力的字，特别是其引申义——如道家思想中作为万物之源的"道"——可以看出"道"在语义上指向某种

---

① ［德］阿伦特编：《启迪：本雅明文选》，张旭东、王斑译，生活·读书·新知三联书店2008年版，第90页。
② ［德］阿伦特编：《启迪：本雅明文选》，张旭东、王斑译，生活·读书·新知三联书店2008年版，第91页。

终极的真理（truth），从而与原诗中的语义有了衔接。值得一提的是，《说文解字》中"道"的含义为"所行道也，一达谓之道"①，而"术"（術）则为"邑中道也"②，可见两字在初始含义上均含"道路"之义，语义亦有所重合，但在后来的引申义中则有了区别，前者逐渐形成了"规律，道理，道德，学说和道家"③ 等义项，而后者则有了"技术，技艺，权术，方术"④ 等含义。这样一来，"道"与"术"二字既（一度）同义又实现了意义的差距，恰与格瑞夫斯在 The Naked and the Nude 诗中所表达的意思渐趋契合。原诗中，诗人认为 naked 同博爱、真理、神圣相关，而 nude 则与狡猾、虚伪、矫饰相关。在感情倾向上，诗人显然更推崇前者⑤。而这种语词的翻译所表现出来的意译自由，便在于译者集结了两种语言的语义及其相应的文化涵义，做到了一种有弹性的语词对应，一方面，建立了中文单字与英文单词二者之间的语义联系，从而使意思的传达能够达到通行无阻的自由状态；另一方面，更以中文自身的文化背景增加了译诗的诗意。

与此同时，还需要看到的是，"爱"与"谎"、"道"与"术"这两组词之间还涉及一种不易察觉的语言系统的转化，即从"白话"到"文言"的转化。简单来说，前一组词语主要出现在现代白话文语境中，而后者更多地携带了文言话语系统下的文化涵义。金圣华曾指出，余氏的译文始终保持"中西兼容、文白并存"的特色⑥。后面笔者将继续说明这一点。

第二，在韵律上，余氏译诗极为重视译诗在韵脚上对原诗的忠实。余光中认为"原文若是格律诗，译文就必须尽量保持其格律，包括分段、分行、韵序。韵序往往不易，或根本不可能悉依原文，但至少应该有押韵，读来有韵文之感"⑦。这里以余译十四行诗《蚱蜢与蟋蟀》（济慈著）为例来说明。

---

① 许慎：《说文解字》，浙江古籍出版社 2016 年版，第 55 页。
② 许慎：《说文解字》，浙江古籍出版社 2016 年版，第 58 页。
③ 《古汉语常用字字典》编写组：《古汉语常用字字典》（修订本 2 版），四川大学出版社 2004 年版，第 110 页。
④ 《古汉语常用字字典》编写组：《古汉语常用字字典》（修订本 2 版），四川大学出版社 2004 年版，第 487 页。
⑤ 有关该诗释义，可参考 Hollahan, Eugene. *Sir Kenneth Clark's the Nude: Catalyst for Robert Graves's "The Naked and the Nude"*? PMLA, Vol. 87, No. 3, pp. 443-444.
⑥ 金圣华：《余光中：三者合一的翻译家》，《台湾现当代作家研究资料汇编 34·余光中》，台湾文学馆 2013 年版，第 214 页。
⑦ 余光中：《济慈名著译述》（初版），九歌出版有限公司 2012 年版，第 6-7 页。

蚱蜢与蟋蟀①

大地的歌咏从不沉寂：
当百鸟被烈日晒得头昏，
都躲进树阴，有一种歌声，
一篱接一篱，沿新割的草地，
那是蚱蜢——他领先发起
夏天的盛会——他的欢腾
永远不告终；就算已玩困，
也可安憩在清凉的草底。
大地的歌咏从不中断；
落寞的冬晚，当寒霜把万籁
都噤绝，炉边就唧唧清扬
蟋蟀之歌，因室温而高啭，
在半醒半寐的人听来，
就像蚱蜢在草山吟唱。

蚱蜢与蟋蟀②

大地的歌咏是永不沉寂：
当小鸟给骄阳晒得头昏，
躲进了清凉的树影，一派歌声
便沿着新割的牧场的篱边传递；
那是蚱蜢的低吟——他首先发起
盛夏的豪游——他的欢欣
永无止境，每当他玩到力尽，
便躺在凉爽的草底休息。
大地的歌咏是永不沉寂：
在寥落的冬晚，当那寒霜

---

① 余光中：《济慈名著译述》（初版），九歌出版有限公司2012年版，第45页。
② 余光中：《英诗译注》，文星书店1960年版，第31页。

冻住了一切声响，蟋蟀的歌声
便在那暖气渐增的炉边扬起，
听在那半困的炉边人耳旁，
就像是蚱蜢在草岗的低鸣。

On the Grasshopper and Cricket

The poetry of earth is never dead:
When all the birds are faint with the hot sun,
And hide in cooling trees, a voice will run
From hedge to hedge about the new-mown mead—
That is the Grasshopper's. He takes the lead
In summer luxury; he has never done
With his delights, for when tired out with fun
He rests at ease beneath some pleasant weed.
The poetry of earth is ceasing never:
On a lone winter evening, when the frost
Has wrought a silence, from the stove there shrills
The Cricket's song, in warmth increasing ever,
And seems to one in drowsiness half lost,
The Grasshopper's among some grassy hills.

原诗为正规的意大利体，而该诗体的韵序（rhyming scheme）一共有5个韵：前8行为 abba/abba，后6行比较自由，可以是 cdcdcd，也可以是 cdecde 或其他安排①。该诗韵序为 abba/abba/cde/cde。这里余译严格遵循了这一韵序。同50年代的余译（见《英诗译注》，文星书店1960年版）相比，时隔大半个世纪后，余光中不仅修正了原译中的韵序和用韵，更在诗行字数上进行了删减，用字更加精简，并调整了语词的位置，以尽可能地保留诗歌原貌。

英诗翻译中，由于中英语言之间在语音、节奏以及文句有无回行（run-on line）等方面的差异，译诗往往会忽略（或省略）掉原作本身的韵律感。相较于50年代《英诗译注》里的版本，新近的译诗版本在韵序和字数上均做了调整。在韵律上，后版本采用

---

① 余光中：《济慈名著译述》（初版），九歌出版有限公司2012年版，第22页。

了同原作相一致的韵序 abba/abba/cde/cde，而前版本则为 abba/acca/adb/adb，韵脚数量少而多次转韵。吴怡萍借助音韵的相似性原理强调了音韵关系对语意关系的反映 (phonetic relationships reflect semantic relationships①)，认为该诗"将第三行的动词 run 挪置第四行文末，这样巧妙的挪移不仅让译者方便押韵，更能凸显蟋蟀鸣叫声音的传递不绝于耳，音韵与意义的结合恰到好处"②。而音韵上的相似也就使得译诗的呈现更加立体，某种程度上扩大了翻译空间。

由此，单就译诗的韵律表现来看，前版本转韵较多，表达更口语化，因而在译诗的语义传达上较为自由流畅。但当我们将先、后两个版本作对照时便可看出译者的翻译倾向：尽可能地达到同原诗的韵序一致，回行一致，字数精简。为达这一目的，后一版本通过增加语句中断并减少指示代词、助词与系词加以修正。这样一来，该版本的译诗在节奏上更加明显，韵脚在语音上愈发突出。不妨试比较两个版本的前四句：前版本共停顿4次，平均每行11字；后版本停顿6次，平均每行10字。两个版本韵脚尚无大变动，但整体风格上则呈现出前者散文化而后者绝句化的特征。于是，在韵律上也就再次印证了余译"文白并存"的特点。正是在省略与中断中，译诗取得了言尽意绵的效果。同前一译本相比，后一译本并未完全保留原诗的所有意思，却在韵序和韵脚上更加贴近原诗。换句话说，译诗通过能指让渡了一定程度上的形式自由，但所指呈现出来的整体性意义——将意义对象置于多重语言文化关系中而得到的意义——则更富于张力。表面上看来，后版译作在方法上偏向基于韵律相似的意译，从而在翻译过程中释放出意译中的自由因子。

第三，在句法上，余译表现出尊重原诗句法的特点，特别是在语序上尽可能靠近原诗。例如在道孙（Ernest Dowson）《短暂的人生》③一诗中，余译如下：

短暂的人生

道孙

短暂的是这一切哭泣和欢笑，

这一切爱欲和仇恨：

---

① Nänny, Max. "Iconic Use of Rhyme." *Outside-In—Inside-Out: Iconicity in Language and Literature 4*. Ed. Costantino Maeder, Olga Fischer, and Williams J. Herlofsky. Amsterdam/Philadelphia, John Benjamins Pub., 1999, p. 195.

② 吴怡萍：《从语言像似性看转韵于诗歌翻译之运用：以余光中〈英诗译注〉为例》，《高雄第一科技大学应用外语学报》2015年第24期，第74页。

③ 余光中：《英诗译注》，文星书店1960年版，第88-89页。

我想这些不再是我们的材料，
当我们走过那界门。

短暂的是美酒和蔷薇的日子：
从一个雾样的幻梦，
我们的旅程仅仅出现了片时，
又隐入另一个梦中。

ENVOY

Ernest Dowson（1867—1900）

They are not long, the weeping and the laughter,
Love and desire and hate:
I think they have no portion in us after
We pass the gate.

They are not long, the days of wine and roses:
Out of a misty dream
Our path emerges for a while, then closes
Within a dream.

若按通常意义上的散文句式语序，首句会译为"一切哭泣与欢笑都是短暂的"，以"一切哭泣与欢笑"为主语，以"是短暂的"为谓语。余译显然考虑到了原诗的语序，以倒装句来完成，并融入了倒装句所携带的感叹语气，使得译诗更富于情感色彩。而这种倒装在白话文语言系统下并不常见，却在文言系统中被保存了下来，如"甚矣，汝之不惠"（《列子·汤问》）和"贤哉，回也"（《论语·雍也》）① 等。这也就再次回到了前文所述的余译"文白并存"之特点——利用文言系统中的表达同时取得"形似"与"情似"的效果。但实际上，译作与原作之间的意思此时已出现了偏移与变形。这种偏差主要表现在语言的时代差异上，即文言与白话两种语言系统之间的历时差异影响到思维的形成与接受。文言系统下所呈现出来的句法形式携带了与之相契合的时代文化，而

---

① 杨伯峻：《文言语法》，中华书局2016年版，第231页。

文言句法同现代白话的结合则在某种程度上使原作意思发生膨胀或萎缩。这样一来，译作在意思的传递上实际上并没有同原作达成较高程度的贴合，更多的是句法上的形似，从而保证了翻译过程中语义能够在语言的整体性中获得较高的自由度。

综合上述三点可知，余氏译诗在形式方面主要借助了"文白并存"的处理手段以完成对原诗的形式忠实。但这并非意味着译诗内容上的无序重组。实际上，这种为了达到形似所做的斟词酌句恰反映出对诗歌自身内在秩序的认同与尊重。在对种种翻译原则加以内化之后，余氏译诗逐渐滋生并发展出一种游刃有余的语言开放性。

二、断裂性

之所以会出现上述的特点，关键就在于，透过余译英诗呈现出来的是一种语言杂多的形式。这种形式并非仅在于"文白并存"的译诗特征，更在于两种语言系统的碰撞下为翻译带来的一种较为宽松的中文生态，从而使译文中语言本身的弹性显露出来。关于这一点，余光中曾坦言："我尝试把中国的文字压缩，捶扁，拉长，磨利，把它拆开又拼拢，折来且叠去，为了试验它的速度、密度和弹性。"① 而宽松的语言生态的诞生，则源于当语言作为一个整体时其自身所具备的断裂性。表面上看来，断裂性表现为不同语系、不同语种之间的不兼容性。具体来说，我们不妨参照本雅明在《译作者的任务》中谈及语言的意向性形式（mode of intention）时所言：

>……不同外国语的个别因素，诸如词汇、句子、结构等等是彼此排斥的……由于意向性样式不同，"Brot"对于德国人的意味和"pain"对于法国人的意味是不一样的，也就是说，这两个词不能互换，事实上，它们都在努力排斥对方②。

正是由于这种排斥，生长出了各种语言争相绽放的面貌。一如《旧约·创世记》中巴别塔之倾圮后出现的语言"大动乱"，一场多语言狂欢制造出因语言不通所导致的非理性情形，从而形成了一个充斥着自由与生命力的诗意王国。那么，在断裂性作用下的"自由翻译"（free translation），在余光中的译诗作品中有着怎样的表现？这便涉及余译与他译的对照分析。下面以哈代（Thomas Hardy）的诗作《冬晚的画眉》第二节为例。

---

① 余光中：《逍遥游》，国际文化出版公司2013年版，第204页。
② ［德］阿伦特编：《启迪：本雅明文选》，张旭东、王斑译，生活·读书·新知三联书店2008年版，第86页。

The land's sharp features seemed to be
The Century's corpse outleant,
His crypt the cloudy canopy,
The wind his death-lament.
The ancient pulse of germ and birth
Was shrunken hard and dry,
And every spirit upon earth
Seemed fervourless as I.

  地面清晰的**轮廓**,
  如世纪末的陈尸,
  当空蓬起乌云,状似坟茔,
  朔风哀呼他的死。
  古今**蓬勃的生机**,
  正殓缩而枯竭,
  大地上**每一种生灵**,
  如吾侪热情消歇①。
  (《向晚的画眉》第二节,王译)

  大地凛冽的**景象**似乎就是
  这个世纪歪斜的尸体,
  它的陵墓彤云密布的苍穹,
  朔风是他的悲歌哀思,
  萌芽以及生命悠久的**搏动**,
  萎缩得厉害、干瘪瘪,
  地球上**每个活生生的灵魂**,
  皆像我一样死气沉沉②。
  (《黄昏中的歌鸫》第二节,袁译)

  大地**轮廓**分明,望去恰似

---

① [英]哈代:《托马斯·哈代诗歌精译》,王宏印选译,南开大学出版社2016年版,第73页。
② [英]哈代:《苔丝的哀歌:哈代诗选》,袁宪军译,北方文艺出版社2019年版,第135页。

横卧着世纪的尸体，
阴沉沉苍穹是它的墓室，
风在为它哀悼悲泣。
自古以来生生不息的**活力**
已萎缩得近乎枯竭，
大地上**所有生灵**似乎已
与我一样热情消歇①。
（《黑暗中的画眉》，刘译）

陆地**轮廓**分明，望去恰似
斜卧着世纪的尸体，
阴沉的天穹是它的墓室，
风在为它哀悼哭泣。
自古以来萌芽生长的**冲动**
收缩得又干又硬，
大地上**每个灵魂**与我一同
似乎都已丧失热情②。
（《黑暗中的鸫鸟》，飞白译）

大地那清癯的**面容**仿佛
世纪的尸体横陈；
沉沉的云层是他的坟墓，
晚风是挽他的歌声。
原充满生机，古老的**脉搏**
如今已僵硬而干寒，
地面残余的**每一影魂魄**
都像我一样地漠然③。
（《冬晚的画眉》，余译）

---

① [英]哈代：《哈代诗选》，刘新民译，四川文艺出版社2016年版，第88页。
② [英]勃朗特等：《樱花正值最美时：英国维多利亚时代诗选》（下卷），飞白编译，湖南文艺出版社2015年版，第186页。
③ 余光中：《英诗译注》，文星书店1960年版，第35页。

就意思的传递而言，以上各个译本均将原诗的语义还原了出来。但余译的特点是，在保证形式与原作相似的基础上实现了译诗风格的完整。譬如从对该节中第一、五、七诗行中核心词的翻译，可以看到：除袁译和余译外，均将核心词 features 译为"轮廓"，feature 本身系"特点、特征"之义，结合语境译为"轮廓"已传达出原作意思，译作"景象"亦贴近原诗，而余译则选取了 feature 的另一义项"面容"（the characteristic parts of a person's face），同时调动了拟人化的修辞；在对 impulse 一词的翻译中，王译的意译程度较高，译文中并未出现对应词，更集中在对诗句整体意思的传达上，而其他译版则以"搏动"、"活力"、"冲动"、"脉搏"来对应 impulse，基本上符合原义，余译中采用的"脉搏"译法，则承接了前文的"面容"之喻，保证了整体意象上的完整；而到了后面 And every spirit upon earth 一句中对 spirit 的翻译时，其他译版都倾向于以"生灵"、"灵魂"等中性词语来靠近 spirit，唯独余版译以"魂魄"，在词语色彩上更偏向阴郁诡谲（消极），却与前文中的"尸体"、"坟墓"、"挽歌"等意象相承。

上述分析中所表现出来的"相似"（likeness）不仅是译诗与原诗之间形式的相似，同时还有在两种文化背景之下所达成的微妙的隐喻式精确。以该诗节对 feature 一词的翻译为例，其他译者主要是从其初始义"特征"出发，找到了"轮廓"或"景象"等引申义，且与"大地"之间能够形成符合逻辑的词组，同时确保诗句的意思明确。余译则采取了与 feature 的初始义较远的"面容"义项，而在这一义项中则内含了从某物特征（a prominent aspect of something）到某人特征（a prominent aspect of a person）的隐喻。另一方面，在中文语境下，"大地清癯的面容"与后文"世纪的尸体"、"晚风的挽歌"等隐喻保持了语义与情感色彩上的一致。这样一来，"面容"之喻在中、英语境之下都保持了较为精确的还原度。所谓形式上的相似，实际上靠的是不同语言之间的互补性（complementation）。而翻译则起到调和施语（source language）与受语（target language）①之间沟壑与裂隙的作用，反过来也确证了语言的断裂性的存在。这里必须要承认的是，不论哪一版译诗，都无法真正还原哈代的诗意。正如本雅明的"皇袍"之喻：在原作中，内容和语言像果实和果皮一样结合成一体，但翻译语言却像一件皇袍一样包裹着原作，上面满是褶皱②。按此思路，余译之于原作则是一件褶皱并不明显的"皇袍"。且余译致力于缩小"皇袍"与"身体"之间的距离，以使诗意的发挥更加舒展和自由。

翻译的真正目标，在于能否根据作品的可译性传达出原作的本质属性，即那种"深不可测的、神秘的、诗意的"东西。为了能够实现这一点，本雅明给出的方案是提倡一

---

① 余光中：《余光中谈翻译》，中国对外翻译出版公司 2000 年版，第 194 页。
② ［德］阿伦特编：《启迪：本雅明文选》，张旭东、王斑译，生活·读书·新知三联书店 2008 年版，第 87 页。

种纯粹语言（pure language）。具体来说，他将纯粹语言视作一种总体，是每种语言在其各自的意图中互补的产物。由此可见，本雅明的进路是考虑到语言之间的断裂性后所生发的对语言大同的向往。

  除了在对历史的思考中，我们还能在哪儿找到两种语言间的联系呢？这种联系自然不在文学作品或词句之间。相反，任何超历史的语言间的亲族关系都依赖于每一种语言各自整体之下的意图，不过这种意图并不是任何语言单独能够实现，而是实现于所有这些意图的互补的总体之中。这个总体不妨叫做纯粹语言①。

然而，在余氏译诗中，这一进路似乎是反向的。我们看到的是余译中不同系统下语言特性的生发。不难看出，在余氏译诗中，英诗韵律、文言句法、白话用语皆争相跳脱。当我们回顾格瑞夫斯的 *The Naked and the Nude* 一诗时，其中不仅有"天体"带来的现代白话的想象，还有简促的断句带来的白描式的文言句法，而 aabbcc 的韵序则显示了对英文原诗节奏的忠实。当这一切汇聚在一起时，由于某种逻辑谬误，我们很难用"异中有同"或是"和谐一致"去形容译诗，反倒会因这几个不同方向的"拉力"陷入对语义的迷惑。正是在这些力量所呈现出的"中断"活动中，来自不同文化背景的语言特性被释放出来。或许巴赫金的"众声喧哗"用在这里并不够妥帖，但从中亦不乏呈现出某种"断裂以为正"的美学特质。换句话说，余氏译诗中，翻译不以沟通理解为目的而以语言主体性的发挥为前提。于是，作为自由翻译的"意译"的自由具备了更加多元的生长空间。这里，"自由"不仅意味着同"直译"（literal translation）相对的一极，即那种以牺牲忠实度（fidelity）为代价的意思的整体传达，或是与原诗拉开历时距离的比喻式对应，而且致力于还原语言原初背景并试图营造多语言共荣的生态环境，从而使每种语言特性都得以彰显。这是一种赋予语言以生命的自由。

三、作为翻译主体的自由

  上文提到语言的主体性得以释放，那么面对语言的断裂性，对于译者来说，译诗过程本身是否包含自由的因子？这里不妨在诗歌创作与诗歌翻译的对照分析中予以探讨。在翻译过程中，与上面的"断裂性"相呼应的，还有一种与自身创作激情的割裂。面对

---

① ［德］阿伦特编：《启迪：本雅明文选》，张旭东、王斑译，生活·读书·新知三联书店 2008 年版，第 85–86 页。

众多英诗原作，译者需要的是冷静而客观的头脑，而非一股源源不断的创作激情。于是，冷却下来之后的文字大体上成了一个供语言学家们参考的文例，文学批评家们则不得不束手无策。当诗情让位于翻译技巧和原则，译者在文字处理上则至少可摆脱掉创作时那种柏拉图式的"迷狂"，而进入到一种看起来是理性占据主导的技术性的文字处理工作。这样一来，文字便由原先处于激情所支配的权力环境中被解放出来，获得了一种较高程度的自由度。于是，译诗也可视为暂时摆脱了自己的诗风而获得一种解放。

在余氏译诗中，译诗过程中的自由倾向主要体现在译者的主体性自由施展及其背后的态度上。这里我们通过对照同一时期的不同译者的译诗来探讨余译中生成的自由个性，以夏菁与余光中两位同译佛洛斯特的 *Stopping by Woods on a Snowy Evening* 为例。

雪夜林畔①
夏菁译

我想我知道这是谁的森林。
他的家虽在那边乡村；
他看不到我驻足在此地
伫望他的森林白雪无垠。

我的小马一定会觉得离奇
停留于旷无农舍之地
在这森林和冰湖的中间
一年内最昏暗的冬夕。

它将它的佩铃朗朗一牵
问我有没有弄错了地点。
此外但闻微风的拂吹
和纷如鹅毛的雪片。

这森林真可爱，黝黑而深邃。
可是我还要去赶赴约会，

---

① 林以亮编选：《美国诗选》，今日世界出版社1978年版，第167–168页。

还要赶好几里路才安睡,
还要赶好几里路才安睡。

雪夜林畔小驻①
余光中译

想来我认识这座森林,
林主的庄宅就在邻村,
却不会见我在此驻马,
看他林中积雪的美景。

我的小马一定颇惊讶:
四望不见有什么农家,
偏是一年最暗的黄昏,
寒林和冰湖之间停下。

它摇一摇身上的串铃,
问我这地方该不该停。
此外只有清风拂雪片,
再也听不见其他声音。

森林又暗又深真可羡,
但我还要守一些诺言,
还要赶多少路才安眠,
还要赶多少路才安眠。

可以看出,余译在形式上十分鲜明地保持了每一诗行的字数同一,并尽量押韵。我们从中亦不难发现余氏"白以为常,文以应变"的译诗原则,特别是以文言来强化诗句的弹性。但实际上两相对比,夏译尽管每行字数不一致,却提升了整体上的流畅度;余译在字数求简的基础上,诗行之间的逻辑性则有所减弱。甚至从某种意义上可以说,余

---

① 余光中编译:《英美现代诗选》,九歌出版社 2017 年版,第 213 页。

译为了实现译诗的形式整齐而"牺牲"掉了一些逻辑上的过渡。我们还可看出,在译诗过程中,余译更注重挖掘语言本身的特质,借助炼字的张力来增强诗意,于是余译甚至带有了一种"文字游戏"的意味。这种对待译诗的"游戏"态度,岂非流露出译者那种与文字近身搏斗①时游刃有余的自由之意吗?

此外,译诗中的自由还包括从译者角度出发对原诗可译性的审视与把握。在翻译活动中(特别是诗歌而非其他文体),译文剔除掉了一些可能会受到外部诸如社会历史因素影响的要素。尽管对于诗的内容做选择时会折射出相关的社会状况,但就余译诗歌作品来说,在一定程度上还是保留了译者的自主能动性。在《英诗译注》的"译者小引"中,余光中以"钓鱼"来比喻译诗的难得——

事实上,译诗一如钓鱼,钓上一条算一条,要指定译者非钓上海中的那一条鱼不可,是很难的②。

而林以亮在他与余光中等合译的《美国诗选》里亦重申了这个譬喻——

翻译就好像是在大海中钓鱼。……翻译诗并不是一种刻板的工作,你并不能指定某一个人去翻译某一首诗,正好像你并不能制定某人一定要钓某一条鱼上来一样,因为下饵钓鱼是一回事,鱼儿之上不上钩却又是另一回事③。

这即是说明,众多译诗著作的成集出版,并非主要取决于外国诗人的重要地位或是其诗作的影响力,而更多考虑其可译性(translatability)。换句话说,入选诗歌的范畴摒除了一些外部因素而更专注于译诗本身(即内部要素)。在余光中编译的《英美现代诗选》中,余氏在序言部分强调"诗而言选,则必须具有代表性","严格说来,这只是一部诗集,不是一部诗选"④,印证了译者针对的是所译诗歌的可译性而非受到某种外部权力控制下的"不得不译"。当我们明确了这一点后,再来看余译英诗,就会发现一条隐形原则,即余光中是以诗人(自身)与诗人(英诗作者)之间的精神契合度为核心来着手译诗的。这一原则亦为译者带来了较高的自由度。事实上,这种"译此不译彼"的活动自由显然也不是绝对的。考虑到当时(《英诗译注》的翻译时间段为1950—1956年间)

---

① 徐学:《余光中传》,厦门大学出版社2016年版,第74页。
② 余光中:《译者小引》,《英诗译注》,文星书店1960年版,第1页。
③ 林以亮编选:《美国诗选·序言》,《美国诗选》,今日世界出版社1978年版,第2页。
④ 余光中编译:《英美现代诗选·新版序》,《英美现代诗选》,九歌出版社2017年版,第28页。

余光中正位居台湾地区防务管理机构的少尉编译官①，这一社会身份显然会对其所译诗歌有一定程度上的影响。

然而，余译中所显露的自由个性并不同于创作中的自由——它不重诗情的喷薄和涌动，而是在某种与原作、与语言文字这些实体性的要素的相互作用中生产出来的自由个性。翻译之于余光中来说，既是一种爱好也是一种训练。将文字"压缩，捶扁，拉长，磨利，把它拆开又拼，折来又叠去"，或是"近身搏斗"等比喻，皆说明其中蕴含着某种技术性的因子。它是经过了一些语言原料的投入和译者语言转换能力之后的产出，并附加生产出了以译诗为载体的译者个性。这是一种打上了余光中式烙印的译文形式，连同其他译者的译文一起，加入到一场自说自话的语言狂欢中。这里既不将沟通理解视为最高目的，也并不试图去调和双方或多方的语言屏障，故而每种译诗都可以从语言形式中读出各种意味来，进而调动起一种"说出来"的欲望与激情。

四、结语

在挖掘了语言断裂和译者主体自由后，翻译并非陷入一场完全无序的状态，而是其中不同主体最终实现了自由发声、个性得到体认和尊重的共生状态。另一方面，要实现最后的沟通（或尽力营造语言对话的可能）并非仅凭翻译的可译性就能实现，译者本身的个性也是十分关键的要素。当我们靠近译者之后，或许其所译之诗也有了全新的意义生长点。通过对余光中的译诗进行分析，你会发现，自己在阅读华兹华斯、济慈、佛洛斯特、狄瑾荪、奥登等浪漫主义或现代主义诗人的同时，不知不觉中也阅读了余光中。对于余译来说，要紧的是如何在这片他一直耕耘的翻译田园中构建起充满主体性的诗意王国。

这个国度，不仅实现了不同时期译者不同形象的展示与转变，同时也扩展了不同维度的创作可能。余氏的译著不仅包括一首首的译诗，更有相关的"译者序"以及译后注释等内容。这些文字连同译诗一起，也成为余氏译著的一部分。一方面，不同的英诗译著里反映着不同的译者形象。早年的《英诗译注》中，通过"译者小引"，我们可以看到一个英诗基础知识普及者的形象；而在《英美现代诗选》里，透过开端长长的译者序和对每位诗人的勾勒与介绍文字，我们可以看到一个孜孜不倦的引荐者形象；而《济慈名著译述》里，在"十四行诗综述"部分，我们看到的则是一个同穆旦的译诗相比较并对穆译进行纠错的严谨的老教授形象。另一方面，余氏的英诗译著还是一个综合了译、

---

① 陈芳明编选：《余光中文学年表》，《台湾现当代作家研究资料汇编34·余光中》，台湾文学馆2013年版，第71-72页。

诗、文、编、评五个维度的创作空间。本文开篇曾提及黄维梁教授的"五彩笔"之喻以及余光中本人总结的"四度空间",且翻译属于"四度空间"里不可分割的一部分。但余光中在这片翻译的世界里就已经构筑了一个包含上述几个维度的"诗意王国"——就译诗而言,余氏在接受英诗滋养的同时,亦在翻译的过程中融入了自身的诗性风格,且余氏早已视翻译为另一种形式的语言创作,自然在译诗中既有"译"也有"诗";而将某一部译著作为一个整体来看时,其中的序言和注释部分则也具有了"评论"和"散文"的文体性,且加入了编者的眼光。这样一来,余氏的英诗译著就具备了某种程度上的自足性。它不仅是"五彩笔"之一,而且单单一支"翻译的蓝色笔"便可描绘出五种色彩。

(作者单位:四川大学文学与新闻学院)

共和国文学研究

20世纪50年代初期的诗路探寻
——牛汉对苏联卫国战争诗作的挪用和改写

曹 前

作为"七月派"的重要诗人，牛汉以"文化大革命"及新时期写作、编辑《新文学史料》和《中国》等后期成果为学界所推重；比较而言，在牛汉一个甲子有余的诗歌生命中，其20世纪50年代前期的诗路探寻则少为人知①。透过诗歌文本细读与牛汉人生自述，可以发现牛汉在这一时期并未搁笔②，反而因中华人民共和国的成立而产生了巨大的创作激情。抗美援朝时期，特别是在1950年11月至1951年10月这不足一年的时间里，牛汉创作了大量诗歌，删汰后结集出版了诗集《在祖国的面前》，受到师友的肯定和推重③。在牛汉与胡风的往来通信中，牛汉明确表示其中若干诗作源自对苏联卫国战争诗歌的挪用和改写。本文即以该诗集为研究对象，在牛汉接受俄苏文学影响的历史脉络和具体语境中，探寻诗集《在祖国的面前》借镜苏联文学资源，进而生成牛汉以"真实"为根基的诗学理想的具体过程。

---

① 就笔者目前所见，仅有孙晓娅的文章涉及牛汉这一时期的创作，指出其"写得比较有个性特征的诗歌主要是以抗美援朝为题材的作品"。参见孙晓娅：《论牛汉20世纪50年代初期的诗歌创作》，《中国现代文学研究丛刊》2014年第9期。

② 从具有全集性质的《牛汉诗文集》来看，牛汉的搁笔时期约为1955年至1969年。

③ 牛汉：《在祖国的面前》，天下出版社1951年版。这一时期牛汉的创作成果远不止《在祖国的面前》中所收录的16首诗，还包括许多入集时被淘汰的诗作和尚未出炉的草稿。诗集出版后，牛汉及友人对其评价颇高。参见牛汉：《致胡风1951年11月12日，沈阳》，《命运的档案》，武汉出版社2000年版，第42页；邵燕祥：《牛汉：当代诗人第一》，《蔷薇叶子》，青岛出版社2014年版，第171–172页。

一、历史与现实中的俄苏诗歌阅读

  1949年以来，在"向我们的老大哥看齐"①的时代潮流中，苏联文学几乎成为中国社会接受世界文学的唯一资源。众声齐一之中，实则歧路纷呈。作家对苏联文学的学习及相应而生的创作各不相同，如"闻捷的诗与伊萨科夫斯基，郭小川、贺敬之的政治抒情诗与马雅可夫斯基，刘宾雁的特写与奥维奇金，王蒙的《组织部新来的青年人》与尼古拉耶娃……"②，显示出其时中国创作中苏联故事的多样性与复杂性。其中，牛汉与苏联诗歌的相遇早已有之，且一以贯之，既与时潮有所呼应，也保持着自有品格。

  早在1940年就读于天水国立五中时期，牛汉就对俄罗斯诗歌产生了兴趣。从黄金时代的普希金、莱蒙托夫、涅克拉索夫，到白银时代的勃洛克、马雅可夫斯基以及叶塞宁等人，牛汉精心挑选，均有涉猎③。特别是莱蒙托夫的《童僧》和白银时代的诗人诗作，牛汉更是终生情有独钟④。需要辨析的是，时为进步青年的牛汉对俄罗斯诗歌的最初爱好并非源自革命激情，而"完全从文学创作角度考虑"⑤。这一兴趣所在和阅读行为也直接决定了牛汉在1942年不顾风险，选择就读西北大学外国语文学系俄文组⑥。在近3年的时间中，牛汉跟随余振、魏荒弩、徐褐夫等师，主要学习俄文文法、俄国诗歌、俄语散文和俄汉、汉俄文学翻译等课程⑦。余振正是在西北大学教学期间开始翻译俄国诗歌的，"边学边教边译，这样就日积月累地译出普希金长诗六首、短诗数十首；莱蒙托夫长诗四篇、短诗近百首；涅克拉索夫短诗数十首；马雅可夫斯基的诗也试译了几篇"⑧。为

---

  ① 茅盾：《欢迎我们的老大哥，向我们的老大哥看齐》，《文艺报》1949年第1卷第2期。
  ② 洪子诚：《相关性问题：当代文学与俄苏文学》，《中国现代文学研究丛刊》2016年第2期。
  ③ 参见牛汉：《探求梦境的历程——我与外国文学》，《牛汉诗文集》（第3卷），人民文学出版社2010年版，第300页。
  ④ 参见牛汉口述，何启治、李晋西编撰：《牛汉自述：我仍在苦苦跋涉》，生活·读书·新知三联书店2008年版，第49页。
  ⑤ 牛汉、孙晓娅：《牛汉访谈录2000年7月17日》，《跋涉的梦游者——牛汉诗歌研究》，北方妇女儿童出版社2003年版，第256页。
  ⑥ 参见牛汉：《探求梦境的历程——我与外国文学》，《牛汉诗文集》（第3卷），人民文学出版社2010年版，第298页。
  ⑦ 余振、魏荒弩与牛汉的师生情谊持续了一生。参见余振：《译诗杂谈》，《当代文学翻译百家谈》，北京大学出版社1989年版，第392页；牛汉：《探求梦境的历程——我与外国文学》，《牛汉诗文集》（第3卷），人民文学出版社2010年版，第297页；龚人放：《校园风波》，《乐观人生》，作家出版社2005年版，第103页；魏荒弩：《余振二三事》，《隔海的思忆》，花城出版社1993年版，第29-31页；魏荒弩：《大汉小记——记诗人牛汉》，《枥斋余墨》，南京师范大学出版社2008年版，第39页。
  ⑧ 余振：《译诗杂谈》，《当代文学翻译百家谈》，北京大学出版社1989年版，第392页。

了讲好"俄罗斯诗歌"这门课,余振"不惜耗费大量精力把诗歌的原文,精雕细刻地抄录一遍,其中包括《叶甫盖尼·奥涅金》"①。而魏荒弩与牛汉不仅有师生之谊,且因牛汉在其主编的《枫林文艺》等杂志上发表诗作而早有通信往来。其时魏荒弩主要翻译了普式庚、莱蒙托夫、马雅可夫斯基及其他弱小国家诗人的诗歌②。1946年震惊全国的西北大学学潮爆发后,牛汉被捕入狱,流亡在外,几位老师也风云流散。即使艰困如此,牛汉也并未放弃对俄苏文学的阅读和学习,坚持阅读屠格涅夫的散文诗和肖洛霍夫的《静静的顿河》③。

作为一个"真诚到极点的苏联迷"④,牛汉在具体创作中直接体现了俄苏古典文学的滋养,或以俄苏诗人诗作、异国名词事物作为重要意象直接入诗⑤,或以苏联诗歌为端绪,牵出一己之情,发而为诗⑥,或进一步在更深的精神层面与苏联诗歌建立联系,展现出艺术信仰和诗人品格的浑融统一。特别是20世纪40年代后期,流亡奔波的牛汉在严峻的外部困境中,通过诗歌构筑起了丰厚的精神世界,诗中讽刺、号召与战斗相伴相生⑦,显示出虽一无所有却要关怀全人类的姿态与追求。这种精神和行动与俄国白银时代的诗人、诗作正相契合。然而,由于抗战时期资源有限,西北地区环境封闭,牛汉对俄苏诗歌的阅读与学习并不完整,更不系统,对白银时代的阿赫马托娃、帕斯捷尔纳克等诗人的关注更远在之后。因此,牛汉20世纪40年代的抗战诗作仅以碎片化和机械化的方式闪现出俄苏文学的异域气质,但以之为镜像,牛汉开始探寻个人的诗路。

进入20世纪50年代,新的历史语境和人生抉择随之而至。牛汉从一个在国统区四处逃窜的学生党员蜕变为深受组织信任、充满建设热情的年轻干部——担任华北大学(后改名为中国人民大学)主管教务的副校长兼研究室主任成仿吾的学术秘书,先后负责政治审查、具体招生及调派全国俄语人才进京等关键工作,颇受重用。由于组织工作繁忙,牛汉的诗歌创作一度中断。幸而在多年敬仰的师辈胡风的鼓励下,牛汉并未完全

---

① 魏荒弩:《余振二三事》,《隔海的思忆》,花城出版社1993年版,第29页。
② 参见魏荒弩:《希望》,百合出版社1944年版。
③ 参见牛汉:《探求梦境的历程——我与外国文学》,《牛汉诗文集》(第3卷),人民文学出版社2010年版,第299页。
④ 参见牛汉:《探求梦境的历程——我与外国文学》,《牛汉诗文集》(第3卷),人民文学出版社2010年版,第297页。
⑤ 牛汉20世纪40年代的诗作几乎将上述诗人全部入诗,如《九月的歌弦——梦幻曲》、《哭泣的田园》、《我们的图书馆》等。
⑥ 莱蒙托夫的《童僧》曾激发牛汉创作了《智慧的悲哀》、《鄂尔多斯草原》等诗。参见牛汉:《探求梦境的历程——我与外国文学》,《牛汉诗文集》(第3卷),人民文学出版社2010年版,第300页。
⑦ 参见牛汉《血的流域》、《新的声音》、《捕这只鼠》等诗。

放弃写诗①。1950年六七月间,面对党组织进一步的信任和安排,时年27岁的牛汉在工作还是创作的人生出路上几经思量,最终在成仿吾的建议下坚定信心,以诗人的身份远赴东北去开辟新的诗境和人生境界②。在新的起点上,牛汉专心创作,与胡风就诗歌创作和诗坛现状频繁通信。作为前辈,胡风几乎在每封回信中都鼓励并肯定牛汉的创作行为③。可以推见,胡风和成仿吾在牛汉人生重大转折时期对其的鼓励与指导内在地支持了他的诗歌生命。

牛汉在这一时期关于苏联卫国战争诗作的阅读经验则具体地从文学创作内部推动了牛汉的诗路探寻。表面来看,牛汉对苏联卫国战争诗作的挪用与改写既顺应了自身阅读经验的发展,亦符合抗美援朝的战时语境以及以苏联为师的政治要求,可谓个人经验与时代潮流的合辙。然而,深究起来,这一转变实则还关系着牛汉对彼时中国诗坛的切身思考和对自身创作的深刻反思。他屡次向胡风谈及"这半年,我在中国没读到中国人写的好诗"④,诗人们要么"不动感情地编着纸扎的玩意儿"⑤,要么"市侩地把一点精盐冲成一大碗水"⑥,要么"千篇一律的干巴巴的套用成语,和叙述现象过程。真正的僵诗(尸)"⑦,甚至疾呼"中国,你的诗呢"?更为关键的是,牛汉对曾是其诗歌引路人的艾青、田间在当时的创作也多有不满,而鲁煤不谈诗,绿原、冀汸和化铁等人竟搁笔不写⑧。在无诗可读和无人为伴的寂寞中,牛汉在其阅读视野寻找到一片绿洲,即体制短小但深入人心的苏联卫国战争时期的诗作。在失望与希望之中,通过挪用和改写,牛汉在新的历史语境中接续并拓展了自身的诗路探寻,使得出版时间仅隔9个月的两部诗集呈现出截然不同的面貌(《祖国》与《在祖国的面前》)。1953年回京后,牛汉还出于

---

① 《胡风日记》完整记述了胡风与牛汉几次会面的具体情况。参见牛汉口述,何启治、李晋西编撰:《牛汉自述:我仍在苦苦跋涉》,生活·读书·新知三联书店2008年版,第103页;胡风:《胡风全集》(第10卷),湖北人民出版社1999年版,第138页。

② 参见牛汉口述,何启治、李晋西编撰:《牛汉自述:我仍在苦苦跋涉》,生活·读书·新知三联书店2008年版,第92—93页;史果:《往事,父亲和我的1957年》,《新文学史料》2014年第1期。

③ 参见胡风:《胡风全集》(第9卷),湖北人民出版社1999年版,第436—447页。

④ 牛汉:《致胡风1951年10月23日,沈阳》,《命运的档案》,武汉出版社2000年版,第40页。

⑤ 牛汉:《致胡风1950年12月22日,沈阳》,《命运的档案》,武汉出版社2000年版,第19页。

⑥ 牛汉:《致胡风1951年1月15日,沈阳》,《命运的档案》,武汉出版社2000年版,第22页。

⑦ 牛汉:《致胡风1951年5月10日,沈阳》,《命运的档案》,武汉出版社2000年版,第36页。

⑧ 参见牛汉:《致胡风1952年2月3日,沈阳》、《致胡风1951年5月10日,沈阳》、《致胡风1950年8月7日,沈阳》,《命运的档案》,武汉出版社2000年版,第46、36、10页。

"自己喜欢，给自己看，自己琢磨它"① 而翻译了数十首伊萨科夫斯基和史起巴巧夫的诗歌②。1988年，当忆及这一时期的阅读体验，牛汉如此说道："那几年读惯了可着嗓门呼喊、但感情稀薄的诗，当读到这些新颖的诗篇，给我的启迪极深，顿然醒悟了诗的真谛。"③

由于俄语水平有限，除直接阅读一部分俄文原诗外，牛汉主要通过汉译俄苏文学接触苏联卫国诗作④。据统计，当时的汉译苏联卫国诗歌中，除散见于《苏联文艺》、《中苏文化》、《清明》等杂志的各篇外，诗集主要有铁弦选译的《天蓝色的信封：苏联爱国战争诗集》和林陵编选的《苏联卫国战争诗选》，后者收录了战时《苏联文艺》月刊所译之诗⑤。事实上，在抗日战争和解放战争时期，"文学方面重要的精神食粮，就是苏联卫国战争的文学译作"⑥。可见，牛汉在抗美援朝的战时语境中考掘苏联卫国诗作，实属战时状况中的资源借鉴和延伸思考，而战时语境在具体创作时也激发了牛汉对诗歌内涵与外部影响等多重因素的考量。

二、《我会回来》：中国版的《等着我吧》

牛汉刚抵沈阳，便于1950年12月20日创作了《我会回来》一诗⑦。该诗是牛汉诗作中十分罕见地直接表达战时爱情的抒情诗，也是诗集《在祖国的面前》中牛汉"比较喜欢"的几首诗作之一⑧。值得注意的是，该诗尚未发表前，牛汉在和师友们往来通信中已经不无忧虑地预料到这首诗的诗歌主题、情感内容与时代氛围格格不入：

---

① 牛汉、孙晓娅：《牛汉访谈录2000年7月17日》，《跋涉的梦游者——牛汉诗歌研究》，北方妇女儿童出版社2003年版，第256页。

② 参见牛汉：《探求梦境的历程——我与外国文学》，《牛汉诗文集》（第3卷），人民文学出版社2010年版，第299页。

③ 参见牛汉：《探求梦境的历程——我与外国文学》，《牛汉诗文集》（第3卷），人民文学出版社2010年版，第299页。

④ 参见牛汉：《致胡风1951年10月23日，沈阳》，《命运的档案》，武汉出版社2000年版，第41页。

⑤ 参见戈宝权：《苏联文学讲话》，生活·读书·新知三联书店1950年版，第96页。

⑥ 阿英：《俄罗斯和苏联文学在中国》，《阿英全集》（第2卷），安徽教育出版社2003年版，第827页。

⑦ 牛汉：《我会回来》，《在祖国的面前》，天下出版社1951年版，第59-66页。本文所引诗作原文均出自该版本，除特别标注，余文不注。

⑧ 参见牛汉：《致胡风1951年11月12日，沈阳》，《命运的档案》，武汉出版社2000年版，第43页。

人们会说"小资产"或者模仿西蒙诺夫的《等着我》。我当时确实是有这种想法：苏联这样的诗，是好诗，中国为什么不要呢?! 我就是写这种诗的人。因此，我也写了一篇情诗，但我还是真诚地写着我自己的情感。其实我认为西蒙诺夫那篇诗里还有不真实的地方①。

从上述自白来看，牛汉创作《我会回来》一诗是基于明确的诗歌追求与自我定位，是对西蒙诺夫《等着我吧》的有意模仿和改写，即使明知批判在前也不改初衷。那么，切入"有意为之"和"执意为之"背后的历史纵深就成为我们理解该诗的起点。基于这一思路，我们便不能不考虑西蒙诺夫其诗在中苏两国产生的巨大影响，如此才能完整解释牛汉此举背后作为诗人对文本内外生命情感的尊重与担当。

西蒙诺夫（Константин Симонов）是苏联当代著名作家，其军事题材方面的创作功勋卓著，在彼时的苏联文坛有"士兵诗人"之称②。《等着我吧》一诗是西蒙诺夫的代表诗作③。该诗在《真理报》甫一发表，影响之大，无可企及，"'凡有红军战士处，皆能诵"等着我吧"'，就连歌曲《卡秋莎》和爱伦堡的政论都无法与之相比"④。这首诗不仅成为士兵和妇女的护身符，就连支前卡车和战地信封上都印着"等着我，我会回来"的字样。早在中国抗日战争时期，《等着我吧》一诗便因充满希望、慰藉和必胜的信心而广受欢迎，前线士兵和后方亲人因之深受鼓舞，勇气倍增⑤。鉴于该诗重大的社会影响，曹靖华还翻译了西蒙诺夫的同题剧本，改名为更符合中国语境的《望穿秋水》，一出版便在各地激起巨大反响，"重庆、延安，以及各敌后根据地都迅速将它搬上舞台"⑥。除剧作外，该题材的歌曲和电影亦颇盛行⑦。中华人民共和国成立后，中国拍摄

---

① 牛汉：《致胡风1951年10月23日，沈阳》，《命运的档案》，武汉出版社2000年版，第40页。

② 苏德战争爆发后，许多作家奔赴前线，用笔杆和枪杆参加反法西斯战斗，西蒙诺夫因此成为"士兵诗人"之一。参见戈宝权：《苏联文学讲话》，生活・读书・新知三联书店1950年版，第78-79页。

③ [苏] 西蒙诺夫：《等着我》，郭琳译，《苏联卫国战争诗选》，时代出版社1946年版，第129-130页。

④ 蓝英年：《多情却被无情恼——诠释西蒙诺夫抒情诗〈等着我吧〉》，《博览群书》1996年第4期。

⑤ 陈原：《西蒙诺夫的"证言"》，《黄昏人语》，远东出版社2012年版，第3页。

⑥ 彭龄、章谊：《西蒙诺夫的同题诗和剧本》，《世界文化》2011年第2期。

⑦ 据曹靖华介绍，这首诗一经发表，就有17位苏联作曲家愿意将它谱成歌曲。参见曹靖华：《望穿秋水・序》，《曹靖华译著文集》（第八卷），北京大学出版社、河南教育出版社1992年版，第202页。

电影版《望穿秋水》也提上日程①。此外，西蒙诺夫作为苏联科学艺术代表团副团长于1949年10月访问中国，《人民日报》及各地方报纸对其进行了详细访问和集中报道。一时之间，全体中国人对西蒙诺夫的关注再次达到高潮，《等着我吧》一诗随即成为一代青年学生的集体记忆②。

深究起来，西蒙诺夫的这首情诗在中苏两国产生巨大社会影响的关键在于其情感之深、情感之真，因爱而生的"等待"减轻了战争给人们的负担和创伤，增强了人们的勇气和力量，给予了前线士兵和后方妇女以极大的精神慰藉，甚至在关键时刻还会发挥起死回生的重要作用。这种浸透着人道主义关怀的书写在人们心中激发的力量和产生的持久影响正是牛汉在抗美援朝这一特殊时期选择此诗进行中国化改写的起点之一。牛汉的《我会回来》与《等着我吧》有着极为类似的战争背景，且都属于"青春之作"。后者发表于1942年苏联卫国战争期间，当时西蒙诺夫年仅26岁，而牛汉发表诗作时也不过27岁。如果考究牛汉其时的家庭处境，则可推见诗歌深处的情感蕴藏。开拔之前，牛汉方才失去自己的小女儿③；写作之时，牛汉已远赴沈阳，而妻子吴平尚有身孕，即将分娩，后又"产后不利，接连发烧"④。时隔多年，从其子的回忆中也可见出当时这个小家庭所面临的困境⑤。如此看来，除阅读接受和原诗影响外，牛汉与妻子自1946年以来辗转流离、分隔两地却始终相依相守的现实境况进一步激发了改写之作的生成。《我会回来》一诗更可视为牛汉本人的表白之作。

相较来看，两首情诗均描写了战时后方爱人对前方战士的深长牵挂。正因情感所系，战士生出无限勇气，由死而生，突显出"爱"的巨大能量，从而抚慰人心。然而《等着我吧》多用虚语结构想象，全篇洋溢着"缠绵悱恻的'等待着我罢'的声音"⑥，以间隔反复的手法不断坚定"我会回来"的信念，是一首感人至深的抒情诗。《我会回来》则融入了诸多颇为真实的叙事因素，因而也烙下了专属牛汉的印记。创作之时，抗美援朝第二次战役即将结束，诗歌聚焦了战争之中的生死瞬间：在"吹风落雪"、"炮声隆隆"之中，"我"伴着"你"的呼唤，向着南方，雪夜行军，过清川江，与敌厮杀，而

---

① 参见辛野：《康士坦丁·西蒙诺夫的望穿秋水》，《影剧新地》1949年第6期。
② 参见蓝英年：《时代的弄潮儿西蒙诺夫》，《那么远，那么近》，北京十月文艺出版社2012年版，第147页。
③ 参见牛汉：《致胡风、梅志，1950年8月7日，北京》，《命运的档案》，武汉出版社2000年版，第10页。
④ 牛汉：《致胡风1951年1月15日，沈阳》，《命运的档案》，武汉出版社2000年版，第22页。
⑤ 史果：《往事，父亲和我的1957年》，《新文学史料》2014年第1期。
⑥ 茅盾：《K. 西蒙诺夫访问记》，《文艺复兴》1947年第3卷第6期。

"你"的呼唤始终与"我"的射击同频共奏。在残酷的战争之中,"你"、"我"一体,爱情成为"我"的力量源泉。这一叙事模式将西蒙诺夫原诗中"我"仍在等待"你"的想象改写为"我"与"你"不曾中断的呼应,更见情深。诗歌最后,不同于原诗的继续等待,当"你"将"我"呼唤回家之后,突生转折——"但是亲爱的!/祖国马上又要我远征的时候,/你还会把我交给祖国",显示出战争的继续和必胜的信念,而你对我的"呼唤"无疑是信念生成的关键。

诗人方敬在《受难者之歌》中指出,"我们不能像西蒙诺夫/那样单纯地喊着乐观"①。诚然,即使《等着我吧》这样如此深入人心的诗作,也无法彻底抚平死难在人们心中留下的创伤。与苏联卫国战争相比,抗美援朝战争更需要个人内在的逻辑自洽。在保家卫国的集体共识之外,诗人发现了个体更为隐秘的内心声音。摆在"我"面前的是两条道路,背后是"亮着红灯的,/充满我们底小女孩底笑声地,/幸福的小屋子里",而"前面的一条道路,/是通到汉城去的,/通向千万朝鲜人民军战士们底/妈妈底茅屋和爱人底面前……"路有前后,个体生命却无高低可言。在具体化和情境化的处理中,仍然可见牛汉其时失去至亲的沉痛与煎熬。他通过自我的生命体验升华了这一艰难的价值选择,个体情感便成为力量源泉与价值基石。因而,《我会回来》不仅是一首表白之作,更是对这场战争中无数个体情感与生命价值的探寻之作。

尽管《我会回来》未能取得如《等着我吧》一般重大的社会影响,但寄予了诗人牛汉探寻诗路的雄心壮志,与当时强调的"集体主义"、"阶级感情"毫不相关,而只是"我个人牛汉的诗"②。这一"真诚地写着我自己的情感"的诗作无疑展现出牛汉在战时困境中对自我与他人生命直接的体悟和同情。借用孙郁评价鲁煤之言,此诗"在红色的心绪里,不乏缠绵和爱欲,纯情的与崇高的因素汇聚在一起,于是有了特别的诗格。这个诗格是个性与使命感的挥洒,自我的困苦与民族的困苦是一体的"③。

三、"像一颗心一样小的抒情诗"

因抗美援朝而远赴沈阳期间,牛汉在与胡风的通信中多次提及他欣赏的是苏联卫国

---

① 方敬:《受难者之歌》,《方敬选集》,四川文艺出版社1991年版,第139页。
② 牛汉、孙晓娅:《牛汉访谈录2000年11月9日》,《跋涉的梦游者——牛汉诗歌研究》,北方妇女儿童出版社2003年版,第280页。
③ 孙郁:《诗格》,《重新发现评说鲁煤》,中国戏剧出版社2012年版,第371页。

诗人"史起巴巧夫、伊萨可夫斯基、古歇夫等人的像一颗心一样小的抒情诗"①。胡风肯定之下,将牛汉所言录在《祝福祖国,祝福人民》一文中,作为"凝成一颗晶粒的"②证明。除《我会回来》外,通过文本对读,在诗集《在祖国的面前》中多见牛汉的借镜之作。而从更广阔的文学与时代的背景来看,苏联卫国战争时期文学作品的一大特点是着意书写从旧俄到苏联发生本质改变的新世界、新人物与新理想,奥列格、卓娅、沙甫洛夫等人已将白乔林、奥涅金、罗亭之流取而代之,他们身上展现的是"新的社会道德的特点"③。由此,下文试图在文本对读的基础上,还原牛汉的挪用语境和改写意图,从而揭示诗集所呈现的整体风貌。

1950 年 11 月,刚抵沈阳的牛汉创作了短诗《出发》④,描写了一个同志在过鸭绿江的前夜整理行装。他"轻轻地,小心地/用一块新手巾打包着几本书",分别是"《西班牙人民军战歌》,《铁流》,/田间同志底《给战斗者》,/还有一本鲁迅底《杂感集》"。他要"带上自动步枪去作战,/带上鲁迅底匕首去作战,/带上战歌去作战,/带上真实的诗去作战"。对读苏联卫国诗作,不难发现《出发》与古歇夫的《我们风暴的报信者》⑤颇为相似。后者描写了一个在"炮声嘤嘤"、"铅弹呼啸"的深夜里读着高尔基的小说《老妇伊什尔其里》的坦克驾驶员。第二天一早,"他上前线了,并把唐柯的那本书,/高尔基的神话也带去作战了"。年轻战士"疾进作战"的姿态就像即将把敌人"荡尽灭绝"的"风暴的报信者"。

诗人古歇夫(Виктор Гусев,另译为古塞夫、古舍夫、古谢夫等)作为在 20 世纪 30 年代成长起来的年轻一代的苏维埃诗人,"他底诗描写了在生命底不同道路上和有着不同年龄的苏维埃男女"以及他们的新理想,"含有强烈行动和不可战胜的苏维埃乐观主义底性质"⑥。诗中阅读高尔基作品的士兵无疑当属其列。比较起来,两首诗均描写了战时战士的作战行囊,里面装的不是别的什么东西,而是几本有着"光明和太阳"的读物,实则也是新人物与新理想的"新"之所在。古歇夫的原诗较长,内容驳杂,牛汉仅抓取了"读物",着力凸显"枪"与"诗"的同构与异质:战场之上,枪是武器,但文学作

---

① 牛汉:《致胡风 1950 年 12 月 22 日,沈阳》,《命运的档案》,武汉出版社 2000 年版,第 19 页。
② 胡风:《祝福祖国,祝福人民》,《胡风全集》(第 4 卷),湖北人民出版社 1999 年版,第 212 页。
③ [苏] 叶高林:《苏联文学小史》,雪原译,知识书店 1949 年版,第 36 页。
④ 牛汉:《出发》,《在祖国的面前》,天下出版社 1951 年版,第 35–36 页。
⑤ [苏] 古歇夫:《我们风暴的报信者》,林陵译,《苏联卫国战争诗选》,时代出版社 1946 年版,第 13–16 页。
⑥ [苏] 法捷耶夫等:《诗歌工作在苏联》,屠岸编译,华东人民出版社 1951 年版,第 92 页。

品却是"精神的武器",战士因而获得了精神层面的主体性。以读物写战士,既是对士兵内在精神的探究,也是对其外在形象的更新。在同时期的长诗《塔》中,牛汉就将卓娅、奥列格等通过阅读文学作品成长起来的新人定义为新的战士,并渴望自己成为中国的"利多夫"①。追溯起来,牛汉作为"战斗者"对"枪"的渴慕在其实际经历和抗战诗作中早已有之,"诗"与"枪"共同建构了以诗人为志业的"战斗者"形象,同时构成牛汉阅读与改写的起点。诗歌人物与诗人自己作为时代中人,在"新"的历史语境中无疑都面临着"新"的淬炼和生成。"读唐柯,好像读自己一般"的坦克驾驶员,打包着4本书的同志,读着苏联卫国诗歌的牛汉,士兵与诗人在特定的文学作品中定义自己,理解时代,并促发行动。在战斗精神之外,《西班牙人民军战歌》与《杂感集》的出现无疑指向抗美援朝语境下的国际主义与批判精神。

如果说上述改写使牛汉明确了真正的诗歌对于观测时代、定位诗人和发现新人的严肃意义,那么《一座英雄的城》② 一诗(1951年1月16日)则体现了牛汉在改写过程中对真实诗歌与广阔社会现实之关系的深层探索。苏联诗人史起巴巧夫(Степан Щипачев,另译为希帕乔夫、施巴乔夫、施企巴乔夫等)"是一位红军诗人,他创造了短小抒情诗的风格"③。作为最著名的战士诗人,史起巴巧夫的诗作被翻译得最多④。多人移译,译本迭出,另有单行本问世⑤。史起巴巧夫擅长"以简洁的笔法和精练的语言,在短小的形式里,确切入微地表现了巨大而深刻的内容;表现了苏维埃人的最丰富的、最内在的情感"⑥。

史起巴巧夫的《关于莫斯科》一诗仅有8行,描写黑暗中的莫斯科"仍是世界最光明的城"⑦。牛汉在描写前线重地"黑洞洞的"安东市时同样写到"这是世界上/一座最光明的城"。可见,这种"一明一暗"的辩证书写渊源有自,但牛汉并非简单因袭,始

---

① 参见牛汉:《塔》,《在祖国的面前》,天下出版社1951年版,第8页。
② 牛汉:《一座英雄的城》,《在祖国的面前》,天下出版社1951年版,第31—34页。
③ 林陵等译:《苏联卫国战争诗选》,时代出版社1946年版,第161页。牛汉《生命》一诗当是对史起巴巧夫《花白的头发》的仿写,同样写到士兵的未老先衰,本文对此暂不作分析。参见[苏] Jambul等:《花白的头发》,沙金译,《当斯大林号召的时候》,文化工作社1959年版,第78—79页。
④ 参见姜椿芳:《〈苏联文艺〉的始末》,《姜椿芳文集》(第9卷),中央编译出版社2014年版,第122页。
⑤ 参见[苏]施企巴乔夫:《爱情诗》,梦海译,新文艺出版社1957年版;施巴乔夫:《巴甫里克·莫洛卓夫》,黎央译,人民文学出版社1959年版。
⑥ [苏]施企巴乔夫:《爱情诗·内容提要》,梦海译,新文艺出版社1957年版。
⑦ [苏]史起巴巧夫:《关于莫斯科》,林陵译,《苏联卫国战争诗选》,时代出版社1946年版,第67页。

终坚持"写出自己的欢乐,写出祖国的脉搏来,即使一次脉搏跳动或波动都可以的"①。细究起来,安东市即辽宁省丹东市②。牛汉曾多次赴丹东慰问从抗美援朝战场上下来的士兵,十分熟悉当地开展的抗美援朝工作,这成为他提起诗笔的重要原因③。当时,"志愿军指挥部、后勤部、军用机场、医院以及辽东省委等重要机关和基地都设在这里"④。1950年10月25日,第一次反击战役开始后,美军利用制空优势进行长时间轰炸,造成安东停水停电、停工停业,一度陷入瘫痪,故此才出现了诗歌中描述的"寂静"、"黑暗"的安东市。火线之上,安东人民"仅用7天时间,就抢建成功平时一个月才能完成的'义东线'任务"⑤,保证了军需用电,为战争的胜利打下了坚实基础⑥。根据这一战斗事实,牛汉深情地写道:"在这座深夜的城市里,/每一条街口,/都站着英勇的战士,/……每一间黑暗的房子里,/都住着祖国不屈的人民,/全中国人民底心,/都飞来了,在这座城市里跳动着呵……"抗美援朝作为中华人民共和国成立后的第一次对外作战,无疑具有塑造中国新面貌的重要意义。安东人民保家卫国的战斗热情即是当时中国人民火热援朝的缩影,同时在某种程度上预示着中国未来的新面貌。牛汉通过以暗写明、以小见大、以有限写无限的对比方式,抓取了这一重大历史时刻中具有重要影响的突出事件,以一己之情传达出宏大的历史现实和历史情感。如其所言,"大的战斗给了诗人以力量,而诗人就以这种力量把战斗写出来。历史的震动与一个兵在战斗里感到的震动是一脉相通的"⑦。可见,牛汉其时的诗作真实表达了时代主潮下的个体声音。反之,牛汉也希望通过个体波动来反观历史震动,而个体与时代的辩证必须以诗人的"真诚"为基础。

---

① 牛汉:《致胡风1950年12月22日,沈阳》,《命运的档案》,武汉出版社2000年版,第19页。
② 参见《国务院关于安东市、睦边县等市县更名问题给辽宁省人民委员会、吉林省人民委员会、广西僮族自治区人民委员会的批复》,《中华人民共和国国务院公报》1965年第1期。
③ 参见牛汉、孙晓娅:《牛汉访谈录2000年11月9日》,《跋涉的梦游者——牛汉诗歌研究》,北方妇女儿童出版社2003年版,第280页。
④ 贺更新口述,吴杰整理:《两个惊心动魄的七昼夜——抗美援朝安东电业工人抢修新六线、抢架义东线纪实》,《国家电网》2007年第2期。
⑤ 贺更新口述,吴杰整理:《两个惊心动魄的七昼夜——抗美援朝安东电业工人抢修新六线、抢架义东线纪实》,《国家电网》2007年第2期。
⑥ 参见张秀山:《抗美援朝中的后勤工作》,《百年潮》2005年第10期。
⑦ 牛汉:《致胡风1951年5月10日,沈阳》,《命运的档案》,武汉出版社2000年版,第36页。

四、结语

从对苏联卫国诗作的挪用和改写来看,牛汉正以诗人的身份与中华人民共和国成立后宏大的历史情感相拥,力图展现全新的个体与社会。在具体创作中,牛汉强调诗人的情感之真当属第一要义,而情感之真取决于经历之真和体悟之真,以此避免向壁虚构,套用陈词,并由此摆脱20世纪50年代中国诗坛的创作弊习,寻求自身诗艺的不断突破。当"诗"无法坚守"真"的律令时,那些"真"的书写则犹为可贵。《呼唤》一诗以寥寥几笔描写"一个朝鲜青年,/背着自动步枪,/披着一件黄色棉军衣,/敞着胸脯子,/紧闭着嘴,站在大街上。……他不说不笑,凝望着南方……"① 这个面色严峻的朝鲜青年来自牛汉对真实生活的捕捉:刚到沈阳时,牛汉与苏联小红军、朝鲜同志们同住在东北旅社,热闹之中,只有他一个人不笑,不唱,时刻背着一把冲锋枪,他沉默的姿态和眼前的遭遇立刻引起了诗人的关注和共鸣②。这一忧患的朝鲜青年既是朝鲜战争中朝鲜青年的代表,也是刚刚结束的抗日战争中中国青年的缩影。这一"实在是用心写的"③小诗追踪记述了战争之中中朝青年的内心波动。在当时英雄叙事已然定型的历史书写中,牛汉诗中个体的遭遇和感情只能潜在地进入时代的历史记忆,寻求我们今日的叩问。

在苏联文学史中,随着苏联卫国战争的持续深入,长篇抒情诗逐渐面世,如史起巴巧夫的《巴甫里克·莫洛卓夫》、阿丽格尔的《卓娅》等。抗美援朝期间,牛汉也曾为创作大诗所"吸引与冲击"④,但成果较少,诗集中仅保留一首长诗《塔》,余皆为小诗。要之,牛汉的抗美援朝诗作无论在精神意蕴还是形式探索上,均体现出其对苏联卫国诗作的阅读、挪用和改写。在抗美援朝的语境和具体的改写过程中,牛汉明确了"诗人"写"诗"的严肃意义,即追求诗歌品质与外在影响的自然统一,强调言为心声,着力呈现时代大潮中个体在具体处境中的内在心绪,进而呈现出前者的复杂性与后者的能动性。正如牛汉自评其《智慧的悲哀》、《鄂尔多斯的草原》道:"我所以写出上面这两首长诗,无疑是受了《童僧》的感染与激励,但绝不是模仿,我写的是自己的遭遇和渴

---

① 牛汉:《呼唤》,《在祖国的面前》,天下出版社1951年版,第5页。
② 参见牛汉:《致胡风,1950年10月24日,沈阳》,《命运的档案》,武汉出版社2000年版,第12页。
③ 牛汉:《致胡风1950年11月6日,沈阳》,《命运的档案》,武汉出版社2000年版,第16页。
④ 牛汉:《致胡风1951年1月15日,沈阳》,《命运的档案》,武汉出版社2000年版,第21页。

望。"① 进而言之，牛汉对苏联卫国战争诗作的认识和对自我诗路的探寻实则一体两面：虽为改写，却是在特殊时期充满真诚和落实历史的写作。1955年牛汉被捕后，创作被迫中断，诗歌生命截然分为两半。但正是处于前后转换之时的牛汉抗美援朝时期的诗路探寻，勾连贯通，既在俄苏文学的阅读脉络中承接了20世纪40年代以来的诗歌创作，又为20世纪70年代的写作铺垫了可能。那被斫的散发香气的枫树，囚笼中猛虎带血的指爪，将被捕获的奔跑的麂子，同样来自诗人的目击身受，于无路之中严守自我，显示出诗人写诗的严肃与真诚。

(作者单位：中国人民大学文学院)

---

① 参见牛汉：《探求梦境的历程——我与外国文学》，《牛汉诗文集》(第3卷)，人民文学出版社2010年版，第300页。

港澳台文学

原乡神话的崩解：后学视野中的杂色乡土
——以20世纪90年代以来的台湾小说为例

陈铎

纵观20世纪中国文学的历史，关于原乡的诉说始终不绝如缕——"最甜莫过家乡水，最亲当属乡俚情"。在一个农耕文明主导的国家，对于故乡和土地的依恋几乎是每个中华儿女的精神基因。原乡诉说的冲动同时也与几代人离家、失家的经历有关。"以农为生的人，世代定居是常态，迁移是变态。"① 可是，家国的动乱和资本的催逼却令离乡背井成为每一代人刻骨铭心的生命经验。在辗转流离的痛苦经历以及现实生存的种种缺憾面前，对乡野故土的怀念便成为一种有效的心灵补偿，童年往事、旧时家山也由是获得了一种特殊的审美意味。沈从文的湘西边城、废名的黄梅故乡、萧红的呼兰河、莫言的东北乡等，也就自然而然地成为作家与读者共享的精神地标。王德威曾这样概括原乡题材作品共享的叙事模式："或缅怀故里风物的淳朴固陋，或感叹现代文明的功利世俗，或追忆童年往事的灿烂多姿，或凸显村俚人事的奇情异趣。绵亘于其下的，则是时移事往的感伤、有家难归或惧归的尴尬，甚或一种盛年不再的隐忧——所谓的'乡愁'，亦于焉而起。"②

台湾文学作为中国文学的一支，自然也继承了这一原乡叙事传统，尽管原乡的指向有着中国原乡、大陆故土、台地偏乡、台湾本土的微妙差异。以张文环为代表的日据作家，常以对汉民族乡风民俗的描绘，幽微地传达出对殖民当局的抵抗和对民族文化的认同；20世纪五六十年代有着台海两地生活经验的林海音、钟理和，他们的作品更以一种

---

① 费孝通：《乡土中国》，中华书局2013年版，第3页。
② [美]王德威：《原乡神话的追逐者——沈从文、宋泽莱、莫言、李永平》，见王德威《想象中国的方法 历史·小说·叙事》，百花文艺出版社2016年版，第223页。

"双乡"的心态表达了对原乡中国的孺慕和台湾故土的热爱；与此同时，内战失败后随军来台的军中作家朱西宁和司马中原，又以大陆故土上的苦难记忆与乡野传奇，有意无意地呼应着国民党"反攻复国"的政治狂想。一直以来，台湾文学始终执着于原乡的寻觅与建构，这里的原乡不仅仅是一处具体的现实空间，更代表了一种超越性的价值向度，一种可以安身立命的精神凭依。到了20世纪七八十年代，一系列国际时局的变动推动了台湾社会意识与民族意识的高涨，以黄春明、王祯和等为代表的乡土写实派作家，开始描写急剧变动的城市化转型给农村与农民造成的痛苦，他们笔下的原乡逐渐褪去原始的神性与诗意，更多地呈现出一种矛盾的样态，既有对现代文明势不可挡的理性认识，又难以割舍对乡土故园的感性眷恋。到了20世纪90年代，小说中原乡的溃败显得愈发严重，后学思潮的涌动和族群、性别、阶级等议题的引入，让人们在既美且善的道德原乡背后，洞察到不为人知的权力与压迫。从整一的乡土到微观的乡土，从单数的乡土到复数的乡土，从道德的乡土到颓废的乡土，从纯粹的乡土到杂色的乡土，后学理论反本质主义的思维方式，为作家们重新审视生于斯、长于斯的古老乡土开辟了新的阐释空间。

一、族群脉络下的歧异乡土

我们先来看看族群维度下的歧义乡土。族群一词对应的英文是 ethnic group，一般用来指代那些在人口和国家政治上居于劣势地位的非主体民族①。该词在20世纪50年代左右进入台湾，最初是台湾民族学界用以少数民族研究的一个学术概念，20世纪70年代后开始走向泛化，逐渐成为民族以外的"社群"概念的同义词，并在西方后现代理论和台湾的政治反对运动的裹挟下，成为一个具有强烈政治意涵的理论话语②。台湾作为一个具有400年历史的移民社会，内部有所谓"原住民"、闽南人、客家人、外省人之"四大族群"的分野；四大族群之外，由外籍劳工及外籍配偶构成的"新移民"群体，也已在事实上构成了台湾社会的第五大族群。族群视角的引入使得族群之间的竞争和对立得到重视，弱势族群在强势族群支配下的边缘生存更成为人们的关注重心。汉移民与台湾少数民族的民族矛盾、外省人与本省人的省籍冲突，以及台湾在地人与外籍新移民的种族矛盾等，均在此一时期的乡土叙事中得到充分的表现。

首先来看汉人和台湾少数民族之间的冲突。在汉族视角下的台湾历史叙述中，台湾少数民族的历史通常是视线之外的"史前史"，台湾的开发是汉族移民辛勤改造的结果，

---

① 陈心林：《族群理论与中国的族群研究》，《青海民族研究》2006年第1期。
② 郝时远：《台湾的"族群"与"族群政治"析论》，《中国社会科学》2004年第2期。

这一过程同时也包括了对台湾少数民族的改造与同化。20世纪80年代，随着世界台湾少数民族运动的兴起、族群理论影响力的扩大，再加上一些受过高等教育的台湾少数民族知识分子的发声，这种单线的、汉族本位主义的历史叙述才得到重新审视，台湾少数民族真实的生存处境也随之进入人们的视野。早期汉移民对台湾少数民族土地、资源的巧取豪夺，现代文明对台湾少数民族固有生存形态的破坏，以及台湾少数民族的族群和文化认同困惑，成为20世纪90年代以来台湾小说中台湾少数民族书写的重要主题。在林俊颖的《我不可告人的乡愁》、施叔青的《行过洛津》和《风前尘埃》、李昂的《看得见的鬼》中均有关于汉人如何抢占台湾少数民族土地的书写，或是武力强占，或是廉价买断，更有甚者，以故意冲撞部落禁忌、扔死狗、造坟墓等手段"污染"番社土地，逼迫台湾少数民族迁移。从台湾少数民族的角度来看，汉民族在台湾的开拓史，同时也是台湾少数民族一步步丧失家园的血泪史。失去了可供渔猎的海洋与林地，他们被迫改变原有的生活方式，走出部落，去都市谋生。因为缺乏现代社会必备的知识和技能，他们只能将身体作为谋生的工具，不是像田敏忠《墓仔埔别墅》中描绘的去建筑工地做苦力，就是像《赤裸山脉》中描绘的去下流戏院做脱衣舞女。这种外在的剥夺感直接影响着台湾少数民族内在的身份认同。《墓仔埔别墅》中的台湾少数民族工人因为害怕被都市人歧视，彼此之间不用族语而改用闽南语交谈，借以掩饰自己的族群身份，吴明益《复眼人》中的哈凡也自卑于自己黝黑的肤色，而把母亲给的早餐钱省下来买防晒用品，争取早日把肤色"洗白"。汉民族所津津乐道的"同化"，对于台湾少数民族而言，实际上是痛苦的"异化"。从台湾少数民族的立场上看，汉民族所津津乐道的"同化"，对他们而言无疑是痛苦的"异化"。

比起汉人和台湾少数民族之间的民族问题，近年来在台湾政治文化场域中热度最高的还属外省人与本省人之间的"省籍冲突"。1945年，日本对台占领结束，台湾光复，国民政府派兵前往接收；1949年，国民党败退台湾，更有数以百万的大陆军民随之来台，这批人及其后代遂被冠以"外省人"的称呼，借以区别于1945年前就居住于此地的"本省人"群体（其中也包括原住民群体）。正如陈孔立所说，在中国各省中，没有任何一个省份如同台湾一样，有这样突出的"省籍"问题①。蒋介石退守台湾以后，并未放弃"反攻大陆"的政治迷梦，开始以台湾为据点实行威权统治和白色恐怖；同时，为了清除日本的殖民统治遗毒，国民政府更是采取了多种手段，以"中国民族主义"的"民族性"来改造台湾人身上的"皇民性"，这也直接导致了对台湾"本土性"的忽视和压抑。在这一过程中，外省人因为更适应国民政府的统治需要而逐渐占据了统治的高位，从而造成了一种政治权力的垄断，本省人因为缺乏分享权力、阶层晋升的有效途径而倍感压

---

① 陈孔立：《台湾民意与群体认同》，九州出版社2013年版，第229页。

抑，于是就有了台湾社会权力结构中"外省人支配本省人"的局面①。"二·二八事件"、"中坜事件"、"美丽岛事件"等悲剧的爆发加剧了人们对国民党威权统治的不满，并随即转化成对外省人的排斥。这种情绪迅速为当时的本土派政客所捕捉，被描述成本省人和外省人的族群对立，并逐渐和台湾社会的本土化诉求绑定，形成了一条简化过的"省籍—族群—本土化"的特定逻辑。因此，所谓"本省人"与"外省人"，与其说二者是具有社会历史基础的文化族群，不如说是出于特定目的建构起来的政治族群。

回到具体的文本。统观20世纪90年代台湾小说，对省籍冲突的表现充斥着本时期的乡土叙事。其中，站在本省人立场上重述1947年"二·二八事件"以来的地方/本土历史尤以为最。李昂《迷园》中的父亲朱祖彦原是一名追求进步的本省籍知识分子，留日归来后曾以推广现代教育和文化运动的方式唤醒国民，台湾光复后却在国民党遍及全岛的大逮捕中无端系狱，此后长期生活在特务的监视之下，成为一个无用的废人，其文化认同也从中国原乡转变为台湾本土。陈玉慧《海神家族》则讲述了以林秩男为代表的台籍革命者在国民党白色恐怖下的悲剧宿命，他们不是离家逃山、离乡去国就是被捕入狱、潦草毙命。施叔青《三世人》中，施朝宗在"二·二八事件"爆发后南下避难，终日躲在防空洞中惊惧难安；与此同时，台湾的街头涌现出一批伤恸得疯了的女人，步履急切地寻找被宪兵带走后消失无踪的家人；面对士兵们的劫掠与滥杀，台湾人强忍哀愤，不敢公开发作，只能躲在一声歌仔戏戏词"苦哇"背后吞声饮泣。这些人物形象分别代表了不同阶层、不同倾向的本省民众在"二·二八事件"中的悲剧显影。透过他们的人生，外省政权给本省同胞带来的灾难不言而喻。

不过，在关于"二·二八事件"的诉说中，还有一些细节值得我们注意。试看施叔青《三世人》中描述施朝宗南下逃难所见：

"喂，你是哪里人？阿山还是番薯？"
用台湾话、日语问。回答不了的，被拳头、球棒痛打的声音，中山装的口袋、旗袍的下摆撕裂的声音，把抢过来的皮包丢到火焰里的声音②。

土生土长的本省女性王掌珠，只因身着旗袍而被误认为外省婆，被人从三轮车上拉下，用剪刀剪掉裙裾下摆。

甘耀明的《杀鬼》中，年近耄耋的刘金福因为穿着中山装而被误认为外省人，被本省人组成的"武装义军"连人带脚踏车一并推下桥头，几乎丧命。帕在寻找刘金福的过

---

① 郝时远：《台湾的"族群"与"族群政治"析论》，《中国社会科学》2004年第2期。
② 施叔青：《三世人》，三联书店2012年版，第7页。

程中的所见所闻更是令人心悸：民众拦下公交车，看见外省人就殴打，甚至趁火打劫商家；空警车被推进一家外省人开的药房烧毁；二十几位愤怒的群众推着公交车撞向火堆，全然不顾车上的司机和重伤的外省乘客……①如果说外省人对本省人的欺凌是"二·二八"叙事的 A 面，那么这些细节则让我们看到了故事的 B 面，也就是本省人对外省人的屠杀。动乱中，本省籍民众将对国民党贪官污吏的不满转移到外省平民身上，许多外省人遭到惨无人道的殴打和杀害，"外省人哀号、求饶、仆地、呻吟、溅血、横尸、断魂"②。可以说，在"二·二八"的悲剧中，本省人并不只是受害者，同时也是加害人。到了 20 世纪 90 年代，随着代表本土派利益的民进党上台，本省群体突入到政治权力的中心，外省人转而成为新的边缘族群。朱天心在《古都》中记述外省人每天被审问爱不爱台湾、不爱就赶快离开这里，同样展露出本省人群体掌握话语权之后转而排挤外省族群的霸权主义行径。

　　台湾社会的族群冲突还不限于汉人与台湾少数民族、外省人与本省人，也表现在台湾在地人与外籍新移民之间。张耀仁的两部短篇小说集《亲爱练习》和《死亡练习》便专门关注了外籍劳工和外籍配偶在台湾的艰难处境。总之，族群视角的引入打破了原本被视为铁板一块的整一性乡土，一个交织着汉人与台湾少数民族、本省人与外省人以及在地人与外籍新移民等各类矛盾冲突的权力斗争场域由此显形。需要注意的是，虽然依循的都是立足边缘、挑战中心的思想理路，但是各种声音在台湾文化场域中的地位并不平等，尤其是本省人反对外省人的呼声，已然突破了省籍—族群的框架，在和本土政权的分离主义诉求中攫取了新的霸权地位。后现代族群理论旨在关注和改善弱势族群的境遇，引导多元族群认同，解构"大族群中心主义"，在台湾社会却被分离主义势力所利用，成为分化族群、消解认同、最终达到"去中国化"目的的工具③。从这个意义上而言，台湾小说原乡神话的崩解，一定程度上反映了 20 世纪 90 年代以来台湾社会的中国认同危机。

二、性别视角下的暴力乡土

　　族群之外，另一个对道德原乡构成重要冲击的是性别。台湾学者范铭如曾经提出过一个重要的问题，即"女性为什么不写乡土"，不仅在台湾文学史上的几次乡土书写浪

---

① 甘耀明：《杀鬼》，中国友谊出版公司 2010 年版，第 380-381 页。
② 戚嘉林：《台湾史》，转引自陈孔立《台湾民意与群体认同》，九州出版社 2013 年版，第 283 页。
③ 郝时远：《台湾的"族群"与"族群政治"析论》，《中国社会科学》2004 年第 2 期。

潮中，女性作家的身影与男性作家相比显得不成比例，而且单看女性小说创作，以都会文化作为书写背景的比例也远远超过乡村①。大陆学者韦黄丹也撰文指出，男性作家才是台湾新乡土小说中女性叙事的主导②。这一方面造成了乡土书写中女性视角的匮乏，另一方面，男性作家又如此热衷于将女性和土地、国族的意象符码绑定在一起，或是以活泼灵动、纯洁无瑕的少女寄寓对未经现代污染的田园生活的向往，如废名《竹林的故事》中的三姑娘、沈从文《边城》中的翠翠和《三三》中的三三；或是以苦难深重、任劳任怨的母亲传达对土地与故乡的致意，如黄春明《看海的日子》中的白梅、王拓《金水婶》中的金水婶等。在男性作家的原乡故事中，女性大多以一种"圣女"或"圣母"的形象在场，而女性真实的生命经验则遭到了有意无意的遮蔽。20世纪90年代以后，台湾文学出现了一波女性作家的乡土书写热潮，如李昂的《迷园》、《看得见的鬼》，陈雪的《桥上的孩子》、《陈春天》，蔡素芬的《盐田儿女》、《烛光盛宴》，施叔青的《行过洛津》、《三世人》，陈玉慧的《海神家族》、《烛光盛宴》，郝誉翔的《逆旅》，钟文音的《在河左岸》等。这些作品在数量上不能与男性作家比肩，却艰难地发出了乡土书写中宝贵的女性声音。性别视角的引入打破了男性主导下单一的女性想象，她们以一种无声的姿态宣布了对"圣母"、"圣女"的拒绝，取而代之的是女性在乡土社会所遭遇的身体压迫与性别暴力。

按照美国学者朱迪斯·巴特勒的性别操演理论，"性别"是一种在历史进程中被强行物质化的理念建构。她指出，应该把身体的问题重新理解为权力动力学的一个效应③。这也就意味着，生理性别本质上就是嵌入社会权力网络之中的社会性别，女性其实是在父权文化主导的性别规范中扮演着男性眼中的女性形象，内帏闺阁的空间限制、裹脚缠足的身体摧残和守贞殉节的伦理教谕等，无不是基于男性的需要而建立起的对女性的身体规训。施叔青《行过洛津》中的艺妓珍珠点、阿婠，为了迎合男性恩客对于小脚的偏好，不得不接受鸨母的缠足安排，鲜活的生命在这人为的痛苦中变成"一具没有生命的傀儡"④；陈盛元的小妾粘绣，原本是一位颇富灵气的丹青妙手，只因婚后丈夫不允许她开窗写生抛头露面，最终沦为一个在梳妆与争宠中虚掷生命的怨妇。李昂《不见天的鬼》中，一方无心飘落的罗帕/团扇引来别有用心的地痞上门逼婚并四处造谣，为了证明一己清白、护卫家族门风，留给月红/月玄的方式竟只有一死。粘绣和月红/月玄最后的

---

① 范铭如：《女性为什么不写乡土》，见范铭如：《空间·文本·政治》，台湾联经出版2015年版，第33-68页。

② 韦黄丹：《台湾新乡土小说中女性叙事的变调》，《华夏文化论坛》2019年第1期。

③ [美]朱迪斯·巴特勒：《身体事关重大》，叙燕蕊译，陶东风主编：《文化研究精粹读本》，中国人民大学出版社2006年版，第336页。

④ 施叔青：《行过洛津》，三联书店2012年版，第149页。

自杀，表面上看是自主的选择，本质上却是咄咄逼人的父权体制对女性的蓄意谋杀。在这种文化氛围之下，围观的人们一面旌表着月红/月玄的节烈，一面毫无异议地认可"查某人（女人）那遭遇至此，也只有一死"①。《顶番婆的鬼》中，曾操贱业的月珍/月珠遭遇了肉身酷刑——被男性官僚下令剥开双乳皮肤，划开十道伤口，切出十道阴户，用下体的血肉填充乳房的伤口。这种着眼于女性性征的残酷踩躏，是李昂以寓言方式呈现的男性对于女性身体控制与羞辱的极致。

传统社会进入现代，缠足、殉节等血腥残忍的封建礼俗遭到废弃，但女性离真正的身体自主依然有着相当的距离。在父权文化占主导的社会里，女性的身体始终难以摆脱被物化、被支配的命运。她们或是别无选择地充当着生育的容器和传宗接代的工具：施叔青的《三世人》中，许水德首见掌珠，就下意识地从她浑圆的臀型判断她是否善于生养，求婚的当天就迫不及待地宣告"曲尺山上的老母眼睛半瞎，托邻居照顾，整天嚷着抱孙子"②；蔡素芬《烛光盛宴》中的白泊珍，则更是悲剧性地担任着父亲眼中"育龄理想的种猪"③，在弟弟早夭后不得不服从家族的安排被迫招赘，将生养儿女视作自己必须承担的家族使命；陈玉慧《海神家族》中的静子，为了留住丈夫，接二连三地为他生了5个女儿，却始终没能生出他想要的儿子。她们或是沦为男性欲望和暴力的发泄对象：蔡素芬《盐田儿女》中无能的丈夫对于孕期妻子的强暴；蔡素芬《烛光盛宴》中男性家长及其同僚对女性帮佣的轮奸；陈雪《陈春天》中父亲对年幼的女儿的猥亵；林奕含《房思琪的初恋乐园》中补习班老师对女学生的性侵。这种性的施暴广泛存在于家庭内外的各种关系网络，防不胜防，亦逃无可逃。

再者，尽管很多女性已经被允许从内帏之中走出，但是与家庭之间的紧密捆缚却未尝稍解。不管是否拥有一份社会职业，她们都要承担繁重的家务劳动，背负养育子女、侍奉双亲的伦理负担。很多女性还要充当男性发泄怨怒的出气筒，长期遭受着家庭暴力的威胁。施叔青的《三世人》中，许水德首次向掌珠求婚时，"不问对方的反应，就大谈做妻子的分担家务劳动理所当然"④。蔡素芬的《盐田儿女》中，因为丈夫嗜赌成性、不务正业，明月在孕期还要大着肚子去盐田收盐。蒋晓云的《桃花井》中，谨洲80岁续弦再娶，所看重的不是董婆这个人，而是一个可以料理家事、照顾自己的长期免费保姆。当丈夫因种种原因缺席时，永远是妻子充当破碎家庭的补缀者的角色。陈玉慧的《海神家族》中，祖父失踪，叔公逃亡，外婆绫子以理发店的生计维系整个家庭的开支；父亲

---

① 李昂：《看得见的鬼》，台湾联合文学出版社2004年版，第85页。
② 施叔青：《三世人》，三联书店2012年版，第134页。
③ 陈玉慧：《海神家族》，江苏人民出版社2010年版，第10页。
④ 施叔青：《三世人》，三联书店2012年版，第135页。

二马远走台湾，其在大陆的妻子王冬青兢兢业业侍奉着年老的母亲；二马晚年老病中风，其在台湾的妻子静子将其接回家中，不计前嫌，主动承担起养护的责任。郝誉翔《逆旅》和钟文音《在河左岸》中的母亲，面对丈夫的背叛，也只得咬紧牙关，默默承担起丈夫撒下的烂摊子，维持生计，养育子女，即便有合适的机会也不敢再婚。表面上看，这好像出于女性的自主选择，实质上则是女性将男权话语的"妇德"规训内化为自我要求的结果。在以男性为核心建立起的家庭中，男性充当着绝对的主宰者，拥有入乎其内、出乎其外的绝对自由，女性则不然，她们在家庭中的角色如此重要，地位却又如此被动。在男性树立起来的"贤妻"与"慈母"的丰碑背后，我们听到的却是一个个无名女性悲哀的长叹与压抑的哭声。

　　在父权文化的重压下，女性对身体欲望的表达似乎永远都是沉默的、缺席的，即便有，也常常表现得含蓄、隐忍而克制。蔡素芬的《盐田儿女》中，明月即使对青梅竹马的大方心有所属，却不得不屈从于父母的招赘安排，对恋人一生只有一次的身体交付，却成了包羞忍耻、不能言说的秘密。陈玉慧的《海神家族》中，绫子因丈夫长期缺席而对夫弟动了情，乡土社会的乱伦禁忌却让这份爱背上了不堪承受的伦理重负，尽管绫子对此三缄其口，却依然在邻居的非议和女儿的敌视中自囚于心的牢笼。钟文音《在河左岸》中的单身母亲，如果没有流产的细节，我们几乎很难注意到中年寡母也有自己的情感和身体欲求。此间唯有李昂的《看得见的鬼》中有鲜见的例外。《看得见的鬼》中写到了形形色色的女鬼故事，如《顶番婆的鬼》中的女鬼以忘情的起舞抖落象征羞辱的伤痕、《不见天的鬼》中女鬼在书房中对性愉悦的肆意享受、《会旅行的鬼》中女鬼不惮凶险对男性伤害的成功复仇，读来颇觉快意——可这是否同时又暗示着，女性只有变身鬼魂，才能从这倍感压抑的父权囚笼中抽身而出，获得真正的身体解放？

　　当然，乡土社会中的身体禁锢并不仅限于女性，为主流的异性恋社会所排斥的性少数群体、被认定缺乏"男子气"的男性，以及被摒弃于理性法则之外的"疯人"，他们的身体也都或多或少地存在于某种不自由的处境当中。这些在施叔青的《行过洛津》、郭强生《惑乡之人》、陈雪《陈春天》等小说中也有不同程度的涉及。后现代主义对统一性的抨击、反本质主义的思维方式、立足边缘对抗中心的理论立场，在和性别理论结合的过程中，不断质疑男性中心主义的理论建构、拒绝异性恋的话语霸权、解构理性至上论，让多元声音发声，乡土社会中的性别弱势群体遂有机会袒露自身所遭受的身体禁锢和文化污名。

三、现代维度下的颓废乡土

　　与在现代化的轰鸣中高速运转的都市社会相比，乡村在很多时候都被认为是现代性的化外之地。就像黄自鸿所说的，"灵魂在日常生活的牢狱中不断受折磨，日常的世俗空间多数是痛苦的。因此城市多数具备恶的形象，造成都市描写的总体倾向"①。对于在都市日常的世俗空间中备受折磨的都市人而言，故乡的存在便成为一处可供驻足稍歇的心灵绿洲，尤其在浪漫主义小说家那里，他们尤其擅长通过对乡土的怀旧写意，抵达对都市社会现代病灶的想象性解决，这也是原乡神话之所以诞生的根本原因。然而，从事实层面来看，台湾社会从20世纪60年代到80年代实现经济起飞，在短短20年内就完成了由乡土到都市的历史转型，城市化也长期保持在80%左右的超高水平。与现代都市的长足发展相对应的，则是乡土聚落的萎缩。李欧梵曾在一篇访谈中援引陈映真的观点说明台湾社会城市化的普遍性以及乡土的虚幻性："连陈映真在他近期的小说里都认为，乡村已经变成广告了，已经没有这回事了。"② 李顺兴也以宋泽莱小说中现实乡土的"美丽与穷败"宣告了"乡土已逝，乡土文学已死"③ 的末世预言。我们或许不会同意这些悲观的宣告，但值得进一步追问的是，现实社会中乡土经验的远逝和城乡格局的演变将在何种程度上影响作家的原乡想象？当田园主义的美丽诗情与破落、"穷败"的乡土现实劈面遭逢，它还能否成为都市罪恶的救赎力量，为困守在现代铁笼中的都市人提供一方自足的精神家园？当时间的焦距拉近，人们愕然发现，现代的刻痕也深深烙印在了一度被认为是化外之地的沉闷乡土，资本的力量不是将乡土变成都市的复刻，传染着弱肉强食的现代逻辑以及拜金享乐的价值逻辑，就是将乡土作为都市的赘余，弃置着种种不为现代都市接纳的衰老与败坏。无论哪一种，都与印象中那个既美且善的道德原乡相去甚远。

早在20世纪70年代，以黄春明为代表的乡土小说家们就以自己的创作记录了乡土社会与现代工商业逻辑初次遭逢的尴尬与悲情。当《锣》中憨钦仔的打锣工作被扩音喇叭取代，当《儿子的大玩偶》中的坤树被迫背上广告牌成为行走的广告人，当《溺死一只老猫》中的阿盛伯因为反对在村里修建游泳池而选择以死殉道，面对资本的入侵和资本逻辑在乡土社会的蔓延，许多作家都表达了自己的忡忡忧心。资本的逐利本性决定了其对于市场竞争的危机意识，而竞争所遵循的优胜劣汰、弱肉强食的丛林法则就构成了现代社会的核心逻辑。童伟格的《无伤时代》即不动声色地描绘了20世纪70年代至90年代末资本逻辑在乡土社会的全面扩张对人道、梦想、个人奋斗话语的取代。一面是信奉高效冷酷的资本铁律、一路从零件厂学徒做到刹车皮厂经理的成功故事，另一面则是

---

① 黄自鸿：《小说空间与台湾都市文学》，台湾学生书局2015年版，第175页。
② 李欧梵：《徘徊在现代与后现代之间》，三联书店2000年版，第121页。陈映真的小说名为《万商帝君》。
③ 李顺兴：《"美丽与穷败"：七〇年代台湾小说中的农村想象——兼论乡土文学的式微》，陈义芝编：《台湾现代小说史综论》，台湾联经出版事业公司1998年版，第293页。

服膺于掌握时间、践行梦想的舅舅,会给员工办生日会和健康检查的塑料厂老板,以及笃信"拼命做就对了"的零件厂老板等人的失败经验。前者一路荣登高位,在山村复制推广着那套弱肉强食的成功学逻辑,后者则在与资本的竞争中一败涂地,只得夹着尾巴行迹狼狈地离开山村。从20世纪70年代到90年代末,强硬的资本话语一步步吞噬并取代了朴素的人道主义、逐梦话语和个人奋斗神话。这既表现为零散经营的零件厂、塑料厂被规模更大的刹车皮厂所兼并的过程,也表现为乡土世界已经按照现代社会的丛林法则产生了"军火商"和"野蛮人"的二分:社会竞争中的优胜者自居于"军火商"的高位,睥睨着那些落魄的失败者,那些破落零寥的田野之家中举家从事家庭代工的乡人,以及办公室门外卑微赔笑的求职者——"军火商"眼中的"野蛮人"[1]。

资本逻辑在乡土社会蔓延的另一个重要后果就是拜金主义、享乐主义的横行,作家们对这一现象的针砭更是不遗余力。李昂的《顶番婆的鬼》写到20世纪70年代末染上噬赌症的鹿港,为了在大家乐、六合彩、报明牌等赌博游戏中赢得大奖,民众挖空心思、穷形尽相,或是求神问佛,祈求"有应公大众公石头公大墓公万年公万善祠姑娘庙"等各路神灵;或是无来由地相信明牌的数字藏在疯汉的下体、番女尸身的伤痕里,进而做出种种骇人听闻的疯狂举动。杨渡《一百年漂泊》中的故乡乌日也不例外,人们着魔般地围着牙牙学语的幼儿,将其随机蹦出的数字视作下一轮签赌的神秘暗语;荒村小庙、野地坟头、河滨土地公前,更是日夜聚集着求索明牌的信徒;人们沉浸在"台湾钱淹脚目"的迷梦中,争先恐后地卖地换钱、赌博投机、放纵逸乐,钱财的挥霍和欲望的享乐成为人生的终极意义。这不能不让人心惊。更甚的是,签赌命中后民众还愿的手段,已经不再是传统的挂金牌、拜五牲,或搬演歌仔戏、布袋戏,而是以香艳庸俗的脱衣舞表演来酬谢神灵。《顶番婆的鬼》中的中奖者选择以一场脱衣舞表演酬谢"石头公",钟文音的《在河左岸》中也记述了在南方故乡13年一次的村落作醮中,"电子花车在村落里震天价响,钢管舞女郎就位。老人家拿了板凳坐着看,眼睛不曾须臾飘离"[2]。酬神、作醮等严肃的祭祀庆典,竟然与低级趣味的脱衣舞、钢管舞表演联系在一起,荒谬的反差间折射出了乡土风气的堕落。在这种风气的浸染中,传统的民俗信仰更是蜕变为庸俗化的利益交换。人们拜神也好,酬神也罢,所求的无非是在现代的赌博游戏中获得发财的秘诀。《一百年漂泊》中,一位纵横于现代金融市场的股市大亨,投资操盘不依靠对国际金融局势的技术分析,而是供奉关公像和武财神。民俗信仰中的鬼神崇拜逐渐成为人们参与资本游戏的一种精神依怙,兼具前现代的迷信、现代的理性与后现代的拼贴色彩

---

[1] 参考吴天舟:《叙事与创作立场:批判性视角下的〈无伤时代〉》,《现代中文学刊》2018年第2期。

[2] 钟文音:《在河左岸》,人民教育出版社2012年版,第248页。

于一身。神明降格,宗教异化。在人们求财若渴的拜金心态面前,万事万物都不过是人们图财谋利的技术性工具。

资本作用于乡土的另一个重要结果就是,青壮年离乡去城,乡村中充满了无法适应现代逻辑的老病畸人。他们既不能持续稳定地输出劳动力以满足生产所需,也缺乏应有的购买力适应消费市场所需,因而无法成为协助资本追逐利润的有效工具,无法适应现代社会的生存法则。他们被高速运转的现代机器所产生的离心力抛弃在一处处偏乡僻壤,无声无息,自生自灭。黄春明的蚊坑仔里,围坐了一排靠着过期报纸上的"旧闻"消遣度日的老人(《现此时先生》);童伟格的海滨荒村里,散佚着形形色色失智的、贫病的、鳏居的、垂老的妇女和老人(《无伤时代》);杨富闵的台南大内,更是一个枝散叶落、行将凋零的老人乡,仅阿嬷一家就在8年时间相继举办了4场葬礼(《暝哪会这呢长》)。为了避免在这个衰老、沉闷的空间里"发烂变臭",年轻人迫不及待地想要逃出去(许荣哲《迷藏》),而家族长辈的老病丧葬,几乎成为他们返乡归家的唯一理由(黄春明的《死去活来》、陈雪的《陈春天》、王聪威的《复岛》等都有回乡奔丧的情节)。如此来看,童伟格在《无伤时代》中所描绘的后山聚落停电后,一群老病畸人们相携着走出家门,齐齐眺望远方大城的场景便显得意味深长。在大城灯火的辉映中,山村的黯淡与被遗忘成为一种无可逃遁的现代宿命。

总之,后现代主义对现代性构想的质疑与解构,让我们看到了现实乡土在现代劫掠后的满目狼藉:资本的力量将乡土变成都市的附庸,复制着弱肉强食的现代逻辑以及拜金享乐的价值逻辑,在这里上演着一幕幕人心浮动、民俗异变、神明降格的现代闹剧;与此同时,乡土还充当着都市的赘余,默默吞咽着种种不为现代社会接纳的衰老、颓废与败坏——此间的乡土,早已与古典时代"耕田而食,凿井而饮"的乡土大异其趣。

结　语

之所以用"神话"一词来描述文学中的原乡叙事传统,是因为对于那些在世俗生活中感受灵肉分离之苦的现代人来说,对于故乡的寻找常常与对生之意义的本质追寻紧密联系在一起,于是故乡常常超越写实层面的特定时空,并被浪漫化为一方自给自足的理想存在,在一系列的"时序错置"、"空间位移"、"异乡情调"与"乌托邦寄托"[①] 之下,原乡也因此具有了"神话"的意味。20 世纪 90 年代以来,台湾文学却显示出一种

---

① 〔美〕王德威:《原乡神话的追逐者——沈从文、宋泽莱、莫言、李永平》,见王德威《想象中国的方法　历史·小说·叙事》,百花文艺出版社 2016 年版,第 224-225 页。

—— 原乡神话的崩解：后学视野中的杂色乡土 ——

对原乡"神话"性格的解离过程，后现代主义去中心、解主体、非本质的思维方式，将原本整一的宏观乡土分解为支离破碎的微观乡土，诸种相互龃龉的乡土经验在文本中得到前所未有的凸显。与此同时，原本那个田园牧歌式的纯美原乡也显得愈发虚幻，权力结构中不同因素的博弈与对抗——族群的冲突、身体的禁锢、资本的入侵、现代的劫掠，恐怕才是乡土生存的现实，无论是过去还是现在。

原乡神话的崩解暗示了在压抑的现代生存面前乡土救赎力量的失效，而乡土叙事所负载的文化和国族认同也在后现代主义的解构下走向差异与多元。值得警惕的是，"多元文化"、"多元尊重"等高蹈的文字修辞并不似表面看上去的那么正义光鲜，在台湾当前的社会语境中，族群议题的热度远远压倒了阶级与性别，而族群的脉络之下，对省籍冲突的煽动又远远超越了对台湾少数民族、客家人、新移民处境的理解与改善，在这一背景下，所谓的"多元"，不过是服务于建构本土认同这最后的"一元"。后现代理论推动着乡土意象从整一性到差异性的变迁，但在本土理论和分离论述的收编下，对开放和多元的追求最终吊诡地走向了它的反面。关于这一点，笔者还会在接下来的研究中继续探讨。

（作者单位：南京大学中国新文学研究中心）

| 著述·综述 |

探寻左翼文学运动的"北平路径"与"北平经验"[①]
——北平左翼文学运动研究的历史、现状与展望

王翠艳

北平左翼文学运动研究是中国现代文学研究中一个较为薄弱的领域。自20世纪70年代末北平左联[②]作为独立的认识对象进入学界视野以来,这一情形有所改观,但相对于该运动的客观成就与代表意义,该领域的研究还远未达到充分的程度。一方面,北平左翼文学运动的整体历史图景依旧模糊,对相关社团组织、报纸杂志和具体作家、作品的开掘尚不够深入,北平左翼文学中许多极具阐释价值的典型现象还掩埋在历史的尘埃中;另一方面,卷帙浩繁的对于中国左翼文学运动的研究成果,无论是关于左翼文学自身性质、意义、发展脉络、组织形式、理论思潮、社团杂志、代表作家、贡献乃至缺陷的研究,还是对于左翼文学与政党政治、出版文化以及城市文化关系的研究,基本都是围绕上海地区而展开的。这固然符合抓住事物主要矛盾的方法论原则,但如此一来,一

---

① 本文为北京市社会科学基金重大项目"北京地区左翼文学运动研究"(20ZDA15)的阶段性成果。

② 关于北平地区左翼作家联盟的名称问题,迄今未有定论。较通行的有"北方左翼作家联盟"、"中国左翼作家联盟北方部"(二者均简称为"北方左联")及"中国左翼作家联盟北平分盟"(简称"北平左联")三种说法。1936年,北平地区左联负责人陈沇在《有关北平"左联"的情况》中提出:"名称问题。我看前后是不一致的,三○年成立时可能范围较广,包括河北省的其他城市,如天津、保定等。不过一九三六年的'左联'全称是'中国左翼作家联盟北平分盟',只限于北平一地。"(参见《"左联"盟员谈"左联"》,《中国现代文艺资料丛刊(第5辑):"左联"成立五十周年纪念特辑》,新文艺出版社1980年版,第141页。)另外,在当事人的相关回忆录资料中,确实存在1930—1933年间于北平参加左联的作家多用"北方左联"之名(亦有少数称为"北平左联"),而在此之后,于北平参加左联的作家则均称为"北平左联",此情况可以辅证陈沇之说。经综合查考资料及当事人回忆录,本文依从陈沇之说,并为行文简练起见,在泛称或总称北平1930—1936年间与左联相关的文学现象及作品时,一律称"北平左联",而在特指1930—1933年的现象和作品时,则称"北方左联"。

些无法为主体和主要方面所解释的问题就受到了遮蔽,这既不利于左翼文学整体研究的深入,也不符合尊重历史本身的差异性与丰富性的原则。有鉴于此,本文尝试对 90 年间北平左翼文学运动的研究历程进行综述,反思研究薄弱的成因并探寻可能的进路,也期待有更多研究者加入对该课题的探讨。

一、北平左翼文学运动研究的价值与意义

北平左翼文学运动是中国左翼文学整体图景的重要组成部分,同时也是探寻"一二·九"知识分子历史处境与思想历程的典型文本。它上承五四遗绪,下启抗日救亡文学和延安文艺,在中国现代文学的历史演进中有着重要的过渡作用。

首先,北平地区的左翼文学运动虽然未能取得与上海左翼文学运动相比肩的成就,但亦在 20 世纪 30 年代蔚成声势并取得了不俗的成绩。将其纳入中国左翼文学运动的研究版图,是把握中国左翼文学运动整体实绩的客观需要。

北平左翼文学运动滥觞于 20 世纪 20 年代末的谷风社、展望社等文艺社团,并在 1930 年"北方左联"成立后得到蓬勃发展。《文学杂志》、《文艺月报》、《科学新闻》、《冰流》、《北国》、《北方文艺》、《摩尔宁》、《尖锐》等杂志的创办,以及《京报》、《益世报》、《全民报》等报纸中左翼文艺副刊的附设,成为北平左翼文学的第一个高潮。1933 年 8 月之后,随着北平革命形势的严峻,左翼文学活动陷入低潮,但在北平左联杂志《理论与创作》、中国大学主办的《文史》、《大风》、左联盟员主办的《北辰报》副刊《荒草》、《剧》、《北国文艺》、《文艺周刊》、《京报》副刊《诗剧文即其他》、《熔炉》,以及《北平新报》、《觉今日报》、《华北日报》等报纸文艺副刊的夹缝中,仍然有着左翼青年不屈的革命声音。"一二·九"运动前后,在中共北平市委的领导下,北平左翼文学活动得以恢复并在其后两年实现迅猛发展。《泡沫》、《浪花》、《今日文学》、《忘川》、《文地》、《盍旦》、《令丁》、《榴火文艺》(后改名为《联合文学》)、《新地》、《火星》、《青年作家》、《大学艺文》等杂志的创办,尤其是北平作家协会和北平文艺青年协会两个大型团体的成立,实现了对平津乃至整个华北地区左翼文学力量的整合,掀起了北平左翼文学运动的另一个高潮(而此时上海地区的左翼文学运动已因"两个口号"论争引发的内部矛盾以及鲁迅的逝世而渐进尾声)。如果不是卢沟桥事变的爆发,北平左翼文学运动的成就将是不可限量的。

从某种意义上说,北京地区的左翼文学运动,不仅是吴组缃、端木蕻良、杨刚、吕荧、芦焚、王西彦、梁斌、马加、碧野、齐燕铭、韦君宜、天蓝等作家创作的起点,同时也是谷牧、谷景生、周小舟等职业革命家从事革命活动的重要阵地。无论是检视革命文学的历史传统,还是总结 30 年代文学发展的历史经验,北平左翼文学都是不应被遗忘

和忽略的对象。

其次，北平左翼文学运动既有着与北平的历史传统、地理位置与城市特质相辅相成的演进路径，同时也因组织形式、写作主体、关注焦点的差异形成了独特的思想与美学风貌。将其纳入中国左翼文学运动的总体版图，是呈现中国左翼文学运动的内部差异性的必由之路。

北平左翼知识青年对上海左翼文学运动的自觉追随，以及由此形成的北平—上海双城共振呼应模式，是中国左翼文学运动发展的宝贵历史经验。所不同的是，区别于上海左翼文学运动主要依托于较为自由的租界空间和发达的印刷出版业，北平左翼文学则更多依赖于发达的高等教育及校园空间的集聚性与传播力。一方面，广泛存在于校园场域的师生、同学等人际网络是北平左翼文学社团缔结、发展的主要条件。除去极少数由组织派遣的职业革命家，北平左联的核心成员绝大多数为大学师生；其"同路人"社团、杂志及报刊文艺副刊亦多由大中学生主持。另一方面，"课堂上下"与"校园内外"的结合构成了左翼思想在北平传播的主要渠道。吴承仕、范文澜、侯外庐、曹靖华等"红色教授"讲授的马列主义、苏俄文学课程以及将马列理论应用于传统文史研究的学术趋向，各高校普遍存在的学术讲座、读书会、社会科学研究会，为左翼思潮的传播创造了条件。北平左翼文学运动的这一展开方式，既源自"五四"时期奠定的社团文化传统，也与政治环境的高压、书局出版业的相对落后以及北平作为"大学城"对知识青年的聚拢力密切相关。

事实上，华北事变后纷乱的政局，在激起青年学生救亡热情的同时，也给以批判性和反抗性为其天然特质的左翼文学提供了新的发展空间。在此背景中孕育的北平左翼文学文本，也因此具有了革命与救亡的双重品格。在"九·一八"事变后的几年里，它迅速实现了由阶级解放向民族革命战争、由反帝斗争向抗日救亡的主题变迁，并整体呈现出一种粗粝、辛辣的写实主义风格。弥漫在北平左翼文学文本中的情绪，是一种激愤与忧郁相交织的情感，它既不同于京派的从容节制，也区别于海派的喧哗与躁动，与早期革命文学的"革命的罗曼蒂克"也有着鲜明的差异。对散落于不同报刊上的这些文本的整体性考察，将丰富我们对30年代故都文化或曰北平城市文学的理解。

最后，北平左翼文学运动与"一二·九"运动的密切关系，尤其是两者核心骨干的重合性，使得北平左翼文学作品具备了一代革命知识分子精神史诗的意义。将其纳入中国左翼文学运动的总体版图，有利于在一个更为开阔的背景中去揭示左翼文学运动的历史价值。

一旦我们深入"一二·九"运动发生的内部细节即可发现，这场运动的背景、主体与诉求，与该时期北平左翼文学运动的最新趋向有着高度的一致性。正如有些学者所指出的,北平左翼文化运动为"一二·九"运动提供了思想、组织与人力上的充分准备①;而"一二·九"运动也为北平左翼文化运动的深化创造了新的机遇与条件。北平左翼文学运动第二个高峰的出现,与"一二·九"运动的影响有着深刻的内在联系。赵德尊、杨述、魏伯、朱穆之、陈落、韦君宜、赵俪生、王瑶、赵荣声、天蓝、流金等大批知识青年,他们既是北平左翼文化社团的重要成员,同时也是"一二·九"运动的骨干力量。尤为重要的是,北平沦陷后这批青年大都走向了延安。因而,北平左翼青年的文学实践,便成为我们考察一代知识青年"从单个人走向人群"、"随历史的战斗行进"(天蓝《无题》中的诗句)的思想轨迹与心路历程的不可多得的精神样本。在由"五四"知识分子向延安知识分子的转型中,或者说在由"新青年"向"前进青年"的过渡中,北平左翼青年的文学实践,自有其阐释价值。

基于北平左翼文学运动的上述价值,对这一运动的研究,便自然具备了以下几方面的意义:

首先,对北平左翼文学历史图景的呈现和对左翼文学发展的北平"经验"与"路径"的探寻,有助于揭示中国左翼文学运动的丰富性、复杂性与内部差异性。除了对目前学界仅将左翼文学看作上海地区特有的文学现象的定势形成一定的反拨与补充之外,这一研究也将揭示长期为"京派"文学所遮蔽的20世纪二三十年代北平城市文学的另一面向——以知识青年为写作主体的左翼文学,呈现故都文化的丰富性与多样性。

其次,推进对现代大学与现代文学关系的理解。大学场域与北平左翼文学运动的密切关联一旦得到揭示,对于学界长期认为的左翼文学"与大学相分离"的观点会形成相应的对话机制,同时也可为揭示"学院文化"的复杂性提供新的思考向度。由于长久以来的思维定式,我们已经习惯于将大学文化等同于教授知识分子创造的精英文化,但大学文化不仅包含教授们所创造的文化,同时还包括另一主体——青年学生所创造的文化,而在北平校园空间内,占据主体位置的学生文化,正是左翼文化。揭示北平大学文化的这一向度,必将丰富对"学院文化"内涵与外延的理解。

再次,对北平左翼作家与特定社团关系的钩沉和挖掘,有利于廓清或深化对新文学史上某些重要现象及作家作品的认识与理解。对吴组缃、端木蕻良、杨刚、吕荧、师陀、王西彦等作家与北平左翼文学运动关系的挖掘,不仅具有重要的"发生学"意义,同时也是检视革命文学传统的必由之路。对于学界存在争议的一些问题,比如吴组缃与师陀早期左翼身份的认定问题,其实只要钩沉出吴组缃是清华大学社会科学研究会(即"社联"小组)的成员、时名"芦焚"的师陀是丁玲指导下的左翼文学社团尖锐社的成员、

---

① 谢荫明:《左翼文化运动的深入和一二九运动的爆发》,《中共党史研究》1988年第2期(该文为缩略稿,原稿刊发于《北京青运史资料》1987年第4期)。

二人同时均为左翼革命团体"反帝大同盟"的成员这些基本的史实，问题将迎刃而解。

最后，通过对影响北平左翼文学运动的内外部因素的考察，可以一窥中国现代化进程中文学与革命、文化与政治的辩证展开逻辑，获得审视20世纪中国文学文化发展经验的新的依据。在经历了片面以政治标准作为文艺作品的唯一尺度和单纯以"审美自足性"为依据解读文艺现象的两个极端之后，今天的我们有必要以历史唯物主义的眼光，重新揭示现代中国革命与文学、政治与文化之间相互支持、相互渗透同时又相互制约的复杂关系。

北平左翼文学运动的上述价值，迄今为止还未能得到充分、有效的揭示。回顾近90年来的北平左翼文学研究历程，总结其中的收获、经验与教训，或许将成为我们改变这一现状的起点。

二、北平左翼文学运动研究的历史与现状

20世纪30年代北平左翼文学实践展开的同时，平津、上海等地报刊也同步出现了对其社团、刊物及作家作品的零星报道评论。其中，瞿秋白的《再论翻译——答鲁迅的信》（《文学月报》一卷二期，1932年7月）中对金丁小说《Comintern》的语言欧化现象的批判以及胡风《〈蜈蚣船〉——"京派"看不到的世界》一文（《文学》4卷5期，1935年5月）对澎岛小说"'粗鄙'而热辣"的现实主义风格的赞赏，代表了文艺界对北平左翼文学评价的主要方面。此外，1936年出版的埃德加·斯诺《活的中国》选入和评述了北平左联作家孙席珍及杨刚（署名"失名"）的作品；同年出版的关于"两个口号"论争的图书《国防文学论战》（新潮出版社编，新潮社文化事业有限公司）和《现阶段的文学论战》（林淙选编，光明书局），选入了丁非（即孙席珍）的《关于国防文学的论争》、柳林的《人民大众对于文学的一个要求》、陈伯达的《文学界两个口号问题应该休战》等论文，可以视作北平左翼文学运动在上海乃至全国文化界引起的微弱的回响。

中华人民共和国成立后，系统总结新文学发展经验的王瑶的《中国新文学史稿》、刘绶松的《中国新文学史初稿》、丁易的《中国现代文学史略》三部史著，虽然都以相当篇幅聚焦左翼文学的理论斗争与创作实践，但北平地区的左翼文学运动却是其中"不可见的存在"；此后的文学史，虽然也多有对吴组缃、端木蕻良等作家的评述，但并不曾把他们放在北平左翼文学的视野下进行观照。由于较少原发性的理论贡献与重量级的作家作品，北平左翼文学运动逐渐被遮蔽在上海左翼文学的巨大投影中，成为无法被关注到的存在。它的意义与价值，需在研究逐渐深化细化、文学史观逐渐多元的学术语境中，才有可能得到发现。新时期以来的"拨乱反正"以及一系列新观念、新视角的引入，无

—— 探寻左翼文学运动的"北平路径"与"北平经验" ——

疑为这一"发现"创造了条件。自此之后的40余年，北平左翼文学运动研究逐渐积累起以下几个方面的成果：

第一，关于"北平左联"、"北方左联"的相关研究。

北平左联作为学术界独立的认识与研究对象，始于改革开放之初。1979年《新文学史料》第4期集中登载了陈沂、陆万美、杨纤如、王志之、陈北鸥、孙席珍6位当事人对于北方左联的回忆文章并重刊了郭虹、辛波1936年发表于《时代文化》的《北平作家协会成立大会速写》；1980年4月，上海文艺出版社出版《中国现代文艺资料丛刊（第5辑）·"左联"成立五十周年纪念特辑》，该《特辑》刊发了上海师范学院图书馆资料组编订的《中国左翼作家联盟盟员考录》（其中含"北平左联"成员85人①）并以"左联盟员谈左联"的形式登载了王志之、方殷、端木蕻良、陈北鸥、陈落、臧云远等6位北平左联盟员的简单回忆②。以这两组文章为发端，北平左联开始正式浮出水面。在此之后，1982年出版的中国社会科学院文学研究所编的《左联回忆录》下册收录了孙席珍等18位北平左联当事人的回忆录文章（约占全书三分之一篇幅）；1990年，中国左翼作家联盟成立大会会址纪念馆和上海鲁迅纪念馆联合编辑的《左联纪念集》，收录了22篇与北平左联相关的回忆录文章（约占全书一半篇幅）。尽管由于时间久远、记忆模糊以及某些个人主观情感因素的干扰，这批回忆录不可避免地存在这样那样的讹误与互相抵牾之处，但总体而言，它们从不同角度再现了由于当时环境险恶而无法通过文献保存的北平左翼文学的"历史现场"，为重构北平左翼文学的历史图景提供了重要的依据。回忆录资料之外，关于北平左联及其会员的考证、介绍也见于姚辛的《左联词典》（光明日报出版社，1994年）、《左联画史》（光明日报出版社，1999年）、《左联史》（光明日报出版社，2006年）等左联史著中，彰显了北平左联在左翼文学运动中不可或缺的地位和意义。

遗憾的是，虽然在回忆录资料和相关史著中北平左联都占据了重要的篇幅，但较为深入的关于北平左联的专题性研究成果却迟迟未能出现。直到2011年，情况才稍有改观。2011年出版的《东岳论丛》第3期设置了"北方左联研究"专栏，其中范伟的《北方左联与上海中国左联关系辨析》、近藤龙哉与吉田薰的《〈文学杂志〉、〈文艺月报〉与左联活动探赜——以北方左联克服"关门主义"的过程为中心》、马俊江的《泡沫社与北方左联——兼谈北方革命文艺青年的群体构成与社团流变》均聚焦北平地区的左翼文

---

① 卢正言后来在《中国左翼作家联盟盟员续录》中为该名录增补101人，载《中国三十年代文学研究》，上海社会科学出版社1989年版，第92—93页。
② 《左联盟员谈左联》专题在1981年4月出版的《中国现代文艺资料丛刊（第6辑）》中仍有延续，该期共收入孙席珍、李文甫、李俊民、张松如（公木）、徐盈、郭维城、潘应人共7位北平左联成员的回忆资料。

学,对北平左联的一些基础性、关键性问题做出了令人信服的考证与辨析。2013年8月,上述三文之一的作者范伟出版《北方左联研究》(中国戏剧出版社)。该著是迄今为止唯一的北方左联研究专著,有着重要的开创意义,但书中仅以三章分别围绕北方左联的名称、与上海左联的关系以及谢冰莹与北方左联的关系进行论述,其余章节均系对全国左联及泛化的革命文学现象的讨论,北方左联的历史轨迹、整体面貌、社团刊物、作家作品等情况依旧消隐在历史的烟尘中。

第二,比"北平左联"视域更为开放的北平左翼文学的相关研究。

自20世纪90年代开始,较"北平左联"研究更为开阔的北平左翼文学研究开始起步,出现了一批有价值的资料与论述。资料方面的成果,以封世辉的《三十年代前中期北平左翼文学刊物钩沉》(《中国现代文学研究丛刊》1992年第1、2期连载)和《也谈北平作协执委与会刊》(《新文学史料》1993年第3期)为代表。前者钩沉20世纪30年代前中期北平左翼文学期刊刊目113种,后者则对北平作家协会的执委与会刊进行了考辨,使研究界意识到在"北平左联"之外尚有北平作家协会这一成绩卓著的社团组织。囿于作者精力和客观条件的限制,两篇文章(主要是《钩沉》一文)不可避免地存在遗珠之憾和细节讹误(尤其是关于杂志出刊日期以及报纸文艺副刊刊名信息讹误较多),但其对从整体上把握北平左翼文学的历史图景提供了切实的线索与路径,不仅在当时具有拓荒价值,今天也仍是进入北平左翼文学研究不可绕过的界碑性作品。遗憾的是,尽管这两篇文章提供了探索北平左翼文学的扎实的资料路径,却少有后来者沿此进行深入的专题研究。目前,在两文披露的明确可以查到的88种北平左翼文学期刊中,受到学术界二度发掘的,仅有《文学杂志》、《文艺月报》、《科学新闻》、《令丁》、《尖锐》等极为有限的几种。

当然,在诸多遗憾中也不乏可喜的收获。2000年之后,北京大学中文系先后有两篇博士论文涉及北平地区的左翼文学状况。两篇论文分别为季剑青的《大学视野中的新文学——三十年代北平的大学教育与文学生产》(2007)和马俊江的《二十世纪三十年代北平小报与故都革命文艺青年——以〈觉今日报·文艺地带〉为个案》(2009)。其中,马俊江的论文对北平小报文艺副刊、中学生群体与北平左翼文学的关系进行了深入挖掘,无论是对故都革命文艺青年的聚集、对左翼文学与小报文艺副刊的关系以及对"泡沫社"群体流变进行揭示。均能发前人所未发,具有重要的开拓意义。由于作者择定的切入视角和个案,论文无意对北平左翼文学整体面貌进行揭示。影响北平左翼文学运动的一些其他重要元素如大学场域、同人杂志以及大报文艺副刊等,尚需后来的研究者从另外的视角进行深入挖掘与阐释。

季剑青的论文在2011年出版时更名为《北平的大学教育与文学生产:1928—1937》。该书第四章《社团与人际网络:大学中的文学空间》以超过一半的篇幅对"大学中的左翼思潮"和"左翼文学社团"进行了梳理,在其绘制的"1927~1937年间北平各大学的文学社团"一览表共45个社团中,"基本上可判定属左翼性质的有29个,占到64%",有力地说明了左翼文学在校园空间的活跃局面,但作者继而得出的"声势浩大的左翼文学社团及其刊物""只局限在小范围内流传,既无法获得更多的读者,也无法获得更多的作者,实际上根本难以进入文学场"①的观点,则留下了进一步讨论的空间。作为有着特定立场与主张的社团同人刊物,这些刊物的意义和影响往往并不在文学场域,而在于"社会团体的动员与组织功能"和"成为一股可以直接推动社会变革的现实力量"②,因而对这些左翼社团刊物的意义和价值,还有必要以另外的角度进行考量。

马、季二人的论文从各自的角度对左翼文学"北平路径"与"北平经验"中一些较为重要的方面进行了论述,标志着北平左翼文学研究向纵深发展的趋势。遗憾的是,在此之后北平左翼文学研究再度陷入沉寂,除了黄艺红在《左翼文学的自我调整与北方文坛的重振——以报刊出版为线索(1932—1935年)》(《首都师范大学学报》2018年第4期)及《走向开放包容的左翼文学阵营——〈文学季刊〉及其相关刊物考论》(《中国现代文学研究丛刊》2018年第3期)两文中对《文学季刊》与北平左翼文坛的关系进行过考察外,学界再无相关的研究成果出现。相对于北平左翼文学的整体实绩,目前的北平左翼文学研究才显露出冰山之一角,尚有大量内容等待开掘。

第三,包含北平左翼文学运动在内的北方左翼文化运动研究。

北平左翼文学是北方左翼文化运动的重要组成部分,故关于北方左翼文化运动的成果中也会涉及北平左翼文学。1991年,北京出版社出版了由中共北京市委党史研究室和天津市委党史资料征集委员会共同编辑的《北方左翼文化运动资料汇编》,该著收入北方地区左翼文化运动资料180余件,并在《概述》中对北方左翼文化运动的总体状况进行了梳理,为之后的北方左翼文化研究奠定了扎实的资料基础。但是,该书的出版并没有引发相应的研究热潮。直到2008年之后,才陆续出现了几篇年轻学人的硕士论文,如朱法娟的《20世纪30年代的北方左翼文化运动研究》(中共中央党校,2008年)、何婧雅《北平左翼文化运动的发生:1927—1933》(中央民族大学,2012年)以及胡道俊的《北方左翼文化运动研究》(安徽师范大学,2017年)等。其中,朱法娟和胡道俊的论文系对北方左翼文化运动的宏观论述,侧重点在政治与党史,具体论证亦较为粗疏;何婧雅的论文则较为细致、扎实,侧重点亦落在文学,但在论题的整体性开掘上还存在一定

---

① 季剑青:《北平的大学教育与文学生产:1928—1937》,北京大学出版社2011年版,第198—199页。

② 董丽敏:《文化场域、左翼政治与自由主义——重识〈现代〉杂志的基本立场》,《社会科学》2007年第3期。

欠缺。总体而言，由于仅局限于硕士学位论文层面，上述成果无论是对北平左翼文学运动的宏观把握还是对其内在机制的考察和梳理，都还存在诸多的不尽人意之处。

以上就是北平左翼文学运动研究迄今为止所取得的主要成果，也是后续研究的起点。具体而言：在回忆录方面，尚有许多重要文章散落于作者文集或报纸期刊（如吴组缃、韦君宜、公木、马加、魏东明、碧野的自传或回忆录），有待进一步搜罗、整理；在期刊史料方面，目前的研究尚止于简单的编目而缺乏对其思想主张、作者群落、刊文特色的分析，北平左翼文学尚存 80 余种刊物的深度挖掘工作亟须展开；在专题研究方面，北平左翼文学的一些核心和主导的方面（如北平左翼文学运动的特点与展开方式，北平左翼文学运动与上海左翼文学运动的联系与差异，大学场域、报刊媒介与北平左翼文学运动的关系等问题）尚未得到有效开掘。此外，在作家作品层面，对吴组缃、端木蕻良、王西彦、梁斌、马加等作家与北平左翼文学运动关系的考察尚未开启，而一些已在文学史上湮没无闻却曾是北平左翼文坛活跃作者的澎岛、方殷、高敏夫、何小石、袁勃等人的创作，作为历史的一部分，也应该受到尊重。所有这些问题，都要在对北平左翼文学史料的系统整理和对相关专题的深度挖掘中才能得到解决。

三、北平左翼文学运动研究的进路展望

以上系对自 20 世纪 30 年代至今 90 年间北平左翼文学运动研究历史的简单回顾。经过几代学者的努力，该领域的研究已经呈现出从政治到文化、从资料梳理到专题研究、从宏观到中观、微观等不断深入发展的趋势，但相对于北平左翼文学运动的研究价值和意义，目前的成果还较为薄弱。其原因，除去上海左翼文学和"京派"文学的双重遮蔽效应之外，更多的应从北平左翼文学自身的特点以及当前的一些研究惯性中去寻找：

其一，将左翼文学等同于左联文学的思维惯性，使我们往往将北平左联之外的众多团体或个人的文学活动放逐于视野之外，进而影响了对北平左翼文学运动总体成就的评价。

北平左联初创时虽有"北京的各文艺团体都要解散，成员全部参加一个中国'左联'的北平分盟"[1] 的设想，但这一设想并未付诸实施。作为左翼文学的核心组织，北平左联没有如上海左联一样产生强大的凝聚力。正如端木蕻良 1933 年撰文指出的，"北平各文化团体，多半是自发的（而非外烁的）然后左联走来领导"、"各社团依然按照自由的轨道发展，没有一贯的神经中枢"，所以"在这种病态所支持下的今日北平左联，

---

[1] 刘尊棋：《关于"北平左联"的回忆》，《"左联"纪念集：1930—1990》，百家出版社 1990 年版，第 168 页。

无疑的,是一个低能的契构"①。在惯于将左翼文学等同于左联文学的历史叙述中,北平左翼文学运动的成绩也就因为北平左联的"弱势"地位而受到忽略,有学者由北方左联的"失效"而引发了对左翼文学的"海派特性"②的讨论即为其中一例。

要打破上述惯性,有必要跳出"左翼文学即左联文学"的视野而在一个较为开放的格局中审视北平左翼文学运动的成果。事实上,在北平左联成立前、存续期和解散后,北平都存在着数量众多的左翼文学外围社团或是"同路人社团",如左联成立前的谷风社、展望社;左联存续期的尖锐社、冰流社、北国社;左联解散后的北平作家协会、北平文艺青年协会等等,这些社团同样是北平左翼文学的重要力量。此外,北平左翼文学的创作主体,并不限于左翼文艺社团的成员;左翼文学作品的传播载体,也并不限于左翼社团的同人杂志。比如,在通常被视为北平左联机关刊的《文学杂志》、《文艺月报》上发表作品的作者,有许多为北平社联的成员;而"反帝大同盟"的芦焚、田涛、吴组缃等人,并不以左翼文学报刊为主要阵地,反而在一些立场中立、能够同时兼容不同政治派别的报纸杂志(如郑振铎、靳以主编的《文学季刊》)上更能看到他们的作品。因而,要把握北平左翼文学的整体脉络,除了要将北平左联及众多左翼文学外围社团纳入考察范围外,还需兼济北平社联、教联、反帝大同盟等革命团体成员(如吴组缃、张宗植、韦君宜等)的文学实践以及众多中间路线的报纸文艺副刊。唯有如此,方能真正拼齐北平左翼文学的历史版图。

其二,学界对学院文化的既有理解,使我们较少从学院文化的角度去观照北平左翼文学的演进路径,进而影响到对北平左翼文化运动具体展开方式的把握。

课堂、读书会、讲座、社团、期刊以及同学人际网络等多种校园文化要素的互动共生,是左翼思潮在北平得以传播的重要途径。因而,要揭示北平左翼文学运动的机制与成效,自然要将其置于孕育它的大学场域进行考察。这一倾向目前尚未引起学界的充分关注。一方面,北平高校一直被作为自由主义知识分子及"京派"文学的大本营而被认为与左翼文学关联不大;另一方面,左翼文学常被作为"与大学相分离"③的趋向的代表出现于我们的文学史叙述中。故此,有学者直接提出"1930年代左翼文学运动与大学基本没有什么关系"④,即便是首先关注到左翼文学与大学关系的学者,也得出了"学术

---

① 螺旋(端木蕻良):《打击左联右倾机会主义》,《科学新闻》第2号,1933年7月1日。
② 张悦:《从北方左联的"失效"谈左翼文学的海派特性》,《中国现代文学研究丛刊》2020年第9期。
③ 王彬彬:《中国现代大学与现代文学的相互哺育》,《社会科学》2009年第4期。
④ 旷新年:《新文学的镜像》,广东人民出版社2014年版,第213页。

化趋向较弱的学校中,左翼文学社团的活动要更为活跃"①的观点。事实上,左翼文学社团的活跃程度与学术化趋向的强弱之间并没有必然的联系,否则就无法解释"一二·九"运动前后清华大学、燕京大学的左翼文学活动相当活跃的现象。因而,大学空间内左翼思潮的传播与左翼文艺青年的聚合机制,都是较为复杂和值得深入开掘的课题。充分阅读原始文献,还原历史语境,适当借鉴党史、城市学、传播学、教育学和知识分子史领域的相关成果,尝试引入"文化生产场"及"小群体社会学"的相关理论,或许将是把讨论引向深入的可行路径。

其三,北平左翼文学文本艺术价值的欠缺与传播力的微弱,也是其长期受到忽视的重要原因。

北平左翼文学运动的主体,以未出校门的学生与流浪的文艺青年居多。写作主体的年轻化与艺术技巧的青涩,以及为了追求宣传效果而忽视艺术性的创作倾向,都使北平左翼文学的文本在艺术价值方面较为欠缺(但也有例外,比如吕荧的诗歌)。这一点是北平左翼文学文本受到忽略的根本原因。只有当我们的视野从单纯的"审美性"转向更为包容的大文学史视角并注重作家个体创作的"发生学"考察时,这些生涩的文学作品的意义才有可能得到开掘。

此外,由于北平出版业的相对落后,北平左翼文学的文本基本都是以同人刊物和报纸文艺副刊为主要传播载体的。在出版经费困难、杂志屡被查禁以及副刊作品分散的情况下,这些文本在当时的传播力本就相当有限,在学界一度以作家文集而非报刊文本作为文学史主要建构依据的情况下,其易于受到忽略也是自然而然的事情。伴随近年重回历史现场的研究趋向和各类民国报刊数据库为文献检索带来的便利,这一情形有所改观,但长期以来形成的文学史格局,已经注定难以打破。

总之,在上述因素的复合作用下,北平地区的左翼文学就成为各轮"重写文学史"热潮中始终难以引起关注的"盲点"。即便在大学文化、报刊文化、政治文化与中国现代文学的关系先后成为研究热点的最近30年,跟这些要素关系密切的北平左翼文学运动,依旧是"看不到的世界"②。如今,在开放的大文学史观和多学科交叉的研究方法已

---

① 季剑青:《北平的大学教育与文学生产:1928—1937》,北京大学出版社2011年版,第166页。

② 语出胡风论文《〈蜈蚣船〉——"京派"看不到的世界》(《文学》1935年第4卷第5期)。该文以"看不到的世界"概括北方左联作家澎岛小说《蜈蚣船》中呈现的、为"风雅"的京派作家所无法观照到的"'粗鄙'而热辣"的人生。此种情形,与今天北平左翼文学运动成为文学史"视觉盲区"的状况有着惊人的相似。

——探寻左翼文学运动的"北平路径"与"北平经验"——

成为文学研究常态的背景下,在关于20世纪中国革命与中国文学的关系研究日益深化的情形下,我们有必要拂去历史的尘埃,对这一几近湮没的文学史现象予以重新观照与思考。

(作者单位:中国劳动关系学院文化传播学院)

| 著述·综述 |

"重写文学史"的"外转"①
——评王德威主编《新编中国现代文学史》

张 望 周 睿

中国大陆学界对中国现代文学史的书写不是一成不变的,其理论构架、文学史观、书写范式、价值立场的转变,既源于中国大陆现代文学学科内部的自觉反思,同时也多有来自海外中国文学研究的经验启示。20世纪80年代,中国大陆现代文学研究界提出"重写文学史",意在从主体立场、理论建构、书写方式等多个维度对既往的现代文学史叙述提出挑战,以期重构中国现代文学史叙述的审美性、个体性、当下性与多元性。多年来,"重写文学史"虽早已内化为中国大陆学界的"自觉",并在理论建构和书写实践方面获得了一些进展,但要论其"重写"的幅度与效果,却有诸多不足与争议。2017年,由王德威(David Der-wei Wang)主编,哈佛大学出版社旗下的 Belknap Press 推出的《新编中国现代文学史》(*A New Literary History of Modern China*)在"重写文学史"方面卓有见地。该书由海内外143位作者共同撰写,以161篇专题文章聚焦了公元1635年至今中国现当代文学的多个历史时刻、关键事件、作家作品与重要命题,勾勒出中国现代文学的多种面向与复杂生态,构成了一部体例独特、纷繁炫目的文学史著作。该书所呈现出的独特的文学史观、宏阔的理论视野、兼容并包的叙述格局、不拘一格的述史框架以及摇曳生姿的文学笔调,使它成为中国现代文学史学术谱系中颇具标志性意义的学术成果,给国内学界的现代文学史叙述带来了不少启示。

---

① 本文系国家社科基金重大项目"中国现当代文学思想史"(19ZDA274)、教育部人文社会科学研究规划青年基金项目"英语世界中国古代文学史书写研究"(19YJC751077)的阶段性成果。

一、"世界中"的"华语语系文学":
中国现代文学史的"扩容"

与既往文学史独立写作或数人合作不同,《新编中国现代文学史》(以下简称《新编》)拥有前所未有的庞大写作群体,143 位作者分别来自中国大陆、台湾、香港地区和日本、新加坡、马来西亚、美国、加拿大、英国、德国、澳洲、荷兰、瑞典等多地。他们职业各异,专攻领域不同,华裔与非华裔均有,作者团队跨族群的身份特征间接彰显着《新编》众声喧"华"的书写特色。正如王德威教授所强调的"有容乃大",多样的作者群体预示着对中国文学多元的个体认知以及彼此之间深刻的交流碰撞,如此具有复杂性和互动性的"华人经验",势必不能局限于狭窄封闭的论域之内展开讨论,中国现代文学史的书写呼唤更为包容的格局和更为广阔的视野。基于此,王德威提出"世界中"(worlding)与"华语语系文学"(Sinophone literature)两大概念,并试图以此建构起整体性的叙述逻辑,从而拓展"中国现代文学"考量的空间范畴。

"世界中"(worlding)作为一种考察中国现代文学的理论方法,是王德威在海德格尔(Martin Heidegger)相关阐发的基础上建立的。所谓"世界中",原指世界的"一种变化的状态,一种被召唤、揭示的存在方式(being-in-the-world)","是世界的一个复杂的、涌现的过程,持续更新现实、感知和观念,借此来实现'开放'的状态"①。王德威将此概念引入中国现代文学史叙述,昭示了"中国文学"与"世界"的相互关系。在他的理解中,两者之间并非简单的影响与被影响、制约与被制约、决定与被决定的关系,而是"中国文学"在"世界"这一庞大的变化系统中不断变化,而变化着的"中国文学"又构成"世界"这一变化系统的一部分。基于此认识,《新编》试图从 4 个维度诠释"世界中"的中国文学,从而建构自身独特的文学史叙述逻辑。首先,"世界中"的理论方法要求扩大中国现代文学的讨论范畴,明确中国现代文学在世界范畴中的规划布局,从而在更为包容的"世界"格局以及更为广阔的"中国"视野中对中国文学的"现代性"做出体认。第二,"世界中"意味着要正视中国现代文学作为全球现代性论述和实践组成部分的事实,要将中国文学的"现代性"放置于古今中西不同文化、文明的"交错互动"中进行理解。第三,"世界中"预示着一种流动性的叙述状态,拒绝对文学史作本质化的一元单向的线性整合与梳理,而是要尽力展现斑斓浩瀚的文学现象,让复杂多维的文学细节在"时空的互缘共构"(architectonics of temporalities)中呈现中国文

---

① [美]王德威:《"世界中"的中国文学》,《南方文坛》2017 年第 5 期。

学之"现代"的多面生成与丰富内涵,展现中国现代文学在"世界中"的具体过程。第四,"世界中"的观念还要求用动态变化的眼光考察"文"或者"文学"的具体内涵,要将中国现代"文学"的内涵理解为本土与域外、大众与精英、霸权与颠覆等各种力量交汇互搏的产物,同时又正视中国现代"文学"作为一种"反作用"的形式对外在世界各种力量的参与和改变。这4个维度的诠释共构了《新编》的编撰理念,也成为王氏文学史创造性与突破性的关键。

如果说"世界中"概念从整体上奠定了《新编》的叙述逻辑,那么"华语语系文学"概念的提出则是在拓展文学史研究范畴方面践行"世界中"观念的具体尝试。与史书美(Shu-mei Shih)等人倡导的具有批判性和对抗性的"华语语系"论述不同①,王德威试图跳脱出一种将主权国家"中国"视为"霸权力量"加以批判或污名化的政治化理解,而希望能够尽可能地在语言和文学的层面对"华语语系"作更为学理化的应用。王德威所主张的"华语语系"更倾向于一种开放性与建设性的理论尝试,它所投射的地图空间不再暗含一种"内外有别"、"主从高下"的政治结构,而是力图从语言出发,将中国大陆、港澳、台湾地区和新加坡、马来西亚等华人社区,以及更广泛的世界各地华裔或华语使用者的言说、书写都纳入考察范围,从而将"中国"与"中国文学"的问题放置于全球华语流通的网络中加以理解,既探讨华语世界里的中国文学,又探讨中国文学里的华语世界。在此概念的引领下,《新编》从两个面向展开了对中国现代文学史的"扩容"。

一方面,《新编》突破了既往文学史以国家地理的"中国"为限制条件的局面,将之前仅能以"地域文学"、"海外中国文学"、"世界华文文学"为名目讨论的相关内容均纳入"中国"现代文学史的讨论范围之内,这使得"中国现代文学"得以在全球华语语境的脉络中寻得新意,得以在各个社群、区域、国家互动消长的关系中呈现出华语写作与中国主流话语合纵连横的庞杂体系。在此方面,《新编》还从两个层面具体展开:其一,《新编》引入了诸多既往文学史鲜少讨论的作家作品,比如中国台湾地区的丘逢甲、吕赫若、吴浊流、陈映真和中国香港地区的刘以鬯、也斯的创作活动,南洋地区的黑婴、李永平和北美地区天使岛移民群体的创作等,这些内容的引入共构了中国现代文学的复

---

① 史书美的"华语语系文学"概念带有明显的后殖民主义理论色彩,强调中心与边缘之间的对抗关系,特指主权国家"中国"境外的华语文学及其内外的少数民族语言文学。她认为作为主权国家的"中国"对于海外华语社群是一种"霸权力量",而在中国境内,汉族之于其他少数民族而言,也是一种"霸权力量",因此她提出的"华语语系文学"是一个基于批判立场、与"中国文学"概念相对抗的概念。见 Shu-Mei Shih, *Visuality and Identity*:*Sinophone Articulations across the Pacific*, University of California Press, 2007; Shu-Mei Shih, *Sinophone Studies*:*A Critical Reader*, (eds.) Columbia University Press, 2013.

杂体系,极大地丰富了中国现代文学的具体内涵;其二,《新编》捕捉到华语文学作家作品在华语空间之外的离散与迁移,以及外部世界在华语文学空间的引介与影响,注意展现华语文学与华语空间之外世界联系互动之下形成的异乡、异域和异国经验。比如《新编》探讨20世纪初期中国本土侦探小说与福尔摩斯等西方侦探故事在华译介的潜在关系,认为刘鹗的《老残游记》、程小青的《霍桑探案》等作品明显在继承中国传统探案作品的基础上受到了西方侦探小说翻译的影响,并创造出一批诸如"霍桑"这样既具中国传统的"侠盗"风范又具西方科学理性的侦探形象。又如《新编》探讨白璧德思想对吴宓等知识分子的影响、萨可与方齐迪在麻州被处决对巴金小说"无政府主义"倾向的影响、香港经验对张爱玲创作的影响、郁达夫与南洋文学的关系等。

另一方面,《新编》还进一步深掘"中国文学"里包括的非汉语表述,讨论其中的方言口语、因时因地制宜的现象,展现汉语与其他语言所构成的多音复义的共同体。比如《新编》通过对韩邦庆《海上花列传》、孙玉声《海上繁华梦》以及之后电影改编的研究,发现吴语方言小说及其影视化呈现中凸显出独特的都市现代性表达。再如张承志通过重返自我民族的根源线索和宗教信仰,创作了"凄美悲壮"的"英雄故事"——《心灵史》,这部以教团叛乱和种族屠杀为线索的作品成为了张承志的代表作,同时也完成了作者自我精神与灵魂的"皈依"。又如藏族作家阿来的《瞻对》以非虚构题材纪实的方式,"以小见大"地完成了对清代以来汉藏民族关系的破解。这两部作品都极有意味地表达了汉族与少数民族文化文学的互动。另外,对藏语自由诗出现的讨论,对东干语变迁的梳理,以及对台湾少数民族文学的观照等,均体现出《新编》在构造这一共同体时所做的努力。

事实上,近些年被王德威频繁提及的"华语语系文学"概念也不可避免地受到某些质疑。不论是对其观念立场的意识形态讯问,还是对其所建构的松散体系的可释性辩难①,都证明这一被重新阐释的概念自身并非无懈可击,但王德威要强调的是,希望借由这一概念打开一些对中国现代文学新的思考空间,而不是惯性地否定一个新的概念的提出。不可否认,王德威的"华语语系文学"概念对既往文学史叙述的"越界"与"整合"跨越了民族国家区域的界限,使得以往长期被遮蔽和被边缘化的文学得以重归文学史的讨论。同时,它又不断开掘和共享华语文学的丰富资源,不抹杀不同时期、不同地区文学形态的差异性与多元性,从而进一步发现中国现代文学的本质与意义。借此概念,《新编》建立了一种更为宽广的关于文学知识与经验的界面,并在实际的叙述中呈现了

---

① 施龙:《在"华语语系文学"中穿行的唐吉诃德——评王德威主编〈新编中国现代文学史〉》,《扬子江评论》2017年第6期。

中国现代文学多元的主体性与丰富的文学面向,这无疑在意义的层面凸显出了这一概念本身的正当性。

二、突破"线性"与悬置"起点":中国文学的多源"现代"

《新编》延续了王德威一以贯之的文学史观与知识架构,以福柯"知识考古/谱系学"为支撑,解构了既往关于中国现代文学现象的线性历史叙述,抵抗了历史进步性与连续性的叙述霸权,从而尽可能地呈现出中国现代文学每一个历史节点所存在的"方向性"与"可能性"。一直以来,王德威对"一味按照直线进行表来探勘中国文学的进展",或追问中国文学"何时才能现代"的研究观念都保持着审慎与怀疑①,早在"没有晚清,何来五四"的相关论述中便显示出搅乱文学史线性发展的迷思,扰乱既定文学史秩序的努力②。而《新编》无疑是更为深刻地贯彻了这一观念。

从目前众多的中国现代文学史书写看来,对文学现代化进程的描述仍然在历史的先后顺序中展开。它们以线性时间为线索,串联起重要的作家作品、流派思潮、文学活动与文学事件,从而勾勒出中国文学从"传统"逐步走向"现代"的历史动态,也因此分化出"近代文学"、"现代文学"、"当代文学"等标示着中国文学不同"现代化"阶段的文学史概念,也进而生发出对现代文学"起点"、"终点"、"转折点"等问题的不断追问。中国现代文学的"起点"问题自"现代文学"概念形成以来便讨论不断,且分歧较大。事实上,中国现代文学的起点问题不是一个简单的史实问题,而是既关涉着作为"研究对象"的"现代文学"的性质判定和价值评估,同时又关涉着作为"学科性质"的"现代文学"的边界划定与合法性依据③。从以"新文学"命名到《新民主主义论》的新文学史阐释,到80年代的"现代化"叙事与90年代的"现代性"话语,再到"20世纪中国文学"、"现代中国文学"、"民国文学"等概念的相继提出,中国大陆学界由于不同的时代背景以及对"现代文学"之"现代"的不同理解,对"现代文学"起点的判定一直在不同的表述中不断摆荡。中国大陆现行的中国现代文学史书写中,较具代表性的观点有三类:

第一类是从学科独立性以及现代文学的"现代"形态出发,认为中国现代文学史的

---

① [美]王德威:《被压抑的现代性——没有晚清,何来"五四"》,《想象中国的方法 历史·小说·叙事》,生活·读书·新知三联书店1998年版,第10页。
② 李杨:《"没有晚清,何来'五四'"的两种读法》,《中国现代文学研究丛刊》2006年第1期。
③ 季剑青:《什么是"现代文学"的现代?——中国现代文学起点问题的历史考察和再思考》,《文学评论》2015年第4期。

起点应该从现代文学学科与古代文学学科的区分上来考量，认为只有"五四"文学革命创立的新文学，才是在已有的传统之外自觉地从内容、语言、形式、价值等多方面开辟出全新的文学形态，因此应该坚持以"五四"作为分界线，以"五四"作为现代文学的历史起点；第二类则以西方"现代性"话语为标准，在文学中寻求"现代性"质素，以此拓展现代文学图景的多元面向，从而将现代文学的起点越过"五四"向前追溯到晚清，甚至晚明；第三类则是将现代文学理解为一种断代意义的民族国家文学，从而创立诸如"现代中国文学"、"民国文学"等概念，对"中国现代文学"概念加以取代，因此在判定其起点时便自然地纳入国体、政体、意识形态等因素作为考量标准，从而将现代文学的起点与1911年、1912年等特殊时间节点做连接。可见，因判断标准和问题意识始终无法达成一致，中国大陆学界在现代文学"起点"问题的讨论上一直未能在同一层面展开，并始终置于一种错位的对话之中，所以，即使经过学界数次争论，也难以达成某种共识。

《新编》在对叙述架构和"起点"问题的论述中展现了与既往中国大陆学界很大程度上的差异。王德威在序言《"世界中"的中国文学》中便指出《新编》的思考脉络"并不把中国文学的现代化看做是一个根据既定的时间表、不断前进发展的整体过程，而是将其视为一个具有多个切入点和突破点的坐标图"①，从而尽可能全面地展示出以"现代"之名所催生出的种种创新求变的可能，展示出一个个可被视为历史引爆点的关键时刻。通观整部《新编》的体例安排，便可体会编者的良苦用心。161篇文章看似按照时间顺序排列，却并不是前后相接的关联性叙事，而是每篇文章独立选取特定的历史时刻作为切入点，展示关于文学的某个历史片段或细节，以小观大，做出散点、辐射性叙述，并在片段、细节中挖掘其在时间纵深中的深刻奥义，从而拼凑出一张关于中国现代文学的具有本雅明意韵的"星座图谱"，以此彰显文学与历史时刻的深切关联。《新编》在一定程度上还接应了近年来海外汉学界兴起的以"文学社会学"的眼光重审中国文学"现代性"的研究理路，既注意文学本体的审美性阐发，又注意文学与制度语境、物质文化等外在条件的互动效果。因此，我们可以看到，在《新编》的历史叙述中，1862年的历史时刻可以由王韬在香港的文学活动加以标记；1872年的中国早期现代化也可在文学与新生媒介的互动关联中得以彰显；1924年的中国式浪漫能在徐志摩的诗歌中体现；千禧年之初的爱国主义亦可在日漫粉丝的网络争论中觉出深意。

除此之外，《新编》还注意对前后时间点的并置解读，从而在跨时空的对话中呈现文学现象的彼此关联和隐秘意味。1934年的沈从文与1986年的莫言能在"大地寻根"

---

① ［美］王德威：《"世界中"的中国文学》，《南方文坛》2017年第5期。

的叙述中完成关于中国作家"国族认同"的跨时空对话；1989 年的海子自杀事件亦能引领我们重审 20 世纪 80 年代启蒙精神的最终落幕；1942 年萧红的小说创作与 2014 年许鞍华以萧红生平为素材创作的电影《黄金时代》两个文本的并置解读表达出华语女性创作者的自我呈现与再现（Presentation and Re-presentation）；1956 年的吴浊流与 1983 年的罗大佑共享"亚细亚孤儿"的主题而在小说与歌曲间共构台湾苦苦纠缠的"认同的迷惘"。可见，在《新编》的叙述中，不论是一个团体的组成、一份杂志的创办、一种文体的初现，还是一个社会问题的论辩、一桩政治事件的发生、一段爱情故事的开始……每一个各具态度、风格和层次的话题讨论，都以文学与历史互为文本。特定事件或特定情景通过文学话语或文学经验做出独有的表达，与此同时，文学又在特定时空的架构中被加诸更为长远的价值意义，从而在文学与历史的互动中构成了关于"现代中国"的"文学的"多声复部的阐释体系①。

与中国大陆文学史在不同层面展开对"起点"问题的确认不同，王德威主编的《新编》对该问题并无突破建构的企图，它并不为中国现代文学搜寻新的源头，而是对"起点"问题本身提出质疑，并以此对既往线性文学史叙述发起挑战。事实上，中国大陆学界既往对于现代文学"起点"问题的讨论，不论基于何种观念立场与问题意识，均旨要寻找中国文学"传统"与"现代"之间产生"全面断裂"的"历史节点"。不论是基于西方经验的现代性标准，还是基于中国内在的政治革命要求，"现代"的意义内涵均是在以"传统"为标靶的二元对立中所建构的，"现代"的生成便意味着与"传统"的断裂，"现代"唯有在一种名为"传统"的历史消失点中才能产生，因此在任何一种关于"现代"的具有方向感的历史叙述中，"起点"问题都是至关重要的。"任何起始的行为，必然涉及划界的行为"②，"起点"在划立边界的同时也就确立了概念的过去与未来。然而，王德威拒绝任何在与"传统"二元对立中建构的"现代"之内涵，他认为中国文学的"现代"是"漫长的现代"（long modern period），它理应散布于漫长的"中国现代文学史"的起始阶段，因此任何"能够象征古今中西冲突的时刻"③ 都有可能成为这部"中国现代文学史"象征意义而非考据意义上的"起点"。

《新编》以《现代中国"文学"的多重缘起》一文作为文学史的开篇之作，便告示了对"起点"问题的多元解读。李奭学（Sher-Shiueh Li）在该文中将"中国现代文学史"的"起点"定于 1635 年，他的依据是明人杨廷筠在接受西方传教士的影响之后首次

---

① ［美］王德威：《"世界中"的中国文学》，《南方文坛》2017 年第 5 期。
② ［美］爱德华·萨义德：《东方学》，三联书店 1999 年版，第 21 页。
③ ［美］王德威、李浴洋：《何为文学史？文学史何为？——王德威教授谈〈哈佛新编中国现代文学史〉》，《现代中文学刊》2019 年第 3 期。

在中文世界中提出与 literature 相对应的"文学"概念，而在此之前，中文表意中的"文学"却并无这一涵义；与此同时，他还征引了周作人与嵇文甫在1932年和1934年提出的将"晚明文学"作为"中国现代文学"之"起点"的相关论述，对其观点加以佐证。可以看到，在李奭学的论述中，杨廷筠与传教士的碰撞以及周作人、嵇文甫对"晚明文学"中现代质素的发掘，恰好提供了一个"古今中西相互交汇"的"关键时刻"，因此，1635年便拥有了作为"现代文学"之"起点"的象征意义。当然，除了1635年，《新编》还给出了其他关于"起点"问题颇具象征意义的诠释。在《碰撞中的遗产：预期的现代性与想象的怀旧》一文中，宋安德（Andrew Schonebaum）则将"现代文学"的"起点"定于1792年。他极富创造性地将1792年的两件看似并无关联的事件——《红楼梦》的问世以及马戛尔尼的访华冲突——放在一起讨论，从而发现在1792年的时间节点上，古老帝国既在《红楼梦》的"文学幻境"中完成着对昔日繁华盛景的最终回眸，同时又在与西方文明的碰撞争执间悄然地发生着现代性的萌芽。这无疑又是一次颇具"想象性"的并置解读，凸显了1792年作为"中国现代文学"又一个颇具"历史感"与"可能性"的"起点"。除了以上两个时间点，在《新编》关于"中国现代文学"起始阶段的众多话题中还可发掘更为多元的"现代性"萌生。比如1807年英国传教士罗伯特·莫里森（Robert Morrison）来华，在华期间翻译了《圣经》，同时也进行中文创作，对中国文学的语汇、构词以及句法均产生了一定影响，促成了中国文学在翻译中的"现代性"转化；又如1820年龚自珍科举落第后创作的《又忏心一首》，在古典的文言语词中却潜藏着崭新的精神世界，被认为是汉语诗歌现代性的一篇外史，其"现代性"不是新的精神世界本身，"而是存在于被接受的文言古文，和它所无法表现的世界间的鸿沟"，而一个世纪后出现的新兴白话诗，则正是要通过创立新的诗歌语言来弥合这道鸿沟的尝试。

正是在这些颇具意味的话题与论述中，中国现代文学的"现代性"被阐释为多种向度的内涵与指涉，同时散布于各式各样充满随机性与偶然性的历史片段之中。《新编》解构线性文学史的阐释逻辑，在多种切入口与突破点的星座图谱的叙述框架中，诠释出中国文学"现代化"被肇始的多种条件及其有别于西方"现代性"概念的独特质素与阐释维度，从而思考、还原中国文学"现代性"的表现形式、外在刺激与内生能量。这值得现下的文学史书写借鉴。

三、重解"文学"与"文学史"：《新编》的述史定位

《新编》对"文学"的定义不再局囿于学科建制内的狭义内涵，相反，它突破了既

往文学史书写仅仅着眼于小说、诗歌、散文、戏剧等常规文类的藩篱,而将诸如书信、日记、宣言、公开演说、教科书、连环画、摇滚乐、流行歌曲、少数民族歌谣、电影、动漫、互联网文、选美比赛等具有"文"之内蕴的内容与形式纳入文学史的叙述对象之中。这显然外拓了"文学性"的内涵,体现出一种泛文学观的视野。

之所以将"文学"的外延不断扩大,首先与此次文学史编撰团队的学养背景和学术风格息息相关。此次参与文学史编写的143位作者,除了几位作家和少数几位任教于中国高校中文系的学人之外,绝大部分均来自欧美大学的东亚研究系。这些学者的研究领域一般都较为宽泛,所涉学科也比较多元,因此不论是研究视野还是理论方法都不拘一格。他们在面对中国文学作品和文学现象时,通常选择将其置于更为广阔的文化背景中做考察,并在跨学科的视阈中利用多种西方理论,从社会、政治、经济、思想、心理、风俗等多个层面对问题进行讨论和诠释。除此之外,欧美东亚研究系对现实中国状况的日益关切,也使得现代文学很多时候成为他们了解中国的媒介。为了更为全面地认识中国的面貌和内在,他们的研究对象也就呈现出文学泛化的倾向。

其次,王德威对"文"的独特理解也延展了既往"文学"概念的外延。王德威认为,"文学"概念在中国的生成既是现代文学作家和读者"步武新潮"、借鉴西方的结果,同时也是与传统呼应而生发的产物。相比于中国现代文学对西方文学体系、理论的借鉴与沿革,王德威更为关注中国现代文学与中国传统"文"之概念的对话与呼应。他认为中国现代文学不仅仅是遵循西方模仿与再现(representation)的理论观念,在虚构与真实的文本辩证关系中再现世界存在的方式,同时也是由中国传统的"文心"所驱动,参与"彰显"(manifestation)世界变化形式的过程。换言之,中国现代文学不仅仅是一种单纯的"道",再现世界的形形色色,同时,它更是由人的能动性创造出"载道"的反作用,塑造并参与世界的继长生成①。除此之外,王德威还注意到媒介与"文"之间的互动关系,注意到媒介的发展会衍生出"文"的不同形态和"现代性"质素。在不同时代的媒介条件下,"文"的表现形式从语言标记到文本展示,再到声画影音、感性系统。媒介的推进带来了"文"之内涵的扩展。因此,不论是小说、戏剧、诗歌等传统文类,还是日记、书信,甚至是电影、歌曲、漫画、网文等新生形式,它们都在具体的关于"文"的实践中彰显着某一个时代作者、文本和世界三者之间的复杂关系,而中国现代文学则正以"文"的实践关联着"中国"、"现代"、"历史"的每一个片刻和节点。王德威深刻地洞悉了中国现代文学在"中国"想象与"中国"建构中的重要作用,不论是作为一个由生存经验构成的历史进程的"中国",还是一个文化、知识传承的"中

---

① [美]王德威:《"世界中"的中国文学》,《南方文坛》2017年第5期。

国",抑或是作为一个政治实体或"想象共同体"的"中国","文学"都铭刻着"中国"现代性之路的纷繁现象与万千经验,反映着现代"中国"的历史情绪与社会心理,同时也参与着现代"中国"的思想情势与社会变革。因此,那些能够传达现代中国"某一时期的情感结构"或"某一时期的历史面貌"的、具有"文"之内蕴的任何文本种类或媒体形式都应纳入文学史的讨论。

正是因其敏锐地抓住了中国现代文学与外部世界的有机连锁,王德威才格外重视"文学"与"历史"的关切与互融,才格外重视"文学史"的独特品格与意义。王德威对"文学史"的观念定位源于中国传统的文论观念。他从《论语》、《史记》等著作中总结出中国传统文学与历史"相与为用、展示世界"的书写经验,意图在《新编》的编撰中将传统"文"的观念设置为文学史的结构性要素,从而重新呈现传统的"文"与"史"的对话互融关系,并"通过重点题材的配置和弹性风格的处理",展现"星罗棋布"的中国文学现象,让中国现代文学史"一方面闪烁着特别的历史时刻和文学奇才,一方面又形成可以识别的星象坐标,从而让文学、历史的关联性彰显出来"①。简言之,《新编》既是"中国文学"因何"现代"、何以"现代"的历史追问,同时又是含混概念的"中国"因何"现代"、何以"现代"的"文学性"构想。

《新编》的众多篇章均响应了王德威的"文学史"观念,即以"文学"为本体"复原"众生喧哗的文学图景,同时以"文学"为媒介表征出时代精神与历史深意。值得注意的是,《新编》并不刻意、全面地挪移主流文学史中的作家作品、文学思潮、文学事件等,而是以问题为导向逻辑,以此安排最为适宜的研究对象,提出了一系列饶有意味的问题,并给出许多极具启示意义的答解。比如《三毛漫画中的孩子与未来中国》一文便以三毛漫画在不同时期的形象转变为线索,通过对漫画所使用比喻的多样性采纳和不定性分析,不但提供了近现代中国儿童身体意义的历史演变历程,还体现出中国知识分子和思想家在不同时期对社会变革的渴望,展现出一个极具特点的中国现代性版本。又如探讨崔健的歌曲《一无所有》,选取一首在大众范围内引起普遍共鸣的摇滚歌曲,在旋律、歌词、节奏等要素的共振中传递能引起个体共鸣的时代情绪与诗学意韵。再如讨论流行歌手邓丽君的离世,认为一个"超越政治、超越性别、超越阶层"的全民偶像以她干净的、甜润的、精心雕琢的声音与历史相得益彰,成为时代的声音印记与文化符号,也颇具意味。这些别出心裁的对象选择,极为巧妙地呈现了人的意志、情感、心理、情绪与时代、历史、世界的交互共融,有效地回答着关于"中国"、"现代"、"文学"的相关思考。

---

① [美] 王德威:《"世界中"的中国文学》,《南方文坛》2017年第5期。

跟主流文学史强调"史"的一面不同，《新编》更强调文学史"文"的一面。正如沈从文说的，"伟大的历史必是伟大的文学史"。《新编》要求文学史本身也应该以"文本的自觉"彰显文学史书写内蕴的"文学性"。与主流文学史的书写不同，《新编》不再单纯地依据翔实的历史材料对文学事件的来龙去脉、作家文人的生平经历以及文学作品的文本内外做详尽的叙述，而是汲取有意味的片段，"通过文学语言和经验来表达该片段的特定情境，当代的（无）关联性，或长远的意义"①。因此，《新编》中就有很多极富个人特色和想象力的章节。哈金以小说的笔调展现了鲁迅以"周豫才"的笔名创作《狂人日记》的历史片段。有意思的是，曾经在主流文学史中作为不朽开端的《狂人日记》，在脱离了宏大叙事的小说叙述中，仅仅是作家与周遭的实际境遇折中盘算的结果。中国传统"笔记体"的选用是鲁迅有意脱离果戈里《狂人日记》印记的打算，选用白话文、补上文言小序、采用笔名发表则是鲁迅为了回避同事、获得读者的盘算。在文章中，哈金在借助广泛的历史材料和相关研究的基础上，以一种虚构性的叙述，既完成了对历史片刻另一种可能的呈现，同时也让文学史叙述充盈着"文学性"的意味。同样具有代表性的叙述还有作家王安忆撰写母亲茹志鹃创作生涯的文章。她以回忆性的笔调，结合茹志鹃《逝去的夜》、《百合花》、《剪辑错了的故事》等小说的具体情节，叙述了茹志鹃写作生涯中极具讽刺意味的3个片段，不仅呈现出茹志鹃个体生命与创作实践悖论式的沉浮经历，同时也烛照出特定时代公共母题的集体抒发与私人书写的个体表达之间的复杂纠缠与内在张力。

总的来说，《新编》创造性地化用了中国传统的"文"的观念，从而较为有效地回应了中国现代文学因何"现代"、如何"现代"的重大问题。与此同时，《新编》独特的"文学史"认知和编写方式，也创造性地以"文学"为中介，为"中国"历史的考察提供了独特的视角，也为西方读者了解现代中国提供了极佳的契机。不过，《新编》也明显受到欧美学术机制的限制和学术风气的影响，呈现出些许史实错漏、阐释失准或存有争议的叙述。这是国内学人不得不悉心加以对待和甄别的问题。

四、结语

《新编》虽是一部以欧美学人为主导、带有明显欧美学术渊源的文学史，却并不意味着它脱离了中国具体的历史情境与问题路径。相反，《新编》最大的价值就在于它在对中国大陆"重写文学史"的诸多问题做出回应的同时，还试图寻求时间与空间的"外

---

① ［美］王德威：《"世界中"的中国文学》，《南方文坛》2017年第5期。

转",在更为深层和宏阔的理论构架中拓展了"重写文学史"本身的命题张力。"重写文学史"这一命题在20世纪80年代提出,其原本用意在于反拨20世纪50年代以来文学史的政治革命叙事,重返文学史的启蒙传统与审美意韵。这是20世纪80年代"重返五四"语境下的历史产物。然而,随着"重写文学史"的不断演进,我们发现"重写文学史"的实践主要还是针对"五四"、启蒙、革命等话语展开,并在现代中国社会思潮的历史反复中结构性地自我循环[1]。如果我们认为"重写文学史"的论述范畴和话语表述仅仅只能局囿于当时年代的具体问题和具体语境,就可能会掉入雷蒙·威廉斯(Raymond Williams)所谓的"方法论的陷阱"[2] 之中,使这一命题本身变成一个僵化的历史叙事,而失去它本身所具有的对当代文学语境的回应能力。王德威在《新编》中所做的努力,不论是"世界中"和"华语语系文学"概念的提出,还是对"文学"和"文学史"概念重新做出阐释,抑或是在"古今中西的交冲"中重堪"现代"的奥义,都是在试图激发"重写文学史"的命题张力。他将这一命题原本注重调整启蒙与革命、精英与大众、官方与民间的史学主体划分,转向了对更具流动性、混杂性与多元性的史学视野的开拓,塑造了一种从文学内部语境的经典讨论走向世界文化视野的"外转"研究范式。在具体的叙述中,《新编》表现出了时间与空间的双重"外转",即在世界化的现代性时间线索和现代化的世界性空间范围中增添了文学想象的多重可能,从而使"现代文学"走出了"内向"的国别文学观念,走向了"华语语系"的多民族、离散、泛文学叙事,激活了长期以来被压抑的文学质素,敞开了文学想象的宏观历史视野,在一定程度上解答了当下现代文学研究如何进行跨学科叙事、如何还原历史面向等诸多难题。因此,这一"外转"对于中国学界目前的文学史研究来说,具有较为重要的参考价值。

(作者单位:重庆师范大学文学院、西南大学文学院)

---

[1] 韩琛:《"重写文学史"的历史与反复》,《中国现代文学研究丛刊》2017年第5期。
[2] Raymond Williams, *Problems in Materialism and Culture*, London: Verso, 1980: 21.

编后语

陈思广

虽然疫情还没有过去，但生活还得继续。我们的辑刊当然也要继续编下去。

"大文学史观"是近年来学界倡导的一种新理念，也是一种研究新视野，即希望研究者回到广阔的社会历史背景中，将文学的历史谱系及其内在的精神结构在更为宏阔、更为深邃的历史通道中通晓地打开，在更为复杂的文化逻辑中辨析既往的社会历史及文学文化现象，发现以往未曾发现的东西，阐发以往未曾阐发的内涵，从而开拓中国现当代文学研究的新空间，使中国现当代文学研究走向深入。本辑"'大文学'视野"栏目的几篇文章就很好地贯彻了这一意图。

"藏书楼"一向是中国传统藏书文化中的重要内容，除了名副其实的"实构"藏书楼外，还存在着没有专构楼堂以庋藏书籍的"虚拟"藏书楼情况。"虚拟"藏书楼反映了藏书家夸大自己藏书规模的虚荣心理。尽管中国现代作家的"藏书楼"以"虚拟"为主，但并不妨碍他们在现代文学领域创造辉煌的成就。他们打破传统"藏书楼"以"藏"为主的藏书思想，变私藏为公藏，扩大了藏书的文化传播范围，推进了藏书功能的更大发挥。《现代作家与"藏书楼"》一文对此进行了细致的梳理与辨析，使我们对藏书楼的功能与意义有了更深入的理解。

整体主义是20世纪80年代蜀中重要的新诗流派，《整体主义与汉诗》一文厘清了该流派的缘起、命名、结社、创刊及解体过程，分析了整体主义美学与周易、道家思想的关联，重点细读并充分肯定了宋炜、万夏、石光华等代表性诗人的重要文论及作品，为揭橥该流派在新诗史上的独有特色和重要价值提供了新的视野。文章在文体上亦颇为独特，值得一读。

一般而言，抗战时期作家在昆明跑警报的叙述，总给读者留下从容的印象。但《多重体验中绽放的"从容"——论抗战时期作家的昆明跑警报叙述》一文通过史实告诉我们，在昆明跑警报也是一种灾难，特别是通过梅贻琦的日记，可以感知时人跑警报的恐惧、庆幸、担忧、愤怒等五味杂陈的体验。这种复杂多样的体验与叙述，对我们理解西南联大文学的丰富性不无裨益。

在理论探讨上，《抗战文学研究的意义限定问题》一文探讨了抗战文学研究中抗战意义的含混现象及其成因，认为以民族国家意识作为抗战文学的价值锚点，缺乏对后半段抗战文学的阐释与整合力，从而建议抗战文学研究在抗战意义的有关与无关之间，以中观视角推进或许更为合适。虽然这一视点还有继续讨论的空间，但推进的意义还是应当看到的。

当然，本辑还有不少值得一读的文章，请读者们自行品阅。常规的"编后"文字也到了"规定"的字数，但我还想再啰唆几句。

近年来，随着高校学科招生规模的不断扩大，大批青年学子不断加入到新文学研究的行列中来。他们的涌入为学界增添了新鲜的血液，也让我们看到了"后浪"可期的未来。不过，由于身份的焦虑，他们不得不更加努力，不得不承受着比其他同龄人更多的煎熬、更大的痛苦。虽然努力的结果常常难以预料，但早出手、快出手、多出手是他们普遍的祈望。时间不等人啊！"亚历山大"啊！我当然理解"青椒"们爬坡时的艰难与焦虑（都是这样走过来的），但我也想说，必要的潜沉之心还是不可或缺的。我在这里倒不是想说将长春启智书店的盗版书《离婚》算作老舍的《离婚》版本之不妥，而是想说《广告与亚东版〈胡适文存〉的出版发行及其"经典化"》一文中，两则汪原放致胡适的信出现了太多的"无法辨认的字迹"，不能不说是一种遗憾了。从史料的角度来说，无法辨识时，存疑当然是较为妥当的处理方式，但如果这种辨识只是自我的难以辨识而不是真正的难以辨识，或者说，还可以通过其他途径得以"辨识"的话，那么这种史料中太多"无法辨认的字迹"就令人叹怀了。我借此将这两则信函的全文公布如下，算是一种补白吧。

《胡适文存》，已经在各报各杂志里发表过了。兄病中自不能办这件事，据洛兄说，他可把稿子集齐，——要是统要看过，修改，就迟一步，也不要紧，因未说过何时出版，这件事，望兄不必着急。

——1920年10月7日汪原放致函胡适

兄的《文存》，我想先《西游》出版。我有几个理由：
（1）现在这家也出白话文苑，那家也出白话文选，检［简］直没有一部正当的书。
（2）兄和洛哥及思永兄，我想来都是没工夫的人。要想你们把《文存》的稿子理好,看过,我想来一定是件不可能的事。还得我到北京来十天半个月,把应誊的稿子誊过,应问的问过,应看的看过,才能成功。(在这时期中,我还有特别的好处,就是当面好请教分段,标点等事。)

(3)《文存出版预告》登出之后,来信问的很多;如再迟了出版,岂不把人的眼睛望穿了吗?(华丰新模已制好。)

这件事,兄如以我的话为然,望即示知,以便我准备来京。我还要要求你许我在你府上占一个小桌子和一张铺的地位,不知兄许可否?

——1921年3月12日汪原放致胡适函